형개의 《경략어왜주의》 역주

명나라의 정유전쟁

3

전후 처리

형개의 《경략어왜주의》 역주

명나라의 정유전쟁

3

전후 처리

구범진 · 김창수 · 박민수 · 이재경 · 정동훈 역주

일러두기 및 범례

○ 저본

- 『經略禦倭奏議』: 薑亞沙 外編, (中國文獻珍本叢書)『禦倭史料匯編』4-5, 北京: 全國圖書館文獻縮微複製中心, 2004.
- 서문: 李光元, 『市南子』卷6, 「太保邢公東征奏議序【代】」.
- 어왜도설: 王圻, 『續文獻通考』(北京大學圖書館 소장본) 卷234, 四裔考, 日本, 萬曆 28年, 「恭進禦倭圖說疏」.
- 부록1: 葉向高, 『蒼霞續草』(四庫禁燬書叢刊 集部 125) 卷11, 「光祿大夫柱國少保兼太子太保南京兵部尙書參贊機務崑田邢公墓志銘」.
- 부록2: 萬斯同 編, 『明史』卷332, 列傳 卷183 「邢玠」.

○ 원문의 오류

- 원문의 오류는 원문에서 각주를 통해 밝히고, 번역본에서는 오류를 정정하여 번역한다.

○ 문서 번호 및 문서 제목 위치 표기

- 『經略禦倭奏議』는 문서 제목 위에 각 권(卷)과 문서 순서를 기준으로 문서 번호를 표기한다.
  예) 4-1
- 문서 제목 아래에는 문서의 원문 제목과 권수 및 쪽수를 표기

한다.

　예) 申飭五鎭沿海春汎疏 ｜ 권4, 3a-7b

　- 서문, 어왜도설, 부록 1·2는 문서 번호를 표기하지 않는다.

○ 문서 해설

　- 문서 제목 다음에 해당 문서에 대한 해설을 삽입한다.

　- 문서 해설은 날짜, 내용, 관련자료로 구성한다.

○ 문서의 인용 표시

　- 제1인용 = " ", 제2인용 = ' ', 제3인용 = 「 」으로 표기한다.

　- 인용된 문서의 분량이 많은 경우에는 문단 좌측에 여백을 주
　　어 구분한다.

○ 한자 표기

　- 한자가 필요한 경우 한글과 한자를 병기한다.

　　예) 형개(邢玠)

　- 번역문과 원문이 다를 경우 [ ]로 표기한다.

　　예) 순안어사[按院]

○ 일본 인명 표기

　- 일본어 인명과 한자 표기가 일치하는 경우에는 ( ) 안에 한자
　　를 병기한다.

　　예) 고니시 유키나가(小西行長), 유키나가(行長)

　- 일본어 인명과 한자 표기가 다른 경우에는 [ ] 안에 한자를 병
　　기한다.

예) 고니시 유키나가[平行長]

○ 숫자 표기
- 만 단위를 기준으로 나누되 우리말 "만"을 표시해 주고, 나머지 숫자는 붙여 쓰도록 한다.
예) 4만 5500석

○ 문장의 주어
- 문장의 주어가 축약되었거나 3인칭인 경우 정확한 대상으로 번역한다.
예) 形軍門→ 경략 형개 / 該部 → 병부 또는 병부상서

○ 문서의 투식
- 문서의 행이(行移) 과정을 보여주는 어구(語句)는 인용부호로 대체하며 번역하지 않는다.
예) 等因, 等情, 欽此, 備咨到臣, 備咨前來, 送司, 到部, 案呈到部

○ 관부 문서의 종류와 번역
- 상주문: 신료가 황제에게 올리는 문서로 제본(題本), 주본(奏本) 등이 있다. 종결어는 경어체로 처리하였다.
- 상행문: 하급기관에서 상급기관에게 보내는 문서이다. 정문(呈文), 품(稟) 등이 있다. 종결어는 경어체로 처리하였다.
- 평행문: 발신자와 수신자가 통속관계가 없을 때 보내는 문서이다. 자문(咨文)이 있다. 종결어는 경어체로 처리하였다.
- 하행문: 상급기관에서 하급기관에게 보내는 문서이다. 표문(票

文), 패문(牌文), 차문(箚文), 차부(箚付) 등이 있다. 종결어는 평서체로 처리하였다.

○ 각주 형식
　- 각주의 표제어가 문장인 경우 …… 말줄임표로 표기한다.
　　예) 국론은 …… 몰랐으니
　- 명 실록은 '명+왕호+실록', 조선 실록은 '왕호+실록'으로 표기한다.
　　예) 『명신종실록』, 『선조실록』

차례

經略禦倭奏議
권10

經略禦倭奏議

『경략어왜주의』 권7·8 (결)

권7·8 결권 해제

『경략어왜주의』권6이 만력 27년(1599) 4월까지의 문서를 수록하고 있고, 권9가 만력 27년 9월부터의 문서를 수록하고 있으므로, 『경략어왜주의』권7·권8은 만력 27년 윤4월~8월에 작성된 문서들을 포함하고 있었을 것으로 추측된다. 다만 2권이 모두 결권이므로, 언제까지가 권7의 수록 범위이고 어디부터 권8이 시작되었는지는 현재 파악할 수 없다. 또한『명신종실록』만력 27년 7월 12일에는 형개가 조선 주둔 명군의 숫자를 2만으로 줄이고, 2년을 기한으로 삼아 점진적으로 철군해 달라고 요청하는 상주가 실려 있다.[1] 앞뒤 상주와의 시간적 순서를 감안하면, 해당 상주는 권8 정도에 배치되어 있어야 한다. 그러나 실제로『명신종실록』에 요약되어 있는 상주 및 병부·호부의 검토 의견 내용을 살펴보면 해당 상주는 9-2〈酌議留兵糧餉疏〉를 지칭하는 것으로 보인다. 즉 상주의 작성 시간 순서를 무시하고 권9의 다른 문서들 사이에 배치한 것이다. 따라서 해당 문서에 대한 해제는 9-2〈酌議留兵糧餉疏〉의 번역 앞에 수록했다.

만력 27년 윤4~8월은 형개가 정유재란을 마무리하고 귀국한 이

----

1 『명신종실록』권337, 만력 27년 7월 12일(기미), "總督邢玠, 疏陳朝鮮善後事宜, 謂經畧初議, 留兵三萬六千, 委涉于多, 後議一時盡撤, 又嫌于速, 酌量二萬爲率, 再歲爲期, 陸續漸撤. 兵部覆議, 請于二萬之內, 再行抽撤, 量留精銳實數, 足以夾持鮮兵而已, 俟明春汎畢, 全師悉還, 無令久淹于屬國. 上從部議, 仍令行與朝鮮, 及時修備."

후에 해당하며,[2] 명군의 주둔 및 비용 마련, 일본의 재침에 대비한 사후 대책, 정유재란에서 공을 세운 원역들에 대한 포상 건의 등 정유재란의 뒤처리에 관련한 상주들이 다수 작성되었을 것으로 추측된다. 그러나 안타깝게도 현재『명신종실록』을 통해 확인할 수 있는 상주는 겨우 다음의 6건에 불과하다. 그 가운데 사후 처리 방안을 전반적으로 건의한 1)과 논공행상을 다룬 3), 잔류 병력의 숫자를 다룬 5)는 상당히 장문이었을 것으로 보인다. 하지만 주된 내용이 간략하게 요약된 형태로 열거되어 있는 1)을 제외하면 나머지 상주는 간신히 주제만을 파악할 수 있는 수준이다.

1) 정유재란 종결 이후 사후 대책 10가지를 논의한 상주

『명신종실록』만력 27년 5월 15일에는 형개가 동정(東征)에 대한 사후 대책 10가지를 논의한 상주의 요점이 항목별로 정리되어 있다. 그 내용을 간략히 요약하면 다음과 같다.

① 수비병 주둔: 부총병 모국기(茅國器) 등 보병 1만 5000명, 유격 계금(季金)[3] 등 수군 1만 명, 부총병 해생(解生) 등 마병 5000명, 순무의 표하(標下: 직할부대)에서 선발한 병력 3000명 및 기타 항목을 합쳐 총 병력 3만 4100명, 군마 3000필을 조선에 나누어 주둔시

....

2   형개가 한양을 떠난 것은 만력 27년 4월 15일의 일이었다. 金大賢,『悠然堂集』卷3, 雜著,「記軍門雜事」己亥(1599) 4월 15일.

3   계금(季金): ?~1598. 명나라 사람이다. 정유재란이 발발하자 흠차통령절직수병유격장군(欽差統領浙直水兵遊擊將軍)으로서 복건(福建)의 수병(水兵)을 이끌고 조선에 왔다. 총병 진린(陳璘)의 휘하에서 활동하면서 그를 도와 노량해전에서 왜군을 물리치는 데 큰 공을 세웠다.

킬 것.

　② 월향(月餉)의 규정: 관병에게 지급할 염채은(鹽菜銀)과 새로 호선(唬船)을 건조할 비용으로 매년 도합 은 91만 8960여 냥을 할당하며, 문무 관원들의 공비(公費)와 부식비[廩銀]는 별도로 논의해 정할 것.

　③ 본색(本色: 곡물)의 규정: 지출할 쌀과 콩은 요동·천진·산동 등에 나누어 부담시키고, 이미 운반을 시작한 것과 비축된 분량은 모두 독촉하여 보내도록 하는 외에, 별도로 매년 쌀과 콩 13만 석을 나누어 할당하고 조선에서 수확이 있게 되면 서서히 운송 정지를 논의할 것.

　④ 관원의 잔류: 동로·중로의 두 감군을 줄이고 중로해방도(中路海防道)만 남겨 새로 추천된 두잠(杜潛)이 교대해 부임하도록 하며, 그밖에는 동지(同知) 1명·통판(通判) 1명씩만 남겨서 관원이 많이 머무르는 데 따른 비용을 절약할 것.

　⑤ 군량 담당관의 혁파: 병력의 숫자가 정해져 군량 출납의 기준이 생겼으니, 군량을 담당하던 관원들은 마땅히 논의하여 줄일 것.

　⑥ 장령(將領)의 승진: 참장 유상덕(俞尚德)은 부총병으로 복직시키고, 수비 강양동(姜良棟)·좌총(左聰)은 유격 직함을 헤아려 더해서 책임을 무겁게 하고 격려하는 뜻을 보일 것.

　⑦ 순포(巡捕)의 첨설: 압록강에서 한양까지, 한양에서 부산까지 거리가 멀어서 도적들이 가득하니, 남겨 두기로 논의한 포병(捕兵) 600명을 파총 이개선(李開先), 양공(楊拱)이 통솔하여 지역을 나눠서 순찰하도록 할 것.

　⑧ 방어 구역[汎地]의 분담: 조선의 요충지는 첫째가 부산, 그 다

음이 거제, 또 그 다음이 죽도(竹島)·한산도·남해이니, 마땅히 수
군과 보병을 나누어 주둔시켜 요충지를 막도록 하고, 마병은 중간
에 있으면서 달려가 응원하도록 하며, 총병 이승훈(李承勛)은 안동
에 주둔하면서 수륙의 형세를 조율하도록 할 것. 척후를 분명히 하
고 봉화를 단속하기 위해 가덕도·천성도(天城島)·절영도 등에 마땅
히 봉수대를 설치하고 화포를 많이 배치하여 정탐하고 응원하도록
할 것.

⑨ 훈련과 둔전: 넓고 편리한 곳을 골라 훈련장을 설립해서 명군
과 조선군을 함께 조련하도록 하고, 교사(敎師)를 두어 훈련시킬 것.
장관(將官)은 달마다 소조(小操)를, 총병·도는 계절마다 대조(大操)
를, 순무는 봄가을 두 차례에 합조(合操)를 시행하며, 포상 규정을
정해서 사기를 고무시킬 것. 나누어 지키는 방어 구역 내에 황폐한
둔토(屯土)가 있으면 개간하도록 할 것. 종자는 조선에서 내놓고, 소
와 농기구는 관의 비용에서 지급하면 병력과 식량 양쪽을 풍족하게
할 수 있음.

⑩ 조선에 대한 책임 부여: 중국의 군대는 오래 머물러 지켜 줄
수 없으니, 황제가 조선의 임금과 신하를 간곡히 타일러서 서둘러
꼼꼼하게 계획하도록 해 줄 것을 요청함. 1~2년 뒤에는 조선이 힘
을 다하여 스스로 완전해져서 동쪽을 정벌한 군사들이 얼른 집에
대한 근심을 위로받을 수 있도록 해야 함.[4]

....

4 『명신종실록』권335, 만력 27년 5월 15일(임술), "禦倭經略邢玠條陳東征善後事宜十事.
   一, 留戍兵. 議留副總兵茅國器等步兵一萬五千, 遊擊季金等水兵一萬, 副總兵解生等馬兵
   五千, 而撫臣標下選兵三千, 及巡捕雜流等, 共計合兵三萬四千一百人, 馬三千匹, 分戍朝鮮.
   一, 定月餉. 官兵鹽菜, 及新造唬船, 每年共該銀九十一萬八千九百六十餘兩. 各文武公費廩
   銀, 尙俟酌議. 一, 定本色. 合用米豆, 分派遼東、天津、山東等處, 除起運及見貯者, 盡數催發

위 상주는 일본군의 재침에 대비해 명군을 조선에 주둔시키면서 결정해야 할 주요 사안들을 망라하고 있으며, 정유재란 이후 명의 사후 대책의 근간이 되었다. 안타깝게도 현재『명신종실록』에서는 각 조항의 간략한 내용만을 확인할 수 있지만, 하나도 간단히 처리하기 어려운 안건이 10가지나 나열되어 있음을 감안하면『경략어왜주의』에 수록된 원래 상주는 매우 장문이었으리라고 추측된다.

본 상주를 받아본 만력제는 호부와 병부에 이를 내려 처리하도록 했다. 호부와 병부에서는 형개가 제시한 사항들을 구체적으로 검토하는 한편, 특히 병력을 지탱하기 위한 군량 문제에 대해 조선과도 논의하여 계획을 세우고 책임을 지도록 해 달라고 요청했다.『사대문궤』에 수록된 만력 27년 6월 18일 감군 두잠의 조선국왕 앞 자문은 이에 따라 작성된 것으로 판단된다.[5]

....

外, 另每年分派米豆十三萬石, 俟朝鮮收成之後, 徐議停運. 一, 留司·府. 議裁東西二監軍, 獨留中路海防道, 卽以新推杜潛改任. 此外第設一同知·一通判, 以省多官之費. 一, 裁餉司. 兵額旣定, 出納有經, 督餉司官, 相應議裁. 一, 重將領. 參將兪尙德, 宜復副總, 守備姜良棟·左聰, 量加遊擊, 以隆責任, 且示鼓舞. 一, 添巡捕. 自鴨綠至王京, 自王京至釜山, 地方寥遠, 寇盜充斥, 前議留捕兵六百名, 卽以把總李開先·楊拱二人統之, 分地巡警. 一, 分汛地. 朝鮮要害, 首釜山, 次巨濟, 次竹島, 及閑山·南海. 應以水·步兵, 分駐扼要, 以馬兵, 居中馳援, 而總兵李承勛, 駐劄安東, 提衡水陸之衝, 至於明斥堠, 謹烽火, 如加德·天城·絶影島等處, 所宜設立烽臺, 多置火砲, 以使偵探策應者也. 一, 議操練·屯種. 擇于寬便處所, 設立敎場, 天兵·麗兵, 相兼操練, 訓以敎師. 將官月試爲小操, 鎭·道季臨爲大操, 撫臣春秋二汛爲合操, 酌定賞格, 以爲鼓舞. 分防汛地內, 有荒蕪屯土者, 責令開墾. 屯種出于朝鮮, 牛具給于官帑, 庶足兵·足食兩得之矣. 一, 責成朝鮮. 中國之兵不能久戍, 乞天語叮嚀, 彼國君臣, 亟圖綢繆, 一二年後, 殫力自完, 使東征士卒, 蚤慰室家之思事. 下部議."

5 『事大文軌』卷32, 「禦倭監軍杜(潛)咨朝鮮國王[杜按察吾會戶兵二部會議留兵事宜]」, 만력 27년 6월 18일, 61b-79a.

2) 노모의 봉양을 위해 귀향을 요청하는 첫 번째 상주

『명신종실록』만력 27년 5월 25일에는 형개가 노모를 봉양하기 위해 귀향을 허락해 줄 것을 요청하는 상주를 올렸다는 기사가 있으며, 상주의 내용은 생략되어 있다. 상주를 받은 만력제는 형개의 노고와 공적이 드러나 의지하는 바가 매우 큰데 어찌하여 갑자기 봉양을 요청하는 것이냐고 반문하면서, 계요(薊遼) 지역의 추방(秋防)이 가까이 닥쳤으니 조속히 본진으로 귀환하여 마음을 써서 일을 처리하도록 하라는 비답을 내렸다.[6]

형개의 모친 정씨(鄭氏)는 정덕(正德) 14년(1519) 출생으로,[7] 만력 27년(1599)에는 이미 80이 넘은 고령이었다. 따라서 형개는 이후에도 여러 차례 모친의 봉양을 이유로 사직서를 제출했는데, 본 상주는 그 시작이었다. 현존하는『경략어왜주의』에는 권9 및 권10에 9-7〈四懇歸養疏〉, 9-8〈五懇送母還鄕疏〉, 9-12〈六懇歸養疏〉, 10-3〈七懇歸養疏〉의 사직상주 4편이 남아 있으며,『명신종실록』의 기록을 볼 때 그는 만력 30년(1602) 5월 집에 머물러 모친을 봉양하도록 허락받을 때까지 15차례에 걸쳐 사직서를 올렸던 것으로 보인다.[8]

....

6 『명신종실록』권335, 만력 27년 5월 25일(임신), "總督邢玠, 以母老乞歸侍養. 上謂, 玠勞績懋著, 眷倚方殷, 何遽以侍養爲請. 況薊遼秋防在邇, 宜亟還本鎭, 用心督理."
7 李森,「明代抗倭援朝名臣邢玠父母墓志考析」,『中國國家博物館館刊』2011-11, 95~96쪽.
8 『명신종실록』권372, 만력 30년 5월 2일(계해), "原任總督薊遼尙書邢玠, 以人言, 十五疏陳情辭任. 至是得允曰, 卿功著東隆, 方殷倚任, 乃以養母苦情, 有難固違, 准暫留家省侍, 以待召用."

3) 정유재란 승리에 대한 논공행상 내역을 건의하는 상주

『명신종실록』만력 27년 6월 2일에는 형개와 만세덕이 회동하여 왜를 평정한 공에 대해 서훈하기 위해 전임 경략이었던 손광(孫鑛)[9] 등의 총독·순무·총병·도 및 병부·호부 소속 사(司)·부(府) 등의 관원들을 거명했다는 기사가 있다. 만력제는 이 상주를 이부 및 병부에 내려 논의하도록 했다.[10]

본 상주의 내용은 기록으로 남아 있지 않지만, 만력 27년 9월 9일 이루어진 정유재란 유공자 포상에 대폭 반영되었던 것으로 보인다.[11] 이때 포상이 미흡했거나 누락된 일부 문관들에 대해 형개는 이후 10-7 〈催敍東征文職疏〉를 올려 추가 포상을 요청해 윤허를 받았다.

4) 노모의 봉양을 위해 귀향을 요청하는 두 번째 상주

『명신종실록』만력 27년 6월 16일에는 계요총독 형개가 재차 상소를 올려 노친의 봉양을 마무리하기를 요청했다는 기사가 실려 있다. 만력제는 변방의 위임이 중대하니 효도하는 마음을 옮겨서 충성하는 마음으로 삼도록 할 것을 지시하고, 형개의 요청을 윤허하지 않았다.[12]

....

9   손광(孫鑛): 1543~1613. 명나라 사람이다. 임진왜란 발발 초기에는 산동순무(山東巡撫)를 맡아 병참을 지원했고, 만력 22년(1594)에 고양겸(顧養謙)을 대신하여 경략이 되었다.

10 『명신종실록』권336, 만력 27년 6월 2일(기묘), "經理朝鮮萬世德, 會同總督邢玠, 以敍平倭功, 擧督·撫·鎭·道·部屬司·府等官孫鑛等. 章下部議."

11 『명신종실록』권339, 만력 27년 9월 9일(을묘).

12 『명신종실록』권336, 만력 27년 6월 15일(임진), "薊遼總督邢玠, 再疏乞終養. 上諭以邊寄重大, 宜移孝爲忠, 所請不允."

5) 노모의 봉양을 위해 귀향을 요청하는 세 번째 상주

『명신종실록』만력 27년 7월 28일에는 계요총독 형개가 귀향하여 노친을 봉양하기를 간절히 요구했으나 만력제가 윤허하지 않았다는 기사가 실려 있다.[13]

6) 정유재란 승전에 대한 논공행상을 사양하는 첫 번째 상주

『명신종실록』만력 27년 10월 1일에는 경략 형개가 은혜를 더해준 데 대해 상주하여 사양하자 만력제가 윤허하지 않았다는 기사가 있다.[14] 이는 9월 9일 그에게 태자태보의 관함을 더하고 아들 1명에게 금의위지휘첨사(錦衣衛指揮僉事)의 음직을 세습하게 하며 은 80냥과 대홍저사망의(大紅紵絲蟒衣) 1습을 상으로 준 데 대해 사양하기 위해 올린 상주였다.[15] 본 상주에 대해 만력제가 윤허하지 않는 뜻을 보이는 성지는 9-1〈謝東功恩廕疏〉에 수록되어 있다.

......

13 『명신종실록』권337, 만력 27년 7월 28일(을해), "薊遼總督邢玠, 以母老, 固求歸養. 不允."

14 『명신종실록』권340, 만력 27년 10월 1일(정축), "經略邢玠疏辭加恩優詔, 不允."

15 『명신종실록』권339, 만력 27년 9월 9일(을묘).

經略禦倭奏議

권9

9-1

동쪽에서 세운 공에 은혜와 음덕을 내려 주신 데 대해 사은하는 상주

謝東功恩廕疏 | 권9, 3a-5b

날짜 만력 27년(1599) 10월 1일 이후

내용 만력제는 정유재란을 승리로 이끈 공적으로 형개에게 태자태보의 관함을 더하고 아들 1명에게 금의위지휘첨사(錦衣衛指揮僉事)의 음직을 세습하도록 하는 은전을 내렸으며, 은 80냥과 대홍저사망의(大紅紵絲蟒衣) 1습을 상으로 하사했다. 이에 대해 형개는 9월 15일에 1차로 상주를 올려 사양했으나, 만력제는 형개의 사양을 허락하지 않는다는 성지를 내렸다. 따라서 형개는 적을 물리친 공적은 자신의 것이 아니라고 겸양의 뜻을 표하고, 동시에 은혜에 감사하고 앞으로도 힘써 보답하겠다는 내용으로 사은 상주를 올렸다. 만력제는 이를 잘 알겠다고 대답했다.

관련자료 본문에는 형개가 포상을 사양하는 상주를 올린 날짜가 9월 15일로 나와 있는데, 『명신종실록』 만력 27년 10월 1일에는 해당 상주에 대해 만력제가 윤허하지 않는다는 성지를 내렸다는 기사가 실려 있다.[1] 따라서 본 문서가 작성된 시점은 10월 1일 이후로 추정된다.

천자(天子)의 은혜에 공손히 감사드리는 일로 올리는 주본(奏本).

....

1 『명신종실록』권340, 만력 27년 10월 1일(정축).

앞서 병부(兵部)로부터 자문(咨文)을 받았는데, 그 내용은 다음과 같았습니다.

삼가 칙유(勅諭)를 받든 데 관한 일.

앞서 성지(聖旨)를 받들었는데, "왜노(倭奴)가 7년 동안이나 침범하여 조선을 재차 위태롭게 했다. 짐은 종묘(宗廟)와 사직(社稷)의 큰 보살핌과 문무 군신들의 협력에 힘입어 완전한 승첩을 거두었으니 마땅히 경축의 은전을 베풀어야겠다. 이번에 수륙 사로(四路)에서의 공적과 그 차서(次序)는 이미 검토하여 명확히 하고 논의하여 타당하다 결론 내렸으니, 형개(邢玠)에게는 태자태보(太子太保)를 더해 주고 종전대로 상서(尙書)·총독(總督)을 맡게 하며, 아들 한 명에게는 음서로 금의위지휘첨사(錦衣衛指揮僉事)의 자리를 주어 세습하게 하며, 은 80냥과 대홍저사망의(大紅紵絲蟒衣) 1습(襲)을 상으로 주고, 그에 해당하는 고명(誥命)을 지급해 주어라."[2]라고 하셨습니다.

신은 곧바로 9월 15일에 주본을 갖추어 올려 사양했습니다. 다시 성지를 받들었는데, "동왜(東倭)를 쓸어버렸으므로 은혜를 더해 주어도 과분하지 않을 것이니, 마땅히 더욱 공손히 받들어 충성을 다하도록 하라. 사양함을 허락하지 않는다. 해당 부서에 알려 주어라."라고 하셨습니다.

신은 대궐을 바라보면서 고두(叩頭)하며 은혜에 감사하는 외에, 엎드려 생각하건대, 신은 학문은 군사에 대해 알지 못하고 재주는

....

2 　왜노(倭奴)가 …… 주어라: 해당 성지는 『명신종실록』 만력 27년 9월 9일 기사에 수록되어 있다. 『명신종실록』 권339, 만력 27년 9월 9일(을묘).

변고에 대응할 만하지 못한데, 외람되이 황상께서 특별히 알아봐 주시는 은혜를 입어 국경 밖에서의 전쟁을 전담할 권한을 부여받았습니다. 명을 받들고 전쟁에 임한 이래로 몸을 바쳐 적을 토멸할 것을 맹서했습니다. 무딘 칼날을 갈고 노둔한 말에 채찍질을 더하며 하루하루 조마조마하면서 감히 태만히 넘긴 날이 없었습니다만, 닭 잡는 칼로 소를 베려니 실로 보잘것없는 재주라서 남보다 뛰어남이 없었습니다. 다행히 하늘의 토벌[天討]이 한껏 펼쳐져서 도이(島夷: 일본)가 모두 섬멸되었습니다. 이에 속번(屬藩: 조선)은 거의 망했다가 다시 살아났으니 멸망한 나라를 다시 일으키고 끊어진 것을 이어 주는 황상의 어짊을 사해(四海)에서 송축하고, 중국은 주변이 진동했음에도 아무 걱정이 없게 되었으니 내지를 평안하게 하고 외적을 물리치시는 묘당의 책략을 팔방(八方)에서 우러릅니다. 공적은 황상 홀로 거두시었는데, 경사는 억조 만민에게 미치게 되었습니다. 신이 일을 달성한 것은 다른 사람들 덕분이라 부끄러운데 어찌 감히 남의 공을 탐하여 제 공으로 삼겠습니까.[3]

뜻밖에도 성상의 자애로움이 두루 펼쳐지고 천자의 은혜가 깊이 펼쳐져 한 치의 노고도 버려두지 않고 모두가 경축하고 상을 내리시는 은전을 입게 되었습니다. 보형(保衡)[4]의 높은 벼슬은 위로 조상

....

3 감히 …… 삼겠습니까: 『춘추좌씨전(春秋左氏傳)』에 나오는 탐천지공(貪天之功) 고사를 인용한 것이다. 진문공(晉文公)이 긴 망명 생활 끝에 귀국하여 즉위하고 논공행상을 할 때 진문공을 보필했던 개자추(介子推)가 대상에서 제외되었다. 개자추의 어머니가 공을 주장하지 않는 이유를 물어보자 개자추는 군주에 대해 탐천지공을 다투는 것은 수치스러운 행위라고 대답했다. 하늘의 공을 탐한다는 뜻으로 남의 공을 도용함을 비유하는 말이다.

4 보형(保衡): 은(殷)나라의 재상 이윤(伊尹)의 존칭으로 후대에 이르러 재상을 총칭하는 표현으로 사용되었다.

들에게 미쳐 청궁(靑宮)[5]에서 총애를 입었고, 세습의 특별한 은혜는 아래로 후손들에게 미쳐 오랫동안 근위직[6]을 맡게 하셨습니다. 금기(金綺)는 하늘에 영예를 떨치고, 사륜(絲綸)[7]은 저승과 이승에 광명을 비춥니다. 복이 지나쳐 생길 우려를 깊이 생각하고 겉만 번지르르하다는 비난을 받을까 두려워 이 때문에 사양하며 분수를 지키려 했습니다만, 도리어 따뜻한 말씀을 해 주시며 삼가 받들라 깨우쳐 주셨습니다. 명을 듣고 깜짝 놀라 감격이 극에 달해 울고 싶었으니, 신이 감히 은혜와 우대를 우러러 받들어 더욱 초심을 북돋지 않을 수 있겠습니까. 주인에 보답하는 개와 말의 우직한 마음을 힘써 다하여 낳아 주고 길러 주신 하늘과 땅의 덕에 보답하고자 합니다.

성지를 받들었는데, "경이 주본을 올려 사은하는 바를 보고 잘 알았다. 예부에 알려 주어라."라고 하셨습니다.

---

5 청궁(靑宮): 동궁(東宮), 곧 태자(太子)를 의미한다. 오행설(五行說)에 따르면 청색은 동방에 해당하기에 동궁을 청궁으로 표현한 것이다. 여기서는 형개가 태자태보(太子太保)에 임명된 것을 지칭한다.

6 근위직: 원문은 제기(緹騎)이다. 붉은색 관복을 입은 기사(騎士)라는 뜻으로 금위군(禁衛軍)을 통칭하는 말이다. 여기서는 형개의 자손이 금의위지휘첨사(錦衣衛指揮僉事) 직을 세습하게 된 것을 가리킨다.

7 사륜(絲綸):『예기(禮記)』「치의(緇衣)」에서 유래된 말로 임금의 말, 즉 조서(詔書)를 의미한다.

9-2

유병의 양향을 논의하는 상주

酌議留兵糧餉疏 | 권9, 6a-17b

날짜 만력 27년(1599) 7월 14일

내용 조선에 주둔한 명군에 대한 추가 비용 지급에 대해 병부와 호부는 부담스러워 하고 있었다. 이에 형개와 만세덕은 일본군의 재침에 대비하여 내지의 안전을 보장하기 위해서라도 병력을 남겨 두지 않을 수 없다는 뜻을 밝혔다. 구체적으로는 올해는 2만 명을 남겨 두고 2년 기한으로 순차적으로 병력을 조금씩 철수시키자고 건의했다. 또한 잔류 병력에게 지급할 본색(本色: 곡물)은 추수 이후 조선에 전적으로 책임지게 하고 명에서 운송하지 않아도 될 듯하나, 절색(折色: 은)은 조선에 은이 나지 않아 마련하기 어려울 것 같다는 견해를 보였다.

병부에서는 이에 대해 병력을 줄이자는 검토 의견을 제출했다. 2년이라는 기한에 구애될 필요는 없으며, 이번 가을 물때가 지난 뒤에 2만 명 중에서 다시 일부를 뽑아 철수시키고 정예병 일부를 남겨 두자는 것이었다. 이 정도면 조선 군대를 옆에서 지원하는 데 충분할 것이라는 판단이었다. 만력제는 병부의 검토 의견을 윤허했고, 조선국왕에게 공문을 보내 서둘러 기한에 맞춰 스스로 방어를 강화할 것을 지시했다.

호부에서는 명 측이 필요한 비용 전액을 공급할 수는 없다고 주장했다. 명의 재정이 매우 곤란하고, 남겨 두는 병력이 전쟁 당시보다 훨씬 적어 조선에서도 본색을 공급할 수 있는 정도이며, 일본의 재침은 불확실하다는 것이 근거였다. 또한 조선은 바깥 울타리이지 내지가 아니라는 이

유도 들었다. 따라서 호부는 조선에서 본색을 마련하고, 절색은 3분의 1 만 명에서 보조하고 나머지는 조선에서 자체적으로 지급하게 할 것을 제시했다. 또한 조선에서 현지의 사정을 감안하여 상주하게 해 줄 것을 요청했다. 만력제는 호부의 논의 내용을 조선에 보내 조선에서 상주를 올리도록 지시했다.

본 문서는 정유재란 종결 이후 일본군의 재침을 막기 위해 조선에 주둔한 명군의 유지 비용이 명의 재정상 적지 않은 부담이었으며, 따라서 현장의 형개·만세덕과 중앙의 병부·호부, 그리고 조선 사이에 잔류 병력 규모 및 비용 지급 문제로 갈등이 있었음을 보여주는 사료이다.

관련자료 『명신종실록』에는 본문에 대한 병부의 검토 의견과 만력제의 성지가 만력 27년 7월 12일에, 호부의 검토 의견과 만력제의 성지가 만력 27년 7월 14일에 수록되어 있다.[8] 따라서 형개가 상주를 올린 시점은 그 이전이며, 호부의 검토 의견 및 그에 대한 만력제의 처분까지 내려진 일자는 7월 14일로 판단된다. 『경략어왜주의』는 기본적으로 문서를 작성 순서대로 수록하고 있으나, 앞서 살펴본 바와 같이 9-1 〈謝東功恩廕疏〉가 명확히 10월 1일 이후에 작성된 문서임을 감안하면, 본 문서는 작성 시점을 무시하고 그 뒤에 배치된 것으로 추정된다.

『사대문궤』에는 경리 만세덕이 만력제의 지시에 따라 조선에 주둔 병력 숫자와 군량 마련 방안 등에 대해 논의해 상주할 것을 촉구하는 자문이 실려 있다.[9] 이에 대해 조선에서는 8월 22일 공조참판 윤형(尹洞)을 파견하여 병력은 수군 8000명만 남기고, 본색은 조선이 전부 부담하되 절색은 명에서 예전대로 전액 지급해 줄 것을 요청하는 주본을 올렸다.[10]

....

8 『명신종실록』권337, 만력 27년 7월 12일(기미), 14일(신유).

9 『事大文軌』卷33, 「經理朝鮮軍務萬(世德)咨朝鮮國王[萬經理節餉防倭]」, 만력 27년 8월 1일, 43b-47b.

10 『事大文軌』卷33, 「朝鮮國王奏[留兵處餉奏文]」, 만력 27년 8월 22일, 61b-66b; 李廷龜,

군수를 절약하는 일과 왜적을 방어하는 일이 모두 시급하므로 삼가 중도(中道)를 참작하여 아룀으로써 묘당(廟堂)의 논의에 대비하고 만전을 도모하는 일로 올리는 제본(題本).

앞서 호부(戶部)의 자문(咨文)을 받았는데, 그 내용은 다음과 같습니다.

호부와 병부(兵部)가 함께 검토하여 올린 상주는 다음과 같습니다.

과신(科臣)[11]이 동정(東征)의 전후 처리를 위해 군사를 남기고 군량을 소비하는 연유에 관해 제본을 올려 탄핵했습니다.[12] 그 대강에 이르기를, "왜가 다시 오지 않으리라 보장하기는 매우 어려우나, 중국은 이미 조선에 7년씩이나 있었으니 어찌 계속 대신해서 지킬 수 있겠습니까. 조선이 혼란을 겪은 나머지 숨 고를 틈이 없을까 염려하여 적당히 군사를 남겨 두어 잠시 통제를 돕기로 했던 것입니다. 총독(總督)과 순무(巡撫)는 조선을 위해 만전을 기하고자 염려하는 바람에 끝내 국가의 소비는 따져 볼 겨를이 없었던 것이나, 7년 동안 소비한

....

『月沙集』卷22, 奏,「留兵處餉事宜奏(己亥秋)」는 이에 대한 초고였던 것으로 보인다.

11 과신(科臣): 과도관(科道官)을 이르는 것으로 명·청시대 육과(六科)의 급사중(給事中)과 도찰원(都察院) 산하 각 도의 감찰어사(監察御史)를 통칭하여 부르는 말이다. 감찰과 간언을 함께 담당하는 명대 특유의 언관으로, 『명사(明史)』의 기록에 따르면 "어사(御史)는 조정의 이목(耳目)이요 급사중은 장주(章奏)를 담당하여 조정과 황제 앞에서 시비를 다투니 모두 언로(言路)라 부른다."라고 했다.

12 과신(科臣)이 …… 탄핵했습니다: 『명신종실록』 만력 27년 5월 29일자 기사에 호과좌급사중(戶科左給事中) 이응책(李應策)이 만세덕 등이 올린 전후 처리안에 대해 탄핵한 내용이 요약되어 있다. 『명신종실록』 권335, 만력 27년 5월 29일(병자).

적지 않은 비용은 모두 정액(定額) 밖에 해당하는 것입니다."
라고 했습니다.

또한 말하기를, "왜환(倭患)이 처음 터졌을 때 청한 군사는
1만 명을 넘지 않았습니다. 왜가 패퇴한 뒤 남겨 둔 병사도
5000명을 넘지 않았습니다. 오늘의 전후 처리 문제에서는 마
땅히 저들의 군량 형편이 좋은지 나쁜지를 헤아려 본 뒤에 우
리 군사가 떠날지 남을지를 따져, 불필요한 비용을 줄여야 할
것입니다."라고 했습니다.

누누이 수백 마디 말을 하지만 또한 경외(境外)에서 일을
맡은 괴로움과 이역(異域)에서 공을 세우는 어려움을 생각하
자면, 어찌 7년 동안이나 비용을 써 놓고서도 연말까지 비용
지급을 더 하지 못한다고 하겠습니까만, 나라 안과 나라 바깥
에는 각각 완급이 있으니 사체(事體)가 마땅히 이와 같을 따
름입니다.

검토 의견을 올리고 그렇게 하라 하신 성지(聖旨)를 받들어 자문
을 보냅니다.

신 등은 좋은 방안을 논의하여 실제 소모되는 비용을 마땅하게 줄
이겠노라고 주본을 갖추어 올렸습니다. 신이 삼가 준행하여 두루 시
행하며 조사하고 논의하던 중, 다시 경리순무(經理巡撫) 우첨도어사
(右僉都御史) 만세덕(萬世德)[13]의 게첩(揭帖)을 받았는데, 그 내용은

....

13 만세덕(萬世德): 1547~1602. 명나라 사람이다. 산서 편관현(偏關縣) 출신으로 융경 5년
    (1571) 진사가 되었다. 만력 26년(1598) 양호(楊鎬) 대신 조선에 파견되어 조선의 방비
    와 전후 후속처리 논의를 담당했다. 사후 태자태보(太子太保) 병부상서(兵部尚書)로 추
    증되었다.

다음과 같았습니다.

살피건대, 변방의 군사 5000명은 모두 선부(宣府)와 대동(大同)에
속해 있습니다. 앞서 해당 총독 매국정(梅國楨)[14]과 순무 방수사
(房守士)[15] 두 신하가 자문을 보내 청하기를, 오랑캐의 정세는 예
측하기 어려우니 서둘러 군사를 돌려야 한다고 했습니다. 이미
병부에서 검토 의견을 올렸으니 지금 먼저 철수해야 하겠습니
다. 다음으로 저의 표병(標兵)인 남병(南兵)과 북병(北兵)이 2200
명이며, 또 제가 거느리고 있는 이족(夷族)과 한족(漢族)의 건정
(健丁) 800여 명이 있는데, 이들은 잠시 저를 따라 통제를 하며
창졸간에 일어날 수 있는 뜻밖의 사태에 대비하다가 가을에 접
어들 때를 기다렸다가 요동순무 이식(李植)[16]이 원래 제본으로
청한 요동 응원군과 함께 긴급한 가을 방어에 대비해야 하겠습
니다. 다음으로 장방(張榜)[17]의 절강 군사 4000여 명, 그 다음으

....

14 매국정(梅國楨): 1542~1605. 명나라 사람이다. 호광 마성현(麻城縣) 출신으로 만력 20
년(1592) 보바이[哱拜] 부자가 반란을 일으키자 토벌군의 감군어사로 종군해 공을 세
웠다. 이후 벼슬이 대동순무(大同巡撫)를 거쳐 병부우시랑 선대총독(兵部右侍郎 宣大總
督)에 이르렀다.

15 방수사(房守士): 1537~1605. 명나라 사람이다. 산동 제남부(濟南府) 제하현(齊河縣) 출
신으로 만력 5년(1577) 진사가 된 후 주로 섬서와 산서 일대에서 봉직했다. 대동순무(大
同巡撫) 시절 지역의 군민을 동원해 황무지를 개간해 낸 공으로 병부우시랑(兵部右侍
郎)으로 승진했다.

16 이식(李植): 1552~?. 명나라 사람이다. 만력 10년(1582) 권력을 농단하던 환관 풍보(馮
保)를 탄핵했고 이어 얼마 전에 사망한 장거정(張居正)을 탄핵했다. 만력 26년에는 도찰
원우첨도어사 순무요동 찬리군무겸관비왜(都察院右僉都御史巡撫遼東贊理軍務兼管備
倭)에 임명되었다. 만력 29년(1601) 탄핵되어 파직되었다.

17 장방(張榜): ?~?. 명나라 사람이다. 절강 출신이며 흠차통령절병비왜(欽差統領浙兵備
倭)로 보병 4600명을 이끌고 만력 27년(1599)년에 조선에 왔다가 이듬해 명나라로 돌
아갔다.

로 수채(水寨)의 옛 군사 2000여 명, 합쳐서 철수해야 할 기병과 보병, 수군(水軍)과 육군(陸軍) 1만 4000여 명은 모두 7월 중순 이후에 나누어 출발시켜야 하겠습니다.

또한 남방위(藍芳威)[18]의 군사 2500여 명은 잠시 머무르며 대신 방어하게 했으나, 근래에 총독께서 요동을 응원하라고 하신 동원령을 받들어 현재 이미 철수하여 출발했으니, 전후 처리 숫자에 들어가지 않습니다. 10월 초순에 이르면 즉시 진잠(陳蠶)[19]의 군사 4000여 명을 철수시키겠습니다. 그 수채의 옛 군사는 모두 철수하여 해산시키겠습니다. 세선(稅船)과 사선(沙船) 또한 함께 철수해야 하겠습니다. 그 가운데 잔류할 수군과 육군 두 갈래는, 많으면 1만 명, 적으면 6000명입니다. 절색(折色)의 월향(月餉)을 모두 조선에 내게 해야 마땅할지는 묘당의 논의를 기다려야 하겠습니다. 완전히 철수가 이루어질 기한을 예측해 보자면 역시 동짓달은 지나야 할 것입니다. 각 관군의 월량(月糧)과 행량(行糧)은 모두 정해진 규정이 있으니 더하거나 줄일 수 없습니다. 군사를 움직이는 일은 제 마음에 달렸으나, 지급해야 할 양향 문제에 관해서는 바라건대, 호부에 칙서를 내리시어 신속히 지급하도록 처리해서 미리 요동에 보내 놓았다가, 해당 진(鎭)의 향

....

18 남방위(藍芳威): ?~?. 명나라 사람이다. 강서(江西) 요주부(饒州府) 강서현(江西縣) 출신으로 만력 26년(1598) 남병(南兵)을 이끌고 조선에 와 제독 유정(劉綎)의 휘하에서 직산, 남원 등지에 주둔했고, 만력 27년(1599) 명나라로 돌아갔다. 조선에 주둔하는 동안 수집한 자료로 『조선시선(朝鮮詩選)』을 편찬하여 조선의 시를 중국에 소개한 것으로 알려져 있다.

19 진잠(陳蠶): ?~?. 명나라 사람이다. 호는 견당(見塘)이며, 절강 금화위(金華衛) 사람이다. 만력 26년(1598)에 흠차통령오군사관남병유격장군(欽差統領五軍四管南兵遊擊將軍)으로 조선에 와서 진린의 휘하에서 수군을 지휘했다. 이듬해에 명나라로 돌아갔다.

사(餉司)에 책임을 맡기든지, 아니면 원임 낭중(郎中) 동한유(董漢儒)[20]를 그대로 남겨 두고 지급을 주관시켜 조속히 입관(入關)하여 막히지 않게 해야 합니다. 세 성(省)에서 운반하는 쌀과 콩은 원래 춘궁기의 결핍에 대비하기 위한 것이었는데, 군사를 이미 철수하기로 논의했으니 마땅히 모두 정지해야 하겠습니다.

만약 군량 공급이 번거롭다 하여, 하루를 줄여 하루의 비용을 줄이자고 한다면, 즉시 3만 4000명의 수효를 한꺼번에 모두 철수시켜야 할 것입니다. 엎드려 빌건대, 호부에 명을 내리시어 저희가 성지를 준수하여 정한 부대 편성에 따라 순서대로 나누어 시행하도록 허용해 주십시오. 조선에 관한 미진한 사안은 총독이 유사시에 이미 겸직하여 관장해 왔으니, 평정된 날에 절제하지 못하겠습니까.

내탕이 고갈되어 각 변방 군사들에 대한 부족한 비용이 백만이나 되어, 전쟁 비용이 국가 재정을 넘어서는 것이 이 지경에 이르렀으니 또한 참으로 위태위태합니다. 동왜(東倭)가 난리를 일으켜 중국이 애를 쓴 지가 7년이나 되어, 인심(人心)은 귀국하기만 생각하며 변방을 도와주는 일에 도움이 되지 않는 상황이 이 지경에 이르니 역시 참으로 고달프고 고달픕니다. 사람의 마음이 풀어지고 조여지는 형세를 가지고 따지자면 모두 철수한다 해도 지나치지 않을 것입니다. 이것이 신 등이 전후 처리에 드는 군사와 군량에 관련해서 주소(奏疏)를 올릴 때, 부(部)와 과(科)에서 불안한 눈빛으로 마음을

....

20 동한유(董漢儒): 1562~1628. 명나라 사람이다. 만력 25년(1597) 정유재란이 발발하자 흠차관리비왜양향 호부산동청리사낭중(欽差管理備倭糧餉戶部山東淸吏司郎中)으로 조선에 와서 원정군의 군량을 관장했다. 만력 27년(1599) 명나라로 돌아갔다.

졸이면서 신 등에게 문서를 보내 군사와 군량을 줄여 달라고 하지 않을 수 없었던 이유입니다. 신이 비록 지극히 우매하지만 그 마음만은 한가지입니다.

군사를 머물러 두는 일을 조사하는 사안은 신이 경리 순무(經理巡撫)에게 자문을 보내고 진(鎭)·도(道)[21]에 패문을 보내 무릇 군량, 주둔지 축조, 군사 배치, 인사 고과 등에 관련된 사항을 8가지 항목으로 열거하여 계책을 논의하고 적절한 방안을 마련하도록 했습니다. 논박과 조사를 반복하니 역시 어렵고 또 어려운 일이었습니다. 그러나 순무는 그 자신이 이해를 짊어진 사람입니다. 그가 처음에 상소를 올려 유병(留兵)이 적어서는 안 된다고 했던 것은 당시 번국이 회복된 초기이고 왜의 정황을 잘 알지 못했기 때문입니다. 만전의 대비를 갖추는 데 집중하기는 했으나 은밀하게는 군사를 철수시키고 비용을 줄이기 위한 모의를 하지 않았던 것은 아닙니다. 그가 지금은 상소를 올려 유병이 많으면 안 된다고 한 것은 국가의 군량 사정이 어렵다는 것을 헤아렸기 때문으로, 아직 보내지 않은 비축분을 아끼는 데 집중하며 절약하는 마음을 드러낸 것입니다. 심지어 모조리 철군하자고 빌고, 자신을 파면시켜 달라고 빌며, 또한 양쪽 모두를 돌아보기 어렵다고 느끼고서 스스로를 탄핵하면서 병사를

·······

21 도(道): 명대 성 단위의 특별 행정업무를 전담하게 하거나 포정사(布政使)·안찰사(按察使)의 업무를 보좌하기 위해 설치한 관원이다. 도원(道員)·도대(道臺)라고도 칭했다. 독량도(督糧道)·병비도(兵備道)·해관도(海關道)·순경도(巡警道)·권업도(勸業道)·분수도(分守道)·분순도(分巡道) 등이 그 일례이다. 이 중 분순도는 안찰사를 보좌하여 소속 주·부·현의 행정과 사법 등의 사안을 감독, 순찰했다. 분수도는 포정사를 보좌하며 담당 지역의 세금 징수, 작황 확인, 인사 고과, 군량 징발 등의 업무를 수행했으며, 성의 크기에 따라 분수도의 숫자도 달랐다. 분수도·분순도는 관할하는 지역의 이름을 따서 "분수요해도(分守遼海道)"와 같이 불렸다.

귀국시켜 합쳐야 한다고 청하기까지 했으니, 이는 그 마음이 정말 힘들었을 것입니다. 신과 같은 자는 창고 비축 상태의 위급함을 해결하여 묘당의 여망에 부응할 계책도 없고, 또 번리(藩籬: 조선)의 방어를 도와 후일의 근심을 덜어 낼 계책도 없으니 또한 괴롭습니다.

부산(釜山)에 왜가 비록 머물러 있지는 않지만 그들이 다시 오지 않으리라고는 보장하기 어렵습니다. 저들이 머물러 있지 않은 틈을 타서 장차 저들이 올 때를 대비하는 것이 신 등의 일입니다. 신이 재삼 헤아려 보고서 처음에는 3만 4000명을 남겨 두고자 했더니 너무 많다고 비난을 받았습니다. 이어서는 1만, 혹은 5000~6000명을 남겨 두고자 했더니 이번에는 너무 적다고 비난을 받았습니다. 7년이나 대신하여 지켜 주었더니 너무 오래 있었다고 비난을 받았고, 올해 방비를 줄이자고 했더니 너무 이르다고 비난을 받았습니다.

두루 형세를 논하자면, 등주(登州)·내주(萊州)·회안(淮安)·양주(揚州)는 따지지 않더라도, 조선이라는 곳은 바깥쪽 담장이고 요동은 대문이며, 계주(薊州)와 보정(保定)은 중문(中門)이고, 경사(京師)는 안채입니다. 담장이 무너지면 자연히 문에 영향이 미치고, 문이 무너지면 자연히 안채에 영향이 미치게 됩니다. 지역에 급박한 일이 생기면 그 피해가 입술과 이에 이르며 선후의 차이가 있을 뿐입니다. 올해의 조선은 갓 쌓은 담장과 같아 기초가 미처 안정되지 못했으니, 그 짓고 덮는 것을 두텁게 하지 않는다면 한 번만 비가 와도 기울어질 것입니다. 그러면 안채와 뜰은 어느 담벼락에 기대겠습니까. 이에 처음 논의하면서 올해에 군사 2만 5000명을 남겨 두었다가 봄철 조수가 지나가기를 기다려 5000명을 철수시키고 내년 봄철 조수가 지나간 뒤에 5000명을 철수시키며 가을 조수가 지나간 뒤에

5000명을 철수시키자고 했던 것입니다. 후년이면 왜의 정세 또한 안정되고 조선의 기력 또한 스스로 보존할 수 있게 될 것이니, 봄철 조수가 지나간 뒤에 관군을 모두 철수시키자고 했던 것입니다. 이렇게 하면 남겨 두는 군사는 싸우고 수비할 수 있어 생각하지 못한 숨은 화란을 막을 수 있고, 철수하는 군사는 서두르지도 늦추지도 않아 외이(外夷)가 빈틈을 노리는 일을 막을 수 있을 것입니다.

군사를 너무 적게 남겨 둘 경우, 저 조선의 수군 3000여 명은 쓸 만하다 할지라도 육군 2000~3000명은 군량이 부족해서 모으자마자 흩어져 버려 유명무실한 데다가 이제 겨우 가르치고 훈련시키고 있으니 어찌 갑자기 의지할 수 있겠습니까. 우리가 군사 1만 명을 남겨 둔다면 잡류(雜流) 화두(火頭)로서 군영을 지키는 자를 제외하면 겨우 9000명을 얻게 됩니다. 만약 6000명을 남겨둔다면 겨우 5000명을 얻게 됩니다. 동서 1000리의 연해에 어떻게 나누어 포진시켜야 좋을지 모르겠습니다. 왜가 쳐들어올 경우 바다와 육지를 나누어 방어하면 형세가 단출해질 것이고, 합쳐서 방어한다면 틈이 많아질 것입니다. 교활한 적이 허실을 엿보아 알게 된다면, 겨우 날쌘 배 400~500척만으로 깃발과 북을 크게 벌여 놓고 돛을 펼쳐 온다면 우리 군사는 조선이 의지하기에 충분하지 못할 것입니다. 그 군신은 머리를 감싸 쥐고 숨어들기만 하다가 온 나라를 왜에게 넘겨주게 될 뿐입니다. 조선이 도망쳐 버린다면 우리 군사는 해외에 고립되어 전투와 수비 모두 어려워져 왜의 손에 죽지 않는다면 굶어 죽게 될 것입니다. 그때가 되면 일본이 손바닥에 침을 뱉듯 손쉽게 조선을 취하게 될 것이며, 일본의 부강함에 팔도의 군량을 더해서 압록강을 호시탐탐 노려보다가, 한 번 뗏목을 엮으면 요좌(遼左)로 넘어오게 될 것입니다. 요동의 군사에는 한도가 있으니 물러나서 왜를 방어한다면 그 땅이 오랑캐에게 넘어갈 것이고, 머물러서 오랑캐를 방어한다면 그 땅이 왜에게 넘어갈 것입니다. 요좌는 버릴 수 없으니 형세상 분명 징병을 해야 할 것인데, 이는 시간적으로 불가능한 것은 아니지만, 군사가 동관(東關)을 나서기도 전에 왜가 이미 서강(西江)을 건널까 걱정이 됩니다. 그때서야 사방에서 징병을 한들 그 비용은 어찌 다 말로 할 수 있겠습니까. 계문(薊門)에는 수군이 전혀 없으니, 왜가 여순(旅順)의 북안(北岸)을 따라 온다면 한 번 뗏목을 엮어서 산해(山海)를 건널 수 있습니다. 만약 바다와 육지로 한꺼번에 나온다면 기보(畿輔)의 백성은 전쟁에 익숙하지 않고 변방의 군사들은 각각 임지가 있을 것이니, 황상께서 이 광경을 상상하시면 어떠하십니까. 계주와 요동을 경시할 수 없다면 조선도 급히 돌아보지 않을 수 없으며 이미 거둔 공적을 가벼이 버릴 수 없습니다.

따라서 신이 올해에 유병을 2만으로 하자고 한 것은 줄일 수 없을 것 같습니다. 내년과 후년에 왜의 정황이 점차 안정되고 조선이 점차 강성해져서 관군도 점차 철수한다면 신이 앞서 논의에서 말씀드린 바와 같이 될 것입니다. 3년이 아니면 2년이라도 엄히 방비하자는 것은 생각하지 않을 수 없습니다. 하물며 올해 봄 조수는 이미 지나갔으니 5000명은 감축할 수 있으나, 초겨울에 1만 명을 철수시키자는 것은 마땅히 다시 따져 보아야 할 것입니다. 또한 순무는 동짓달까지 모두 철수시킬 수 있다고 했으나, 내년 봄철 조수까지는 잠시 기다려야 할 것 같습니다. 올해도 이미 절반이 지나갔으니 다시 반년만 더 공들인다면 황상께서 망한 이를 구원해 주시는 어짊이 끝맺음을 볼 수 있을 것이고 중국이 외번을 방어해 주는 일이 굳건해질 수 있어 일거양득을 이룰 수 있을 것입니다.

조선은 시문(詩文)에 신경을 쏟으며 군사 방비는 오랫동안 전폐해 왔습니다. 왜가 쳐들어오자 구원해 주기만을 바라더니 왜가 평정되자 소생시켜 주기만을 바라고 있습니다. 병화(兵火)가 지나간 뒤로는 군사 물리기를 바라면서도 군사를 갖추지 않고, 군량 원조를 바라면서도 군량을 저축하지 않습니다. 제비와 참새가 불난 집 처마에 자리한 것처럼[22] 시작을 함께 도모하기 어렵습니다.[23] 그러니 교화시키고 인도하며 재촉하고 독려하여 약한 이를 강하게 만들고자 한다면 도리어 순무·총병의 힘만 번거롭게 할 뿐일 것입니다. 그렇다고 또한 자포자기하여 버리기도 어려우며, 비용을 줄이는 일이나 방어하는 일이나 각각 어려움이 있습니다. 중도를 헤아려 대처하는 것은 묘당에서 양쪽 모두를 돌아보는 데 있을 뿐입니다.

천하의 일에는 아낀다고 하다가 실제로는 허비하는 일도 있고, 허비한다고 하다가 실제로는 아끼는 일도 있습니다. 왜가 난을 일으켰던 당시에 처음에는 징발한 군사가 많지 않았고 이어서는 남겨둔 군사가 매우 적었으니 한때는 비록 아꼈다고 할 수 있겠으나, 벌

....

22 제비와 …… 것처럼: 원문은 연작처당(燕雀處堂)으로 『공총자(孔叢子)』 「논세(論勢)」에서 유래된 고사이다. 위(魏)나라의 재상 자순(子順)이 이웃한 조(趙)나라가 진(秦)나라의 침입을 당하는데도 안일하게 대처하는 위의 대부들을 처마 밑에 살고 있는 제비와 참새로 비유하며 꾸짖었다. 제비와 참새가 처마 밑에 살면서 스스로 안전하다고 여겨 그 집에 불이 났는데도 희희낙락하며 화가 자신에게 미치는 줄 몰랐다는 내용으로 편안한 생활에 젖어 닥쳐오는 위험을 알지 못함을 비유한다.

23 시작을 …… 어렵습니다: 조선과는 전쟁의 준비부터 함께 도모하기 어렵다는 말이다. 『상군서(商君書)』 「경법(更法)」에 나오는 말로, 전국시대 상앙(商鞅)이 진(秦)나라 효공(孝公)에게 "무릇 백성과는 시작을 함께 도모할 수 없고 결과만 함께 즐길 수 있습니다."라고 한 데서 따온 말이다.

판에 타오르는 불길 같은 형세를 키우는 바람에 싸우고 지키는 대책에 도움이 되지 못하여 7년씩이나 끌게 되었던 것입니다. 연해의 방비에는 소요되는 바가 적지 않지만 그것이 허비하는 것일지 아끼는 것일지는 알 수 없습니다. 지난번 중로군이 패배했을 때, 만약 신이 만력(萬曆) 25년(1597) 10월에 강을 건너가서 즉시 10만 병력을 요구하여 새로운 군사가 연이어 도착하지 않았더라면 4로(路)의 인심은 분명 겁을 먹었을 것이고, 겁을 먹으면 분명 후퇴했을 것이며, 교활한 왜가 그 틈을 탔더라면 큰일이 났을 것입니다. 7년 동안 중외를 사시사철 방어하는 것과 1년 남짓 군사 10만을 유지하는 비용을 비교하면 어느 쪽이 아끼는 것인지 모르겠습니다. 이것은 명백한 증거입니다.

신이 앞서 사천(四川)과 귀주(貴州)의 총독으로서 파주(播州)의 일[24]을 경략하면서 칙서를 받들고 사태를 파악하는 데 우선하느라 애초에는 군사를 동원하지 않았습니다. 양추[楊酋: 양응룡(楊應龍)[25]에 대해 파악을 마친 후 신이 즉각 귀주의 미담(湄潭) 등에 한 부대

....

24 파주(播州)의 일: 사천성(四川省) 파주(播州)의 토관(土官)인 양응룡(楊應龍)이 반란을 일으킨 일을 말한다. 양응룡은 당나라 때부터 대대로 파주 지역의 묘족(苗族) 유력자 집안 출신으로, 그 역시 선위사(宣慰使) 지위를 계승한 뒤 명 조정에 조공을 바치고 명의 군사 활동에 휘하 세력을 동원하여 협력했다. 그러나 다른 묘족 집단으로 세력을 확장하려는 움직임을 보여 명 지방관들과 갈등을 빚었고, 만력 22년(1594)에는 명군을 대파하기도 했다. 이후 일시적으로 귀순하려는 의사를 보였으나, 재차 다른 묘족 집단 및 명 지방관들과 충돌을 일으켰다. 결국 명은 대대적 토벌로 전환했고, 만력 28년(1600) 양응룡이 자결함으로써 반란은 종결되었다. 영하(寧夏)의 반란[보바이의 반란] 및 임진왜란과 함께 "만력삼대정(萬曆三大征)"의 하나로 꼽는다.

25 양응룡(楊應龍): 1551~1600. 명나라 사람이다. 사천(四川) 파주(播州)의 호족 출신으로 선위사(宣慰使)가 되었으나 만력 15년(1594)에 반란을 일으켰다. 만력 28년(1600) 중앙정부가 본격적인 토벌작전을 전개하자 자결했다.

를 더해 줄 것을 요청하고 사천의 송감(松坎) 등에 한 부대를 더해 줄 것을 요청했으며, 8도 백성들의 식량을 추렴해서 두 지방 방어 군비에 충당하려 했습니다. 그런데 담당자는 눈앞의 비용을 아까워하며 한 명의 군사도 보태 주지 않았습니다. 3~4년을 그대로 흘려보내면서 양추의 세력이 커지도록 한 뒤에 비로소 신이 앞서 논의한 계책을 거행하려 했으나, 그때는 이미 늦었습니다. 지난날에는 수천 명의 군량을 아까워하더니 지금은 유정(劉綎)²⁶의 1만 군대에게 군량을 주겠다는 것인지 안 주겠다는 것인지 모르겠습니다. 과거와 비교하면 아낀 것이겠습니까, 허비한 것이겠습니까.

대저 신이 군사를 요청했음에도 병사를 마련해 주지 않고서 지금으로부터 3~4년이 지난 후에 지방에서 실패하면 오히려 일을 주관했던 신에게 허물을 돌릴 것입니다. 더구나 신이 동정(東征)의 전역에 나서서는 오로지 토벌하는 데에만 전념했으니, 한때의 편안함을 돌보느라 장기적인 대책은 생각하지 못하고 단기적인 근심은 소홀히 다루었다가, 만일 동방에 무슨 일이 생긴다면 신이 방비에 소홀했음을 탓하거나 아니면 신이 말하지 않은 것을 탓할 것입니다. 그때 가서 과신이 다시 신을 업신여기며 책망한다면 신이 무슨 변명을 할 수 있겠습니까. 신에게 경략의 책임이 있으니 끝까지 책임지는 계책을 세우지 않을 수 없습니다. 이것이 관할이 다름을 꺼리지 않고 주제넘게 계책을 마련해서 청을 올려 채택해 주시기를 바라는 까닭입니다.

....

26 유정(劉綎): 1553~1619. 명나라 사람이다. 도독 유현(劉顯)의 아들로서, 음서로 지휘사(指揮使)의 관직을 받았다. 임진왜란 때에는 어왜총병관(禦倭總兵官)으로 참전했으며 나중에 후금(後金)과의 전쟁에서 전사했다.

순무가 군사를 철수하자고 상소를 올렸고, 신도 구구한 근심에 대해 또한 상소를 올렸습니다. 부(部)와 과(科) 또한 이미 건의를 올렸습니다. 어떤 논의를 따를 것인지는 몇 마디 말씀이면 결단을 내릴 수 있을 것이고, 군사의 수효가 정해지면 해마다의 군량에 대해서는 정례(定例)가 있으므로 양부(兩部: 병부와 호부)가 명안(明案)을 갖추어 올리면 즉시 계산을 할 수 있을 것이니, 재차 신에게 보내 논의하게 하느라 시일을 끌 필요는 없습니다. 본색(本色)에 대해서라면 가을걷이가 끝난 후에는 아마도 조선에 전적으로 책임을 지우고 중국에서 운송하는 일은 멈출 수 있을 듯합니다. 다만 절색은 신 등이 그 나라 군신과 강구한 지 오래되었으나, 시종 그 땅에는 은이 나지 않는다고 말하니 조선에서 마련하기를 기대하기는 매우 어려울 것입니다.

정예병을 추려 내고 불필요한 인원을 줄이는 일은 신이 이미 경리에게 자문을 보내 진·도에 엄히 지시하여 철저히 조사하게 했습니다. 순무 만세덕은 해외에서 군사를 이끌고 있으니 그 책임이 가볍지 않습니다. 바라건대, 황상께서 하늘 같은 말씀으로 격려하고 타일러 주시어 그로 하여금 마음 놓고 일할 수 있게 해 주심으로써 비로소 안정된 이역(異域)의 인심을 위로하시고 황상께서 번국을 보호하시는 큰 은혜를 잘 마무리하게 해 주십시오.

성지를 받들었는데, "병부에서 보고 와서 말하라."라고 하셨습니다. 병부에서 검토하여 논의한 내용은 다음과 같았습니다.

살피건대, 조선의 전후 처리를 위해서는 수군과 육군 병마가 필요합니다. 앞서 해당 과신이 주둔군의 수효가 많고 군량의 소비가 너무 크다는 논의 때문에 반대하는 상소를 올렸던 것입니다.

이미 호부에서 저희 병부와 함께 검토하여 적절히 줄이기로 했습니다. 그 후 이제 총독 형개(邢玠)가 상소를 올리기를, "경리 순무가 처음 논의한 3만 6000명은 너무 많았습니다. 이후에 한꺼번에 모두 철수하자고 논의했는데, 그것은 또 너무 서두른다고 비난받았습니다. 2만 명을 기본으로 삼고 2년을 기한으로 삼아 차례차례 점차 철수해야 하겠습니다. 이렇게 하면 조선이 갓 복구된 후라는 점을 고려하면서도, 부득이하게 만전을 도모하는 계책이 아닌 것이 없게 될 것입니다."라고 했습니다.

신 등이 삼가 상세히 살피건대, 군사는 정예로워야 하고 군량은 충실해야만 합니다. 명목만 있고 실속이 없다면 그 수가 수만 명이라 하여도 많다고 할 수 없습니다. 군량이 충실하고 군사가 정예로우면 그 수가 겨우 천 명, 백 명이라도 적지 않습니다. 하물며 교활한 왜가 다시 침범할지 여부는 정말로 알 수 없습니다. 요컨대 저들은 지난 몇 년 동안 부산의 소굴에 의지하여 그 강성함이 저들 손에 있었으므로 그들이 침입해 오기가 쉬웠던 것입니다. 그러나 지금 저들은 이미 부산의 소굴을 잃었고, 요해처가 우리 손에 있으므로 그들이 상륙하기란 어려울 것입니다. 지금은 조선의 군신(君臣)이 때맞추어 군사를 선발하고 훈련시키며 요해처를 나누어 틀어막을 때입니다. 조선의 기세가 왕성해지면 우리는 자연히 힘을 덜 들일 수 있을 것입니다.

앞서 논의한 남겨 둘 병마에 관해서라면 또한 꼭 2년 기한에 구애될 필요는 없을 것 같습니다. 이번 가을 조수가 지난 뒤에 2만 명의 수효 내에서 다시 일부를 뽑아 철수시키고 정예병 실수(實數)를 헤아려 남겨 두어, 조선의 군사를 옆에서 지원하는 데

충분한 정도로 하면 될 따름입니다. 세선(稅船) 문제는 특히나 드
는 비용이 매우 많이 들어가고 거기에 동원되는 사람들은 굳이
쓸 필요가 없으니 속히 기존 논의에 따라 철수시키고 방환해야
하겠습니다. 듣건대, 조선의 전선(戰船)은 자못 정밀하고 견고하
게 제작된다고 하니, 우리가 지속적으로 조선에 가서 관에서 선
박을 만들 때 적절히 남아서 도와준다면 이 또한 선박 문제는 자
연스럽게 충족될 것입니다. 종합하건대, 수군과 육군 각 병력은
내년 봄철 조수가 끝나는 날을 넘기지 말고 모두 귀환시킨다면
조정(朝廷)에서 소국을 사랑하는 뜻이 끝맺음을 볼 수 있을 것이
며, 중앙에서 제어하는 체통[27] 또한 잃지 않을 수 있을 것입니다.

성지를 받들었는데, "조선에 남아 방어하는 군사의 수효는 논의한
대로 시행하라. 또한 국왕에게 문서를 보내 그로 하여금 서둘러 적
시에 스스로 힘쓰며 방비를 갖추게 하라."라고 하셨습니다.

호부에서 검토하여 논의한 내용은 다음과 같았습니다.

살피건대, 동왜(東倭)가 조선을 강탈하자 황상(皇上)께서 속번(屬
藩)을 걱정하시어 군사를 이끌고 가서 구원하게 하시었습니다.
신묘한 무용을 한 번 비추니 원흉(元兇)은 넋이 달아났고 여러 섬
은 바람만 불어도 도망치느라 바빴습니다. 저들이 떠나 버린 것
은 저들이 스스로 두려워 경계한 결과라 하겠으나, 다만 오랑캐
의 마음은 예측하기 어려우며 가토 기요마사(加藤淸正)[28]는 아직

---

27 중앙에서 …… 체통: 원문은 택중지체(宅中之體)로, 중앙에 있으면서 사방의 일을 계획
한다는 택중도대(宅中圖大)의 형세를 이른다. 장형(張衡)의 「동경부(東京賦)」에 등장하
는 고사이다.

28 가토 기요마사(加藤淸正): 1562~1611. 일본 사람이다. 어려서부터 도요토미 히데요시
를 섬기다 히고(肥後) 국의 영주가 되었다. 임진왜란 때 1만 명의 병사를 이끌고 함경도

섬멸하지 못했습니다. 총독은 저들이 다시 올까 걱정하여 군사를 남겨 두어 방어하자고 논의하고 있는 것이니, 잘 시작하고 잘 마무리하는 계책이라고 하지 않을 수 있겠습니까.

다만 전체 군량을 중국에 의지하고자 한 점은 오늘날 중국의 심각하게 궁핍한 상황을 알지 못한 데서 나온 것입니다. 오늘날의 조선은 오히려 버틸 만합니다. 강역에 도적이 없으니 수비하기 넉넉한 지역이라 하겠고, 팔도를 모두 수복했으니 농사지을 수 있는 땅이 있습니다. 한편으로 농사짓고 한편으로 수비하면 군량을 공급할 수 없지 않습니다. 하물며 이번에 남겨 둘 관군은 이전에 비교하면 겨우 10분의 1밖에 되지 않습니다. 공름(公廩)과 월량(月糧)으로 소비하는 것이 얼마나 된다고 스스로 지급하지 못하겠습니까. 우리 중국이 여러 해 동안 운수하느라 창고가 텅 비었으며, 구변(九邊)[29]의 군수(軍需)는 10분의 1도 지급하지 못하고 있습니다. 주린 배를 움켜쥐고 원성이 자자하며 때때로 꿈틀대는 불순한 움직임도 있으니 이는 걱정스러운 형세입니다. 저 왜노가 교활하다고는 하지만 이미 혼쭐이 났으니, 저들이 다시 올지는 분명하지 않습니다. 분명하지 않은 일을 지나치게 근심하고, 걱정스러운 일을 그대로 두는 것은 좋은 계책이 아닙니다.

또한 조선은 울타리이고 중국은 안채라고 총독이 비유한 것은 마땅합니다. 울타리를 수리하기 위해서 먼저 안채를 무너뜨

....
로 진격하여 조선의 두 왕자를 사로잡았다. 정유재란 때도 참전하였다가 울산에 성을 쌓고 장기간 농성하였다.

29 구변(九邊): 명나라 때 북방에 설치한 군진으로, 요동(遼東)·계주(薊州)·선부(宣府)·대동(大同)·산서(山西)·연수(延綏)·영하(寧夏)·고원(固原)·감숙(甘肅) 등이다.

린다면, 살갗을 벗기는 재앙[30]이 더욱 절박할까 우려됩니다. 어떤 호랑이가 덫에 발이 묶였는데, 호랑이가 화가 나서 발을 끊고 가 버렸다고 합니다. 호랑이가 발을 아끼지 않은 것은 아니지만 7척(尺)의 몸뚱이를 한 마디 발과 바꾸려 하지 않았던 것입니다.[31] 이를 통해 본다면 신 등이 조선을 박대하는 것이 아니라 내외(內外)를 분별하고 중요도를 고려하면 일의 이치상 이렇게 하지 않을 수 없는 것입니다.

조선에서 은(銀)이 생산되지 않는다는 평계에 대해 따져 보자면 이는 더더욱 잘못된 것입니다. 중국의 돈이 널리 퍼지고 두루 돈다면 이 정도 수량만 있어도 충분할 것이니 어찌 반드시 조선에서 생산된 이후에야 쓸 수 있다는 것입니까. 조선 백성들이 먹는 것을 본색으로 한다는 것은 그렇다고 치더라도 포백(布帛)을 무역하는 것도 과연 모두 본색으로만 한다는 말입니까.

우리 군대가 저곳에 머문 지 7년이며, 운송한 은 또한 수백만 냥인데, 그것이 지금 어디에 있단 말입니까. 바다에 던져 버렸겠습니까, 아니면 호주머니에 감춰 두었겠습니까. 만약 저 땅에 진짜로 절색이 없다면 우리 군사가 비록 풍족하다 하여도 그 역시 쓸데가 없을 것입니다. 우리 군사가 조선에 있다면 즉 조선 사람

....

30 살갗을 벗기는 재앙:『주역(周易)』「박괘(剝卦)」에 "상을 깎아 피부에 닿으니 흉하다[剝牀以膚凶]."라고 한 데서 유래한 말이다. 살갗을 벗겨 재앙이 더욱 가까이에 닿게 된다는 뜻이다.

31 호랑이가 …… 것입니다:『전국책(戰國策)』권20「조책(趙策)」에 등장하는 고사를 인용한 것이다. 위개(魏齕)가 조(趙)나라 효성왕(孝成王)의 총신이었던 건신군(建信君)에게 덫에 걸린 호랑이가 발을 끊고 달아난 일을 비유하여 조언했다. 호랑이가 발을 아끼지 않은 것은 아니지만 발 때문에 7척(尺)의 몸뚱이를 해치려 하지 않은 것으로, 건신군은 왕에게 한마디 발보다 못한 사람이니 헤아려서 처신하라는 내용의 조언이었다.

과 똑같으니, 본색을 넉넉하게 주면 절색의 부족함을 메우기에 충분할 것입니다. 조선이 혼란을 겪은 이후에 피해가 아직 복구되지 않았다고 한다면, 본색은 스스로 마련하게 하는 외에 중국이 쓸 일체의 절색은 군사의 수를 따져서 3분의 1을 보조하게 한다면 많지 않은 것은 아닙니다.

하물며 일전에 성지를 내리시어 조선으로 하여금 스스로 주본을 올리게 했으나, 군사 약간을 남겨 두어야 한다는 이야기는 끝내 한 글자도 없었습니다. 저들의 힘으로 왜에 대항할 수 있으니 우리 군사의 응원은 필요하지 않다는 것이겠습니까. 아니면 우리 군사가 오래 머물며 소요를 일으키는 것을 싫어하여 머물 필요가 없다는 뜻을 은근히 내보이는 것이 아니겠습니까. 지난번에는 장소(章疏)를 거듭 올리더니 지금은 잠잠한 것입니까. 신은 이해할 수 없습니다.

또한 신 등이 가운데에서 멀리 헤아려 보건대, 실로 두 가지 어려움이 있습니다. 요청하는 대로 보낸다면 내탕(內帑)이 부족할 것이고 멀리 운송하는 것은 더욱 어려우니 이는 오늘의 어려움입니다. 감축할 것을 논의하고 면제할 것을 논의한다면 왜노가 혹 다시 왔을 때 나중에 또 이를 구실로 삼을 것이니 이는 훗날의 어려움입니다. 반드시 속국(屬國)에서 정한 의논이 있은 이후에 결정하는 것이 좋겠습니다. 엎드려 바라건대, 황상께서는 전후의 장소를 살펴보시고 남겨 둘 군사들에게 소용될 본색은 조선에서 스스로 준비하게 하는 외에 일체의 향은(餉銀)의 지급을 중단해야 할지 원조해야 할시 여부에 대해서는 분명하게 결단을 내려 주십시오. 또한 조선의 군신에게 명을 내리시어 다른 사정이 있다면 거리낌 없이 분명하게 말하여 모두 성상의 재결을 요청하십시오.

성지를 받들었는데, "조선에 남아서 지키는 군사의 수효에 대해서는 어제 병부에서 제본을 갖추어 올렸기에 이미 성지를 내린 바 있다. 군사를 머물러 두는 것은 어렵지 않으나 군량 문제는 처리하기 어렵다. 만약 그 나라에서 공급할 수 있다면 많은 수를 머물러 두는 것 또한 아깝지 않다. 반드시 조정의 도움을 받아서 먹여야 한다면 적절히 헤아려 도와줄 수 있을 뿐이다. 이 문서를 그 나라 군신(君臣)에게 돌려보내 저들이 와서 청하기를 기다렸다가 검토 주본을 올려 결정하도록 하라."라고 하셨습니다.

동정군의 행량과 월량의 전량을 보내 주시기를 재촉하는 상주

催發東征行月錢糧疏 | 권9, 18a-22b

날짜 만력 27년(1599) 10월

내용 일본의 재침에 대비하여 조선에 주둔하고 있던 명군에 대한 임금 지불이 원활하지 않은 상황이었다. 급여는 이미 몇 달씩 체불되기도 하여, 현재 조선에 있는 은 가운데 다른 항목의 은까지 모두 동원해서 지출해도 8월까지의 체불 금액이 거의 20만 냥에 이르는 상황이었다. 형개 및 만세덕의 계획대로 9월 이후 차례대로 철군한다 해도 조선에서 출발을 대기하는 병력에게 지급해야 할 급여도 있으며, 철수하는 명군에게 지급할 수당도 본국에서 보급되어야 했다. 이들 비용이 지급되지 않을 경우 불만을 품은 군사들이 소란을 일으키거나 약탈에 나설 가능성도 있었다. 따라서 형개는 체불 급여를 비롯한 각종 비용을 속히 발송하여 명군에게 지급해 줄 것을 요청했다.

관련자료 본문에 인용된 병부의 검토 제본 내용은 『경략어왜주의(經略禦倭奏議)』의 바로 앞 문서인 9-2 〈酌議留兵糧餉疏〉 및 『사대문궤(事大文軌)』에 수록된 만력 27년 8월 1일자 조선국왕 앞 만세덕(萬世德)의 자문(咨文)에 인용되어 있다.[32]

이 문서가 작성된 정확한 시점은 알 수 없지만 9월 이후의 군량 지급은

....

32 『事大文軌』 권33, 「經理朝鮮軍務萬(世德)咨朝鮮國王[萬經理節餉防倭]」, 만력 27년 8월 1일, 43b-47b.

따로 요청하고 있으며, 가을이 끝나 가고 초겨울이 오고 있다는 표현이 있음이 확인된다. 또한 본문에 조선국왕이 병력 8000명의 잔류를 요청했다는 표현이 있는데, 조선에서 해당 내용을 담은 자문을 만세덕에게 발송한 것은 8월 13일, 만력제에게 올리는 주본을 보낸 것은 8월 22일이며,[33] 해당 내용이 명 조정에서 논의되기 시작한 것은 10월 초이다.[34] 이를 감안하면, 밀운에 있던 형개가 조선의 요청 내용을 파악하고 본 문서를 작성한 시점은 빠르면 9월 하순, 늦으면 10월 상순 정도로 추측할 수 있다. 또한 『명신종실록』에는 10월 14일 은 12만 냥을 영평(永平)에 보내 동쪽을 정벌하고 돌아오는 병력들에게 나누어 주도록 했다는 기사가 있는데,[35] 이는 본 문서를 접수한 이후의 일로 판단된다. 따라서 본 문서의 작성 시점은 10월 초로 보는 것이 타당하다.

철병에 대한 논의가 이미 결정이 났고 군량을 기다리다가 이미 오랜 시일을 넘겼으니, 속히 군량을 지급해 보내 매우 위급하고 괴로운 상태를 넘길 수 있도록 해 주시기를 황상께 간절히 바라는 일로 올리는 제본.

경리조선군무 도찰원우첨도어사(經理朝鮮軍務都察院右僉都御史) 만세덕(萬世德)의 회고(會稿)를 받았는데, 그 내용은 다음과 같았습니다.

조선어왜해방감군도 하남안찰사부사(朝鮮禦倭海防監軍道河南按察

....

33 『事大文軌』 권33, 「朝鮮國王咨經理萬(世德)[回咨]」, 만력 27년 8월 13일, 47b-50a, 「朝鮮國王奏[留兵處餉奏文]」, 만력 27년 8월 22일, 61b-66b.

34 『명신종실록』 권340, 만력 27년 10월 3일(기묘), 12일(무자).

35 『명신종실록』 권340, 만력 27년 10월 14일(경인).

司副使) 두잠(杜潛)[36]의 정문(呈文)을 받았습니다.

본원(本院: 만세덕)으로부터 다음과 같은 헌패(憲牌)를 받았습니다.

살피건대, 전후 처리를 위한 관병(官兵)은 이미 병부(兵部)의 자문(咨文)을 받아 숫자를 줄여 철병할 것을 참작하여 논의했다. 우선 지급한[37] 비용과 여러 차례 기한을 넘겨 아직 수령하지 못한 각 항목의 전량(錢糧)은 반드시 필요한 것이지만, 아직 정확한 숫자를 기록한 보고를 받지 못했기 때문에 발송해 주기를 요청하기 불편하다.[38] 바라건대, 해방감군도는 즉시 각 군영에 공문을 보내 갖추어 자세하게 조사해서 각각 몇 개월 동안 수령하지 못했으며, 해당하는 은이 도합 얼마인지를 밝혀라. 중간의 도망자 및 사망자 등은 반드시 방법을 마련하여 조사해서 사실대로 제명하고, 거짓으로 비용을 수령하게 해서는 안 된다. 명백히 조사해서 한편으로 나에게 보고하여 제본을 올려 청하는 데

......

36 두잠(杜潛): ?~?. 명나라 사람으로 산동 동창부(東昌府) 고당주(高唐州) 출신이다. 만력 27년(1599) 조선 동정군(東征軍)의 감군부사(監軍副使)로 발탁되었고 만력 30년(1602), 조선의 전후 처리에 공로를 세운 것을 인정받아 안찰사(按察使)로 승진했다. 그러나 곧 외국과 내통했다는 모함을 받고 처형되었다. 만력 43년(1615) 송응창(宋應昌), 이여송(李如松) 등이 상소하여 두잠의 누명을 벗겨냈다. 병부상서(兵部尚書)로 추증되었다.

37 우선 지급한: 차지(借支)는 필요한 비용을 수령하지 못한 상태에서 당장 필요한 임금 등을 다른 항목으로부터 끌어와 우선 지급하는 것을 말한다.

38 아직 …… 불편하다: 7월 25일 호부에서 올린 제본에는 조선 각 군영의 병마에게 체불된 군량이 얼마나 되는지 조사해 달라고 요청하는 부분이 포함되어 있다. 『事大文軌』 권33, 「總督薊遼保定等處軍務兼理糧餉經略禦倭邢(玠)咨朝鮮國王(邢軍門議處缺餉)」, 만력 27년 8월 16일, 83a.

催發東征行月錢糧疏 • 51

근거로 삼을 수 있도록 하고, 한편으로 철수해야 할 관병
들이 바로 출발할 수 있도록 독촉하여 시행하라.

이를 받고 비왜관량동지(備倭管糧同知) 한초명(韓初命)[39]에게
문서를 보내고서 그로부터 정문을 받았는데, 그 내용은 다음
과 같았습니다.

살피건대, 전후 처리를 위한 수군과 육군 각 군영의 관병
들에게 마땅히 지급해야 했으나 여러 차례 기한을 넘겨 지
급하지 못한 늠량(廩糧: 식비)·월량(月糧: 월급)·염채은(鹽
菜銀) 등의 은(銀) 가운데 올해 봄부터 지금까지 전혀 지급
하지 않은 것이 있고, 염채은은 우선 지급했으나 월량을
지급하지 못한 것이 있지만, 여름 이후로는 지급하지 못한
것이 많습니다. 각 군영의 관병에게 지급할 은의 많고 적
음은 각기 다르지만, 모두 올해 8월까지 합산하면 도합 은
41만 735냥 7푼이 됩니다. 감과(勘科)[40]가 상주하여 보고
한 장부에 기록된 숫자를 제외하고, 지출하고 남아서 실제

....

39 한초명(韓初命): ?~?. 명나라 사람이다. 자는 강후(康侯) 호는 견우(見宇)이며 산동 내주
부(萊州府) 액현(掖縣) 사람이다. 만력 7년(1579)에 거인이 되었다. 만력 26년(1598)에
관량동지(管糧同知)로 조선을 방문했다가 만력 28년(1600)에 명나라로 돌아갔다. 사람
됨이 탐욕스럽고 그가 폐를 끼치고 요구하는 일을 사람들이 감당하지 못했다는 평을 받
았다.

40 감과(勘科): 조선에서의 전공에 대한 회감(會勘), 즉 합동 조사를 행하기 위해 파견된 과
도관(科道官) 서관란(徐觀瀾)을 의미한다. 그는 만력 26년(1598) 9월 조선에 도착하여
병부주사(兵部主事) 정응태(丁應泰)와 함께 명군의 공적과 죄과를 조사했으나 정응태와
명군 지휘부 사이의 갈등에 휘말려 임무를 다 마치지 못하고 만력 27년(1599) 정월 말
한양을 떠나 귀국했다. 그의 활동에 대해서는 차혜원, 「言官 徐觀瀾의 임진전쟁」, 『明淸
史硏究』 53, 2020 및 邢玠, 『經略禦倭奏議』 6-2 〈題科部會勘未竟疏〉, 6-3 〈奏辯東征始末
疏〉를 참고.

로 있는 각 항목의 은은 14만 9527냥 3전입니다. 여기서 각각 본래 항목으로 정규 지출할 액수를 제외하고, 늠량·월량·염채은 등을 우선 지급한 것이 8만 1368냥 2전이니, 지금 비축되어 있는 숫자는 얼마 안 됩니다. 또 두 차례 호부(戶部)에서 발송한 은 13만 냥을 제외해도 아직 부족한 은이 19만 9366냥 8전 7푼입니다.[41]

다시 조사해도 틀림없으므로, 이에 정문으로 보고합니다.

이를 받고 살피건대, 앞서 호부의 자문을 받았는데, 그 내용은 다음과 같았습니다.

본부에서 향은(餉銀: 급여로 지출할 은)의 부족이 이미 극도로 심각하여 병사들의 마음이 위급하고 절박할 것이 우려되므로, 제본으로 청한 내용을 속히 하사하시어 숨은 근심을 소멸시키고 전후 처리를 온전하게 함으로써 속번(屬藩)을 공고히 할 것을 간절히 비는 일로 제본을 올렸는데, 그 내용은 다음과 같았습니다.

안팎의 위급함을 처리할 방도를 참작하고 시사(時事)가 방

....

41 또 ……7푼입니다: 본 문서가 제출되기 전에도 형개와 만세덕은 병사들에게 지급할 급여를 요청했던 것으로 보인다. 『사대문궤(事大文軌)』에 수록된 형개의 자문에는 형개가 조선 주둔 병사들 중 3~4개월 동안 급여를 받지 못한 자들이 있다는 보고를 올렸고, 이에 호부에서 이미 은 8만 냥을 발송했다는 7월 25일의 호부 제본이 인용되어 있다. 『事大文軌』권33, 「總督薊遼保定等處軍務兼理糧餉經略禦倭邢(玠)咨朝鮮國王(邢軍門議處缺餉)」, 만력 27년 8월 16일, 79b-84a. 『선조실록』선조 32년 10월 17일 기사에 실린 만세덕의 자문에도 자신이 형개와 함께 응당 지급해야 할 전량(錢糧)에 대해 따로 제본을 올렸음을 명시하고 있다. 해당 자문의 작성 시점은 8월로 추정되므로, 만세덕이 전량을 요청한 시점은 그 이전일 것이다. 두 차례 발송한 은 13만 냥은 이들의 요청에 따라 호부에서 보낸 것으로 추정된다.

해받는 어려움을 유념하여 반드시 좋은 쪽으로 헤아려 논의해야 하겠습니다. 월향(月餉: 월급)을 다시 조사할 일과 염채은을 재량하여 참작해야 할지는 반드시 국가의 살림살이에 도움이 되고 실제로 비용이 새지 못하도록 하는 쪽으로 결정해야 하니, 이것이 시급한 방책입니다.

성지를 받들었는데, "은을 지급하는 것을 허락한다. 각 병역(兵役)에 대해 체불한 것은 보충하여 지급하고 우선 지급한 것은 그만큼을 창고에 보충해 주어야 한다. 이후로 다시 해당 총독(總督)·순무(巡撫)로 하여금 마음을 써서 조사하여 낭비하지 못하게 하라."라고 하셨습니다.

또한 병부의 자문을 받았는데, 그 내용은 다음과 같았습니다.

본부에서 군수를 절약하는 일과 왜적을 방어하는 일이 모두 시급하므로 삼가 중도(中道)를 참작하여 아룀으로써 묘당(廟堂)의 논의에 대비하고 만전을 도모하는 일로 제본을 올렸는데, 그 내용은 다음과 같았습니다.[42]

앞서 논의를 통해 조선에 잔류시켜 전후 처리를 하기로 한 병마(兵馬)는 또한 꼭 2년 기한에 구애받을 필요는 없을 것 같습니다. 지금 가을 조수가 지난 뒤이니 2만 명의 수효 내에서 다시 일부를 뽑아 철수시키고 정예병 실수(實數)를 헤아려 남겨 두어, 조선의 병력을 지원하는 데 충분한 정도로 하면 될 따름입니다. 세선(稅船)에 관해서라면

....

42 본부에서 …… 같았습니다: 이하 병부에서 올린 제본의 내용 및 그에 대한 만력제의 성지는 9-2 〈酌議留兵糧餉疏〉 및 『事大文軌』 권33, 「經理朝鮮軍務萬(世德)咨朝鮮國王(萬經理節餉防倭)」, 만력 27년 8월 1일, 43b-45a에 자세히 수록되어 있다.

특히나 드는 비용이 매우 크고, 거기에 동원되는 사람들은 굳이 쓸 필요가 없으니 속히 기존 논의에 따라 철수시키고 방환해야 하겠습니다. 종합하건대, 수군과 육군 각 병력은 내년 봄철 조수가 끝나기를 넘기지 말고 모두 귀환시킨다면 조정에서 소국을 보살피는 의리를 끝맺을 수 있을 것이며, 중앙에서 통솔하는 체통 또한 잃지 않을 수 있을 것입니다.

성지를 받들었는데, "조선에 머물러 지키는 병력의 숫자는 논의한 대로 하라. 조선국왕에게 문서를 보내 그로 하여금 서둘러 때에 맞추어 스스로 힘쓰며 방비를 갖추게 하라."라고 하셨습니다.

모두 각각 자문을 갖추어 보내왔습니다. 조선에 머무르는 병력은 조선에서 스스로 주청(奏請)하는 외에, 이에 더하여 저도 여러 번 자문으로 회답했습니다. 그런 뒤, 이제 앞의 내용을 받았습니다. 신이 경리조선군무 도찰원우첨도어사 만세덕과 함께 논의하기를, 군사가 행군하면 군량이 따르는 것은 고금(古今)의 상도(常道)이며, 군량의 신속한 운반은 매번 정토(征討)에 앞서서 행해야 할 일입니다. 황상께서 독단으로 하늘의 위엄을 떨치셔서 저 섬 도적들을 소탕하셨습니다. 7년 동안의 난리에 호부와 병부의 재정을 소모한 것이 천(千)이나 만(萬)으로 헤아릴 지경입니다. 이제 육사(六師: 천자의 군대)가 기세를 떨치고 개선하는 때이며 장사들이 길게 노래 부르며 돌아올 때입니다.[43] 지금 조선은 전쟁으로 성한 곳이 없고 왜노

....
43 장사들이 …… 때입니다: 길게 노래를 부른다는 것은 당나라의 장수 설인귀(薛仁貴)의

(倭奴)는 매우 교활하니 병력을 남겨 두어 위급함에 대비하려면 또한 사료와 군량이 필요합니다. 그러나 나라의 비축이 부족한 시기이며 먼 곳에 수비병을 주둔시키는 것은 좋은 계책이 아닙니다. 지금 봄철 조수가 이미 끝났고 가을 조수도 점차 끝나 가니 초겨울이 도래하면 조선국왕이 남겨 두기를 청한 8000명 외에 나머지는 마땅히 모두 철수시켜야 하니 다시 논의할 필요가 없습니다.

다만 각 부대는 봄여름 이래로 혹 월향을 받지 못하기도 했고, 수군 중에는 전년 12월의 월향을 받지 못한 경우도 있습니다. 왕경에 있는 전량은 어떤 항목이든지 막론하고 모두 우선 지급했지만, 마땅히 지급해야 할 체불 액수의 총액은 지금 있는 은 21만 1368냥 2전을 지출하는 외에도 19만 9366냥 8전 7푼이 더 필요합니다. 또한 순무의 표하(標下: 직할부대) 관병은 9월 한 달 동안 차례를 기다린 뒤에나 철수하고, 장방(張榜)의 관병은 9월 한 달과 10월의 절반이 지난 뒤에야 철수하며, 총병(總兵)의 표하 관병은 9월·10월·11월 석 달이 지나야 하니,[44] 또 5만 2700여 냥이 필요합니다. 돌아가

......

일화에서 유래한 표현이다. 당 고종(高宗) 용삭(龍朔) 원년(661) 설인귀가 천산(天山)으로 가서 철륵(鐵勒)의 9성(九姓)을 공격했다. 철륵은 기병을 보내 설인귀에게 싸움을 걸었는데 설인귀가 화살 세 발을 쏘아 세 사람을 맞혀 죽이자 기병이 모두 겁을 먹고 항복했다. 설인귀는 승세를 타고 철륵을 격파하고 수령 3인을 잡아 돌아갔다. 이때 병사들이 "장군이 세 화살로 천산을 평정시키니, 장사들이 길게 노래하며 한나라 관문으로 들어오네."라고 노래했다고 한다. 『자치통감(資治通鑑)』 용삭 원년(661) 및 『신당서(新唐書)』「설인귀전(薛仁貴傳)」에 등장한다.

44 또한 …… 하니: 『선조실록』 권118, 선조 32년 10월 17일(계사)에 실린 만세덕의 자문에는 만세덕이 조선에 수군 8800여 명을 남겨 두기로 계획했고, 나머지 병력에 대해서는 차례로 철수할 기일을 설정했음을 보고하는 상주가 인용되어 있다. 내용상 해당 상주는 8월에 작성된 것이다. 해당 상주와 대조해 보면 9월에 철수해야 하는 순무의 표하 관병은 유격(遊擊) 모국기(茅國器)의 병력 4100명이며, 장방의 병력 숫자는 4600명이었다. 또한 총병 이승훈(李承勛)의 표하 병력 3600여 명은 11월 중순에 철수할 계획이었다.

는 병력이 도로를 지나고 강을 건너면서 지출해야 하는 호상(犒賞)[45]
과 행량(行糧)[46]이 또 18만 3600여 냥입니다. 논의하여 남겨 두기로
한 수군 8800여 명은 제외하고, 19만 9360여 냥은 모두 각 관병들
이 눈으로 뚫어져라 보며 갈망하는 것이자 굶어서 주린 배와 텅 빈
위장으로 견디면서 주머니를 채워서 곧 죽을 목숨을 구하기를 바라
는 것입니다.

하물며 개선하는 무리는 조금도 지체시키기 어려우니, 하루를
행군하지 않으면 앉아서 하루의 급여를 축내는 것입니다. 이 때문에
돌아가려는 바람과 먹을 것을 바라는 마음이 함께 절박하여 분란을
일으키는 모습이 매우 심각합니다. 독촉하여 길에 오르게 하자니 가
는 길에 지급해 줄 기약이 없음이 걱정이고, 기다리게 해서 천천히
행군시키자니 훗날 적지 않은 비용이 더 들어갈까 걱정입니다. 신
등은 속으로 근심하고 괴로워 형세가 타들어 가는 듯하며, 뒤척이며
잠을 이루지 못하면서도 어찌할 바를 알지 못하겠습니다. 하물며 듣
기로 최근에 호부의 검토 제본에 국내를 돌아보는 마음을 체득해야
한다는 내용이 있고, 염채은의 절반을 감할 것을 논의하는 내용이
있었습니다.[47] 사람들의 마음이 흉흉하고 위태로움이 더욱 심해지

....

45 호상(犒賞): 명대 군사들에게 정규 급여 외에 각종 명목으로 지급하는 상은(賞銀)의 통
    칭이다. 예를 들어 춘방(春防)·추방(秋防)에 대한 상은이나 변진(邊鎭) 방어를 위해 입
    위(入衛)할 때의 상은 등이 있다. 賴建誠,『邊鎭糧餉: 明代中後期的邊防經費與國家財政
    危機, 1531-1602』, 臺北: 中央研究院, 2008, 273~274쪽.
46 행량(行糧): 병정이 출정할 때 진영에 지급되는 양식(糧食)이다.
47 하물며 …… 있었습니다: 7월 25일 호부에서 올린 제본에는 염채은을 천진(天津)의 사
    례에 따라 적당히 감해야 할지를 거론한 부분이 있다.『事大文軌』권33,「總督薊遼保定
    等處軍務兼理糧餉經略禦倭邢(玠)咨朝鮮國王(邢軍門議處缺餉)」, 만력 27년 8월 16일,
    83a.

니, 양쪽 군영의 병선에서 일시에 북을 치고 떠들어대며 남북의 군
졸들 사이에 헛소문이 벌떼처럼 일어납니다. 비록 신 등이 조정하며
통제해서 다행히 소란이 없었지만, 사랑스러운 아이도 배가 부르지
않으면 울기 마련이고, 재주 있는 부인이라도 쌀이 없으면 밥을 할
수 없는 것입니다.[48] 설령 뼈를 부수어 골수를 파낸다 해도 먹을 것
을 바라는 천 개, 만 개의 입에 무슨 보탬이 되겠습니까.

　신이 삼가 보건대, 전쟁이 일어난 이래로 만 리를 달려가 적과
싸워서 간과 쓸개가 땅을 뒤덮어도 조금도 후회하는 마음이 없었던
것은 크게는 공명(功名)을 바랐기 때문이요, 작게는 군량과 상을 탐
냈기 때문입니다. 그러므로 산 자는 피를 밟는 위험을 기껍게 여겼
고, 죽은 자는 해골을 드러내는 참혹함 속에서 죽음을 맞이했습니
다. 지금 일은 이미 정해졌고 공은 이미 이루어졌습니다. 그런데 배
고픔과 추위가 이어지고 바라는 바에 어긋나는 것이 깊어지니, 두건
을 벗고 호소하는 것은 오히려 제지할 수 있습니다.[49] 만약 창을 거
꾸로 돌려 약탈한다면 누가 화의 우두머리가 되겠습니까. 다른 나라
에만 웃음거리가 될 뿐만 아니라 장차 나라의 체면을 크게 손상시
킬 것입니다. 이를 뭇사람들이 보고 해외에서 듣도록 할 수 있겠습
니까. 이때에 이르러 황상께서 신 등이 일찍 말하지 않은 것을 책망

....

48　재주 …… 것입니다: 원문은 "쌀이 떨어진 재주 있는 부인[無米之巧婦]"이라고 되어 있
　　으나, "솜씨 좋은 부인도 쌀이 없으면 밥을 지을 수 없다[巧婦難爲無米之炊]."는 중국 속
　　담을 지칭하는 것으로 보인다. 아무리 재주가 있어도 필요한 조건이 없으면 일을 성사시
　　킬 수 없다는 의미이다.
49　두건을 …… 있습니다: "두건을 벗고 호소한다[脫巾而呼]"는 말은 당 고종(高宗) 때 관
　　중(關中)의 창고가 텅 비어서 금군(禁軍)이 두건을 벗고 군량이 없음을 길에서 호소한
　　고사를 지칭한다.

하시고 계획하는 신하가 미리 군량을 보내지 않은 것을 죄주더라도 또한 늦지 않겠습니까.

엎드려 바라건대, 황상께서는 군국(軍國)의 중대함과 사세의 위태로움을 생각하시어 특별히 호부에 명령을 내려 우선 각 관병의 체불 월량 19만 9360여 냥을 숫자대로 지급해 보내도록 해 주십시오. 멀리는 요양(遼陽), 가까이는 산해관(山海關)에서 군사들에게 지급하게 하십시오. 또한 재능과 명망이 있는 호부의 사속(司屬)⁵⁰ 1명을 차정하여 길에서 도착하는 대로 지급하기에 편리하도록 하고, 머무르며 지체하여 분란을 일으키지 않도록 하십시오. 9월 이후의 월량도 함께 발송해서 다시 기한에 늦지 않게 해 주십시오. 호부·병부의 은은 다만 현재의 재고로 즉시 지급하여 지출 처리하고, 일이 모두 끝나기를 기다려 장부를 만들어 보고해서 호부와 병부에서 참작하여 논의해 비용을 나누도록 하십시오. 돌아가는 병사들의 행량·호상 18만 냥은 앞서 철수할 때 의논하여 정한 지역에 미리 발송하여 지급하도록 하십시오. 신은 피를 흘리고 간을 내어놓듯 할 말을 다했으니 오직 성상께서 살펴주시기만을 바랍니다.

....
50 사속(司屬): 육부(六部) 아래에 있는 각 청리사(清吏司)에 속한 속관(屬官)을 가리킨다.

9-4

영검을 반납한다는 상주

繳令劍疏 | 권9, 23a-23b

날짜 만력 27년(1599)

내용 만력제는 만력 26년 초 형개에게 군중에서 명을 어기는 자가 있거든 선참후주(先斬後奏)할 것을 승인하며 보검(寶劍) 한 자루를 하사한 바 있다. 형개가 임무를 마친 후 이 보검을 반납하며 올린 주본이다.

전달해 바치는 일로 올리는 주본.

신(臣)은 만력(萬曆) 26년(1598) 2월 10일에 병부(兵部)의 자문(咨文)을 받았는데, 그 내용은 다음과 같았습니다.

병부에서 올해 정월 23일에 위의 사안에 대해 제본(題本)을 올렸습니다. 24일에 성지를 받들었는데, "군중에 만약 명을 받들지 않는 자가 있거든 그로 하여금 먼저 목 베고 나중에 상주하라고 하라."라고 하셨습니다. 자문을 갖추고 지휘(指揮) 진위(陳偉)를 차정하여 삼가 보검(寶劍) 한 자루를 받들어 가지고 가게 합니다. 안(案)을 설치하고 향(香)을 사르고서 고두(叩頭)하고 공손히 수령하여 삼가 받들어 시행하며, 총병(總兵)·부총병(副總兵)·참장(參將)·유격(遊擊)·수비(守備)·천호(千戶)·파총(把總)·관목(官目)·병정(兵丁) 등에게 두루 알려 각각 알아 두게 하는 외에, 이제 왜구가 소탕되었으므로 앞서 하사하셨던 보검은 이치상 상주하여 반납해야 하겠습니다.

성지를 받들었는데, "해당 부(部)에 알려 주어라."라고 하셨습니다.

동정에 소요된 전량을 조사할 것을 청하는 상주

請查東征錢糧疏 | 권9, 24a-33b

날짜 만력 27년(1599) 9월 15일 이후

내용 호과도급사중 이응책(李應策)이 동정(東征)할 때의 군향(軍餉) 회계 처리에 대해 문제를 제기하면서 총독·순무가 지출 처리를 잘못했을 가능성을 의심하자, 이에 대해 반박한 상주이다.

형개는 우선 기존의 지출 규례를 설명하고, 자신은 그보다도 지출을 절감하기 위해 노력했음을 강조했다. 또한 자신이 상주하여 결정한 방침에 따라 비용 지출은 엄격한 감사 절차하에 진행되고 있으므로 자의적으로 지출하는 것은 불가능하다고 설명했다. 또한 서로 거리가 멀리 떨어져 있어 먼저 장부를 작성하고 나중에 수정하는 일도 있지만 그 역시 감사 절차를 거친다고 해명했다. 아울러 자신이 자의적으로 지출할 수 있는 전공 포상금도 매우 절약했고, 개인적 경비도 가급적 지급 받지 않았음을 강조했다. 형개는 이러한 내역에 대해 호부에 회계장부가 남아 있을 것이니 조사해 보면 명확해질 것이라고 주장했다.

또한 형개는 대동의 군사들 중 귀국한 숫자에 결원이 있다든가, 병력의 숫자를 장부에 더 많이 기재하여 은을 거짓으로 받아 갔다든가, 도망자 및 사고자에 대한 기록을 그때그때 해 놓지 않고서 그들에게 지출해야 할 비용을 정지하지 않고 그대로 지출했다는 등의 의혹에 대해서도 구체적으로 해명했다.

마지막으로는 군비 지출은 아무리 상세하게 조사해도 지나치지 않으므

로 이미 조사를 마친 만력 25년(1597)부터 만력 27년(1599) 윤4월까지
의 기간을 제외하고, 윤4월 이후 현재까지의 비용을 철저하게 조사해
의혹을 풀어 줄 것을 요청했다. 만력제는 이에 대해 이미 조사가 끝났고
병력도 해산시켰으니 재차 번거롭게 조사할 필요가 없다는 비답을 내
렸다.

관련자료 본문에 인용된 이응책의 상주 내용은『명신종실록』만력 27년 9
월 15일에 일부 수록되어 있다.[51]

동정(東征)에 소요된 전량(錢糧)은 중대한 문제이니 반복 조사하
여 정밀하고 상세하게 해야 할 것이므로, 밝으신 성상께서 다시
관원을 파견해서 엄히 검토함으로써 착복하는 일을 바로잡으시고
밝은 마음으로 지난 일을 살피게 하도록 간절히 비는 일로 올리는
제본.

근래에 호과 도급사중(戶科都給事中) 이응책(李應策)[52]의 게첩(揭帖)을
베낀 것을 전해 받았는데, 동정군의 군향(軍餉)이 전혀 꼼꼼하게 정
리되어 있지 않으므로 철저히 조사하고, 아울러 기만하고 우매한 관
리들을 엄히 깨우쳐 국가의 살림을 무겁게 할 것을 간절히 비는 일
이었습니다. 그 대략에 이르기를, "관리비왜양향(管理備倭糧餉) 호부

......

51 『명신종실록』권339, 만력 27년 9월 15일(신유).
52 이응책(李應策): 1554~1635. 명나라 사람으로 섬서 포성현(蒲城縣) 출신이다. 만력 23
   년(1595) 형과급사중(刑科給事中)에 임명되었고 이어 호과급사중(戶科給事中)으로 옮
   겼다. 임진왜란 도중 석성(石星)과 심유경(沈惟敬)이 일본군 토벌에 힘쓰지 않는다고 탄
   핵하기도 했다.

낭중(戶部郞中) 동한유가 동정 군향에 관해 기록한 책자를 상주로 올렸는데, 신이 앞서 호부(戶部)에 보낸 자문(咨文) 및 경리(經理)가 작성해 보고한 문책과 대조해 보니 서로 차이가 있습니다. 그러므로 총독(總督)과 순무(巡撫)가 기회를 틈타 멋대로 지급하고서 지출 처리한 것이 아닐까 의심이 듭니다."라고 했습니다.

과신(科臣: 과도관)의 직무는 검토하고 봉박하는 것이니, 의심스러운 것이 있으면 탄핵하지 않을 수 없습니다. 그러나 동정의 전량을 관장하는 직무는 관련 아문이 너무 많아 애초에 총독과 순무가 멋대로 할 수 없는 것입니다. 무릇 국가가 괴롭게 여기는 것에 군량 비축보다 심한 것이 없고, 연변(沿邊)과 연해(沿海)의 법례에서 가장 엄하게 다루는 것에 또한 군량 비축보다 무거운 것이 없습니다. 이에 신이 명을 받고서 도성(都城)의 문을 나서면서부터, 남북 관병의 군영과 대오가 균일하지 않고 일의 실마리가 번다함을 깨닫고서 즉시 전량을 조사하는 것을 첫 번째 임무로 삼았습니다. 이에 종래 동정에 나선 남북 관병들에게 전량을 지급하던 칙례(則例)에 대해 보고를 올립니다. 남병(南兵)의 월량(月糧: 월급)은 하루에 5푼을 지급하고 염채은(鹽菜銀)은 3푼입니다. 북병(北兵)은 각 진(鎭)에 소속된 군사이므로 다만 하루에 염채은 3푼만을 지급하고 월량은 지급하지 않습니다. 장령(將領)[53]에게는 하루에 염채은 3전(錢)과 늠급(廩給:

....

53 장령(將領): 총병(總兵)·부총병(副總兵)·참장(參將)·유격(遊擊)·수비(守備) 등이 있다. 『명사(明史)』「직관지(職官志)」에 따르면 이들에게는 정해진 품급(品級)이나 정원(定員)이 없었으며, 이들 중 한 방면을 총괄하는 자를 진수(鎭守=總兵), 일로(一路)만 담당하는 자를 분수(分守), 한 성이나 보(堡)를 각각 지키는 자를 수비, 주장(主將)과 함께 한 성을 지키는 자를 협수(協守)라고 칭했다. 숭정(崇禎) 10년(1637)에 이르러 병부상서(兵部尙書) 양사창(楊嗣昌)이 이들의 관계(官階)를 정리했고, 이는 청대 녹영(綠營)의 품급

식비) 1전을 지급합니다. 중군(中軍)과 천총(千總)에게는 하루에 염채은 8푼과 늠급 1전을 지급합니다. 파총(把總)에게는 하루에 염채은 5푼과 늠급 7푼을 지급합니다. 월량은 호부에서 7할, 병부에서 3할의 비율로 내서 마련합니다. 염채은과 행량(行糧), 마필의 요초(料草)는 호부에서 단독으로 냅니다. 늠급은 호부에서 3성(省)에 나누어 파견해서 징수해서 지급합니다. 선세(船稅)와 화기(火氣)나 화약(火藥)을 제조하는 데 드는 비용, 왜적에 대비하기 위한 각종 원역(員役)에게 지급할 늠급과 염채은 등의 비용은 병부의 비왜마가(備倭馬價)에서 마련해서 냅니다. 이는 모두 이전 경략(經略)과 총독이 앞뒤로 논의하여 정하고서 오랫동안 시행해 온 규례입니다.

신은 다만 이 규례를 그대로 고집하여 털끝만큼도 봐주지 않았고, 중간에 감사(勘查)하고 삭감하면서 원망 듣기를 피하지 않았으니 그 점은 하나하나 진술할 수 없습니다. 가령 동정 총병은 먼저 2원을 설치하여 인선을 논의하여 파견했고, 공비(公費)의 지출은 계진(薊鎭)과 동일하게 했습니다. 그 뒤로 관원 두 명을 추가로 설치했으나 신은 비용을 절감하여 더 보내지 않게 하고 두 명의 몫을 네 명에게 나누어 주었습니다. 그들이 개선할 때에 연도에서 소비할 늠량과 요초, 공비에 대해서는 거리의 멀고 가까움에 따라 액수를 정했습니다. 과거의 지급 규례를 살펴보니, 총병 표하(標下)의 잡류(雜流) 원역(員役)에게 지급할 비용은 동일원(董一元)[54]에게 은 497냥,

....

(品級)으로 계승되었다. 曹循, 「明代鎭戍將官的官階與待遇」, 『歷史檔案』, 2016-3 참고.
54 동일원(董一元): ?~?. 명나라 사람이다. 만력 25년(1597) 흠차제독중로어왜총병 중군도독부좌도독 태자태보(欽差提督中路禦倭總兵中軍都督府左都督太子太保)로 조선에 왔다. 이듬해 제독으로서 중로(中路)의 병력을 이끌고 왜적과 맞섰으나 사천(泗川)에서 크게 패했다. 이 때문에 태자태보 직을 삭탈당하고 관품이 강등되었으나 이후 회복했다. 만력

마귀(麻貴)[55]에게 은 559냥, 진린(陳璘)[56]에게 은 1864냥, 유정(劉綎)에게 은 2237냥 등이었습니다. 신은 저장된 돈이 부족하여 크게 줄이지 않을 수 없었으므로, 네 차례나 감축을 하여 동일원에게는 218냥만을, 마귀에게는 270여 냥만을, 진린에게는 806냥만을, 유정에게는 1127냥만을 지급하여 합계 은 2800여 냥을 절감했습니다. 평소에 네 장수가 사안에 따라 지급을 요청한 것에 대해서도 규례에 명시되지 않은 것은 털끝만큼도 따르지 않았으니, 네 장수 가운데 신을 원망하지 않은 이가 한 명도 없음은 각 부(部)와 도(道), 그리고 남북의 관병이 모두 아는 바입니다. 신이 주요 장수를 이렇게 대우했음은 편장(偏將)과 많은 군사가 알고 있습니다. 신이 횡령함이 있었다면 어찌 낯빛을 바로하고 삼군(三軍)의 위에 서서 주요 장수를 통제[裁革]할 수 있었겠습니까.

　신은 앞서 또한 전량에 관해, 호부에서 7할, 병부에서 3할을 내는 일이나, 비왜마가·상공(賞功) 등 항목의 출납에 실마리가 번잡한 것을 보고 비용 지출이 명확하지 않으면 그때그때 다른 쪽으로 떠넘기게 될까 걱정했습니다. 이에 만력 25년(1597) 12월에 제본을 올

....

27년(1599) 명나라로 돌아갔다.

55　마귀(麻貴): ?~1618. 명나라 사람이다. 정유재란이 발발하자 흠차제독남북관병어왜총병관 후군도독부도독동지(欽差提督南北官兵禦倭總兵官後軍都督府都督同知)로 대동·선부의 병사 1000명을 이끌고 조선에 왔다. 울산 도산성의 왜군을 포위 공격했으나 크게 패하여 후퇴했고, 이듬해 재차 도산성을 공략했으나 성공하지 못했다. 만력 27년(1599) 명나라로 돌아갔다.

56　진린(陳璘): 1532~1607. 명나라 사람이다. 광동(廣東)의 군사를 이끌고 부총병으로 임진왜란에 참전했으며, 정유재란 때 다시 파견되어 어왜총병관(禦倭總兵官)으로서 조선의 이순신과 함께 노량해전에서 전과를 올렸다. 이후에도 귀주(貴州)와 광동에서 무관으로 활동했다.

렸는데, 그 내용은 다음과 같았습니다.

전량에는 각기 정항(正項)이 있으니 경승(經承)[57]이 마땅히 전적으로 관리해야 하므로 서둘러 조사해서 바로잡아 상주 보고하기 편하게 해 주시기를 간절히 청하는 일.

요양(遼陽)에서 지출할 돈에 관해서 따져 보자면, 호부의 은냥은 비왜낭중(備倭郞中)으로 하여금 총괄해서 관장하게 하고, 병부의 은냥은 분수도(分守道)로 하여금 총괄해서 관장하게 하며 서로 조사 대조함으로써 겹치거나 침범하는 일을 방지하게 해야 하겠습니다. 또한 요양의 통판(通判)이 창고를 나누어 지출하게 해야 하겠습니다. 병부에서 상으로 내리는 은냥으로서 조선으로 보내 지출해야 하는 돈은 해방도(海防道)로 하여금 총괄해서 관장하게 하며, 또한 비왜관량동지(備倭管糧同知)가 지출하는 일체의 전량이 있으면 각 도(道)의 향사(餉司)에서 총괄해서 검토하게 하고, 부관(府官)이 총괄해서 출납하게 하며, 모두 순무에게 검토를 받게 한 후에 장부를 작성해서 자문으로 신에게 보내게 해야 하겠습니다. 은을 지급할 때마다 부(部)·도(道)·부(府)의 관원 등 여러 사람의 손을 거치지 않는 것이 없게 해야 하겠습니다.

또한 식량 운반에 있어서는 구매나 운반 등 항목에 지출할 은에 정규 편성된 항목이 없으며 실마리를 분간하기가 어려워 착오가 있을까 우려됩니다. 지불한 비왜마가의 은 수량은 올해 12월까지 마감하여 분수도와 해개도(海蓋道)로 하여금 항목별로 조사해서 장부를 작성하여, 하나는 요동 순무에게 보내 재차 감찰

....

57 경승(經承): 각 부(部)·원(院)에 일하는 역리(役吏)의 총칭이다.

조사를 받게 한 후 구매한 군량과 함께 합쳐서 스스로 직접 상주하여 지출 처리하게 하고, 하나는 신에게 보내 참조할 수 있게 하십시오. 또 만력(萬曆) 26년(1598) 정월부터 구매, 운반, 운송 등에 쓸 은에 관해서는 청하건대, 해당 부(部)에서 검토하고 논의해서 요동 순무 아문으로 발송하여 해당 진(鎭)의 관량낭중과 함께 감독해서 별도로 접수해서 저장해 두었다가 식량을 구매하거나, 혹은 절색으로 지급하거나 현물 또는 운송으로 비용 공제하는 등의 용도로 오롯이 쓰게 하며 각 병비도(兵備道)에서 순무에게 직접 보고하고서 비답을 받아 지출 처리하고 스스로 직접 상주하여 보고할 수 있게 해 주십시오.

이상에 대해 모두 호부의 검토를 거쳐 성지를 받들고 각 해당 아문에 전달하여 준수하여 시행한 지 오래되었습니다. 그러므로 규례가 한번 정해지자 매달 장수와 관료들이 장부를 작성하여 직접 해당 도(道)에 보내고, 해당 도에서 사실을 확인한 후 부신(部臣)에게 보내며, 부신이 은을 보내고 부관(府官)이 지출을 감독하고 있습니다. 그 감사 장부는 부관이 부(部)와 도(道)에 보내고, 부와 도에서는 순무에게 보내며, 순무는 검토한 후 신의 아문에 보내고 있습니다. 이처럼 신의 아문은 현격히 떨어져 있으며, 일체의 전량이 신의 눈을 거치지 않고 있는데 어떻게 횡령할 수 있었겠습니까.

또한 철수하는 군마(軍馬)와 전량의 수목에 관해서는 진(鎭)·도(道)에서 장부로 작성하여 순무에게 보내고, 순무는 신에게 보내 부(部)에 자문으로 보내 달라고 했기에 이미 자문으로 보냈습니다. 철수해야 할 군사 가운데 순무가 결원을 보충하기 위해 선발하여 남겨 둔 자들이 있으며, 선발하여 남겨 둔 자들 가운데는 또한 사고로

철수한 자가 있어, 전후의 수목을 개정하지 않을 수 없었습니다. 일
단 개정을 거쳤으므로 전후 수목 또한 자연히 맞지 않는 것입니다.
다만 관외(關外)에서 은을 지출할 때에는 이미 향사 감군(監軍)과 각
도(道)가 검토하여 반드시 실제 수량을 확인한 후에 지급했습니다.
관내에서는 또한 신이 군사들이 철수하기 전에 영평도(永平道)에 패
문(牌文)을 보내 관관통판(管關通判) 나대기(羅大器)에게 맡겨 하나하
나 이름을 점검하게 하고, 또 분사주사(分司主事)로 가서 친히 검사
하고 지불하게 했으며, 통판으로 하여금 점검을 거친 병마에 대해서
만 실제 수효에 따라 장부로 작성해서 통주(通州)·창평(昌平)·계진
(薊鎮)의 각 사(司)·도(道)에 보내 점검하게 한 후에야 비로소 군량
과 상을 지급하게 했으니, 도망한 자나 이름을 속인 자는 속여서 수
령하기 어렵게 했습니다.

또한 신은 군사를 동원하기 전부터 못된 장령(將領)이나 천총(千
總)·파총(把總)이 실제 수효를 날조하거나 사칭하여 군량을 거짓으
로 받아갈까 걱정했습니다. 그래서 일단 관(關)을 나섰을 때 즉시 각
부(部)·도(道)와 장령에게 패문(牌文)을 보내 단단히 타일렀습니다.
만약 관병이 도망치거나 사고가 있으면 매달 해당 관할하는 장령이
목록을 작성하여, 하나는 해당 도에 보내고 하나는 호부에 보내며
하나는 감군어사(監軍御史)에게 보내게 했습니다. 군량을 나눠 줄 때
에는 해당 도가 관할하여 들이기도 하고 빼기도 하여 검사해서 차
이가 없을 때에 비로소 등록해서 향사(餉司)에 보내게 했습니다. 감
군어사가 또한 매달 도망 사고 내역을 보내 향사에 알리고서야 비
로소 지급하게 했습니다. 만약 착오가 있어 분명하지 않으면 네 번
까지 검사하게 했으니, 심지어 조사 결과가 불분명하여 두세 달을

지체하고서야 지급한 일도 있었습니다. 어찌 마음대로 지출하고 마음대로 지급할 수 있었겠습니까.

이렇게 세세하게 조사하고 검사한 사안에 대해 묘당(廟堂)에서 어찌 아실 수 있겠습니까. 총독과 순무가 횡령을 하려면 문무의 대여섯 아문과 공모하지 않고서는 불가합니다. 설마하니 문무관이 이렇게 많은데 모두 무능한 자들로만 채워졌겠습니까. 만약 공모했더라면 총독과 순무가 어찌 하루라도 10만 관병 위에 서서 법을 행하여 사람들을 복종시킬 수 있었겠습니까. 다만 각 영마다 장부를 작성하고 군량을 지출함에 서로 왕복 1~2천 리나 떨어져 있으니, 그 중에는 장부를 먼저 작성하고 수정을 나중에 하는 경우도 간혹 있습니다. 그러다보니 기회를 틈타 멋대로 작성하고 멋대로 지불하는 일도 간혹 있습니다. 그러나 매번 해당 부(部)나 도(道)에 보고하고서, 검사하고 조사하지 않은 적은 한 번도 없습니다.

오직 공적에 대해 상을 주는 일만은 총독과 순무가 전장에서 상을 줄 수 있도록 했으니 많이 줄 수도 있고 적게 줄 수도 있으며 곧바로 줄 수 있게도 했습니다. 이에 신은 상금을 처음 내어 줄 때 경리 순무(經理巡撫)에게 자문을 보내 해방도에 문서를 전달해서 감사하게 하라고 했습니다. 이에 해방도 동지(同知)가 직접 출입을 담당했습니다. 신은 상을 주는 일이 있을 때에도 오직 도에 패문을 보냈을 뿐, 도에서 부(府)에 문서를 보내 직접 나누어 주게 한 다음 순무에게 보고를 올려 알리게 했습니다. 그러니 매 사안마다 총독과 순무, 순안(巡按)의 공문은 매우 많았지만 이 전량의 실마리는 간편하여 감사하기에 쉬웠습니다. 앞서 감과(勘科) 양응문(楊應文)[58]이 감사했을 때 신이 수본(手本) 한 통을 보내 호부에서 7할, 병부에서 3할의 비율로 한 일이나 공적에 대해 상을 주는 등의 비용에 대해 엄히 감사해 줄 것을 요청했습니다. 감과가 장부를 열람하고 두루 살펴보고 조사한 후 외람되게도 신에 대해 말하기를, 그동안 행군 과정에서 전량 문제에 대해 이렇게 깔끔하게 정리하고 절약한 것이 신과 같은 이가 없었다고 했습니다. 양응문이 경사(京師)에 있으니 물어보실 수 있을 것입니다.

무릇 이 동정이라는 사안은 지극히 큰일이고, 10만이라는 관병의 수는 지극히 많은 수이며, 2년이라는 기간은 지극히 오랜 기간입니다. 그 가운데 총독·순무·순안에게 보고를 올리고서 공식적으로 준 상금액과 순무가 평상시에 준 상금액 및 감과 서관란(徐觀瀾)[59]이 군무를 감사하며 지급한 상금액이 전부 다해서 4만 냥을 넘지 않습니다. 수급은(首級銀: 적의 목을 베었을 때 하사하는 상금)은 전례에 별도로 병부에 요청하여 지급하도록 되어 있습니다. 신이 순무와 함께 검토해 보니 지출한 은이 12만 2000여 냥이었습니다. 지난번에 감과가 상주를 올려 보고할 때 27만 냥 가운데 여전히 10만 7000여 냥이 남아 있다고 했으니 사후에 군사를 철수할 때에 상으로 줄 것으로서 융통해서 여기저기서 끌어모아 지불할 비용으로 삼으면 될 것입니다. 이러한 지극히 크고 지극히 많으며 지극히 오래 걸린 사

....

58 양응문(楊應文): ?~?. 명나라 사람이다. 만력 26년(1598) 서관란을 대신하여 조선에 머무르는 동정군의 상황을 살피고 장수들의 공과를 평가하는 일을 맡았다. 만력 27년(1599) 윤4월에 의주(義州)에 들어와 통군정(統軍亭)에서 장수들과 회동하여 업무를 처리했으며, 서울을 방문하지 않은 채 그대로 명나라로 귀국했다.

59 서관란(徐觀瀾): ?~?. 명나라 사람이다. 산서 택주(澤州) 출신으로 만력 17년(1589) 진사가 되었다. 만력 26년(1598) 9월, 정응태(丁應泰)가 경리 양호(楊鎬) 등을 탄핵한 사건을 재조사하라는 명을 받고 조선에 왔다. 부산과 울산 등의 군영을 두루 다니며 조사한 후 이듬해 2월에 명나라로 돌아갔다.

안에 관하여 여러 아문이 겨우 4만 냥을 썼을 뿐이며, 모두 확인할 수 있는 장부가 있고 조사할 수 있는 사안이 있으며 물어볼 수 있는 여러 아문의 문무관들이 있습니다. 이렇게 해서 수급은으로 충당할 은과 지출하고 남은 은 20여 만 냥은 신이 백방으로 방법을 마련하여 원한을 사 가면서까지 개혁하고 절약한 것입니다.

신은 자기를 드러내고 명예를 사려 한다는 소리를 들을까 두려워 다만 부·도로 하여금 부(部)의 당상이나 순무·순안에게 장부를 갖추어 보고하게 했을 뿐, 나누어서 자세하게 제본을 갖추어 올리지 않았습니다. 신의 괴로운 마음도 말로 하기 어렵습니다. 동정에 나선 문무관 가운데 누가 늠량과 공비(公費), 심홍(心紅: 초)과 지차(紙箚: 종이)의 비용을 받지 못했다는 말입니까. 신이 보낸 문서가 천하에 두루 전해졌고 쓴 비용도 또한 많습니다. 앞서 해당 도에서 건의하기를, 신과 표하(標下) 원역(員役) 및 이서(吏書)의 제반 비용을 모두 없애자고 했습니다. 이에 3년 동안 신은 동정에 관한 전량을 한 푼도 지급 받지 못했습니다. 그러니 제 문하(門下)의 원역들이 항상 신에게 각박하다고 원망을 합니다. 순무와 도(道)도 매번 와서 신에게 관대하게 해 줄 것을 권하고 있으니, 신의 고초 또한 말로 하기 어렵습니다. 이렇게 근검하고 청렴하게 하면 과실은 면할 수 있을 것으로 기대했습니다. 그래서 이처럼 비용을 감축하며 삼가고 조심했는데, 오히려 신을 알지 못하는 자들이 또한 무슨 말을 하는 것입니까.

선임 정왜총독(征倭總督) 호종헌(胡宗憲)[60]에 대해서라면 그가 쓴

....

60 호종헌(胡宗憲): 1512~1565. 명나라 사람이다. 중국 동남 지역의 왜구를 소탕한 일로 이름난 인물이다. 왜구 격퇴의 공로를 인정받아 가정 39년(1560)에 병부상서 겸 도찰원 우도어사로 승진했으나, 이후 엄숭(嚴嵩)의 일파라는 이유로 탄핵되어 옥중에서 자결했

병마의 전량과 공비, 공적에 대해 내린 상금 등 지출한 수효에 관해 부(部)에 문책(文冊)이 남아 있을 것입니다. 그것을 신이 지출한 금액과 비교해 보면 아마도 하늘과 땅 차이일 것임을 강남(江南)의 사대부 누군들 알지 못하겠습니까. 내지(內地)에서 군사를 운용하는 것과 해외에서 군사를 운용하는 것은 수고롭고 편안함, 어렵고 쉬움, 절감한 것과 쓰는 것이 역시 다르지 않습니까. 과신은 멀리 도성에 있기에 신이 행한 바와 지출한 바, 그리고 신이 거쳐 온 바를 알지 못하니, 신이 군사를 동원하거나 물자를 운수하는 노고도 전혀 들이지 않고, 안일하게 일하면서 공은 배로 세우고 상은 미루며 지급하지 않으면서도 이제 과거에 비해 1만 배나 비용을 허비하고 상 또한 과거에 비해 100배나 주었다고 이렇게 헛소리하는 것도 무엇이 괴이하겠습니까. 황상께서 시험 삼아 해당 부에 지시하시어 한 번 조사하게 하시면 자연히 아실 수 있을 것입니다.

대동(大同)의 군사들 가운데 원래 동원된 인원이 6000명이었는데, 지금 돌아온 인원은 겨우 2100명뿐이라고 한 데 대해서 말씀드리겠습니다. 조사해 보니 대동의 군사 가운데 먼저 돌아간 인원이, 천총(千總) 조계작(趙繼爵) 등의 관군 470여 명, 장춘(張椿) 등의 관군 700여 명, 참장(參將) 이녕(李寧)[61]이 거느리고 돌아간 880여 명, 참장 양등산(楊登山)[62]과 좌영(坐營) 장유성(張維城)[63]·심동(沈棟)[64]이

....

다. 융경 6년(1572) 사면되었다.

61 이녕(李寧): ?~?. 명나라 사람으로 요동 철령위(鐵嶺衛) 출신이다. 이성량의 가정 출신이며 용력(勇力)으로 이름났다. 만력 25년(1597)에 흠차통령보정영병비왜부총병 서도독첨사(欽差統領保定營兵備倭副總兵署都督僉事)로 마병 2000명을 이끌고 남하했는데 만력 26년(1598) 4월 거창(居昌) 지역에서 일본군과 전투하다 사망했다.

62 양등산(楊登山): ?~?. 명나라 사람으로 선부(宣府) 회안위(懷安衛) 출신이다. 흠차협수

거느리고 돌아간 군정(軍丁)과 제독 총병(提督總兵)의 표하 군정(軍丁)이 총 1500여 명이었습니다. 지금 이어서 참장 유상덕(兪尙德)[65]이 거느린 군사 1200여 명을 철수시키니, 남은 인원은 부총병(副總兵) 해생(解生)[66]이 거느린 1100여 명입니다. 이는 모두 대동의 군사입니다.

또한 섭방영(葉邦榮)[67] 군영의 관병 1604명은, 대조해 보니 장부에 540명을 더 많이 기재해 놓고 은 3800여 냥을 거짓으로 받아 갔다고 한 데 대해서 말씀드리겠습니다. 조사해 보건대, 섭방영 관군이 원래는 1350명이었는데, 진(鎭)으로 돌아간 인원이 286명이고, 사후 처리를 위해 남은 인원은 1064명이었습니다. 이에 대해서는

동로참장(欽差協守東路參將)으로 만력 25년(1597)년에 마병 1200명을 이끌고 조선에 왔다가 2년 후 명나라로 돌아갔다. 용맹함으로 이름이 높았으며 파귀·파새·해생과 함께 사장(四將)으로 일컬어졌다.

63 장유성(張維城): ?~?. 명나라 사람이다. 대동(大同) 중위(中衛) 출신으로 자는 국주(國柱), 호는 소천(紹川)이다. 제독 마귀(麻貴)의 표하관이며 중군지휘첨사(中軍指揮僉事)로 마병 1620명을 이끌었다.

64 심동(沈棟): ?~?. 명나라 사람이다. 대동(大同) 위원위(威遠衛) 출신으로 호는 대루(對樓)이다. 제독 마귀의 표하관이며 수영참장(隨營參將)의 직을 가지고 있었다. 정유재란 초기에 전주에 주둔하던 진우충이 남원에서 보낸 구원 요청을 듣지 않고 도망쳤다는 이유로 혁직되어 잡혀가자 진우충을 대신하여 군사를 지휘했다.

65 유상덕(兪尙德): ?~?. 명나라 사람이다. 선부(宣府) 전위(前衛) 출신이며 호는 좌천(左川)이다. 중군원임부총병도지휘(中軍原任副總兵都指揮)로 만세덕(萬世德)을 따라 조선에 들어왔다. 만력 27년(1599) 정월에 명나라로 귀국했다.

66 해생(解生): ?~?. 명나라 사람이다. 선부전위(宣府前衛) 출신의 몽골족 장수이다. 만력 25년(1597) 흠차비왜좌익부총병(欽差備倭左翼副總兵)으로 마병 2500명을 이끌고 조선에 왔다. 용맹하기로 이름난 사장(四將) 중 한 명으로, 직산 전투에서 일본군의 북상을 저지하는 데 큰 공을 세웠고 도산성 전투에서도 용맹을 떨쳤다. 만력 27년(1599) 7월에 명나라로 돌아갔다.

67 섭방영(葉邦榮): ?~?. 명나라 사람이다. 만력 21년(1593) 통령절병유격장군(統領浙兵遊擊將軍)으로 마병 1500명을 통솔했다. 만력 25년(1597)에 절강 군사 1500명을 이끌고 조선에 다시 왔다.

앞서 호부의 검토를 거쳐 낭중(郎中) 동한유가 조사해서 보고한 바 있습니다. 그런데 '十'자를 '百'자로 잘못 써서 군사의 수에 큰 차이가 나게 되었던 것으로, 은의 수효는 정확히 1064명의 수에 맞추어 지급했습니다.

또한 시행하는 와중에 발생한 사고에 대한 기록을 매일매일 해놓지 않았다고 한 데 대해 말씀드리겠습니다. 장부를 작성하여 매달 관에 반환한 항목은 그날그날 제한 도망자나 사고자에게 지급할 은입니다. 낭중 동한유가 게첩으로 보고한 데 따르면 각 군영의 도망자나 사고자 등의 항목에 대하여 엄격히 조사하여 제하고 관에 반환한 은이 2만 2015냥 남짓입니다. 합계 각 항목으로 실제 절감하여 남은 은이 6만 1000여 냥으로, 모두 정확하게 지출했고 관련 장부가 매우 분명하니 거짓으로 횡령하기 어렵습니다. 이상 동정에서 전량을 지출한 대략이 이와 같으니, 신은 감히 하나하나 군말을 늘어놓지는 않겠습니다.

군향(軍餉)이 매우 많이 드니 여러 말이 나돌 수 있고, 그 과신이 들은 말도 한 가지가 아닐 것입니다. 하물며 자문과 장부가 맞지 않으니 자연히 의심하지 않고 봉박하지 않을 수 없었을 것입니다. 그러나 군향이 많이 든다면 그에 대한 감사도 상세하지 않을 수 없습니다. 여러 말이 나도니 의심이 있다면 풀지 않을 수 없습니다. 하물며 전량 문제는 신의 손을 거치지도, 눈을 거치지도 않았으니 또한 어찌 그 사이에 간사한 폐단이나 착오가 없었다고 장담할 수 있겠습니까. 과신이 논한 바는 대단히 일리가 있으니, 그의 주장대로 다시 감사하는 일은 결코 그만둘 수 없습니다. 만력 25년(1597)부터 만력 27년(1599) 윤4월까지에 대해서는 비록 감사와 과신 및 낭중 동한유의 검토 조사를 거쳐 명백하게 확인한 후, 장부로 작성해서 상주 보고하고 호부에서 다시 검토하여 검토 상주를 올린 바 있으나, 전량 문제에 관해서는 아무리 상세해도 지나치지 않으므로 윤 4월 이후 지금까지 지출한 각 항목의 은냥과 함께 황상께서 특별히 풍력관(風力官)과 과도관(科道官) 한 명씩을 파견하시고, 순천(順天)과 요동의 각 순안(巡按)에 동정에 나섰던 원임 부(部)·도(道)·부관(府官)을 불러 모으고 각 해당 장부를 모아다가 횡령하거나 과도하게 수령한 등의 일이 있는지 여부를 세세하게 검사하고서 사실대로 상주하여 최종 결정하게 하십시오. 관병이 이미 해산했다고는 해도 선부(宣府)·대동(大同)·계주(薊州)·요동·보정(保定)은 지역이 멀지 않아 역시 하나하나 따져 볼 수 있으므로, 관원을 한 번 보내면 물어볼 수 있을 것입니다. 이렇게 하면 전량 문제는 깔끔해지고 사람들의 이목이 분명해질 것이며, 신의 마음과 행적 또한 깨끗하게 될 것입니다.

성지를 받들었는데, "동정에 소요된 전량에 대해서는 앞서 감과(勘科)가 감사를 하고 호부에서 검토했다. 지금 공을 이루고서 개선하여 관병이 이미 해산했으니, 재차 조사해서 번거롭게 할 필요는 없다. 해당 부에 알려 주어라."라고 하셨습니다.

조선에 머물며 지키는 제독 이승훈의 복색을
올려 주실 것을 청하는 상주

請加留守朝鮮提督李承勛服色疏 | 권9, 34a-35b

날짜 만력 27년(1599) 말~만력 28년(1600) 초
내용 형개가 만력제에게 제독 이승훈(李承勛)에 대한 대우를 높여 줄 것을 요청하는 상주이다. 이승훈은 조선에 주둔한 명군을 지휘하고 있었으므로, 전례에 따라 1품 복색을 내려서 그의 직무를 무겁게 여기는 뜻을 보이고 조선에 위엄을 보일 수 있도록 해 달라는 것이다. 이는 병부의 검토를 거쳐 그대로 시행되었다.

전례에 따라 복색(服色)을 하사해 주시기를 청하는 일로 올리는 제본.

경리조선군무(經理朝鮮軍務) 도찰원우첨도어사(都察院右僉都御史) 만세덕(萬世德)의 회고(會稿)를 받았는데, 그 내용은 다음과 같았습니다.

살피건대, 우리나라는 무릇 외국에 관련된 사안이 있어 사신(使臣)에게 직함을 부여하면 관품의 높고 낮음을 막론하고 모두 1품의 복색을 하사함으로써 천조(天朝)의 체통을 무겁게 하고 먼 나

라의 신민과 구별되게 했습니다. 이는 법령에도 실려 있으며 역대의 전례를 확인할 수 있습니다. 임진년에 왜노가 조선을 침범한 이래로 황상께서 임명하신 경략(經略)과 경리(經理)가 이미 네 번이나 파견되었는데, 모두 전례에 따라 1품 복색을 하사하신 바 있습니다.[68] 다만 대장(大將) 이여송(李如松)[69]과 마귀(麻貴)는 원래 1품의 무계(武階)를 띠고서 파견되었으므로 그런 까닭에 법령을 원용하여 제청(題請)하지 않았던 것입니다. 이제 살피건대, 제독남북수륙관병조선방해어왜총병관(提督南北水陸官兵朝鮮防海禦倭總兵官) 이승훈(李承勛)[70]은 서도독첨사(署都督僉事)로서 동원되어 임무를 부여받았으니 실제 2품으로써 종사하고 있습니다. 전례를 따져 보면 그것만으로도 마땅히 1품 복색을 하사해야 할 것입니다. 또한 그 자신이 이역(異域)에서의 군국(軍國)과 관련된 일체의 업무를 짊어지고서 황상의 위엄을 밝게 떨치고 우리나라의 신령한 무공(武功)을 널리 퍼뜨리고 있으니, 일반적인 사명과

....

68 임진년에 …… 있습니다: 송응창(宋應昌)이 1품 복색을 하사 받고 올린 사은 상소가 『경략복국요편』에 수록되어 있다. 宋應昌, 『經略復國要編』[구범진·김슬기·김창수·박민수·서은혜·이재경·정동훈·薛戈 역주, 『명나라의 임진전쟁 1: 출정 전야』(송응창의 『경략복국요편』 역주), 사회평론아카데미, 2020] 「5-9 謝加一品服疏 권5, 8a-9a」.

69 이여송(李如松): 1549~1598. 명나라 사람으로 요동 철령위(鐵嶺衛) 출신이다. 철령위 지휘동지(指揮同知)를 세습했다. 만력 20년(1592) 감숙(甘肅) 영하(寧夏)에서 보바이[哱拜]의 난이 일어나자 반란 진압에 큰 공을 세워 도독(都督)으로 승진했다. 임진왜란이 발발하자 흠차제독(欽差提督)으로 조선에 파병되었다. 평양성을 함락했으나 벽제관(碧蹄館)에서 패배하여 퇴각하고 일본과의 화의 교섭에 주력하다가 그해 말에 명으로 철군했다.

70 이승훈(李承勛): ?~?. 명나라 사람이다. 왜구에 대한 방어가 긴요해지자 만력 23년(1595)에 북방의 중요 수비지역이었던 산동총병관 겸 도독첨사(山東總兵官兼都督僉事)에 추천되어 수륙의 관병을 제독했다. 정유재란이 마무리될 무렵 명군 제독 총병관(總兵官)으로 조선에 파견되어 서울에 머무르며 전쟁의 뒤처리를 담당했다.

견줄 수 없습니다. 그 복색 건은 전례에 따라 지급할 것을 청해야 하겠습니다. 비록 철병할 날이 가깝고 군사를 거두어들일 기한이 잡혔으나, 하루라도 황상의 명을 받은 신하가 된다면 하루라도 속국에 보이는 바를 중요하게 여겨야 합니다. 이는 또한 누대 조정에서 중시했던 법전이니 잠시라도 어겨서는 안 될 것입니다.

신이 경리조선군무 도찰원우첨도어사 만세덕과 함께 논의한바 서로 뜻이 같으므로 마땅히 제청해야 하겠습니다. 엎드려 바라건대, 병부(兵部)에 명을 내리시어 재차 조사하고 의논하게 하십시오. 만약 신 등이 말한 바가 틀림이 없다면 조선방해어왜제독총병관 이승훈에게 1품 복색을 하사하셔서 그의 특별한 임무를 중시하여 외번(外藩)에 위엄을 보이게 하셔서 신 등으로 하여금 삼가 받들어 시행하게 해 주십시오.

성지(聖旨)를 받들었는데, "병부에 알려 주어라."라고 하셨습니다.

병부의 검토 의견은 다음과 같았습니다.

살피건대, 조정(朝廷)의 명기(名器)는 비록 남발해서는 안 되지만, 대장(大將)의 의장(儀章) 또한 때에 따라 융통성이 있어야 합니다. 총병 이승훈은 남북의 수륙 관병을 제독(提督)하여 조선의 전후 처리를 담당하고 있으니, 비록 철군할 기일이 정해져 있으나 전례대로 처리하는 것이 좋겠습니다. 이미 합동 제본이 올라왔으므로 복색을 추가로 지급하여 특별히 총애함을 보이는 것이 좋겠습니다. 명을 내려 주시면 이승훈에게 전례에 따라 1품의 복색을 하사함으로써 외국에 위엄을 보이도록 하겠습니다. 귀국하는 날 전례에 따라 총독(總督)·순무(巡撫)에게 문서를 보내 일체 전례대로 시행하도록 하겠습니다.

성지를 받들었는데, "그렇게 하라."라고 하셨습니다.

9-7

고향으로 돌아가 부모를 모시게 해 줄 것을 네 번째로 간청하는 상주[71]

四懇歸養疏 | 권9, 35a-38b

날짜 만력 28년(1600) 정월 24일

내용 형개가 만력제에게 귀향을 허락해 달라고 요청하는 상주이다. 그때까지 그는 80세가 넘은 노모를 봉양하고자 한다며 세 차례 귀향을 요청했으나 윤허를 얻지 못했다. 이에 부득이하게 노모를 임지로 모셔 왔으나 익숙지 못한 북쪽 지방의 겨울에 오히려 모친의 건강이 악화되었다. 또한 북방 몽골족 및 여진족이 침입할 가을은 지나갔고 조선의 상황도 안정되었다는 이유를 들며 재차 귀향을 허락해 줄 것을 간청했다. 만력제는 형개에게 의지하는 바가 매우 크며 임지로 노모를 모셔 오기도 했으니 귀향을 허락하지 않는다는 비답을 내렸다.

관련문서『명신종실록』에는 만력 28년 정월 24일에 형개가 상주를 올렸고 만력제가 만류했다는 기사가 실려 있다.[72] 9-8 〈五懇送母還鄕疏〉에 따르면 상주를 올린 일자는 정월 12일이었던 것으로 보이며, 만력제가 이에 대해 비답을 내린 일자가 24일이었던 것으로 판단된다.

......

71 고향으로 …… 상주:『명신종실록』에 따르면 형개는 15차례에 걸쳐 사직 상소를 올렸다. 『명신종실록』권335, 만력 27년 5월 25일(임신); 권336, 만력 27년 6월 15일(임진); 권 337, 만력 27년 7월 28일(을해); 권340, 만력 27년 10월 1일(정축); 권343, 만력 28년 정 월 24일(무진); 권344, 만력 28년 2월 13일(정해); 권346, 만력 28년 4월 9일(임오); 권 353, 만력 28년 11월 29일(기사); 권 356, 만력 29년 2월 11일(경신); 권 363, 만력 29년 9월 1일(을미); 권 372, 만력 30년 5월 2일(계해).

72 『명신종실록』권343, 만력 28년 정월 24일(무진).

부모가 쇠약해진 것을 눈으로 보고 병이 날로 심해질까 우려하여, 서둘러 고향으로 돌아가 부모를 모심으로써 자식 된 도리를 다하고 늙은 생명을 이어 갈 수 있도록 해 주십사 천자가 은혜를 베풀어 주시기를 네 번째로 간청하는 일로 올리는 주본.

7월에 신의 집에서 보내온 소식이 재차 이르러 쇠약한 부모의 병세가 위급하다고 하기에 삼가 피눈물을 흘리며 울부짖어 서둘러 놓아주셔서 고향으로 돌아가 부모를 모실 수 있게 해 주십사 하늘 같은 은혜에 세 번째로 간청하는 일로 주본을 올린 바 있었습니다. 성지를 받들었는데, "대신(大臣)은 몸소 큰 임무를 부여받았으면 마땅히 먼저 나라에 보답해야 한다. 형개(邢玠)는 지금 이미 입관(入關)했으니 그것으로 어머니의 마음을 위로할 만하다. 안심하고 전과 같이 군무를 감독하고 처리하라. 요청은 받아들이지 않는다. 해당 부(部)에 알려 주어라."라고 하셨습니다.

신은 따뜻하신 윤음(綸音)을 받들어 읽으며 대궐을 향해 머리를 조아려 하늘 같은 은혜에 감사드렸습니다. 그런데 신이 동정(東征)에서 귀국하고서부터 집에서 보내온 소식이 여러 번 이르러 신의 어머니의 노쇠한 상태를 알려 주었습니다. 신의 마음은 날마다 몹시 불안하여 일시에 떨쳐 일어나서 돌아가 신의 어머니 얼굴을 뵙지 못함을 한스러워했습니다. 이에 번거롭게 해 드리는 일임을 무릅쓰고 누차 상소를 올려 간청했으나 아직 윤허를 받지 못했습니다. 이렇게 되자 신은 부모의 은혜가 망극함을 생각하여 돌아가고자 하나 그럴 수 없고, 또 임금의 명이 막중함을 생각하니 감히 재차 사양할 수도 없게 되어, 진퇴유곡(進退維谷)에 마음과 신경이 모두 어지러웠

습니다. 생각이 여기에 미칠 때마다 오장(五臟)이 찢어져도 모를 정
도였으니, 신의 괴로움 또한 극심했습니다. 또한 삼가 생각하건대,
속국(屬國)이 비록 수복되었다고는 하지만 전후 처리를 위한 관병
(官兵)이 아직 철수하지 않았고, 왜구(倭寇)가 비록 평정되었다고 하
지만 요동(遼東) 오랑캐의 경보가 빈번하게 이어지고 있으니, 이는
모두 신이 끝마치지 못한 일입니다. 신은 어차피 사사로운 사정을
돌아보느라 군부(君父)께 근심을 끼치는 일은 감히 할 수도 없거니
와, 알지도 못하는 자들이 신더러 교묘하게 빠져나간다고 하는 것도
걱정스러워, 아침저녁으로 생각하여도 어찌 해야 좋을지 모르겠습
니다.

　삼가 생각하건대, 80세가 넘은 신의 병든 어머니는 날마다 문짝
에 기대어 신이 오기만을 바라보고 있습니다. 신은 3년이나 어머니
와 헤어진 고자(孤子: 아버지를 여의고 어머니만 계신 자식)로서 날마
다 목을 빼고 어머니를 뵙기만을 바라고 있습니다. 한 번 생각할 때
마다 한 번 눈물지으니 하루하루를 보내기가 실로 어렵습니다. 이에
천만 부득이한 가운데 뜻을 굽혀 임금과 부모 양쪽을 온전히 하려
는 계책으로는 다만 어머니를 맞이하여 모심으로써 모자 양쪽이 서
로 생각하는 마음을 잠시나마 위로하고 다시금 귀양(歸養)을 청하는
것이었습니다. 이에 8월에 먼저 집안사람을 시켜 신의 어머니께 돌
아가 말씀드리기를, "성상께서 은혜롭게 만류하시고 나랏일에 어려
움이 많아 곧바로 돌아갈 수는 없으니, 먼저 제 임지로 오셔서 일단
뵙고, 그다음에 함께 고향으로 돌아갈 수 있도록 황상께 빌어 보겠
습니다."라고 했습니다. 그때 신의 어머니는 아들의 마음이 간절하
다는 것을 생각하여 역시 즉각 오고자 했으나, 어찌 노년에 쇠약하

고 병든 몸으로 먼 길에 고생을 하겠는가 하며 사양하고 오지 못했습니다.

9월에 이르러 신이 다시 사람을 시켜 어머니를 초청하고, 또한 서신을 써서 신의 처와 아들에게 어머니를 모시고 와서 한 번 뵐 수 있게 해 달라고 부탁했습니다. 비로소 10월 18일에 가까스로 길에 올라 지난달 9일에 드디어 단성(檀城)에 도착했습니다. 신은 기쁘면서도 슬퍼 어머니를 성안으로 맞이했습니다. 다만 신의 어머니를 뵈니 안색이 파리하고 모습이 초췌하며 기력이 쇠약해진 것이 예전의 열 배나 되었습니다. 신은 감정을 참을 수 없어 무릎을 꿇고 통곡했습니다. 어머니 또한 신이 쇠약하고 병들었으며 치아나 머리카락이 예전 같지 않은 것을 처음 보고는 눈물 콧물을 줄줄 흘렸습니다. 그런데다가 20일 전부터 북쪽 땅의 찬바람과 서리가 불어닥쳤고, 타향의 물과 땅은 연로하고 쇠약한 사람이 더욱이 감당할 수 없는 바라 이리저리 뒤척이며 어머니는 고초가 더욱 심해졌습니다. 신이 어머니를 맞이하여 모시는 것이 어머니를 받들어 기쁘게 해 드리기는커녕 어머니의 괴로움을 더해 드리는 꼴이 된 것 같으니, 마음이 어찌 편안할 수 있겠습니까. 만에 하나 갑자기 촛불에 바람이 불어닥쳐서 신의 어머니가 타향에서 원한을 품고 죽게 된다면, 신은 또한 하늘과 땅 사이에서 어찌 하루라도 홀로 살아갈 수 있겠습니까. 오직 오래도록 애통할 따름일 것입니다. 슬픈 생각이 여기에까지 이르렀으니 신이 어찌 황상께서 맡겨 주신 변강(邊疆)의 막중한 임무에 마음을 쓸 수 있겠습니까.

하물며 신은 3년 동안 정벌에 나서 밤낮으로 마음을 졸이고 애쓰느라 심장의 피가 모두 말라 버렸습니다. 2년 동안 외국에서 풍상에 시달리며 구사일생으로 버티느라 온몸에 병이 들었습니다. 게다가 모자(母子)의 정이 날마다 간절하게 근심한 까닭에, 요즘에는 울적하여 삿된 화기(火氣)가 끓어오르고 날마다 피를 토하여, 수시로 늙은 어머니와 무릎을 맞대고 길게 탄식하고 있습니다. 황상께서 재차 이 정상을 보아주신다면 변강의 어떠한 일인들 신으로 하여금 어머니의 마음을 근심하게 하면서까지 병이 겹친 몸으로 맡으라 하실 수 있겠습니까. 정말로 이런 때가 아니었더라면 일찌감치 자결했을 것입니다. 만에 하나 부모의 뜻을 그르친다면 불효가 될 것이고 나라의 임무를 그르친다면 불충이 될 것입니다. 불효하고 불충하다면 어찌 구경(九卿)[73]을 수치스럽게 하고 사림(士林)을 욕되게 하지 않겠습니까.

지금은 북로(北虜)들이 가을걷이에 맞춰 쳐들어올 데 대한 방어를 이미 마친 때이고 동국(東國)의 해파(海波)가 가라앉은 때이니, 신이 그 틈을 타서 물러나기에 좋은 시점입니다. 엎드려 바라건대, 황상께서는 신의 어머니가 쇠약함을 굽어살펴 주시고 또 신이 병들었음을 생각해 주시어 서둘러 놓아주셔서 고향으로 돌아가 부모를 모실 수 있게 해 주십시오. 만약 신이 황상의 큰 은혜를 입을 수 있다면 저희 모자는 방안에서 죽음을 맞을 수 있을 것이며, 신의 자자손손이 융숭한 은혜에 감복하여 아침저녁으로 향을 사르며 성상의 천수가 무궁하시기를 축원할 것입니다. 신은 피눈물을 흘리고 슬피 부르짖으며 명을 기다리는 지극한 마음을 어찌할 수가 없습니다.

....

73 구경(九卿): 고대 중국의 9개 고위 관직을 뜻하는 것으로, 그 명칭과 편제는 시기에 따라 달랐다. 명대의 구경은 육부의 상서와 도찰원도어사(都察院都御史)·대리시경(大理寺卿)·통정사(通政使)를 가리킨다.

성지를 받들었는데, "변경의 사안이 막중하여 그대에게 기대는 바가 매우 크다. 하물며 임지로 어머니를 모신다면야 그야말로 충(忠)과 효(孝)를 함께 다할 수 있으니, 어찌 고향으로 돌아가 모셔야만 자식 된 도리를 다할 수 있다고 하겠는가. 요청한 바는 일단 윤허하지 않는다. 안심하고 감독 관리하도록 해야 할 것이다. 이부(吏部)에 알려 주어라."라고 하셨습니다.

어머니를 모시고 고향으로 돌아가게 해 줄 것을 다섯 번째로 간청하는 상주

五懇送母還鄉疏 | 권9, 39a-41b

날짜 만력 28년 2월 13일

내용 형개가 자신의 은퇴와 귀향을 허락해 줄 것을 재차 요구하는 상주이다. 자신 때문에 객지 타향에 와 있는 노모의 건강도 염려되고 자신도 오랜 근무에 지쳤다며, 다섯 번째로 퇴직을 간청했다. 만력제는 북문(北門)을 형개에게 의지하고 있으니 허락해 줄 수 없다는 성지를 내렸다.

관련자료 『명신종실록』만력 28년 2월 13일에 형개가 다섯 번째로 상주를 올렸고 만력제가 만류했다는 기사가 실려 있다.[74]

모자(母子)의 괴로운 병이 더욱 심해지므로 큰 자애를 베푸시어 어머니를 모시고 고향으로 돌아가 쇠약한 부모를 위로해 주시고 큰 절개를 온전히 하도록 하늘 같은 은혜를 더욱 크게 내려 주실 것을 다섯 번째로 간청하는 일로 올리는 주본.

신은 이달 12일에 부모가 쇠약해진 것을 눈으로 보고 병이 날로 심

....

74 『명신종실록』권344, 만력 28년 2월 13일(정해).

해질까 우려하여, 서둘러 고향으로 돌아가 부모를 모심으로써 자식
된 도리를 다하고 늙은 생명을 이어갈 수 있도록 해 주십사 하늘 같
은 은혜에 네 번째로 간청하는 주본을 올린 바 있습니다. 성지(聖旨)
를 받들었는데, "변경의 사안이 막중하여 그대에게 기대는 바가 매
우 크다. 하물며 임지로 어머니를 모신다면야 그야말로 충(忠)과 효
(孝)를 함께 다할 수 있으니, 어찌 고향으로 돌아가 모셔야만 자식
된 도리를 다할 수 있다고 하겠는가. 요청한 바는 일단 윤허하지 않
는다. 안심하고 직무를 살펴야 할 것이다. 이부(吏部)에 알려 주어
라."라고 하셨습니다.

　신은 마침 병을 근심하던 때에 따뜻하신 윤음(綸音)을 받들어 읽
으며 대궐을 향해 머리를 조아리고 하늘 같은 은혜를 감격하며 받
들자니 눈물 콧물이 줄줄 흘렀습니다. 즉시 신의 어머니 앞에서 읽
어 드리니 어머니도 황상께서 신을 만류하신 것을 보고 성은을 우
러러 송축하면서도, 즉시 돌아가기 어렵게 되었다는 것을 걱정하니
저도 모르게 우울한 마음에 장탄식이 흘러나오고 눈물을 흘리며 비
통해 했습니다. 만약 노년에 이렇게까지 되었다가는 끝내 고향으로
돌아가고자 하는 소원을 이루지 못할까 두렵습니다. 신이 일단 이렇
게 생각을 하니, 심장을 칼로 찔린 듯합니다.

　무릇 신이 어머니를 임지로 맞이한 것은 한편으로는 임금의 은
혜가 막중한 데 감격하여 감히 멋대로 귀향할 수 없었기 때문이고,
한편으로는 홀로 되신 어머니와 오랫동안 떨어져 있음을 생각하니
고작 한 번만 뵐 수는 없었기 때문이며, 또한 밝으신 성지에서 말씀
하신 것처럼 충과 효를 모두 다 하고자 했기 때문이었습니다. 다만
신의 어머니는 81세로 노환이 이미 심하여 현기증이 때때로 일어나

니, 바람 앞의 촛불과 같은 생명임이 몹시 걱정됩니다. 노환과 병이 모두 있으니 어머니를 객지 타향에서 모시고 있다가 만에 하나 불측한 일이라도 겪게 된다면, 신이 사람 노릇도 하지 못했는데 어찌 효를 말할 수 있겠습니까. 하물며 신은 10년 동안 변방 바닷가에서 근무하고 2년 동안 이역(異域)에 나가 있으며 동서로 두루 다녔던 탓에 온몸이 병들었습니다. 지금은 불러온 배가 타는 듯 아프고 끊임없이 피를 토합니다. 견마의 노고를 다하고자 하여도 형세상 힘을 낼 수가 없습니다. 자리만 차지하고 있는 날이 오래 이어지니 신이 죄를 피할 수 없을 것인데 어찌 충을 말할 수 있겠습니까.

황상의 은덕(恩德)은 하늘과 같으니 이 몸을 다 바쳐도 보답할 수 없습니다. 다만 신은 어머니의 얼굴을 보기만 해도 눈물이 나고, 신의 병을 생각하기만 해도 한숨이 나옵니다. 더더욱 두려운 것은 신의 마음은 어머니에게 쓰이고 있고 신의 힘 또한 병에 지쳐 간다는 것입니다. 만약 분명히 황상의 은혜에 간청하지 않았다가 나랏일을 그르치고 부모 섬기기를 그르친다면 불충하고 불효한 일이 되어 도리어 임금의 명을 욕되게 할 것이니, 신은 하늘과 땅 사이에 용납되지 못할 것입니다. 이에 번거롭게 해 드리는 일인 줄 알면서도 재차 피눈물을 흘리고 울부짖습니다.

엎드려 바라건대, 이부에 명을 내리시어 전례에 따라 신을 은퇴하게 하셔서 어머니를 모시고 고향으로 돌아가도록 허락해 주시면, 황상의 넓고 넓은 은혜는 비단 신이 살아 있는 동안 아침저녁으로 향을 사르며 송축할 뿐만 아니라 다른 날 아침 이슬처럼 사라진 뒤에도 여전히 영원토록 감읍할 것입니다. 신은 간절하게 황상의 은혜에 간청하며 명을 기다리는 지극한 심정을 어찌할 수 없습니다.

성지를 받들었는데, "주본을 살펴보았다. 어머니를 모시고 고향으로 돌아가 봉양하고자 한다니 그 사정과 말이 간절하다. 다만 북문(北門)을 그대에게 의지하고 있으니, 마땅히 나라를 위하여 노고를 다하도록 하라. 요청한 바를 허락하지 않으며 성지를 준수하여 안심하고 감독 관리하도록 하라. 이부에 알려 주어라."라고 하셨습니다.

9-9

유수할 군사와 철수할 군사의 수효를 참작하여 논의하고 군량과 급여를 재촉하는 상주

酌議留撤兵數幷催糧餉疏 | 권9, 42a-54b

날짜 만력 28년(1600)

내용 조선에 주둔할 군사의 규모를 두고 올린 상주이다. 이에 앞서 조선에서는 군량 공급의 어려움을 이유로 수군 8000명만 잔류시키고 유사시를 대비하여 일부 병력을 요양에 주둔시켜 줄 것을 요청했다. 이에 병부에서는 부총병 장방(張榜)의 병력 4000명과 총병 이승훈의 직할부대 3600명을 추가로 요양에 주둔시킬 가능성을 제시하며, 형개와 만세덕이 조선과 상의하여 결정하도록 했다. 형개와 만세덕은 조선에 자문을 보내 총 1만 7000여 명을 주둔시킬 테니 군량을 마련할 수 있을지 회보할 것을 요구하며, 총병 이승훈에게는 병부에서 제안한 방침이 타당한지 검토해 보라고 했다.

그러나 이승훈은 철수할 것이면 모두 철수하고 남겨 둘 것이면 모두 남겨 두어야 한다고 답변했다. 8000명으로는 전혀 도움이 되지 않고 요양은 구원군이 오기에는 너무 먼 데다가 장방의 병력은 이미 철수가 결정된 상태라는 이유였다. 한편 조선에서는 명군에게 공급할 군량을 마련하기 어렵다고 호소하며, 잔류 병력의 숫자에 대해서는 경리 만세덕에게 일임한다는 입장을 표명했다.

형개와 만세덕은 현지의 여건을 고려하여 장방이 이끄는 병력 등 철수할 병력은 철수시키고, 만세덕과 이승훈의 직할병력 4400명, 겨울철이라 어차피 철수하기 어려운 오종도(吳宗道)의 수군 2000명, 원래 남겨 두기로 한 병력 8800명, 기타 병력 800명을 합쳐 총 1만 6000명을 남겨 두었다가 입하(立夏)를 전후하여 차례로 철수시키자는 방안을 제시했다. 병부에서는 이에 대해 긍정적 의견을 제시했고, 만력제 역시 이를 윤허했다.

이 문서는 많은 병력을 남기면 유지비가 부담스럽고, 적은 병력을 남기면 유사시 일본군을 막는 데 도움이 안 되는 상황에서 명군 지휘부와 조선, 그리고 북경의 명 조정이 적절한 주둔 병력 규모와 철군 시기에 대해 고민하는 모습을 여실히 보여주는 사료이다.

밝은 성지를 삼가 준수하여 유병(留兵)의 군향(軍餉)에 관한 사안을 삼가 논의했으니, 밝으신 성상께서 특별히 살펴봐 주시고 해당 부(部)에 지시하여 일체의 절색을 모두 지급해 주심으로써 큰 은혜를 베풀기를 완성해 주십사 간절히 비는 일로 올리는 제본.

경리조선군무(經理朝鮮軍務) 도찰원우부도어사(都察院右副都御史) 만세덕(萬世德)의 회고(會稿)를 받았는데, 그 내용은 다음과 같았습니다.

　조선어왜해방감군도(朝鮮禦倭海防監軍道) 하남안찰사부사(河南按察司副使) 두잠(杜潛)의 정문(呈文)을 받았는데, 그 내용은 다음과 같았습니다.

　　도찰원(都察院)의 안험(案驗)을 받았는데, 그 내용은 다음과 같았습니다.

　　　병부(兵部)의 자문(咨文)을 받았는데, 위의 사안에 대한 것이었다. 문서를 보내니 바라건대, 그대는 즉시 제독총병(提督總兵) 이승훈(李承勛)에게 문서를 보내 앞서와 이번에 올린 검토 제본을 살펴서, 서둘러 적당한 방향을 다시 상의해서 확정하도록 하라. 저 나라를 어떻게 방어하고 수비할 것인지, 우리 군사를 요좌(遼左)의 경계로 철수하여 주둔시키자는 안건은 따를지 말지, 현재의 수군 8000명은 충분한지 아닌지 등을 논의하라. 만약 충분하다면 곧바로 근처에 머물고 있는 장방(張榜)의 군사 4000명과 총병의 표병(標兵)은 즉시 먼저 철수하도록 하라. 만약 다른 사정이 있다면 적절한 방안을 논의하여 후환을 남기지 않게 하도록 힘쓰라. 서둘러서 본원에 상세히 정문을 올려 조만간 있을 합동 제본에 근거가 될 수 있게 하라.

또한 총독군문(總督軍門)의 안험을 받았는데, 위 사안에 대한 것이었습니다.

이를 받고 모두 문서를 보낸 바 있습니다. 그 후 지금 제독총병 이승훈의 수본(手本)을 받았는데, 그 내용은 다음과 같았습니다.

　살피건대, 조선국은 황폐하게 파괴된 후 민력(民力)이 여전히 곤궁합니다. 그들의 주청을 받아 보니 수군 8000명만 남겨 달라고 하는데, 그 병력이 너무 단출하고 부족하여 요해처를 수비하기에 부족하다는 것을 모르지 않을 것이고, 또한 왜의 정황을 예측할 수 없어 대비하지 않을 수 없다는 것을 모르지 않을 것입니다. 그 요점을 살펴보면 부총병(副總兵) 장방의 군사 4000명과 저희 진(鎭)의 표병을 요좌의 경계 상에 주둔하게 했다가 왜가 침범하면 이동시켜 방어하고 소탕하려는 뜻임을 훤히 알 수 있습니다. 이는 다만 날마다 소비되는 쌀을 줄여서 그 나라의 곤궁함을 면하고자 하기 때문에 이러한 논의가 나온 것입니다. 부산(釜山)과 거제(巨濟)가 왜와 이웃하고 있어, 급박한 일이 있을 때에 구원해도 미칠 수 없음은 끝내 생각하지 않은 것입니다. 또한 부산과 거제는 길목인 데 반해 요동(遼東)은 드넓어 군사가 적다면 나누어 방어하기 어렵다는 점을 생각하지 않은 것입니다. 대개 사후 처리의 임무는 전적으로 순무·총병·감도(監道)에게 책임을 지우고, 사후 처리를 위한 군사에게 비용을 대는 일은 전적으로 천조(天朝)의 내탕(內帑)에 기대고 있습니다. 자강(自強)할 계책도 세우지 못하고서 눈앞의 편안함만을 요행히 바랄 뿐이니, 어찌 완전한 대책이라고 할 수 있겠습니까.

부산과 거제는 대마도(對馬島)와의 거리가 물길로 한나절이 채 되지 않으니, 아침에 출발하면 정오(正午)면 도착할 수 있습니다. 요양(遼陽)에 주둔하는 군사로서 그를 구원하고자 한다면 결코 구제할 수 없습니다. 하물며 저희 진에서 받든 병부의 검토 제본에서는, 조선의 적당한 곳에 주둔하여 동원하기 편하게 하라고 하셨습니다. 표병은 실로 총병의 손발이기에 따로 떼어 내기 어렵다는 점은 지난번에 받든 병부의 논의에서 매우 명확하게 서술되었습니다. 만약 그들을 요좌의 경계 상으로 이동하여 주둔하게 한다면 빈 주먹의 순무·총병만을 홀로 남겨 두게 되는 것인데, 만일 갑작스럽게 경보를 듣는다면 어찌 달려갈 수 있겠습니까. 그렇지 않으면 요좌의 군사들이 이동해 오기를 기다린 후에야 가서 구원할 수 있을 것입니다. 지금 왕경에서 부산·거제 등까지는 말을 타고 달려도 왕복하는 데 20일이나 걸리니, 행군하는 기일은 분명 그 곱절이 될 것입니다. 하물며 요좌의 경계에서 오간다면 어떠하겠습니까. 이처럼 불편해서는 긴급 상황에 구제할 수 없으니 결코 따를 수 없음은 불 보듯 뻔한 일입니다.

장방의 군사는 이미 도찰원에서 제본을 올린 후 왕경으로 철수했습니다. 저희 진에서 알아보니, 그 군영의 장병들은 돌아갈 생각에 기뻐하고 있으며 다시 남게 되는 것을 괴롭게 여기고 있습니다. 대개 부산 군영의 보루들은 이미 무너져 버렸으니 다시 세우기가 어려울 뿐만 아니라 왔다 갔다 걸어서 이동하는 데 두 달 동안이나 풍찬노숙하며 온갖 고난을 모두 겪어야 할까 두려워하니, 사후 처리를 위해 남겨지는 것을 두려워하는 것은 인지상정입니다.

또한 조사하고 의논해 보건대, 수비(守備) 오종도(吳宗道)[75]가 통솔하고 있는, 이천상(李天常)[76]이 원래 거느렸던

---

75 오종도(吳宗道): ?~?. 명나라 사람으로 절강 소흥부 산음현(山陰縣) 출신이다. 만력 21년(1593)에 조선에 왔으며 만력 25년(1597)에는 형개(邢玠)의 군문(軍門)에 소속되어 잇따라 수군을 이끌고 나왔다. 점차 조선 조정과 전략과 정세에 대한 의견을 나눌 정도로 역할이 확대되었다.

76 이천상(李天常): ?~?. 명나라 사람이다. 자는 유경(惟經) 호는 영봉(靈峯)이며 절강 소흥부(紹興府) 산음현(山陰縣) 사람이다. 무진사(武進士) 출신이다. 정유재란 시 흠의천총(欽依千總)으로 수병 2700명을 이끌고 참전하여 진린(陳璘)의 지휘를 받았다. 노량해전에서 공을 세워 유격으로 승진했고 만력 28년(1600)에 명으로 돌아갔다.

절강영(浙江營)의 수군은 왕경으로 철수했는데, 마침 얼음
이 얼어 인력으로 어찌하기 어려우니, 형세상 가만히 앉아
군량을 축내는 수밖에 없습니다. 또한 연해(沿海)에서 배
를 사용하는 것이 더욱 급하니, 수군을 남겨 두어 육군을
대신하게 하며 육군의 급료를 대신 수군에게 지급하는 것
이 나을 것입니다. 그렇게 하면 급료를 소비하는 것은 똑
같지만 해외에서는 위급한 상황을 구제할 수 있을 것입니
다. 하물며 국왕이 제본을 갖추어 올려 수군을 남겨 둘 것
을 요청했으니, 지금 수군을 남겨 육군을 대신하게 하여
철수와 유수(留守)를 뒤바꾼다면 각각에게 모두 적절한 조
치가 될 것입니다. 장방의 육군은 계획대로 철수하여 남쪽
으로 돌려보내더라도, 남아 있게 될 군사의 총 숫자는 그
래도 1만 6000명이 넘을 것입니다.

　여러 번 오종도의 보고를 받았는데, 그 군영에 병약한
자가 매우 많고, 돌아갈 생각을 하는 군사가 넘쳐나고 있
으며, 부서진 사선(沙船)을 수리하기 매우 어렵다고 합니
다. 문서를 보내 남겨 둘 군사 2000명을 선발하게 하는 외
에 돌려보낼 조타병 645명을 이미 각각 철수시켰으니 그
에 대해서는 다시 논의할 필요가 없습니다. 수군 가운데
남겨 둘 자가 8000명이 되지 않습니다. 가령 그 수를 두
배로 하여도 오히려 단출하고 적을까 걱정입니다. 그런데
도 어찌 충분하다고 할 수 있겠습니까.

　부산과 전라도·경상도에 조선의 육군이 하나도 없으
니 매우 우려할 만합니다. 지금 남겨 둔 참장 진잠(陳蠶)의

육군은 부산을 전담 수비하고 있습니다. 또한 저희 진의 표병을 출동시켜 부산·거제 등의 근처로 가서 해상에서의 원병이 되게 하면 수륙 양쪽 모두 대략 대비할 수 있을 것이나, 옷깃을 여미려 하면 팔꿈치가 드러나는 괴로움[77]은 면할 수 없을 것입니다. 이제 병부의 검토 제본을 받들어 보니 사후 처리를 위해 수륙의 관군 1만 6000명을 남겨 두는 것으로 논의했는데, 이는 처음에 3만 4000명으로 논의했던 데 비하면 절반으로 줄인 것입니다. 남겨 둘 것이면 모두 남겨 두고 철수할 것이면 모두 철수하는 것이 오늘날의 바꿀 수 없는 정론입니다. 저희 진은 외람되이 황명(皇命)을 받들어 어깨에 무거운 짐을 지고서 호랑이 굴에 자리하고 있으니, 이러한 때에 만약 아부하면서 결단을 내리지 못하다가 훗날 만에 하나 실수라도 한다면 위로는 황명을 저버리는 일이 될 것이며 아래로는 조선 땅의 생민들에게 재앙을 끼치게 될 것입니다. 그때는 어디서 사후책을 찾을 수 있겠습니까.

이를 받고 살피건대, 군사를 남겨 두어 사후 처리를 하게 함에 처음에 3만 4000명으로 하자고 논의했던 것은, 원래부터 조선의 군사를 훈련시켜 함께 방어하고 수비하게 하고자 함이었지, 이 3만여 명이면 저 2~3000리에 이르는 긴 변방을

----

77 옷깃을 …… 괴로움: 『장자(莊子)』 「양왕(襄王)」에서 유래한 고사로 가난하여 괴로운 모습을 비유한 것이다. 공자의 제자 증자(曾子)가 위(衛)나라에서 살 때 너무 가난하여 갓을 바로 쓰려고 하면 갓끈이 끊어지고, 옷깃을 여미려 하면 팔꿈치가 드러나고, 짚신을 신으면 발뒤꿈치가 터졌다고 한다.

수비할 수 있을 것이라고 한 것은 아니었습니다. 또한 부산이
나 거제는 매우 중요한 요해지로서 반드시 많은 군사로서 대
비하고 지켜야 합니다. 그 나머지 연해 일대도 곳곳에 상륙할
만한 곳이 있으니 모두 다 방어해야 합니다. 그 나라에서 도
움을 필요로 하는 형세가 매우 급박합니다. 그러나 조선의 좌,
우수영(左右水營)에 군사는 100명이 채 되지 않고, 또 장비나
정기(旌旗)가 어떤 물건인지도 알지 못합니다. 아침에 왔다가
저녁에 돌아가니, 꼭 어린애들 놀이하는 것 같습니다. 이러한
상황에서라면 비록 3만 4000명이 지킨다고 하더라도 병력이
단출하고 부족해서 동원하기 어려울까 걱정입니다.

　지금 병부의 논의를 살피건대, 1만 6000명만 남겨 두자고
하니, 감축하는 것이 이미 절반을 넘습니다. 장방의 군사는
이미 철수하는 길에 올랐으며 절강영의 수군으로 그를 보충
하고자 하지만, 그렇게 해도 겨우 이전의 수와 같거나 오히려
부족할까 두렵습니다. 만약 재차 감축하여 8000명이 되어 이
렇게 보잘것없고 적은 수의 군사로 이 광활하고 험준한 지역
을 수비한다면, 머리와 꼬리가 이어지지 않고 이쪽과 저쪽이
서로 조응하기 어려울 것이며 약한 모습을 보이며 방어가 느
슨해질 것이니, 이보다 더 소홀한 계획은 없을 것입니다. 조
선에서 고집을 피우며 다만 비용을 줄이고자 하는 생각은 그
후환을 생각하지 않는 것입니다. 만약 훗날 불우의 사태가 발
생하여 방비하는 데 실책하게 된 다음 오늘 일을 맡았던 이들
에게 죄를 묻는다면 입이 백 개라도 어찌 해명할 말이 있겠습
니까.

조선에서 근래에 의논하기를, 총독(總督)과 총병(總兵) 표하(標下)의 군사를 요좌 2000여 리 밖으로 옮겨 주둔하게 해 달라고 합니다. 날개와 발톱은 일단 접으면 쓸 수 없는 것인데, 오직 저와 총병, 도(道)만이 이곳에 있다가 만일 경보가 있으면 달려와도 미치지 못할 것인데, 그때는 맨주먹으로 싸우라는 것입니까. 아니면 맨손으로 구하라는 것입니까. 결코 이치에 닿지 않는 말입니다. 그러므로 철수할 것이면 모두 철수하고 남겨 둘 것이면 모두 남겨 두는 것이 진실로 지금의 정론이니, 한 마디 말로 결정하면 그만입니다. 조선국은 마땅히 스스로 판단하여야지, 그저 얼버무리고 망설이다가 사기를 그르치는 일은 없게 해야 할 것입니다. 이미 해당 총독이 논의한 바가 매우 상세하고 타당하므로 재차 논의할 필요도 없습니다.

또 조선국왕(朝鮮國王) 이연(李昖)의 회답 자문을 받았는데, 그 내용은 다음과 같았습니다.

문무 각 관원을 불러 모아 재차 논의해 본바, 소방(小邦)은 여러 번 패배한 나머지 숨을 채 고르지도 못했으며 군사는 단출하고 힘은 약해 스스로 지키기에 부족합니다. 사후 처리의 계책은 오직 유병(留兵)에 달려 있으니, 군사가 많으면 적이 마음속으로 두려워할 것이고, 군사가 적으면 적은 분명 딴마음을 품을 것입니다. 그 이롭고 해로움이야 지혜로운 자가 아니라도 헤아릴 수 있습니다. 소방을 스스로 위하는 계책으로 무엇을 택해야 할지 어찌 모르겠습니까. 다만 군사가 움직이면 군량이 따르게 되어 있으며 군사는 하루라도 식량이 없어서는 안 되니, 반드시 먼저 군량이 넉넉한지 부족한지를 따져 본 다음에야 군사의 많고 적음을 논의할 수 있습니다. 이에 일전에 당직(當職)이 각 해당 배신(陪臣)들과 함께 소방의 사세(事勢)를 헤아려 이처럼 8000명으로 하자고 청했던 것입니다.[78]

지금 병부에서는 유병이 너무 적어서 후환을 막지 못할까 다시금 걱정하여 추가로 남겨 두려는 논의가 다시 나오고 있다고 합니다. 소방을 위한 지극한 계책입니다. 소방은 진실로 감격하여 서둘러 받들기에도 겨를이 없습니다. 그러나 모든 사안은 마땅히 힘을 헤아려 보아야 하고, 모의는 반드시 형세를 살펴야 할 것입니다. 우리에게 있는 힘을 헤아리지 않고 다만 많은 병력을 남겨 두어 스스로를 지키고자 했다가 훗날 양식이 떨어져 대군이 배를 곯으면 두건을 벗어던지는 변고[79]가 있을 때에는 누가 책임지겠습니까. 일을 그르치고 은혜를 저버려 황상께 거듭 근심을 끼쳐 드릴까 매우 두려우니, 진실

---

78 이에 …… 것입니다: 선조 32년(1599) 6월 20일, 한초명(韓初命)은 조선국왕과 상의하여 철군을 행하라는 만력제의 명령에 따라 조선 조정에 명군의 철병 및 전후 처리를 위한 유병의 규모 등에 대한 의견을 정리하여 알려 달라는 요청을 했다. 이에 선조는 신하들을 불러 모아 의견을 물어보았다. 모두 철수시키자는 의견부터 1만여 명을 남기자는 의견까지 다양한 주장이 제기되었다. 비변사는 신료들의 의견을 수합하여 유병 5000명을 남기자는 내용으로 자문을 써 회답하자고 아뢰었다. 그러나 선조는 8월이 되어 8000명을 남기자는 의견을 명 측에 제안했다. 이에 만세덕은 조선에 유병 8000명을 남겨 방어하자는 내용의 주청을 올렸다. 『선조실록』 권114, 선조 32년 6월 20일(정유); 권116, 선조 32년 8월 18일(갑오); 『명신종실록』 권340, 만력 27년 10월 3일(기묘); 김영진, 『임진왜란: 2년 전쟁, 12년 논쟁』, 성균관대학교출판부, 2021, 717~721쪽.

79 두건을 벗어던지는 변고: 탈건지변(脫巾之變)을 말하는 것으로, 군량이 다 떨어지는 변고를 뜻한다. 당(唐)나라 고종(高宗) 때 관중(關中)의 군량 창고가 텅 비어서 금군(禁軍)이 모자를 벗고 길거리에서 식량을 호소한 고사에서 유래했다.

로 간절히 걱정스러워 어찌할 바를 모르겠습니다.

소방은 병화(兵火)에 크게 시달린 뒤 남은 힘으로 대군(大軍)을 접대한 지 지금까지 7년이 되었습니다. 민생(民生)의 고혈(膏血)은 분주하게 식량을 나르는 사이에 다 쏟아 버렸습니다. 군량이 늘 부족했을 뿐만 아니라 대접하고 공사하는 데 쓸 도구에 이르기까지 또한 제 형태를 갖추지 못했습니다. 여러 부(部)와 원(院)에서 불쌍히 여겨 주신 데 힘입어 겨우 그럭저럭 지탱해 왔습니다. 게다가 올해는 가뭄과 태풍의 재해를 입은 탓에 논에 벼가 익지 않아 수확이 부족하여 쌀값이 폭등해서 가을걷이가 끝나자마자 백성들은 벌써 배고프다고 울부짖고 있습니다. 양식을 관리하는 배신에게 엄히 지시하여 여러 가지 방법으로 거두어 모아서, 안으로는 백관(百官)과 방리(坊里)의 백성들로부터, 밖으로는 가난한 마을의 단호(單戶)에 이르기까지 인구수를 헤아려 쌀을 거두고 머릿수를 헤아려 키로 쓸 듯 거두며,[80] 심지어 관직을 팔고 옥사(獄事)를 팔며, 인부를 모집하고 상인에게 세금을 거두는 등 곡식을 구할 수 있는 계책이라면 세세한 것까지 모두 강구했으나, 땅에서 나온 소출이 워낙 적고 백성들이 비축해 놓은 것이 텅 비었던 터라 얻은 것이 매우 적습니다. 거두어들인 세금과 그러모은 쌀을 도착하는 대로 풀어도 겨우 눈앞의 쓰임을 채우기에 급급합니다. 그러니 앞으로 군량이 부족하여 일을 그르쳐

80 머릿수를 …… 거두며: 『한서(漢書)』「진여전(陳餘傳)」에 등장하는 말로 부세(賦稅)가 과중함을 의미한다.

거듭 죄를 입고 견책을 당할까 몹시 두렵습니다.

또한 국왕 이연의 자문을 받았는데, 그 내용은 다음과 같았습니다.

소방의 존망은 오직 유병의 다소에 달려 있습니다. 당직이 이해가 달린 바를 조금 아니, 스스로 지킬 수 없다면 마땅히 병마를 많이 청하여 사후를 도모할 계책으로 삼아야 할 것입니다. 어찌 군사의 수를 감해 주십사 황상께 어지러이 주청하여 위태롭고 망하게 될 화를 재촉하겠습니까. 일전에 군사를 요좌에 주둔하게 해 주십사 청했던 것은 부득이한 데서 나온 것입니다. 또한 살피건대, 귀하께서는 명을 받들어 소방의 군무(軍務)를 경리하고 계시니, 소방의 군무는 모두 귀하의 결정에 따르고 있습니다. 어찌 이를 어기고 월권하여 성대한 계산을 어그러뜨리겠습니까. 번거로우시겠지만 빌건대, 서둘러 처치해 주시어 철수할 군사는 서둘러 철수하게 하고 남아 있을 군사는 서둘러 방어하러 가게 하시어 비용과 군량을 더디고 늦게 하는 우환이 없게 해 주십시오.

이를 받고 살피건대, 앞서 병부로부터 자문을 받았는데, 그 내용은 다음과 같았습니다.

대군의 개선을 공손히 보고하여 황상의 마음을 위로하고, 아울러 어리석은 신을 서둘러 파면하고 다른 사람을 특별히 파견하여 번잡한 비용을 절감하는 일.

귀하[만세덕]께서 상소한 데 대해 병부에서 검토 제본을 올렸는데, 그 내용은 다음과 같았습니다.

경리(經理)를 둔 것은 원래 조선을 구원하기 위한 것입니다. 사안을 끝내지 못했는데 순무와 총병 두 신하가 갑자기 귀환할 것을 의논하고자 하니, 남아서 수비하는 여러 장수들을 통섭(統攝)하는 자가 없게 된다면 조정(朝廷)에서 소국을 사랑하여 나온 당초의 의논은 어떻게 되겠습니까. 혹시라도 군사가 적고 힘이 약하다고 한다면, 유병이 8000명을 넘는다 해도 또한 안 될 것이 없습니다. 철수하기로 논의했던 병마 가운데서 정예 부대를 골라 한두 부대를 머물러 두게 하십시오. 부총병 장방의 4000여 명은 아직 철수하지 않았으니 잠시 머물게 하는 것이 좋을 것입니다. 이승훈의 표병 3600여 명은 대장의 수족이니 갑자기 철수하기 더욱 어려울 것이므로 또한 표하에 남겨 조련하고 방비하게 하십시오. 머물러 있거나 철수하는 모든 군사에 대해서는 조선국왕과 상의하되, 만약 그가 군사를 남겨 두기를 바라지 않는다면 별도로 철수할 일을 논의하십시오. 경리와 제독(提督)은 그대로 조선의 요충지에 머물러 주둔하면서 기회를 보아 조치하게 하십시오.

성지를 받들었는데, "논의한 대로 하라."라고 하셨습니다.

또한 병부의 자문을 받았는데, 그 내용은 다음과 같았습니다.

병부에서 조선국왕 이연이 올린 제본에 대하여 검토 제본을 올렸는데, 그 내용은 다음과 같았습니다.[81]

저 나라 군신(君臣)은 여전히 원병을 요양에 주둔시켰다

----

81 병부에서 …… 같았습니다: 해당 제본의 내용은 병부에서 조선국왕에게 보낸 자문인 『事大文軌』 卷35, 「兵部咨朝鮮國王[兵部留兵處餉咨]」, 만력 27년 10월 18일, 24a-26a에도 수록되어 있다.

가 동원해서 방어하고 공격하게 해 줄 것을 원합니다. 이는 저곳에서 은을 마련하기 곤란하기 때문에 그 나라에서 일어날 일에 대해 천조(天朝)에서 시종일관 부담하게 하려는 것입니다. 그 글의 내용은 정성스럽고 간절하며, 그 계책 또한 어쩔 수 없는 데서 나왔습니다. 마땅히 경략 총독과 순무가 앞서와 이번에 올린 제본의 논의에 따라 조선국과 함께 좋은 방안을 재차 상의하여 확정하게 해야 하겠습니다. 우리 군사를 요좌의 경계로 철수하여 주둔시키자는 이야기는 따를 만한 계책인지 아닌지, 현재의 수군은 충분한지 아닌지를 따져 보게 하십시오. 만약 충분하다면 곧바로 근처에 머물고 있는 장방의 군사 4000명과 총병의 표병은 먼저 철수하고 나중에 보고하게 하십시오. 만약 다른 사정이 있다면 적절한 방안을 논의하여 후환을 남기지 않게 하도록 하십시오. 경리 순무 및 총병, 도(道) 등 여러 신하는 이전의 성지를 그대로 준수하여 잠시 조선에 주둔하면서 장령들을 감독하여 함께 방어하고 훈련하게 하다가 내년 봄 조수가 끝나 경보가 사라지기를 기다렸다가 다 함께 개선하여 조정으로 돌아와 온전한 형국을 마무리할 수 있도록 하십시오.

성지를 받들었는데, "그렇게 하라. 총독과 순무로 하여금 그 나라와 함께 확실하게 의논하고 와서 상주하게 하라."라고 하셨습니다.

또한 총독군문(軍門)으로부터 같은 사안에 관해 자문을 받고, 해당 순무와 함께 한편으로는 조선국왕에게 자문을 보내기를,[82]

"서둘러 조선국 문무 각 관원을 모아 다시 상의하십시오. 만약 군사를 머물러두기를 원한다면 병부의 검토 의견을 살펴 장방의 보병 4000여 명과 제독의 표병 3000여 명 및 경리 표하의 이인(夷人)과 한인(漢人) 건정(健丁) 및 당발(塘撥)·잡류(雜流) 등 항목의 1600여 명, 그리고 앞서 머물기로 한 진잠과 장양상(張良相)[83]의 수군과 육군 등 총 1만 7000여 명을 잠시 머물러 두어 방어하게 하다가, 내년 봄 조수가 완전히 끝나고 여름철로 접어들 때 모두 철수하겠습니다. 거기에 소요될 군량을 조선에서 마련할 수 있을지 조사하고서 문서를 보내 회신해 주시기 바랍니다. 만약 조선의 힘이 스스로 수비할 수 있게 되어, 봄철 조수 때이더라도 천병(天兵)이 협동해서 방어하는 힘을 빌지 않아도 되겠다 싶으면 그 역시 명백하게 말씀해 주셔서 재차 상소를 올려 주청할 수 있도록 해 주십시오. 그러면 연말에 육군을 먼저 철수시키고, 초봄에 수군을 모두 철수시켜 비용을 줄이도록 하겠습니다. 군사를 머물러 두어 수비하며 봄철 조수에 방비하는 이 사안은 조선의 안위가 달린 문제이니 신중히 결정하시되 형식적인 글로 처리하지 마십시오."라고 했습니다. 또 한편으로는 해방감군도(海防監軍道)에게 안험(案驗)을 보내 제독총병 이승훈과 함께 좋은 방안을 논의하게 했습니다. 그 후 이제 위와 같은 문서를 받

---

82 조선국왕에게 …… 보내기를: 만세덕이 보낸 자문은 『선조실록』 권118 선조 32년 10월 17일(계사)에도 수록되어 있다.

83 장양상(張良相): ?~?. 명나라 사람이다. 항주우위(杭州右衛) 출신으로 만력 27년(1599)에 수병 1500명을 이끌고 조선에 들어왔다. 남해에 진주하며 남해안에 숨어 있는 일본군 잔당을 소탕하고 부산으로 이동하여 일본군의 재침을 방비하는 업무를 맡았다. 남해군 남해읍에 장양상이 세운 「동정마애비(東征磨崖碑)」가 남아 있다.

았던 것입니다.

신은 경리조선군무 도찰원우부도어사 만세덕과 함께 논의하건대, 동정(東征)의 역(役)이 힘겹게 7년에 이르렀으니, 전후 처리는 마땅히 주도면밀하고 신중하게 해야 할 것입니다. 처음에는 군사 3만 4000명을 머물러 두고자 논의했으며 조선 또한 1만 5000명을 머물러 두자고 논의했습니다. 그러나 곧 내탕(內帑)이 텅 비어 군량과 급여가 이어지지 않았고, 조선은 병화(兵禍)를 입은 뒤라서 쇠잔하고 피폐하여 지탱할 수 없었습니다. 이에 신 등은 철군할 기일을 따지고 또한 봄가을 두 차례 조수에 대한 대비를 엄격히 하고자 했는데, 다행히 황상의 신령스러운 무공에 힘입어 먼 곳에까지 위력을 떨칠 수 있었습니다. 왜노가 패배하여 물러난 이래 파도가 높이 솟구치지 않고 있습니다. 삼가 생각하건대, 해외의 교활한 도적들은 이미 흩어진 여우나 토끼와 같은 무리이며, 속국(屬國)에 군주가 있으니 올빼미나 부엉이가 경계하는 뜻을 격려할 수 있을 것 같습니다. 조선에서 머물러 두기를 요청한 군사의 수 또한 8000명에 이릅니다. 순무와 총병, 도(道) 등 복무하고 있는 여러 신하들이 이 많은 군사를 함께 다스릴 수 있겠습니까. 순무든 총병이든 표하에 군사가 없으면 이역(異域)에 머물기 어려우며 심지어 여마(輿馬)나 시종(侍從) 또한 빠뜨릴 수 없습니다. 8000명 외에는 추가할 수 없는데, 황상께서 특별히 파견한 신하를 멀리 밖에 홀로 객지생활을 하게 한다면 이는 무익할 뿐만 아니라 조정의 체통에도 크게 손상을 입히는 일이 될 것입니다. 신 등이 재삼 궁리하건대, 순서대로 철수하지 않을 수 없겠기에 성상의 밝으신 결단을 우러러 청하니, 이는 감히 어려움을 피하려는 것이 아닙니다.

지금 병부에서는 군사를 남겨 두자고 검토 의견을 올렸고, 호부에서는 급료를 조달하는 것이 어렵지 않다고 했으니, 이는 묘당(廟堂)에서 만전을 기하는 계획일 것입니다. 신 등이 감히 유종의 미를 거둘 모의를 따르지 않겠습니까. 비록 사졸들은 고향집을 그리워하지만 오히려 부슬비를 맞은 뒤의 감회를 느끼지 못하고 있으며,[84] 남의 신하된 자로서 국가에 보답하려 하고 있지만 이미 진눈깨비 날리는 때를 넘겼습니다. 위에서 맑은 은혜를 베풀면 아래에서는 좋은 공적을 굳게 해야 하니, 장병과 사졸들은 이미 고무되어 분발하고 있으며 조선 또한 기꺼이 장성(長城)에 기댈 생각을 할 것입니다.

요좌에 주둔할 군사는 많게 하고자 하면서도 해상(海上)에서 유수하는 것은 얼마 되지 않게 하려는 것은, 요컨대 조선 군신이 다만 군량을 아낄 줄만 알고 온전한 계책을 생각하지 않기 때문입니다. 요좌에서 왕경까지 따지면 1600리로 멀고 왕경에서 부산까지는 1200리로 가까워서, 일찍이 응급 상황이 있었을 때 미리 싸우고 방어할 수 있었습니다. 국왕은 이 모의가 좋지 못하다는 것을 이미 스스로 알고 있으며, 총병과 도(道)는 응원군이 미치지 못할 것임을 이미 상세히 논했습니다. 사리가 분명하니 군말할 필요가 없습니다. 다만 부장 장방의 머물러 두어야 할 군사는 먼저 임지에서 철수했고, 수비 오종도의 철수해야 할 군사는 지금 오히려 얼어붙은 강화(江華)를 수비하고 있습니다. 살피건대, 육군은 즉시 움직일 수 있지만, 수군은 반드시 얼음이 풀릴 때를 기다려야 합니다. 하물며 조선

....

84 부슬비를 …… 있으며: 『시경(詩經)』「빈풍(豳風)」동산(東山)의 한 구절을 인용한 것으로, 멀리 전쟁터에 나간 병사가 오랜 전쟁 끝에 고향으로 돌아간 후의 감회를 부슬비에 비유한 것이다. 아직도 고향으로 돌아가지 못하고 있음을 돌려 표현했다.

에서 군사를 머물러 두게 해 달라는 뜻은 전적으로 수군을 의지하고 있습니다. 그러나 끝내 군사를 남겨 둘 수 없는 것은 그 수가 겨우 8000명밖에 되지 않기 때문입니다. 현재 얼어붙은 곳을 수비하는 군사는 내년 봄철 조수를 방어하는 군사로 삼고, 철수하는 군사는 개선하게 하여 위로한다면 매우 편리한 계책이 될 것입니다.

요전에 병부에서 검토 의견을 내어, 순무는 그대로 조선의 적당한 지방에 주둔하게 하자고 했으나 그 표하의 관정(官丁), 잡류(雜流)와 당발(塘撥) 등에 대해서는 언급하지 않았습니다. 순무는 그 자신이 외국에 있으면서 그 표병을 먼저 철수시키지도 않았습니다. 하물며 남아서 지키는 군사들은 이 철기(鐵騎)들뿐입니다. 그러나 예전에 적을 깨뜨림에 우리가 여러 번 싸워서 여러 번 승리한 우리 병사는 모두 이들 무리입니다. 이들 표병 800명과, 각 항의 잡역과 당발, 초야(哨夜) 800명, 또한 선발해서 남겨 두기로 한 오종도의 수군 2000명에다가 총병 이승훈의 표병 3600명 및 수군과 육군의 세 영(營)에서 원래 머물러 있기로 한 8800명을 합쳐야 하겠습니다. 머물러 있는 수군을 장방의 군사 수와 비교하면 2000명이 적은데, 거기에 순무의 표병과 잡류를 더하면 바로 이전 상소에 대해 병부에서 의견을 제시한바, "군사가 적고 힘이 약하다고 한다면 8000명을 넘을 수도 있습니다."라고 한 것과 정확히 부합하니, 바로 이 뜻입니다. 합쳐서 1만 6000명을 부산과 거제 및 왕경과 공주(公州) 사이에 나누어 포진시키면 기병(奇兵)과 정병(正兵)이 겹겹이 쌓여 전투하고 수비함에 서로 의지할 수 있게 될 것입니다. 신 등이 별도로 상소를 올려 상주한 바를 용인해 주십시오. 장방의 군사는 그대로 철수하고, 나머지 모두는 내년 입하(立夏)를 전후하여 차례로 철수해야 하겠습니다.

엎드려 빌건대, 병부에 명을 내리시어 재차 조사하고 의논하게 하시어, 만약 신 등이 아뢴, 머물러 두고 철수할 군사의 수가 원래 제본의 내용을 어그러뜨리지 않고 서로 착오가 없다면 검토를 거쳐 윤허해 주셔서 신 등이 준수하여 거행할 수 있게 해 주십시오. 또한 빌건대, 호부에 명을 내리시어 조속히 해당 월향(月餉)을 지급하여 오랫동안 지키고 있는 마음을 안정시켜 주십시오. 만약 재차 부족한 상황이 되면 조처하기를 기약할 수 없습니다. 지금 당장 배를 주리며 어려움을 겪어 이미 굶주림과 추위의 변고를 염려하고 있는데, 만약 또다시 질질 끌며 곤란해지는 상황이 된다면 아침저녁을 도모할 수 없어 황상의 밝으신 뜻이 군중에서 펼쳐지지 못할까 두려운데 신 등의 호령이 어찌 변경 밖에서 능히 행해질 수 있겠습니까. 한 번 소란이 일어나면 그 사태는 결코 가볍지 않을 것입니다. 신 등이 신속하게 모두 철수하고자 하여도 8000명의 외로운 군대가 홀로 머물러 있기가 어려울까 두려우니, 수비하는 군졸들이 두건을 벗어던져 중국이 이웃을 구휼하는 체통을 크게 손상시키는 일이 일어나지 않게 해 주십시오. 간담에 담긴 말을 모두 아뢰며 오직 명철하신 성상께서 어여삐 살펴주시기를 기원합니다.

성지를 받들었는데, "해당 부에 알려 주어라."라고 하셨습니다.

병부에서 검토하여 논의한 내용은 다음과 같았습니다.

살피건대, 조선이 갓 회복되었으니 방어하고 수비하는 데에는 군사가 필요합니다. 그러나 그 나라는 쇠잔해진 나머지 지탱할 만한 힘이 없습니다. 저들이 천병(天兵)의 협조를 빌고자 하는 것은 형세상 어쩔 수 없는 일입니다. 생각하건대, 군사를 많이 두면 군량이 걱정이고, 군사를 적게 두면 나누어 방어하기에 부족할 것입니다. 논의하는 바는 대개 양쪽 모두 어렵다는 데에 있습니다. 앞서 해당 총독과 순무가 8000명을 머물러 두자고 논의한 바 있습니다. 저희 병부는 삼가 군사가 적고 힘이 약할까 우려하여 검토 의견을 내기를, 철수할 군사들 가운데 적당히 한두 갈래를 다시 머물게 하자는 의견을 냈던 것입니다. 이는 모두 철수한 후에 미처 생각하지 못한 변고가 발생하면 동원하여 응원하지 못할까 걱정했기 때문이었습니다.

지금 제본을 받아 보니 말하기를, "그 나라에서 쓰는 것은 전적으로 수군인데 장방의 군사는 이미 임지를 떠났으니 형세상 다시 머물게 하기 어렵습니다. 오직 오종도의 수군과 이승훈의 표병, 그리고 순무의 표병 및 각 항의 잡역, 당발, 초야 등 그대로 머물러 있는 것이 모두 1만 6000명이 됩니다. 얼어붙은 곳을 수비하는 군사들로 이번 봄철 조수를 방어하도록 나누어 포진시켜 방어하고 수비하게 했다가 여름이 되면 철수시키십시오."라고 했습니다. 수군이 얼어붙은 곳을 수비한다면 얼음이 풀려야 비로소 움직일 수 있습니다. 봄철 조수가 일 때 별일이 없다면 외방을 수비하는 군사도 모두 철수할 수 있을 것입니다.

이미 제본을 갖추어 아뢰었으므로 마땅히 검토 의견을 올려 청합니다. 저희 병부에 명을 내리시기를 기다렸다가 경략 총독과 순무 아문에 문서를 보내 장방의 군사는 그대로 철수하게 하겠습니다. 순무의 표병 800명과 각 항의 잡역, 당발, 초야 800명, 오종도의 수군 2000명과 이승훈의 표병 3600명 및 수군과 육군에서 원래 머물러 있기로 한 8800여 명은 그대로 조선에 남아 부산과 거제, 왕경과 공주 등에 나누어 포진하여 기세를 떨치면서 전투하고 수비하게 했다가 입하 전후에 별도로 논의하여 철수하게 하는 것이 좋겠습니다.

성지를 받들었는데, "장방의 군대는 그대로 철수하라. 그 나머지는 조선에 남아 나누어 포진해 있다가, 조수가 끝나기를 기다려 별도로 의논하고서 와서 상주하라."라고 하셨습니다.

9-10

남기는 병사들에게 쌀과 콩을 섞어 주지 말고 절색으로 지급할 것을 논의한 상주

議給留兵折色免搭米豆疏 | 권9, 55a-76b

날짜 만력 28년(1600) 2월 4일

내용 호부에서 조선에 잔류하는 명군에게 지급할 급여를 전액 은으로 지출하기 부담스러우므로, 은은 10만 냥만 보내 3분의 1을 보조하도록 하고, 나머지 급여는 의주 등지에 운반해 둔 명의 곡물 20만여 석을 지출하여 은과 곡물을 섞어서 지급해 달라고 요청하여 만력제의 윤허를 얻었다. 그러나 이를 알게 된 병사들은 급여로 곡식을 받아도 다 먹을 수가 없어 남기만 하는 데다 팔아도 원래 가치보다 턱도 없이 낮은 값밖에 받지 못하며, 조선의 물건값도 비싸서 필요한 물건을 사기도 어려우니, 차라리 철병해 주기를 원하며 불만을 드러냈다. 총병 이승훈 등의 지휘관들도 현실적 어려움과 군사들의 동요를 염려하며 난색을 보였다. 조선 역시 의주 등지의 곡물 20만여 석을 섞어서 지출하여 간신히 명군에 대한 군량 및 각종 지출을 감당하고 있었는데, 이를 명군에 대한 급여용으로 묶어 두어 조선에서 쓰지 못하게 하면 명군에 대한 군량 지급이 어렵다는 반응이었다.

따라서 형개는 호부의 요구가 명군 및 조선 양쪽의 불만을 사는 일이며 절약하는 액수도 얼마 되지 않는다는 이유로 철회해 달라고 요청하고, 잔류하는 병력 및 철수하는 부대에 지급할 급여, 기타 비용 등을 포함해 만력 28년 3월 말까지 도합 24만여 냥의 은을 지출해야 하지만, 이미 보낸 은 등을 제외하고 잔액 7만여 냥만 지급해 달라고 요청했다. 또한 한양 이남의 곡물 10만여 석은 조선의 요청에 따라 명군의 군량 지출에 활용하도록 하고 남더라도 조선에 주도록 하며, 의주에 있는 곡물 9만여 석은 요동으로 운송하자고 주장했다.

이에 호부는 형개의 요청에 따라 필요한 은을 발송하도록 하고, 의주의 곡물 9만여 석은 요동으로 운송하도록 하되, 한양에 있는 곡물 10만여 석은 1석당 6전으로 쳐서 병사들에게 상황에 따라 섞어서 지급하도록 하여 만력제의 윤허를 받았다.

이 사료는 재정난에 처한 명이 조선 주둔 명군에 대한 급여 지급을 부담으로 여겨 비용 절약 방안을 강구하고 있었으며, 그 방안으로 제시된 곡물 추가 지급안이 급여를 은으로 지급 받는 것을 당연시하던 명군 병사들에게 큰 불편과 불만을 야기하고 있었음을 여실히 보여주는 자료이다.

관련자료 『사대문궤』에는 만력 28년 2월 21일 만세덕이 조선국왕에게 군량 문제로 보낸 자문이 수록되어 있는데, 여기에는 만력 28년 2월 2일 호부가 만력제에게 올린 제본과 2월 4일 만력제가 내린 성지를 전재하고 있다.[85] 해당 제본과 성지의 내용은 본 문서 말미 부분에 있는 호부의 검토 의견을 대부분 포함하므로, 본 문서가 호부의 검토를 거쳐 만력제의 결재를 받은 시점은 만력 28년 2월 4일로 추정된다.

밝은 성지를 삼가 준수하여 병사를 남기고 군향(軍餉)을 처리하는 사항을 논의하오니, 간절히 바라건대, 황상께서 특별히 가엾게 여겨 주시어 호부(戶部)로 하여금 전부 절색(折色)으로 지급하게 함

....

85 『事大文軌』 卷35, 「經理朝鮮萬(世德)咨朝鮮國王[萬經理留兵處餉]」, 만력 28년 2월 21일, 28a-31b.

으로써 구제하는 큰 은혜를 완성하는 일로 올린 제본.

경리조선군무(經理朝鮮軍務) 도찰원우부도어사(都察院右副都御史) 만
세덕(萬世德)의 회고(會稿)를 받았는데, 그 내용은 다음과 같았습니
다.

조선어왜해방감군도(朝鮮禦倭海防監軍道) 하남안찰사부사(河南按
察司副使) 두잠(杜潛)의 정문(呈文)을 받았는데, 그 내용은 다음과
같았습니다.

도찰원우부도어사 만세덕의 안험(案驗)을 받들었는데, 그 내
용은 다음과 같았습니다.

위 사안에 대한 호부의 자문을 받았다. 그대에게 문서를
보내니 바라건대, 즉시 제독총병(提督總兵) 아문과 함께 국
왕과 회동하여, 제본을 올려 남기기로 한 수병(水兵) 8000
명 및 현재 논의한 장방(張榜)의 병사와 총병의 표병(標兵:
직할부대) 총 7600여 명의 본색(本色: 현물)과 절색(折色:
은) 월향(月餉)에 대해, 호부가 의주 등 창고에 운반해 쌓
아 놓은 쌀과 콩 중 현재 지출하고 남아 있는 20만여 석을
써서 천조(天朝: 명)가 도와 보내는 월향의 수량을 갈음하
게 하고, 또한 원래 동쪽의 군향에 대해 논의한 대로 호부
가 7, 병부가 3을 맡아 절은 10만 냥을 보내 본색과 절색
을 함께 지급하되, 어떻게 융통해서 섞어 줄지, 본색의 전
량은 그 나라(조선)가 어떻게 공급할지를 하나하나 논의하
여 시행하라.

또한 총독경략군문(總督經略軍門: 형개)의 안험을 받았는데, 그

내용은 위의 사안과 같았습니다.

이를 받들고, 제독(提督) 이승훈(李承勛)과 각 군영의 장령(將領)에게 모두 공문을 보냈고, 관량동지(管糧同知) 한초명(韓初命), 통판(通判) 도양성(陶良性)[86]에게 문서를 보내서 쌀과 콩을 섞어 주는 것을 함께 논의하는 중간에, 또한 이하의 문서들에 대한 본원[만세덕]의 비문(批文)을 받들었습니다. 어왜남병영 참장(禦倭南兵營參將) 진잠(陳蠶)이 올린 정문의 내용은 다음과 같았습니다.

살피건대, 국가의 근심을 막는 일은 병사들에게 달려 있고, 병사들이 바라는 것은 군량입니다. 군량에 삭감이 없어야만 병사들이 기꺼이 우리를 위해 쓰일 것입니다. 지금 생각하건대, 동정(東征)하는 남병(南兵)은 집으로부터 1만 리 떨어져 부모·처자와 서로 보지 못하니, 후한 급여를 받아서 가족을 부양하는[俯仰] 자산으로 삼기를 원할 뿐입니다. 하물며 전쟁터에서 피를 흘리며 싸우고 이웃한 적의 소굴을 방어하는 데 온갖 고생을 겪은 뒤 한목소리로 철수하자고 요구하니, 무거운 상을 더해 주어도 고향을 그리워하는 마음을 위로하기에 부족할까 걱정입니다. 처음에는 염채(鹽菜: 염채은)를 줄이자는 논의가 있어 모든 이들이 각자 불안해 했으나, 다행히 다시 지급됨에 따라 여론이 이제 막 편안해졌습니다. 지금 또한 쌀과 콩으로 군량

....
86 도양성(陶良性): ?~?. 명나라 사람으로 절강 처주부(處州府) 진운현(縉雲縣) 출신이다. 호는 양오(養吾)이다. 임진왜란 시에는 송응창(宋應昌) 휘하에서, 정유재란 시에는 형개 휘하에서 행정 업무를 담당했다.

을 갈음한다는 문서가 있어 각 병사가 듣자마자 몹시 놀라 괴이하게 여기니, 마음이 먼저 떠나 버리고 형세가 아슬아슬 위급합니다.

대개 중국에 거주하며 지키는 병사는 각자 집에 여러 식구가 있습니다. 한 달에 쌀 1~2석을 지급하면 먹고 쓰는 데 여유가 있고 팔아서 돈으로 만들 수도 있지만, 여전히 본색과 절색을 함께 받기를 달갑게 여기지 않습니다. 그런데 지금 조선으로 멀리 와서 지키는 병사들은 홀몸이라 내지(內地: 중국)에서 집에 거주하는 자들과 같지 않아서, 매일 받는 행량만으로도 스스로 부양하기 충분합니다. 하물며 남인(南人)은 좁쌀을 먹지 않아서 예전에 함께 지급한 좁쌀을 모두 어채(魚菜: 물고기 반찬)로 바꾸는 데 썼고, 계속 기꺼이 받으려 하지 않으며 따로 쌀을 사서 먹었습니다.

지금 도리어 쌀과 콩을 가지고 정식 군향으로 삼으려 하니 인정(人情)이 어찌 감당할 수 있겠습니까. 그 가치가 매우 천하여 월량(月糧)의 20~30%를 보상하기도 부족할 뿐만 아니라, 조선에 팔려 해도 팔아서 얻을 은이 없으며, 천조로 운반해 가려 해도 운반할 힘이 없습니다. 이는 곧 각 병사의 실제 군향을 조선에다가 버리는 꼴이니, 염채를 줄이자는 앞선 논의와 비교해 봐도 그 어려움이 몇 곱절이나 됩니다.

호부가 이렇게 논의한 이유는 나라를 위해 군향을 아끼기 위함으로, 진실로 임시방편의 부득이한 계획입니다.

하지만 호부가 우리 병사들이 목숨을 돌보지 않고 온 것이 과연 무엇을 위해서인지 알지 못한 것입니다. 하루아침에 바라던 바를 잃게 되니 병사들의 마음이 어찌 동요하지 않겠습니까. 병사들의 마음이 크게 바뀌면 그들이 두건을 벗게 될 우려가 있습니다. 예컨대 요사이 유격 모국기(茅國器)[87]의 병사들이 군량 지급이 늦었다고 소란을 피운 사건을 본보기로 삼을 만합니다.[88]

저에게는 병사를 다스리는 일이 가장 엄중할 뿐 다른 일은 생각하지 않습니다. 혹여 뜻밖의 일이 생기면 누가 그 허물을 지겠습니까. 더구나 중국이 조선을 구원하는 데 쓴 전후의 비용이 탕금(帑金) 수천만 수백만을 넘는데, 어찌 지금 마무리하는 마당에 사소한 이익[錙銖]을 뒤져냄으로써 정벌에 나선 병사들의 마음을 잃으려 합니까. 절대 해서는 안 되는 일입니다. 지금까지 조선이 제공한 본색 전량(錢糧)은 그 나라가 응당 전례에 따라 쌀과 좁쌀을 함께 지급했으니, 별도의 논의가 필요 없습니다.

제가 삼가 생각하건대, 만여 명의 병사를 남기면 많은 왜를 한꺼번에 감당하기에 부족하니, 만약 일이 생기면 위엄을 잃는 것을 면하기 어렵고 일이 없으면 군향만 소비하

---

87 모국기(茅國器): ?~?. 명나라 사람이다. 절강 소흥위(紹興衛) 출신으로 만력 16년(1588) 무진사가 되었다. 만력 25년(1597) 흠차통령절승영병유격장군 도지휘동지(欽差統領浙勝營兵遊擊將軍都指揮同知)로 보병 3100명을 이끌고 조선에 왔다. 사천(泗川) 전투에서 패배한 후 참모 사세용(史世用)을 내세워 왜군과 철수 교섭을 전개하기도 했다.
88 『선조실록』 권119, 선조 32년 11월 26일(신미) 기사에는 모국기가 황주에 있을 때 양식이 떨어져서 하마터면 변이 일어날 뻔했다는 언급이 있다.

는 데 그칠 것입니다. 만약 내탕(內帑)이 정말 부족해서 도저히 지급할 수 없다면, 일찌감치 모두 철수하게 하여 후환을 막는 것만 못합니다. 하물며 본영(本營)은 거듭 전투를 거치면서 사람마다 돌아가고 싶어 했기에, 누차 그 사유를 갖추어 정문을 올릴 수밖에 없었습니다. 청컨대 돌아가게 해 달라는 요청을 허가해 주신다면 관병(官兵)은 매우 다행으로 여길 것입니다. 만약 병부는 기어코 병사를 남기고자 하는데 호부가 또한 군량을 지급하지 않는다면, 외환을 막기 어려울 뿐만 아니라 장차 내란이 일어나고야 말 것입니다. 훗날 제가 지금 숨기고 침묵했었다고 말하지 마시고, 제가 행한 법도가 엄하지 않았다고 죄주지 마십시오.

또한 광동수병유격(廣東水兵遊擊) 장량상(張良相)이 올린 정문을 받았는데, 그 내용은 다음과 같았습니다.

위 사안에 대한 진잠의 수본(手本)을 받았습니다. 곧바로 본영의 중군(中軍), 천총(千總), 파총(把總) 원응여(袁應興), 서한(徐翰) 등에게 문서를 전달하고 각 병사에게 전하여 모두 알게 하고 일체 삼가 준수하여 지급할 것을 논의했습니다. 그 후 이달 25일에 각 선병(船兵) 정승위(鄭勝偉) 등이 무리를 모아 저를 에워싸고 미간을 찡그리며 정문을 올렸는데, 그 내용은 다음과 같았습니다.

쌀과 콩을 함께 지급하는 일은 감히 밝은 성지를 삼가 따르지 않을 수 없습니다. 그러나 많은 군사는 고향을 등지고 떠나 부모와 처자를 버려두고 수만 리의 풍파를 무릅쓰고 건너와 이역을 지키고 있습니다. 그러면서

도 고생을 마다하지 않는 이유는 오로지 힘을 다해 공적을 세우고 전량을 두둑이 챙겨 집으로 돌아가 부양할 자금으로 삼기 위함입니다. 지금 월향이 부족한 지 반년이 넘었는데 지급을 독촉하지도 않으니, 무리의 마음이 밤낮으로 방황하고 있습니다. 하필 또한 쌀과 콩을 섞어 준다는 논의가 있어 인정을 크게 흔드니, 어찌 그들이 순순히 따르겠습니까. 하물며 조선 지방은 모든 물건값이 비싸고, 혹여 옷과 면, 물고기와 고기, 술과 장 따위를 쌀로 바꾸려 해도 기꺼이 따르지 않는데, 좁쌀은 어디다 쓰겠습니까. 예를 들어 지난해 토산품을 이용해 월향을 충당하기 위해 월향 중 일부를 동전으로 지급했는데, 그것을 집으로 보내 부양하기에 불편하므로 병사들이 떼 지어 일어나 소란을 일으켰습니다. 지금 이역에서 쌀과 콩을 함께 지급하면 집으로 운반해 가자니 할 수 없고 조선에서 무역해서 팔자니 팔 곳이 없어서, 결국 쌓이고 부패해 버릴 테니 그야말로 유명무실합니다. 만약 군량을 아끼려 한다면 대신 요청해 주시어 일찌감치 철병하게 함으로써 고향을 그리는 소망을 이루게 해 주시면 감개무량할 것입니다.

이를 받고 살펴보건대, 본색과 절색을 함께 지급하는 일은 융통을 위한 지극한 계책입니다. 그런데 뭇 병사들은 군향이 모자란 지가 오래라서 지급을 바라는 마음이 목마른 사람처럼 간절합니다. 하루아침에 갑자기 쌀과 콩을 섞어 준다는 소문을 듣고서는 기대가 허물어져 크게 실망하고 사람마다 원망하고 탄식하니, 훗날 다른 변고가 일어나지 않으리라는 보장을 하기가 어렵습니다. 저는 외람되이 그들을 단속하는 자리에 있으니, 삼군(三軍)의 꺼리는 기색과 자세한 사정을 목격하면 잘 타이르고 최선을 다해 사고를 방지하겠습니다. 혹시 만에 하나 억지로 시행했다가 따르지 않으면 군심(軍心)이 흔들릴 테니, 제가 훗날의 죄를 어떻게 피할 수 있겠습니까. 바라건대, 본원께서 좋은 쪽으로 헤아려 적절하게 처리해 주신다면 삼군의 행복이요 실로 국가의 다행이겠습니다.

또한 통령절·복수병 유격(統領浙福水兵遊擊) 가상(賈祥)[89]이 올린 정문을 받았는데, 그 내용은 다음과 같았습니다.

조사해 보니 수륙(水陸)의 각 병사가 자기 집과 몸을 돌보지 않고 이국에서 복역하는 이유가 어찌 진실로 충의를 중히 여겨 목숨을 버리려는 데 있겠습니까. 멀리 종군하여 정벌하고 지킴으로써, 집에서 멀리 떠날수록 얻는 군향도 많아지기 때문일 뿐입니다. 지금 왜가 아직 평정되기 전이니 그들의 힘에 의지해야만 왜를 물리칠 수 있습니다. 왜가 겨우 평정되었다고 그들에게 묵은 곡식을 지급하여 군향으로 충당하게 한다면, 각 병사는 어리석어서 절은으로 받으면 기뻐하고, 쌀과 콩으로 받으면 위에서 은이 없어 얼버무린다고 여길 것입니다. 당당한 천조가 의리에 따

....

89 가상(賈祥): ?~?. 명나라 사람이다. 이승훈의 표하관이다. 좌영도사(左營都司)로 만력 27년(1599) 6월에 조선에 들어왔다가 만력 28년(1600) 7월에 귀국했다. 귀국길에 횡포를 심하게 부려 큰 비판을 받았다.

라 속국을 구원한 지 이미 9년이 지났고, 쓴 비용도 수백만 이상입니다. 왜를 하루빨리 물리치지 않으면 병사와 군향이 늘어나니 쓰는 비용은 더욱 많아집니다. 요사이 종사(宗社)의 신령함에 의지하여 왜가 간담이 서늘해져 달아나버렸으니, 명군 10만 명 중의 8000명만 남겼습니다. 응당 여유 있는 모습을 보임으로써 천조가 감추고 있는 힘의 허실을 외국이 가늠하지 못하게 해야 합니다. 어찌 왜가 떠난 지 얼마 되지도 않았는데 염채를 줄이고 늠량(廩糧)을 줄이자고 논한다는 말입니까.

이제 또한 쌀과 콩을 병향으로 삼자고 논하니, 군영과 대오의 사람들이 이를 들으면 매우 슬프고 가슴 아파할 것입니다. 끝끝내 쌀과 콩으로 지급한다면 반드시 변고가 발생하게 되어 나라를 욕보이고 위엄을 잃게 해 이역의 비웃음을 살 테니 관계된 바가 작지 않습니다. 철병할 기한을 따져 보면 가까이는 내년 봄인데, 비용이 얼마나 된다고 또한 이렇게 행하려 하십니까. 벌써 그들이 입을 모아 원하지 않는다고 외치니 형세상 강제하기가 확실히 힘듭니다. 마땅히 주관해 주시기를 청하오니, 쌀과 콩은 요동[遼左]으로 돌려보내 은으로 바꿔서 병사들에게 지급하고, 부족한 전량은 여러 방면으로 따로 마련해 주시고, 조선의 본색은 예전처럼 지급하게 해 주신다면, 병사들의 마음이 진실로 따르고 수년간의 위무(威武)가 보전되며, 속국 또한 천조의 시종 구원하는 의리를 우러를 테니 어찌 완벽한 일이라 하지 않을 수 있겠습니까.

이상의 문서들에 대해 모두 비문을 받들었습니다. "바라건대, 감군도(監軍道: 두잠)는 제독아문과 다시 회동하여 논의해서 속히 보고하라." 이를 받들어 또한 제독 이승훈에게 자문을 보내 논의했습니다.

그 후, 지금 해당 진(鎭: 이승훈)의 수본 회답을 받았는데, 그 내용은 다음과 같았습니다.

살피건대, 호부가 자금이 떨어져서 이번에 좁쌀을 섞어 주자고 내놓은 방책은 실로 부득이합니다. 순무, 총병, 감군도는 몸이 해외에 있지만 모두 황제의 신하로서, 비록 내외의 직무는 같지 않더라도 나라를 위하는 직분과 도리는 하나입니다. 이렇게 어려운 때를 맞이하여 감히 우러러 따르고 상의하여 준행하지 않을 수 없습니다. 지금 순무와 총병의 표병들이 모두 미간을 찡그리며 와서 고하기에 여러 번 말하여 깨우쳐 주고 논의하여 처리할 때까지 기다리게 했는데, 섞어 주는 중에 조사해 보니 여전히 불평을 늘어놓고 그다지 고분고분하지 않았습니다. 어찌 고의로 감히 반항하여 군율을 범하고자 했겠습니까.

실로 조선은 모든 물건값이 비싸져서 비록 월향을 터럭만큼도 감하지 않고 제때 지급한다 해도 겨우 자기 한 몸의 의복과 음식 비용에 족할 뿐이고 가족을 부양할 자금으로 삼기는 어렵습니다. 하물며 걸핏하면 반년이 넘도록 향은(餉銀)을 받지 못해 돈을 빌려 전전하다가 이자가 불어나고, 정해진 항목의 군향[額餉]은 실제로 이미 감소하여 겨울이 왔는데도 갖옷이 없어 얼어 죽은 자들을 역력히 찾아볼 수 있습니다. 다행히 살아남은 자도 피부가 찢어지거나 손가락이 떨어지는 등 실로 차마 말로 표현할 수 없습니다.

만약 묘당(廟堂: 조정)이 이러한 광경을 목격하셨다면 분명 마음이 움직이고 콧마루가 찡해져 그들을 가엾게 여기셨을 것입니다. 게다가 부산과 거제는 대마도와 물이 찰랑찰랑한 한 줄기 바다를 마주하고 있어 왜가 눈에 다 보입니다. 사나운 장수 소 요시토시[平義智][90]와 주모자 겐소[玄蘇][91] 등이 모두 이 섬에 있습니다. 국왕이 이전 자문에서 이미 언급했으니 어찌 빈말이겠습니까. 이런즉 창끝과 화살 끝에 죽을 걱정에 아침에 그날 저녁의 안위도 보장할 수 없습니다. 어찌 평안하고 아무 일 없다고 말하면서 병사들의 생명을 초개같이 여길 수 있겠습니까. 육지의 민가는 적막하고 무역은 매우 적습니다. 각 병사가 날마다 받는 쌀 중에 좁쌀도 같이 받는데, 취식하기에 불편해서 그저 이익을 좇는 요동 사람들에게 싸게 팔아넘기는 데 의지할 뿐이며, 요동 사람들도 겨우 변변치 않은 술을 양조하는 용도로만 쓸 뿐입니다. 요동 사람들이 얼마나 되어 그

....

90 소 요시토시(宗義智): 1568~1615. 일본 사람으로 대마도의 도주이다. 임진왜란이 일어나자 장인이었던 고니시 유키나가 휘하의 제1진으로 침입해 왔으며, 두 차례에 걸쳐 조선 조정과의 강화를 요구했으나 성사시키지 못했다.

91 게이테쓰 겐소(景轍玄蘇): 1537~1611. 일본 사람으로 가와즈(河津) 가문 출신이다. 승려 생활을 하던 중 도요토미 히데요시의 수하로 들어가 조선을 드나들며 첩보 활동을 했다. 임진왜란이 발발하자 국사(國使)와 역관 자격으로 종군하여 일본의 전시외교 활동에 종사했다.

것을 모조리 다 술로 만들 수 있겠습니까. 이 항목에서 함께 주는 좁쌀조차 팔아서 돈으로 바꾸기 어려운데, 하물며 병사마다 한 달에 1석씩이나 늘린단 말입니까. 그 불편한 정황은 상상해 볼 수 있습니다.

만일 정말 좁쌀을 팔아서 돈을 얻을 수 있되 가격만 좀 손해 볼 뿐이라면, 또한 응당 강제로 준행케 할 수 있습니다. 수병(水兵)의 사선(沙船)[92]과 호선(唬船)[93]만 하더라도 일상 집물·화기·병장기로 이미 모두 꽉 차 있는데, 어찌 남는 선창이 있어 달마다 수십 석의 쌀과 콩을 받겠습니까. 지금 수령하게 하더라도 은으로 바꿀 데가 없으니, 다달이 쌓여 가도 저장하여 쌓아 둘 곳이 없습니다. 상황이 이러하니 땅에 버리거나 물에 던져 버릴 수밖에 없습니다. 대체로 함께 지급하는 불편한 정황이 또한 이와 같아서 달마다 향은(餉銀) 얼마씩을 버리게 핍박하는 꼴이니, 사람들이 어찌 기꺼이 따르겠습니까.

지금 참장 진잠과 유격 등이 각자 관병이 슬퍼하고 괴로워하며 쌀과 콩을 섞어 받기를 원하지 않는다는 정황을 갖추어 보내온 바 있습니다. 그 정황이 매우 가련합니다. 각 장수가 자신의 벼슬을 헌신짝 버리듯 하려는 데 이르렀

....

92 사선(沙船): 사선은 당대(唐代)에 장강 하류에서 처음 만들어졌으며, 바닥이 평평한 평저선(平底船)으로서 얕은 바다를 항행하는 데에 적합했다. 명대에는 장강 이북의 해양에서 군선으로 활용되었다.

93 호선(虎船): 호선(唬船), 즉 팔라호선(叭喇唬船)과 같은 배를 지칭한다. 명·청대 절강과 복건 해안에서 사용된 소형 군선으로, 바닥이 뾰족한 첨저선(尖底船)이다. 주로 신속한 기동이 필요한 정탐이나 추격에 활용되었다.

으니, 그 마음에 기꺼워서 그러겠습니까. 이들 수륙 관병을 생각하면 이국을 지키러 파견되어 먼 사람은 만 리, 가까운 사람도 수천 수백 리 이상 와서 집과 논밭을 버려두고 부모 처자와 이별한 채 명예와 이익만을 위해 조금도 목숨을 아끼지 않고 왕명을 따르고 있습니다. 향기로운 미끼 아래 이를 먹고 잡혀 죽는 고기가 있고, 무거운 포상 아래 용맹한 병사가 있음은 옛 기록에도 나옵니다.[94] 이들이 기꺼이 목숨을 버려 명예와 이익을 얻으려 하고 있는데, 지금 도리어 매달 응당 받아야 할 군향을 덜어 내고 그 이익을 빼앗으니, 무리가 떠들썩하고 원한의 마음이 생기는 것이 전혀 이상하지 않습니다. 이러한 난리가 벌어진 잘못은 윗사람에게 있는데, 어찌 병사들을 법으로 다스릴 수 있겠습니까.

또한 임오년(1582)에는 절강순무의 4000명에 가까운 표병들이 동전을 섞어 받음으로써 가격을 손해 보았다며 격분하여 소란을 부려 하마터면 수습하지 못할 뻔했습니다. 또한 을미년(1595) 겨울에는 석문채(石門寨)의 남병 3000여 무리가, 위에서 약속을 어기고 산해관에 들어온 뒤 받기로 한 군량과 포상을 줄였다는 이유로 들고일어나 굶주림에 저항했습니다[脫巾]. 잠시 이 두 가지 사건을 거론하는 이유는 경계할 만한 전례가 오래된 일이 아니기 때문으로, 여러 장수가 보지 않고 하는 말이 아닙니다. 만약

....

94 향기로운 …… 나옵니다:『삼략(三略)』에 나오는 구절을 인용했다.

순무, 총병, 감군도가 위에서 잘 통제했다면 군향을 조금 줄인들 어찌 갑자기 감히 변고를 일으키는 데 이르겠느냐고 여긴다면, 이는 순무, 총병, 감군도의 법령은 우물쭈물하며 머뭇거리는 병사와 제멋대로 날뛰는 사나운 병사에게만 적용할 수 있다는 점을 생각하지 않은 것입니다. 어찌 군향이 모자라 얼어붙고 굶주리며 애걸하는 수비병들에게 순무 등의 법령을 시행할 수 있겠습니까. 제가 여러 번 심사숙고하고 나서 더 이상 혀를 묶고 숨길 수가 없습니다.

이를 받고 살펴건대, 호부가 자금이 떨어져서 쌀과 콩을 섞어 주자고 논의함으로써, 수륙 병사가 놀라 두려워하고 원한을 품은 정황은 여러 장수의 말이 상세하고도 곡진합니다. 제가 말을 덧붙일 필요가 없습니다. 그러나 지금의 어려움을 목도하고 나라를 위하는 마음이 간절하고 절실하지만, 몸이 부대 안에 있고 마음속에 개탄하는 바가 있어 입을 다물고 침묵하기 어렵습니다.

제가 생각하건대, 병사를 통제하는 도리는 오로지 인심을 수습하는 데 있으며, 인심을 수습하는 데 믿을 바는 군량과 포상이 가장 중요합니다. 따라서 한 푼을 늘리면 기쁜 마음이 생겨나고 한 푼을 줄이면 원망하는 마음이 뒤따르는 것이 분명 인지상정입니다. 윗사람이 고루 나누어 먹이고[95] 솜을 옷

....

95 고루 …… 먹이고: 구천투료(句踐投醪) 고사를 인용한 것이다. 월나라의 왕 구천(句踐)이 좋은 술이 생기면 강 상류에 부어 병사들이 하류에서 마시게 하니 군사들의 사기가 다섯 배 높아지고, 말린 곡식이 생기면 병사들에게 나누어 주니 사기가 열 배로 높아졌

에 꺼입게 하는 은혜가 있으면, 아랫사람은 돌 던지기와 장애물 넘기 등 훈련에 매진하게 됩니다.[96] 따라서 싸우면 이기고 지키면 굳건하니, 또한 그 이치상 반드시 그러한 바입니다.

혈전을 치르고 오랫동안 지키며 노숙하면서 돌아가고 싶어 하는 병사들이 오래 외국에 체류하고 있는데, 월량과 염채를 6~7개월 동안 못 받은 사람도 있고, 3~4개월 동안 받지 못한 사람도 있습니다. 목을 빼고 까치발로 간절히 바라고 있는 모습이 마치 기갈이 든 듯 한창 흉흉한 분위기가 계속 이어져 헤아릴 수 없는데, 하루아침에 또한 쌀과 콩을 섞어 준다는 논의를 들었습니다. 쌀과 콩을 막론하고 모두 썩어 문드러져 가치가 현저히 떨어졌습니다. 팔아서 돈으로 바꾸려 해도 할 수 없고 운반하려 해도 방도가 없으니, 비록 말은 준다고 하지만 사실은 버리게 할 뿐입니다. 이는 특별히 은혜를 더해 주는 게 아닐 뿐더러 오히려 이를 통해 비용 절감을 기대하는 것이니, 그들의 의중과 매우 다릅니다. 견딜 수 없는 상황에 부닥치게 되면, 비록 죄인을 베는 칼과 톱을 앞에 놓고 삶아 죽이는 큰 솥을 뒤에 놓고서 머리 숙여 순종하게 하고 억눌러 명에 따르게 하려 해도 반드시 그렇게 할 수 없을 것입니다.

....

다는 이야기이다.

96 돌 …… 됩니다 : 『사기(史記)』 「왕전열전(王翦列傳)」에 나오는 일화를 인용한 것이다. 진(秦)나라의 장수 왕전(王翦)이 초나라를 공격하게 되었는데 전투를 하지 않고 오히려 보루를 쌓고 그 안에 머물며 병사들을 휴식시켰다. 그러다 병사들이 돌 던지기와 장애물 넘기 등의 놀이를 하는 것을 보고 그제야 병사들을 이끌고 초나라를 공격하여 초나라를 멸망시켰다.

일찍이 들건대, 원망은 큰 데 있지 않고 많은 데 있지 않다고 했습니다. 옛사람은 한 사람이라도 살 곳을 얻지 못하면 자기 허물로 돌린 경우가 있는데, 하물며 만여 명의 생명이겠습니까. 또한 겨울에 접어든 이래로 큰 눈이 걸핏하면 연이어 열흘 넘게 내리니, 평지에 쌓인 눈의 깊이가 수 척입니다. 방에는 저장해 둔 양식이 없고 들에는 캘 것이 없으니 굶주린 배로 원망하고 떠들어도 어디 호소할 곳도 없습니다. 들자니 각 군영에는 추위와 배고픔에 죽은 자도 있고, 감기에 걸려 병든 자도 있고, 초췌하여 신음하다가 골짜기에 시체로 굴러다니는 자도 있다고 합니다. 저에게 정협(鄭俠)의 붓[97]이 없어 부끄럽습니다. 그래서 너무나 가난하여 어찌할 수가 없는 그들의 상황을 묘당이 보지 못하고 있습니다. 만약 그들을 한 번 보기만 하면 측은하여 마음이 움직이지 않을 수 없을 것입니다. 만약 창고의 재물이 고갈되어 부득불 임시방편을 쓸 수밖에 없다면, 환산가를 낮춰서 섞어 주거나 혹은 절반으로 줄여 지급하면 4~5개월 동안 즉시 2만여 금을 절약할 수 있으니, 국가의 위급함을 조금이나마 도울 수 있습니다.

또한 생각하건대, 전쟁이 일어난 이래 지금까지 7년 동안 써 버린 비용이 이미 천만에 달합니다. 지금 큰 공적이 이미 이루어져 철병이 멀지 않으니, 지금부터 절약해도 이미 쓴 금액의 100분의 1에도 미치지 못할 것입니다. 겨우 이렇게 사

....

97 정협(鄭俠)의 붓: 정협(鄭俠, 1041~1119)은 송나라 사람으로, 오랜 기근으로 유민이 대거 발생하자 자신이 목격한 유랑민의 처절한 상황을 그림으로 그려 신종(神宗)에게 올렸다.

소한 이익을 아끼려다 아직 드러나지 않은 우환을 막지 못하고 마지막 한 삼태기의 공적을 거두지 못한다면[98] 번복(藩服)에 밝은 덕을 베푸는 일도 아니고 오랫동안 지킨 노고에 은혜를 더하는 지극한 뜻도 아니 될지 걱정입니다. 비록 제독과 여러 장수가 이미 이상의 내용을 상세하게 논했지만, 제가 감히 피할 수 없어 어리석은 말씀을 드렸습니다. 엎드려 바라건대, 본원께서 살펴 결정하고 주관해 주신다면 관병이 매우 다행이겠습니다.

이를 받고, 또한 조선국왕 이연(李昖: 선조)의 자문을 받았는데, 그 내용은 다음과 같았습니다.

그대의 자문을 받았는데, "위 사안에 대한 호부의 자문을 받았습니다."라는 내용이었습니다.

저와 해당 관할 배신(陪臣: 제후국의 신하)이 논의하여 살펴보건대, 의주 등 지역에 지출하고 남은 쌀과 콩의 수량이 비록 20만여 석이 있지만, 각처에서 쌀로 바꾼 것이 이미 4분의 1이 넘습니다. 또한 수륙 관병에게 달마다 넘겨 지급하는 양이 한 달에 5~6천 석 이상이라 지금 있는 실제 수량도 날마다 줄고 있고, 앞으로 지급할 양도 매우 많아서 항목을 옮겨 섞어서 줄 수도 없습니다. 또한 조사해 보니, 우리나라는 7년 동안 먹이고 운반하느라 공사(公私)의 쌀과 콩을 긁어모아

....

98 마지막 …… 못한다면: 『서경(書經)』「주서(周書)」여오(旅獒) 편에서 유래된 "공휴일궤(功虧一簣)" 고사를 인용한 것이다. 아홉 길 높이의 산을 쌓는 데 마지막 한 삼태기의 흙이 모자라서 그간의 공적이 모두 무너진다는 뜻으로, 최후의 순간까지 최선을 다해야 한다는 점을 강조한다.

이미 다 써 버렸습니다. 더구나 올해는 가뭄으로 이삭이 상해 흉년의 재해가 근래 이만한 적이 없습니다. 지금 비록 여러 명목을 만들어 긴급히 독촉하고 있지만, 앞으로의 군향은 보급할 방도가 전혀 없어 전부 위 항목의 쌀과 콩에만 의지하여 군향을 대는 계책으로 삼고 있습니다. 그런데도 호부는 월향에 갈음하기 위해서 제본을 올리고 성지를 받들어 위 내용으로 자문을 보내오는 데 이르렀습니다.

유수(留守)하는 병사의 숫자는 이미 9000명이 추가되었기에, 본색으로 내게 된 지출은 우리나라가 원래 논의한 양보다 곱절이 되었습니다. 만약 위 항목의 쌀과 콩으로 월향을 갈음한다면 무슨 쌀과 콩을 가지고 서로 겸하여 보급하겠습니까. 하물며 의주 등 지역에 저장하고 있는 군량과 급여는 콩이 태반이라 부려서 쓰기가 매우 불편합니다. 따라서 이쪽이든 저쪽이든 모두 지장이 있습니다. 번거롭지만 이를 황상께 대신 아뢰어 주시어 예전대로 본색을 도와주심으로써 구제하는 은혜를 다해 주시면 매우 다행이겠습니다.

또한 국왕 이연의 자문을 받았는데, 그 내용은 다음과 같았습니다.

호조(戶曹)의 장계(狀啓)를 받았는데, 그 내용은 다음과 같았습니다.

도원(都院: 만세덕)의 분부(分付)를 전달 받아 받들었는데, 그 내용은 다음과 같았습니다.

이후에 관군의 행량은 조선이 전부 쌀로 지급하고, 다시는 천조의 좁쌀을 함께 섞어 주지 못하게 하라. 현재 있는 각 창고의 좁쌀을 호부의 논의에 따라서 각 군영의 병사들에게 지급하라.

이를 받들고 저희가 의주 등의 창고를 조사해 보니, 천조가 지출하고 남은 쌀과 콩은 비록 20만여 석이 있으나 이는 올해 4월에 조사하여 보고한 숫자입니다. 그 후 계속해서 운반하여 3:7 혹은 5:5로 섞어 함께 지급하여 각 해당 관병에게 주었습니다. 또한 다시 모든 신하와 백성들에게 쌀로 바꾸어 보급하고 지출하니 그 수가 나날이 줄었습니다. 그런데 전후 처리를 위한 병사가 또한 원래 요청했던 8000명의 수보다 곱절이나 됩니다. 우리나라는 위 항목의 쌀과 콩에만 전적으로 의지하여 보급의 계책으로 삼고 있습니다. 만약 호부의 논의에 따라서 각 군영의 관병에게 지급해 준다면 무슨 쌀과 콩을 가지고 서로 섞어 보급할 수 있겠습니까.

하물며 우리나라에 전쟁이 일어난 지 7년으로 공사(公私)가 텅 비어 가난하고, 또한 올해 가뭄으로 재해가 들어 가을걷이에 거둘 게 없어서 이번에 거둔 세량은 겨우 4000석에 불과합니다. 각처에서 긁어모아 바꾼 쌀도 매우 부족합니다. 그리고 선박 운송이 이미 멈추어 현재 우리 창고에 있는 수는 2000석이 채 안 됩니다. 만약 오로지 우리나라의 쌀로만 전부 행량을 지급하고 천조의 좁쌀을 함께 섞어 주지 못하게 한다면, 지금 당장 급히 필요한데 매우 부족할 뿐만 아니라, 병사들을 해산한 후에 또한 보급할 방법이 없습니다. 그런데 지금 이 같은 분부를 받드니,

신 등은 애타고 답답함을 이길 수 없습니다. 마땅히 위 항목의 연유를 갖추어 도원(만세덕)에게 자문으로 청하여 조속히 다시 논의하게 해 주시고, 또한 우리나라가 위 항목의 쌀과 콩을 예전처럼 함께 지급하게 함으로써 본색을 돕게 해 주십시오.

이를 받고 응당 자문으로 청하니, 번거롭지만 본원께서는 긍휼히 여겨 주시어 조속히 다시 논의해 주시고, 또한 우리나라로 하여금 위 항목의 쌀과 콩을 예전처럼 함께 지급하게 하여, 본색을 돕는 데 도움이 되게 한다면 매우 다행이겠습니다.

또한 국왕 이연의 자문을 받았는데, 그 내용은 다음과 같았습니다.

호조의 장계를 받았는데, 그 내용은 다음과 같았습니다.

용산창(龍山倉) 위관(委官) 주판(州判) 심사현(沈思賢)[99]이 제독부(提督府) 표하의 천총 주문채(朱文彩)가 보낸 수본 한 장을 전달해 보여준 것을 받았는데, 그 내용은 다음과 같았습니다.

밝은 성지를 삼가 준수하여 병사를 남기고 군향을 처리하는 사안 등에 대해 삼가 논의한 일. …(중략)… 보내온 문서의 사리(事理)에 따라 번거롭지만 각 부대의 관병에게 1명당 좁쌀 1석을 지급하여 당장의 비용을

....

99 심사현(沈思賢): ?~?. 명나라 사람으로 절강 소흥부(紹興府) 여요현(餘姚縣) 출신이다. 원임 통판(通判)으로 송응창(宋應昌)을 따라 조선에 와서 심유경(沈惟敬)과 함께 왜적의 진영에 들어갔다. 만력 25년(1597)에 어사 진효(陳效)의 표하관(標下官)으로 조선에 와서 군량 조달을 맡았다.

지원하게 해 주십시오.

이를 받들어 조사해 보건대, 받은 수본은 경리무원(經理撫院: 만세덕) 및 감군도의 헌패(憲牌)를 전달 받아 관량동지(管糧同知) 한초명(韓初命)에게 공문을 보낸 것으로, 월향을 좁쌀로 지급해 달라고 청하는 내용이었습니다. 신 등은 부득이하게 해당 창고에 문서를 보내 위관의 분부에 따라 좁쌀 1천여 석을 잠시 지급하여 방출하는 외에, 계속 조사해 보니 앞서 해당 감군도가 보낸 자문의 내용을 보면, "경리무원의 안험을 받들어 월량으로 갈음하십시오. 지금 당장 경창(京倉)에서 선례를 만들어 지급하여 방출하는 동시에, 또한 부산 일대에서도 일체 방출하여 지급하십시오."라고 했습니다.

우리나라가 처음 병사 8000명을 남겨 달라고 논의했을 때, 또한 스스로 본색을 갖추겠다고 청한 이유는 오직 이 쌀과 콩이 있음을 믿었기 때문입니다. 후에 병사를 보태 주자고 논의했을 때 경리무원의 분부에 그대로 따른 이유 또한 바로 이 쌀과 콩이 있음을 믿었기 때문입니다. 만약 다시 논의하여 아뢰지 않고 곧바로 지급하여 방출한다면, 우리나라는 무슨 쌀과 콩으로 본색을 돕겠습니까. 사안에 지장이 있으니 응당 다시 논의해야 하겠습니다. 마땅히 이상의 내용을 갖추어 경리무원에게 자문으로 청하여 군향을 처리하는 해당 사안에 대해 조속히 논의하여 회답을 줄 것을 요청함으로써, 우리나라가 서둘러 상주할 수 있게 해 주십시오. 또한 위 항목의 쌀과 콩은 잠시 지급을 정지하고 조정의 처분을 다시 기다리겠습니다.

이를 받고 조사해 보건대, 앞서 받은 호부의 자문 중에, "의주 등 창고에 현재 지출하고 남은 쌀과 콩은 수비하고 있는 관병에게 지급하여 방출하기로 했으니, 천조가 도와 보내는 월향의 수에 갈음하게 하십시오."라고 했습니다. 이를 받고 저와 해당 관할 배신은 애타고 답답함을 이길 수 없어, 우리나라가 위 항목의 쌀과 콩에 전적으로 의지하여 군향을 도울 계책으로 삼고 있다는 등의 내용을 이미 본원에게 자문을 보내고 곧 올 회답을 막 기다리는 중에 지금 이상의 내용을 받았습니다.

살피건대, 우리나라의 군량과 급여는 보급할 도리가 전혀 없고 위 항목의 쌀과 콩에만 전적으로 의지하여 군향을 돕는 계책으로 삼고 있습니다. 만약 다시 논의하여 아뢰지 않고 곧바로 지급하여 방출한다면, 우리나라는 무슨 쌀과 콩으로 본색을 돕겠습니까. 실로 사안에 지장이 있으니 존망이 판가름 날 것입니다. 번거롭지만 본원에게 바라건대, 군향을 처리하는 해당 사안에 대해 조속히 논의하고 회답을 주셔서 우리나라가 하루빨리 상주할 수 있게 해 주십시오. 또한 위 항목의 쌀과 콩은 잠시 지급을 정지하고 조정의 처분을 다시 기다리게 해 주시면 매우 다행이겠습니다.

이를 받고 살펴보건대, 앞서 받은 호부가 보낸 자문의 내용은 다음과 같았습니다.

저희 호부가 조선국왕 이연이 위의 일로 상주한 데 대해 검토하여 제본을 올렸는데, 그 내용은 다음과 같았습니다.

중국의 최근 상황에 어려움이 많고 공사(公私)가 곤란함에

처해 있으니 지급해 보내기가 매우 어렵습니다. 생각하건
대, 의주 등의 창고에 운반하여 저장해 놓은 양 중에 지출
하고 남은 쌀과 콩 20만여 석을 군향으로 방출한다면 월
량 20만 금을 갈음할 수 있습니다. 마땅히 검토하여 황상
께 청하오니, 황상의 명을 삼가 기다려 저희 호부는 조선
국왕 및 계요총독(薊遼總督)과 경리순무에게 자문을 보내
본색은 조선이 스스로 공급하게 하는 외에, 의주 등 창고
에 현재 쌓여 있는 쌀과 콩은 수비하고 있는 관병에게 지
급하여 천조가 도와 보내는 월향의 수에 갈음하게 하겠습
니다. 그리고 따로 절은 10만 냥을 보내는데 논의한 대로
호부가 7, 병부가 3을 냄으로써 본색과 절색을 함께 지급
하기에 편하게 하되, 어떻게 융통하여 섞어 줄지는 황상의
결정을 기다렸다가 삼가 그대로 따르겠습니다.

성지를 받들었는데, "알겠다."라고 하셨습니다.

이상의 내용을 갖추어 자문을 보냅니다.

또한 총독경략군문의 자문을 받았는데, 위의 사안과 같았습니다.
이를 받고 모두 갖추어 그대에게 문서를 보내니, 제독총병과 함
께 의주 등 창고에서 지출하고 남은 현재 쌀과 콩을 본색과 절색
으로 함께 지급할지와 어떻게 융통하여 섞어 줄지를 헤아려 논의
하십시오. 아울러 수륙의 각 군영에 모두 문서를 보내 따르게 하
고, 또한 조선국왕에게 자문을 보내 본색을 조달하게 하십시오.

그 후 지금 이상의 내용을 받았습니다.

제가 경리조선군무 도찰원우부도어사 만세덕과 함께 논의해 보건
대, 동정(東征)의 군량과 급여 비용은 실로 내년의 방비까지 대비한

다면 처음부터 끝까지 거의 9년 치가 들었습니다. 길게 헤아려 보면 전쟁하는 데 드는 비용은 열에 아홉이고 전후 처리에 드는 비용은 열에 하나이니, 아홉을 이미 써 버리고 하나를 특별히 아낀다고 해도 절감되는 바가 실로 많지 않습니다. 동정(東征)에 나선 수륙의 군대는 많게는 3년, 적게는 2년 동안 복무했습니다. 처음 전투할 때는 군량을 더하고 이어서 유수(留守)시킬 때는 군량을 줄였으니, 줄이고 나면 반드시 병사들의 마음을 잃게 될 것입니다. 하물며 조선 국왕이 보낸 세 통의 자문에 따르면, 그 나라가 피폐하여 병사들에게 지급하거나[搭支] 교환해 주는 것을 전부 이 쌀과 콩에만 의지하면서 기사회생의 기반으로 삼고 있습니다. 수륙의 장관이 서로 정문을 올리고 여러 병사가 소란을 피우며 해산하거나 철수하기를 바라는 이유는 모두 이 쌀과 콩이 너무나 고생스럽고 번거로운 물품이라 싫어하기 때문입니다. 신 등은 계속 문서를 보내고 여러 번 타이르느라, 맹세할 때 입에 묻힌 피가 거의 말랐고 붓의 털이 이미 다 빠졌습니다. 당장 문무의 총병·도원(道員)과 아래로는 보좌 관원에 이르기까지 온갖 계책을 짜내고 백방으로 격려해도 인정(人情)을 거역하기가 어렵고 약소한 나라의 걱정을 풀어 줄 도리가 없습니다.

우러러 내탕(內帑)이 텅 빈 것을 생각하자면 조정이 꾀하는 절약의 방책을 받들어야 하니 어찌 감히 조금이라도 미루겠습니까. 아래로 멀리 와서 지키는 병사들의 곤궁함을 염려하자면 그들이 바라는 주둔 병력 삭감의 조치를 따라 주어야 하니 누가 감히 홀로 떠맡겠습니까. 신 등이 이리저리 고민해 봐도 양쪽 모두 결단을 내리지 못하겠습니다. 그러나 부족함을 함께 근심하고 조금이라도 아껴보려함이 신 등의 마음입니다. 평안함과 위태로움을 깊이 헤아리고 시작과 끝을 온전히 하려 함이 신 등의 책임입니다. 오직 무신(撫臣)에게 천조의 체통이 달려 있고 사이(四夷)의 관망(觀望)이 달려 있습니다. 임기가 다 찼는데도 가서 교대해 주지 않는 것만으로도 충분히 소란을 초래할 수 있는데, 주린 배로 지키고 있는 병사들의 군향을 줄인다면 어찌 부대를 정돈할 수 있겠습니까.

하물며 교활한 적의 우두머리와 원수들은 보복을 도모하고 있습니다. 대마도는 물이 찰랑찰랑한 바다를 사이에 두고 있어 소문이 쉽게 퍼지니 만에 하나 군심이 동요하여 적들이 이 틈을 노려 쳐들어오면, 온전한 승리의 계획을 잃고 최후의 작은 실수 하나로 그간의 공적을 무너뜨릴 것입니다. 그때가 되면 어찌 황상께서 신 등이 빨리 말하지 않았다고 벌하시는 데 그치겠습니까. 호부는 분명히 신 등이 상주하지 않았다고 말할 것입니다. 무신(撫臣)은 이를 두려워하여 비록 한 몸에 온 세상의 비난을 받더라도 부득불 재차 황상께 간청할 수밖에 없습니다. 여러 장수가 연이어 문서를 올리면 황상의 위엄을 더럽히게 됨을 신 등이 모르지 않습니다. 신 등이 두 번 세 번 상소를 올리는 게 어찌 당사자가 자기 의견을 쓸데없이 고집하는 것이겠습니까. 하지만 일이 중대하다 보니 감히 심사숙고하지 않을 수 없습니다. 하물며 조선은 8년 동안 나라 전체의 관원들에게 봉록을 주지 못했고, 봄·여름·가을의 수확을 오로지 군량에 썼습니다. 조선으로 하여금 쌀과 콩을 서로 함께 섞어 지급하게 한 일은 조금이라도 고갈된 재정에 도움을 주기 위함이었고, 남는 것으로 더해 주어 간신히 남아 있는 목숨을 살리기 위함이었습니다.

그 나라의 군주와 신하는 "우리나라의 사직(社稷)과 백성은 천조께서 다시 만들어 주셨습니다."라고 말합니다. 천만 금의 재물을 써서 멸망하지 않도록 다시 만들어 줬는데, 벌겋게 부패한 수만 석의 곡식으로도 회복을 돕지 않으니, 어찌 황상께서 작은 나라를 사랑하시는 은혜를 끝까지 베풀 수 있겠습니까. 게다가 사람은 하루에 두 끼를 먹지 않으면 배고프고, 세 끼를 먹으면 배부르고, 네다섯 끼는 먹을 수가 없습니다. 조선은 매월 4두 5승의 양식으로 이미 각 병사의 아침과 저녁 식사를 족히 제공하고 있습니다. 만약 1석이나 7~8두만큼 늘린다면 많은 경우 하루에 아홉 끼를 먹게 되고 적은 경우도 하루에 일곱 끼를 먹게 됩니다. 각 병사는 남는 식량으로 안으로는 부양할 대가족이 없고, 밖으로는 팔아서 이익을 남길 시장이 없으니, 버리자니 아깝고 먹자니 다 먹을 수가 없습니다. 누가 기꺼이 스스로 한두 달의 군향으로 갈음하려 하겠습니까.

조선의 양식 요구는 이렇게 다급하고 각 병사에게 양식을 섞어 주는 일도 이렇듯 어렵습니다. 다급함을 구하고 어려움을 푸는 일은 결국 큰일을 이루기 위함으로, 아무리 비용이 많이 들어도 개의치 않아야 합니다. 하물며 정세가 마무리되고 병사가 적어 드는 비용이 또한 많지 않은데 오죽하겠습니까. 순무와 총병, 도원(道員), 문무의 여러 신하는 비록 이역에서 비바람에 뒹굴어도 감히 오래 지키고 있음을 수고롭다 여기지 않고 군향만 풍족하기를 바랄 뿐입니다. 만약에 일에 차질이 생기면 분쟁의 발단은 저절로 안에서 생깁니다. 신 등이 비록 헌신하여 따른다 해도 어찌 국가의 대사에 도움이 되겠습니까.

조사해 보건대, 병부가 장방의 병사 4000여 명을 남기기로 논의하면서, 무신의 표하 관병 및 각 항목의 잡류(雜流)·당발(塘撥)·초야(哨夜)의 수는 포함하지 않았는데, 이들 1600여 명은 먼저 철수시키기가 어렵습니다. 장방의 병사만 골라 남기면 대오가 너무 적고, 무신 표하의 병사를 합쳐 넣으면 또한 병부의 논의보다 넘치게 됩니다. 하물며 장방의 병사는 이미 철수하는 길입니다. 조사해 보니 먼저 철수한 오종도(吳宗道)의 병선(兵船)은 주둔지에서 겨울 바다를 지키고 있습니다.[100] 조선이 수병을 원하는 이유는 바다 밖을 막기 편하기 때문이니, 장방의 절병(浙兵)은 또한 모든 군영을 철수하여 돌아가게 하고 오종도의 선병(船兵)은 2000명을 뽑아 남겨야 하겠습니다. 여기에 제독총병[이승훈]의 표하 관병 3655명과 원래 남기기로 한 수륙 세 진영의 8800명을 더하면 총 1만 6000여 명이니, 병부가 원래 올린 제본의 수에 부합합니다.

응당 지급할 월량과 염채는 육군 진영의 진잠 수하 관병 4002명, 수군 진영의 장량상 수하 관병 2860명, 가상 수하에 원래 통솔하는 여순(旅順)의 선병과 지금 귀속시켜 병합한 백사청(白斯淸)[101]의 복병(福兵) 총 2040명, 오종도 수하 관병 2000명에게 순무가 앞서 제본을 올린 대로 모두 만력 27년 8월 말까지 공제했으니, 지금 응당 모두 올해 9월부터는 지급해야 하겠습니다. 무신의 표하 관병과 각 항목의 잡역 총 1600여 명은 앞선 제본대로 모두 올해 9월 말까지 공제했으니, 지금 응당 10월부터는 지급해야 하겠습니다. 제독총병의 표하 관병 3655명은 앞선 제본대로 모두 올해 11월 말까지 공제했으니, 지금 응당 12월부터는 지급해야 하겠습니다. 이상 수륙의 표

100 조사해 …… 있습니다: 문서 9-9에 따르면 강화도 수비 중이다.
101 백사청(白斯淸): ?~?. 명나라 사람이다. 자는 가상(可相), 호는 아징(我澄)이며 복건 천주위(泉州衞) 출신이다. 흠차통령복건수병어왜유격장군(欽差統領福建水兵禦倭遊擊將軍)으로 수병 1600명을 이끌고 만력 27년(1599)년에 조선에 왔다가 이듬해에 명나라로 돌아갔다.

영(標營: 직할부대의 군영)은 모두 올해 12월 말까지 계산했을 때, 월량과 염채가 각각 다른데 대략 해당 은은 총 12만 3천여 냥입니다.

대소 문무 각 관원의 녹봉과 종잇값, 그리고 모든 수종 인역(人役)의 공식(工食)은 예전에는 삼성은(三省銀) 내에서 할당하여 보내 지급했습니다. 지금은 조서를 받들어 중지하고 모두 군향은 안에서 1개월에서 3~4개월까지 다르게 취하여 지급하니 또한 5600여 냥입니다. 복선(福船)[102]·조선(鳥船)[103]·사선(沙船)·호선(唬船) 등 총 250여 척에 대해서 선박 수리 재료비는 전례를 보니 복선·사선은 한 척당 도적을 잡기 위해 지급하는 봉급(捕盜造支薪水) 명색이 있어 수리 비용에 충당했고, 만들어 들이는 조세(造入租稅) 명색이 있어 보며리[樑頭] 장척(丈尺)에 따라 한 달에 3~4냥을 지급했습니다. 조선·호선은 한 척당 1냥 혹은 8전 등으로 각기 달랐습니다. 봉급 명단에 이름만 있고 사람은 없는 경우도 있으며, 장척이 너무 커서 낭비인 측면도 있었습니다. 해당 무신은 이 항목의 명색들을 모두 없애 버리고 획일적인 규칙을 헤아려 정했습니다. 사선과 복선에 대해서는 지금 논의하기를 한 척당 매월 요가은(料價銀: 재룟값) 1냥 2전을 지급하고, 호선과 조선 등은 한 척당 매월 요가은 5전 등으로 각각 지급하기로 했습니다. 과거의 사례와 비교해 보면 대략 10분의 5를 줄인 것으로, 4개월이면 해당 은은 총 890여 냥입니다.

....

102 복선(福船): 복건 지역에서 활용된 대형 첨저선(尖底船)으로, 배가 높고 커서 적선을 위에서 내려다볼 수 있고 부딪혀서 격파할 수 있으나, 바람에만 의존해야 하고 얕은 바다나 해안 가까이에서는 운용하기 어려워 큰 바다에 적합했다.

103 조선(鳥船): 절강, 복건, 광동 일대에서 사용된 소형 쾌속 해선(海船)으로 선두가 새의 부리를 닮았다고 해서 조선이라는 이름이 붙었다. 바람이 없을 때는 노를 젓고 바람이 불면 돛을 달아 운항했다. 연해에서 이용되었고 원양항해에는 적합하지 않았다.

이상 세 가지 항목은 연말까지 총계를 내면 해당 은이 12만 9400여 냥입니다. 또한 만력 28년 정월부터 병부의 논의에 따라 봄철 조수가 끝나면 모두 철수하기로 했는데, 관병의 늠월은(廩月銀)과 양채은(糧菜銀) 등은 매달 대략 은 총 3만 9700여 냥이고, 배의 수리비는 매달 은 250여 냥이며, 3월 말까지 공제했으니 이들 비용은 은으로 총 11만 9700여 냥입니다. 이는 모두 지금 남아 있는 관병 1만 6000여 명에게 지급해야 할 각 항목의 전량 금액입니다. 그중에 배의 수리에 필요한 은량은 예전에 마가은(馬價銀) 내에서 지출했으니, 전례에 따라 응당 병부가 내어 지급해야 하겠습니다. 단 월량 등의 항목을 호부 7, 병부 3의 부담으로 할지는 모두 부(部)의 논의에 따라 제본을 올리게 해야 하겠습니다.

조사해 보건대, 위에서 논의한 철수시켜야 할 관병은 무신 표하의 1600여 명, 제독총병 표하의 3600여 명, 수비(守備) 오종도가 통솔하는 절강 수군 진영의 선병 2000명으로, 총 7200여 명입니다. 지금은 남아 봄철 조수까지 방어하고 있습니다. 위에서 요청한 관외(關外)·관내(關內)의 행량 및 도망치거나 죽은 이들(의 몫)을 따로 떼어 공제한 금액이 7만여 냥입니다. 또한 호부가 최근에 보낸 탕은(帑銀)이 10만 냥입니다. 각 병사에게 전부 절색으로 지급한다고 해도 7만여 냥만 다시 보내면 될 뿐입니다. 대사가 끝나 가니 비용 또한 많이 들지 않습니다. 의주의 창고에 거두어 저장한 쌀과 콩 9만여 석은 응당 요동으로 운반하여 군향으로 대비케 하되, 절은(折銀)할지 지원할지 요동순무 아문의 논의를 기다려 시행하게 해야 하겠습니다. 왕경 이남에 있는 각 창고의 쌀과 콩 10만여 석은 그 나라가 청한 바에 따르고, 또한 전례에 따라 함께 지급해야 하겠습니다.

일이 끝났을 때 비록 남는 게 있더라도 잠시 그 나라에 지급함으로써 만신창이가 된 백성을 급히 구제하는 데 돕게 하고, 황상의 호탕하고 무한한 은택을 넓혀 시종 만대(萬代)에 전해질 정의로운 거사를 보전하게 하십시오.

조선국왕이 갖추어 올린 상주문은 황상의 귀를 번거롭게 할까 두려워 무신이 엄히 타일러 멈추게 했습니다. 그러나 기필코 섞어 지급하자는 호부의 논의는 만부득이한 계책입니다. 조사해 보건대, 각 변경에서는 쌀 1석당 7전으로 절은하고 내지에서는 1석당 5전이나 4전 5푼으로, 변경과 복리 사이에 있는 지역에서는 1석당 6전으로 절은합니다. 신 등의 구구한 걱정은 6전의 사례를 비추어 적용하여 병사당 매월 쌀 5두로 은 3전을 대신해 섞어 준다면, 쌀은 소용이 없는 데다 병사들의 은이 줄어든 양이 비록 많지는 않다고 해도 기꺼이 따르기는 정말 어려우며 억지로 참을 뿐입니다. 6개월 동안 절약되는 금액을 계산해 보면 2만 8000냥에 지나지 않습니다. 국가 재정에는 큰 도움이 되지 않고 군향에는 큰 손해가 됩니다. 오직 재정의 출납을 맡은 자만이 경중과 대소를 따질 수 있으니, 신 등이 감히 해야 할 바가 아닙니다.

엎드려 바라건대, 호부에 명을 내려 다시금 논의하게 하여, 우러러 황상의 인자함과 이웃 나라를 돕는 의리를 펼치게 하고 아래로 각 병사가 멀리 와서 지키는 노고를 굽어살펴서, 예전처럼 은을 지급하거나 쌀과 콩을 적당히 섞어 주거나 해서 조금이라도 신 등의 어리석은 의견에 따르게 하십시오. 기어코 위의 논의가 옳다고 여긴다면, 해외의 일은 막중하고 여러 사람의 원망을 중재하기 어려울 것입니다. 엎드려 황상의 결단을 바라오니 조속히 철병하면 비용을 많이 아낄 수 있을 것입니다. 남은 해가 이미 다했으니 일을 지연시킬 수 없습니다. 만 리 밖의 고립된 신하는 간담이 다하여 없어졌습니다. 절박함을 삼가 진술하오니 저희의 심정은 간절함을 이기지 못하겠습니다.

성지를 받들었는데, "호부에 알리라."라고 하셨습니다.

호부에서 검토하여 논의한 내용은 다음과 같았습니다.

배의 수리비는 병부의 논의에 따라 지급하는 외에, 살피건대, 조선에 남아 지키는 병사들의 군향 중에 본색은 모두 그 나라[조선]가 스스로 준비하게 하고, 절색은 천조가 헤아려 3분의 1을 돕는 일은 이미 받든 성지의 내용과 같습니다. 앞서 저희 호부가 보낸 은 10만 냥은 이미 헤아려 돕는 수(1/3)를 채웠습니다. 다시 의주 등 창고에 운반하여 저장한 양식 가운데 지출하고 남은 쌀과 콩 20만여 석은 수비병들에게 본색과 절색을 함께 지급하기로 하고 아울러 지원할 군향[協餉]으로 삼게 했습니다. 이는 모두 원래 논의한 내용 밖에서 나온 것입니다.

지금 총독과 경리순무가 이상의 내용을 제본으로 올려 각 병사가 쌀과 콩을 원하지 않고 오로지 절색만을 요구한다고 갖추어 진술했습니다. 청한 바에 따라 전부 은으로 지급한다면 그 수가 불과 7만 냥 남짓으로 은의 수량이 많지 않으니, 응당 청한 바에 따라야겠습니다. 삼가 황상의 명을 기다려 저희 호부가 창장총독(倉場總督)에게 자문을 보내고 태창은고(太倉銀庫)에 차문(箚文)을 보내 즉시 각 성 및 직례에서 올려 보낸 제변은(濟邊銀) 중에서 6만 냥을 지급하여 저희 호부의 위관 산서청리사주사(山西淸吏司主事) 양재(楊材)에게 넘겨주어 수령하게 하고, 아울러 앞서 제본을 올려서 발송한 관외은(關外銀) 8만 냥을 한꺼번에 합쳐서 보내, 양재에게 책임 지워 기한에 맞추어 출발하게 하고, 모두 요동향사(遼東餉司)에 가서 인계하여 위 항목의 남아 지키는 관병 1만 6000여 명에게 응당 지급할 만력 27·28년, 두 해분의 군량과 급여로 지출하여 쓰게 하십시오. 파견하는 관원의 봉급과 동원된 마부의 화물비와 수레, 그리고 호송하는 관군은 병부에 자문을 보내 전례에 따라 응당 교부하겠습니다.

또한 살피건대, 위 항목의 쌀과 콩은 모두 천조가 운반한 양식으로 모두 민간의 고혈입니다. 그대로 버리면 아까움이 없지 않습니다. 마땅히 또한 경리순무에게 자문을 보내 총독과 함께 해당 도(道)에 문서를 갖추어 보내 왕경의 각 창고에 있는 쌀과 콩 10만여 석을 논의한 대로 1석당 6전으로 쳐주어 헤아려 섞어 주고 이를 정식 경비로 삼아 호부에 보고하여 검토 받게 하십시오. 절대 군정(軍情)을 억지로 흔들어서는 안 되고 또한 나라의 양식을 헛되이 낭비해서도 안 됩니다. 의주의 창고에 거두어 저장된 쌀과 콩 9만여 석은 바라옵건대, 요동순무에게 명하여 요동향사와 함께 최선을 다해 계획하여 요동으로 보내 군향으로 대비하게 하거나 절은하여 지원하게 하는 등 적절하게 논의하여 실제 쓰임에 대비하게 하시고 쓸데없이 흩어지지 않게 하십시오. 확실한 연유를 저희에게 자문으로 보내 검토하여 청할 수 있게 하십시오. 황상의 결정을 삼가 기다려 명령이 내려지면 이에 따라 시행하겠습니다.

성지를 받들었는데, "논의한 대로 시행하라."라고 하셨습니다.

9-11

봄철 조수에 해양 방어를 배치하는 상주

春汛分布海防疏 | 권9, 77a-82b

날짜 만력 28년(1600) 2월 초

내용 봄철 물때를 맞이하여 일본군의 침공에 대비해 조선에 주둔하는 명군 1만 6000명을 어떻게 배치할지 보고하는 상주이다. 경리 만세덕이 병력 배치안을 제출하라고 지시하자, 제독 이승훈은 부산과 거제에 수군을 배치하고 자신의 직할부대 일부를 안동에 파견하여 응원하도록 하며, 나머지는 한양에 주둔하여 유사시 호응하도록 했다. 이를 받은 형개는 두루 문서를 보내 방어를 강화하고, 바다를 건너오는 일본인·명군·조선인에 대한 처우 원칙을 결정하는 한편, 감군 두잠과 제독 이승훈에게 변경을 순찰하면서 군대의 위세를 보이라고 지시했다. 만력제는 이 내용을 병부에 알리도록 했다.

조정의 방략에 따라 봄철 조수를 방어하는 일에 관해 부대를 나누어 수비하는 실제 내용을 삼가 진술함으로써 황상의 마음을 안심시키는 일로 올린 제본.

경리조선군무 도찰원우부도어사 만세덕의 회고를 받았는데, 그 내용은 다음과 같았습니다.

조선어왜해방감군도 하남안찰사부사 두잠의 정문을 받았는데,
그 내용은 다음과 같았습니다.

본원(本院: 만세덕)의 헌패를 받들었는데, 그 내용은 다음과 같
았습니다.

살피건대, 원래 논의하기를 전후 처리를 위한 관병은 방어
거점을 나누어 부산을 최고 요충지로 하고 거제와 죽도를
그다음으로 하며, 3만 4000명을 남기기로 했다. 이후 병부
가 논의하고 성지를 받들어 이미 대군을 계속 줄여 나가
남기는 수가 1만 6000여 명 남짓에 그치게 되었다. 부산은
드나드는 문으로서 마땅히 강력한 군대가 지켜야 한다. 거
제와 죽도 또한 모두 대마도와 서로 마주 보고 있어 함께
방어를 강화하지 않을 수 없다.

지금 수륙 관병을 헤아려 남기는 수는 이미 의논하여
정했는데 어느덧 벌써 봄철 조수 때가 되었으니, 만약 일
찍 방어를 계획하지 않으면 갑자기 긴급한 상황이 벌어졌
을 때 서로 미루어 일을 그르치게 되지 않을까 걱정이다.
응당 헤아려 할당해야겠다. 그대는 즉시 제독총병과 함께
구역을 나누고 지형을 살펴 방어가 시급한 지역과 그렇지
않은 곳을 구분하라. 부산의 경우 참장 진잠(陳蠶)의 육군
외에, 또한 어느 군영의 수군 얼마를 나누어 파견하여 방
어에 협력하게 하라. 거제와 죽도는 그다음 가는 요충지이
니, 병력을 남겨서 방어할지 여부, 어느 군영의 수군을 보
내 주둔하여 지키게 할지, 긴급한 상황이 벌어졌을 때 어

떻게 응원할지를 모두 하나하나 상세히 헤아려 논의하여, 알맞게 나누어 파견하여 정찰하고 방어하게 하라.

이를 받들고, 곧바로 제독총병 이승훈의 수본 회답을 받았는데, 그 내용은 다음과 같았습니다.

조사해 보건대, 부산은 연해 지역의 최고 요충지이므로, 참장 진잠의 육군 외에 마땅히 수군을 많이 배치하고 주둔하여 지켜야 합니다. 그러나 그 섬은 수심이 얕고 암초가 많아서 오직 호선(唬船)만이 정박할 수 있습니다. 마땅히 유격 가상(賈祥)이 통솔하는 여순영(旅順營)에서 뽑아 온 호선과 수비 오종도(吳宗道)가 통솔하는 호선을 전부 부산으로 보내 협력하여 지키게 해야 합니다. 거제 또한 요충지라 불리니 마땅히 유격 장량상(張良相)과 가상 및 수비 오종도가 거느린 복선(福船)·조선(鳥船)·사선(沙船)을 알맞게 주둔시켜 지키고, 각각 배를 뽑아서 더욱 삼가 함께 정찰하게 해야 합니다. 또한 가상과 오종도로 하여금 왕래하고 관리하면서 서로 긴밀히 연락하며 유사시 급히 보고하여, 서로 미루고 일을 그르치지 않게 하십시오. 제 표병 다섯 부대 중에 마땅히 세 부대를 좌영도사(坐營都司) 이향(李香)에게 맡겨 안동(安東)으로 보내 지키게 하니, 안동은 부산과 중간쯤 되는 지방이라 긴급한 상황이 발생하면 응원하기 편하기 때문입니다. 또한 두 부대는 왕경에 주둔시켜 유사시 곧바로 저를 호위해서 응원하게 하여, 적절하게 방어하고 위급 시에 도울 수 있게 하겠습니다.

살피건대, 부산은 대마도와 서로 마주 보고 있어 평소 최고 요충지라 불렸습니다. 수심이 얕고 암초가 많아서 건너는 데 호선이 유리하니, 이제 유격 가상과 수비 오종도가 통솔하는 호선을 전부 부산으로 뽑아 보내 참장 진잠과 협력하여 지키게 해야 하겠습니다. 거제는 다음 가는 요충지이므로 응당 유격 장량상과 가상 및 수비 오종도로 하여금 알맞게 주둔하고 지키며 함께 정찰하고 응원하게 해야 하겠습니다. 안동은 부산과 거리가 중간쯤 되는 요충지로서 방어하지 않을 수 없습니다. 표병은 장수의 조아(爪牙)이니 갖추지 않을 수 없습니다. 지금 총병이 논의하기를, 그가 통솔하는 다섯 부대의 표병 중에 먼저 세 부대를 좌영도사 이향에게 맡겨 안동에 주둔하여 지키면서 상황에 따라 응원하게 하고, 또한 두 부대는 남겨 왕경에 주둔시켜 호위하고 호응하게 하겠다고 합니다. 논의한 바를 살펴보니 진실로 마땅합니다.

또한 제독총병 이승훈의 수본을 받았는데, 헤아려 논의한 내용이 서로 같았습니다.

이를 받고 살펴보건대, 앞서 동정(東征)의 전후 처리 사안을 발췌하여 진술하고 엎드려 바라건대, 황상께서 채택해 주심으로써 멀리 섬 도적을 막고 번속(藩屬)을 영구히 반석에 놓는 일로 상주한 바 있습니다. 저는 경략과 함께 수륙 관병 3만 4000명을 남기기로 논의하여 이미 제본을 갖추어 올리고 방어를 배치했습니다. 이어 재정이 부족하여 군향을 지급하기 어렵다는 이유로 철수할 것인지 남길 것인지 논의하여 여러 차례 상주한 결과 비로소 1만 6000여 명으로 정했습니다. 또한 제독총병과 감군도에게 문서를 보내 알맞게 헤아려 배치하게 하고, 또한 표하에서 청용(聽用)[104]하는 원임유격 송덕륭(宋德隆),[105] 주판 임만기(林萬琦),[106] 천총 양교림(楊喬林)에게 임무를 맡겨 조선 병사를 훈련시키되, 모두 천조의 복식과 호의(號衣, 번호 달린 제복), 기치(旗幟)에 따르게 하고 우리 병력과 섞어서 방어하도록 해서 우리의 허실을 엿보지 못하게 했습니다. 그 후에 지금 이상의 내용을 받았습니다.

이를 받고 문서를 조사해 보건대, 먼저 신 형개(邢玠)가 보기에 왜노가 패배한 이후 비록 여러 차례 연해를 수비하는 각 장수에게 문서를 보내 일본·조선·중국 사람이 인근 해안에서 바다로 나가 왕래하거나 사사로이 건너가지 않도록 엄금하여 사달을 일으키지 않도록 했습니다. 적발되면 즉시 체포하여 참수하고 여럿에게 보이게 한 외에, 살피건대 조선에 한 명의 왜도 남지 않게 되었고 팔도(八道)가 평온해졌습니다. 비록 지금 왜적이 내침하지 않고 내외가 안정되었으나, 교활한 왜가 원한과 분노를 품은 채 조선을 잊지 않고 있으며, 여러 해 전투를 치르던 동안에 조선의 백성이 중국 병사와 함께 사

---

104 청용(聽用): 명 중기 이후 직위에서 해제된 원임 장령을 변경의 총독·순무가 자체적으로 자신의 군영에 받아들여 임용한 경우를 말한다. 이들은 스스로 장비와 가정을 갖추어 변경에 나아가 군무에 임했으며, 공을 세우면 이전에 직위 해제되었을 때의 잘못을 헤아리지 않고 현직으로 복직할 수도 있었다. 총독·순무는 자율적으로 이들을 중군 등의 직책에 임용하여 자신의 군문에서 활용하는 것이 관행이었고, 이는 명 후기 장령의 중요 임용 방식 중 하나가 되었다.

105 송덕륭(宋德隆): ?~?. 명나라 사람이다. 선조 33년(1600) 의인왕후(懿仁王后)가 승하하자 동지(同知) 한초명(韓初命) 등과 함께 조문하고 부의했다.

106 임만기(林萬琦): ?~?. 명나라 사람이다. 선조 34년(1601) 양교림(楊喬林)과 함께 조선의 문묘(文廟)에서 공자(孔子)의 위호를 문선왕(文宣王)이라 한 것이 왕법(王法)에 맞지 않다고 지적한 바 있다.

로잡히거나 사사로이 왜의 진영에 투항한 자가 있으니, 교활한 왜가 기회를 보아 이익으로 유혹하고 간사하게 내통하여 은밀히 오가며 그들의 이목이 되어 우리의 허실을 엿보거나, 겉으로는 따르는 척하며 속으로는 배반하여 그들을 위해 앞잡이가 되어 우리의 내지로 들어올지 걱정입니다. 이는 일이 벌어지기 전에 예방하고 사고가 터지기 전에 걱정하지 않을 수 없습니다. 지금 봄철 조수가 임박했으니, 마땅히 두루 문서를 보내 단단히 타이르고 경계하게 해야 하겠습니다.

또한 감군도·병비부사 두잠과 제독총병관 이승훈에게 패문을 보내 함께 전후 처리를 맡은 수륙 관병을 엄히 감독하고 지역을 나누어 엄히 수비하게 한 바 있고, 또한 멀리 외해(外海)로 나가 정탐하고 선후로 내린 신칙(申飭)에 따르게 했으며, 선박의 왕래가 있기만 하면 즉시 수군을 보내 추격하게 했습니다. 만약 왜적의 배라면 즉시 체포하여 토벌하고, 병사나 조선 백성이 왜에 뇌물을 주고 건너오는 배라면 모두 체포하여 감군도에게 보내 심문하게 했습니다. 만약 포로로 잡혔다가 도망쳐 돌아오는 경우라면 병사는 압송하여 관문으로 보내고, 조선 백성은 먼 도(道)에 안치하겠습니다. 건너오는 왜노는 또한 돌려보내지 않는데, 군사 기밀을 누설할까 봐 걱정이기 때문입니다. 또한 지난해 여러 사례에 따라 즉시 요동의 각 변보(邊堡)와 관방(關防)으로 압송하여 오랑캐를 막는 데 힘쓰게 하겠습니다. 만약 조선 백성과 병사가 몰래 와서 정탐하고는 즉시 투항해 오지 않는 경우, 이들은 바로 간사한 간첩이기 때문에 만력 26년 손여봉(孫汝鳳)을 체포한 전례에 따라 참수하여 조리돌리겠습니다. 배 한 척, 사람 한 명도 왕래하거나 정박하지 못하게 하여, 간사한 자가 왜와 내통하여 분란을 일으키지 않도록 하겠습니다. 만약 고의로 명령을 어기고 소홀히 한 자는 해당 총병과 감군도가 함께 모여 중군(中軍) 이하인 경우에는 가벼우면 결박하여 때리고 귀를 뚫으며 무거우면 군법으로 처리하며, 장관(將官)인 경우는 탄핵하고 경리순무에게 자문을 보내 일체 감독하여 시행하게 하겠습니다.

신 형개가 또한 조사해 보건대, 산동의 등주·내주·청주 등 지역, 요동의 여순 일대, 북직례(北直隸)의 천진 등 지역에는 각각 큰 바다로 향하는 항구가 있어 배를 띄우면 조선의 의주, 황해도, 전라도, 경상도, 부산 등 지방에 바로 닿을 수 있습니다. 형세가 서로 연결되어 있고 일본 대마도로부터 멀지 않아 모두 왜노가 침범해 오는 문입니다. 위급한 상황이 없다고 해이해져 해상 방어가 느슨해질까 봐 또한 각 진(鎭)과 도(道)에 두루 문서를 보내고, 또 각 해당 순무에게 자문을 보내 일체 경계하게 하는 외에, 지금 위의 사안을 받고 저는 경리조선군무 도찰원우부도어사 만세덕과 함께 살펴보았는데, 왜노가 무도하여 우리의 외번(外藩)을 해치니 황상께서 군대를 원조하여 전적으로 정벌에 나서 힘써 회복을 도모하여 7년 동안의 노고와 비용 덕분에 마침내 평정되었습니다. 천자의 토벌이 이미 펼쳐져 속국이 비로소 안정되었으나, 왜노는 여전히 교활하고 연해는 텅 비어 있습니다. 한밤중 위급 상황이 갑자기 올까 두렵고, 오래 내릴 비에 대비가 없어서 걱정입니다. 실로 당장 재정이 고갈되고 있는 지금도 여전히 울타리[藩籬: 조선]의 방어에 만전을 기하면서 황상께서 동쪽 변방을 특별히 신경 쓰심이 지극하고 상세합니다.

신 등은 감히 조정의 방략에 따라 멀리 천자의 위엄을 떨치지 않을 수 없습니다. 다만 예전에는 3만 4000명으로 지켰는데, 지금은 3

분의 1뿐입니다. 만약 구역을 나누어 수비한다면 병력이 모자라 두루 돌볼 수 없을까 걱정입니다[捉襟露肘之虞].[107] 그렇다고 병사를 한데 모아 싸운다면 또한 성동격서(聲東擊西)의 빈틈이 생길 것입니다. 수륙으로 험한 요충지를 끼고서 함께 정탐하며 세력을 과시하고, 또한 현지 병사들을 가르치고 훈련하며 그 복색을 중국식으로 바꾸어 바다 끝 멀리까지 중국의 위의(威儀)가 펼쳐지게 한다면, 크고 작은 섬의 적들에게 서로 전해져 중국이 멀리 나가 정벌할 수 있음을 분명히 믿게 될 것입니다.

신 등이 또한 생각하건대, 저 도적들은 매우 교활하여 갑자기 들이닥쳐 우리의 허실을 엿보고는 소란을 피우기 쉽습니다. 즉시 2월 초순에 감군부사 두잠으로 하여금 동쪽 길을 순찰하게 하고, 제독총병 이승훈으로 하여금 서쪽 길을 순찰하게 한 다음 모두 부산에 모여 넓은 바다 앞에 군대의 위세를 보이겠습니다. 순무가 친히 표하의 기마병을 뽑아 부산과 중간쯤인 안동으로 이주시켜 앞뒤로 응원하는 형세를 갖춤으로써, 안으로는 긴밀히 지휘하는[聯臂指][108] 형세를 갖추고 밖으로는 굳건히 틀어막는 성세를 펼쳐 봄철을 대비하게 한 연후에 군대를 거둠으로써, 위로는 황상께서 이웃을 돕는 의리를 마치고 아래로는 정벌하러 간 사람들이 자기 집을 그리는 마음을 위로하게 하겠습니다. 신 등의 구구하고 어리석은 계책은 실로 이뿐입니다. 삼가 발췌하여 진술함으로써 황상께서 동쪽을 살피는 마음

107 병력이 …… 걱정입니다[捉襟露肘之虞]: 원문을 직역하면 '옷깃을 당기면 팔꿈치가 드러날까 두렵습니다'인데 『장자(莊子)』「양왕(襄王)」에서 유래한 고사를 인용한 것으로 가난하여 괴로운 모습을 비유한다. 여기서는 병력이 부족하다는 맥락으로 인용되었다.
108 긴밀히 지휘하는[聯臂指]: 『한서(漢書)』「가의열전(賈誼列傳)」에 등장하는 고사를 인용한 것으로 팔이 손가락을 부리는 것처럼 마음대로 사람을 부린다는 뜻이다.

에 부합하고자 합니다.

성지를 받들었는데, "병부에 알리라."라고 하셨습니다.

9-12

귀향하여 노모를 봉양하게 해 달라고 여섯 번째 간청하는 상주

六懇歸養疏 | 권9, 83a-85b

날짜 만력 28년(1600) 2월 14일

내용 노모의 건강이 염려되어 미리 통주(通州)로 노모를 보내 둔 절박한 상황을 호소하며, 얼른 사직을 허락하여 노모와 함께 귀향하게 해 달라고 요구하는 여섯 번째 상주이다. 만력제는 이번에도 변경 방어의 중요함을 들어 형개의 요구를 거부했다.

관련자료 10-3 〈七懇歸養疏〉에는 본 상주를 올린 시점을 2월 9일로, 만력제의 성지를 받은 날짜를 2월 14일로 기록하고 있다.

모자(母子)가 쇠약하고 병들어 버티기 어려워 눈앞의 정황이 가련하니 조속히 사직하고 귀향하여 봉양하도록 해 주십사 황상의 은혜를 여섯 번째로 간청하는 일로 올리는 상주문.

정월 24일 저보(抵報)를 받았는데, 그 내용은 다음과 같았습니다. 저는 지난해 말에 천자의 은혜가 더욱 드높아지지만 모자(母子)의 괴로운 병은 더욱 심해지므로, 큰 자애를 베푸시어 어머니를 모시고 고향으로 돌아가 쇠약한 어머니를 위로하게 하시고 큰 절개를 온전히 하게 해 주십사 다섯 번째로 간청하는 일로 상주했고, 다음과 같은 성지를 받들었는데, "주본을 살펴보았다. 어머니를 모시고 고향으로 돌아가 봉양하고자 한다니 그 사정과 말이 간절하다. 그러나 북쪽의 일을 오로지 그대에게 의지하고 있으니, 마땅히 나라를 위하여 노고를 다하도록 하라. 요청한 바를 허락하지 않는다. 성지를 준수하여 성심성의껏 감독 관리하도록 하라. 이부에 알리라."라고 하셨습니다.

저는 일가(一家)의 노인과 아이를 이끌고 대궐을 향해 향을 사르고 머리를 조아리며 감격하고 흐느껴 울며 멀리서 천자의 은혜에 감사드렸습니다. 하지만 저의 마음은 쇠약한 어머니에게 쓰이고 저의 힘은 오랜 병에 지쳐 가니, 마치 둔한 말에 채찍질하기 어렵고 썩은 나무에 조각하기 어려운 것과 같습니다. 제가 자신을 살피고 힘을 헤아려 보고서 누차 쉬게 해 주십사 황상의 은덕을 간청한 것이니, 말은 이미 다했고 사정은 이미 다급합니다. 황상께서는 여전히 변방을 지키는 신하를 가엾이 여겨 차마 갑자기 버리지 못하고 머무르게 하시면서 싫증 내지 않으셨습니다. 이에 저는 즉각 어머니를 남겨 두고 군주를 섬기며 목숨을 바쳐 은혜에 보답해야만 분수와 도리에 합당할 것입니다. 하지만 저의 어머니는 날마다 슬피 우시며 자식이 타향에 매여 있다가 바람 앞의 촛불 같은 생명이 어찌될지 걱정뿐이어서, 저는 어쩔 수 없이 먼저 통만(通灣)에 어머니를 모셔다 두고, 황제의 허락을 얻어 함께 가고자 했습니다. 그날 제가 직접 교외에서 송별하자, 어머니는 제 손을 꼭 쥐고 눈물 콧물을 줄줄 흘리며 저에게 다음과 같이 말했습니다. "나는 늙고 병들어 남은 날을 헤아리기 어려운데 돌봐 줄 사람이 없다. 너는 병들고 쇠약해져 버틸 기력이 없는데 어찌하여 벼슬을 하느냐. 사직하고 어서 귀향해야 나라를 망치고 부모를 망치고 몸을 망치는 일이 없을 것이다." 말이 끝나자 저는 어머니가 탄 가마를 붙잡고 서럽게 통곡했고, 어머니 역시 얼굴을 가리고 소리 높여 슬피 울었습니다. 머지않아 동쪽과 서쪽으로 헤어졌습니다. 저는 흐느껴 울며 아문으로 돌아와서는 정신이 혼미하여 인간사를 분별하지 못했습니다. 그때 수행한 원역들도 눈물을 줄줄 흘리지 않은 이가 없었습니다. 황상께서 이러한 정황을 헤아리신다면 제가 어찌 하루라도 성심성의껏 업무를 볼 수 있겠습니까. 저는 다행히 요순(堯舜)과 같은 성군(聖君)을 섬기며 또한 능력을 알아봐 주시는 특별한 은혜를 외람되이 입었기에, 궐정(闕庭)을 그리워하는 마음이 어머니를 그리는 마음과 같습니다. 붓을 들어 귀향을 청하자니 오장이 모두 찢어지는 듯합니다. 다만 저는 형편상 남을 수 없고 남더라도 쓸모가 없습니다. 사람이 궁해지면 하늘에 호소하는 법이니, 어쩔 수 없이 다시금 피눈물을 흘리고 울부짖으며 황상 앞에 간절히 은혜를 바랍니다.

엎드려 바라건대, 황상께서는 제가 변경에서 분주히 일한 미약한 노고를 생각해 주시고 저희 모자의 절박하고 지극한 정을 가엾이 여기시어, 이부에 명을 내려 전례에 따라 신을 놓아 보내 고향으로 돌아가 어머니를 모시며 남은 목숨을 이어가게 하는 일을 조속히 논의하게 하소서. 무릇 개와 말도 지각이 있어 주인에게 보답하거늘 하물며 저는 황상의 보살핌과 은총을 입은 지 여러 해입니다. 당장 죽지 않는다면 어찌 결초함환(結草啣環)[109]하여 망극한 은혜에

....

109 결초함환(結草啣環): 결초보은(結草報恩)이라고도 한다.

보답하기를 생각하지 않겠습니까.

성지를 받들었는데, "변경의 무거운 직무는 오로지 그대의 도움에
의지하는데, 어찌 누차 모친 봉양만 바라고 있는가. 앞선 성지에 따
라 최선을 다해 업무를 맡아 보게 하라. 이부에 알리라."라고 하셨습
니다.

9-13

장관을 때려서 다치게 한 귀환 중인 병사를 처벌하는 상주문

參處回兵毆傷將官疏 | 권9, 86a-93b

날짜 만력 28년(1600) 3월 4일

내용 참장 모국기가 인솔하던 남병(南兵) 중 한 명이 진무보(鎭武堡)에서 마초(馬草) 구입 문제로 현지 군인과 다툼을 일으키자, 진무보 유격 손계업(孫繼業)은 그를 체포하여 매를 때렸다. 이 소식이 와전되어 남병들이 소동을 일으켜 손계업의 아문을 습격해 건물에 손상을 입히고 손계업을 때려 부상시켰으며, 손계업의 부하 및 종복 등 60여 명을 구타해 여러 명의 사망자가 나왔다. 뒤늦게 소식을 들은 모국기가 부하들을 해산시킴으로써 난동은 간신히 진압되었다. 이에 대해 형개는 주동자 3명을 효시하고 직접 감독 책임자들 및 소동의 원인이 된 병사를 결박하여 때리도록 하며, 남병의 인솔자로서 감독을 게을리한 모국기에게도 처벌을 내려야 한다고 요청했다. 병부에서는 형개가 요청한 내용을 기본적으로 지지하면서도, 자신들의 죄에 불복하고 있는 주동자 3명은 다시 확실하게 심문하여 유죄가 확정되면 효시하도록 하자는 검토 의견을 올렸다. 만력제는 병부의 의견을 따르되, 모국기의 처벌 수위는 벌봉(罰俸) 4개월로 결정했다.

관련자료 『명신종실록』 만력 28년 3월 4일에 병부가 형개의 제본에 대해 검토 의견을 올렸고, 만력제가 벌봉 4개월의 처분을 내렸다는 기사가 있다.[110]

동정(東征)하는 남병(南兵)이 장관을 때려서 다치게 하고 군졸을
때려죽인 일로 올린 제본.

순무요동지방찬리군무겸관비왜(巡撫遼東地方贊理軍務兼管備倭) 도찰
원우첨도어사(都察院右僉都御史) 이식(李植)의 자문을 받았는데, 그
내용은 다음과 같았습니다.

　분순요해동녕도겸리광녕등처병비안찰사(分巡遼海東寧道兼理廣寧
　等處兵備按察使) 장중홍(張中鴻)[111]의 정문을 받았는데, 그 내용은
　다음과 같았습니다.

　　군문(軍門: 형개)의 헌패와 본원(本院: 이식)이 비답을 내린 정
　　문을 받았습니다. 받은 문서에 따라 시행하는 가운데, 요동연
　　병지현(遼東練兵知縣) 유원공(劉元功)이 올린 정문의 내용은
　　다음과 같았습니다.

　　　조사해 보건대, 절승영(浙勝營)의 참장 모국기가 왜를 정벌
　　　하고 돌아오면서 인솔한 병사들이 정월 4일에 진무보(鎭
　　　武堡)에 이르러 머무르며 쉬었습니다. 해당 관원(모국기)은
　　　부당하게도 미리 호령을 엄중히 하지 않았습니다. 그때 남
　　　병 곽문(郭文)이 진무보의 군인 정기(丁其)에게 마초(馬草)
　　　를 사면서, 곽문이 무도하게 자기 힘만 믿고 은을 달아 보
　　　지도 않고 마초를 빼앗아 갔습니다. 정기가 도로 빼앗으며

110『명신종실록』권345, 만력 28년 3월 4일(정미).
111 장중홍(張中鴻): ?~?. 명나라 사람이다. 산동 연주부(兗州府) 등현(滕縣) 출신이며 자는
　　윤획(允獲)이다. 만력 25년(1597) 산서안찰사부사(山西按察司副使)로 승진하고 요동원
　　마시(遼東苑馬寺)의 마정을 관장했다. 만력 27년(1599) 조선 동정(東征)에서의 공을 인
　　정받아 산서안찰사(山西按察使)로 승진했다.

넘겨주지 않자 곽문도 분개하여 서로 싸우다가 진무보 유격 손계업(孫繼業)의 문 앞에 이르렀습니다. 손계업이 사람을 보내 정기를 체포하고 문제를 일으킨 것을 책망하며 정기를 결박하고 곤장을 때렸습니다. 그때 모국기도 이 소식을 듣고서 또한 곽문을 체포하여 유격의 군영으로 압송하는 사이, 남병 방여귀(方汝貴)란 자가 장명(張明)·장주(蔣洲)와 함께 그 진영의 이름 모를 병사 무리가 유격 손계업이 남병을 결박하고 때린다고 와전(訛傳)한 말을 잘못 들었습니다. 방여귀 등 3명은 각각 무도하게도 군영의 모든 군사를 이끌고 각자 창과 몽둥이, 벽돌을 집은 채로 손 유격의 문 앞에 이르러 강탈하려 했습니다. 손 유격 문하의 원역(員役)들이 이들을 막아내지 못해 한꺼번에 난입했습니다. 그때 절영(浙營)에 있던 관원 파총 항극신(項克信), 초총(哨總) 오대성(吳大成)·주문채(朱文彩), 대총(隊總) 장문룡(張文龍)은 부당하게도 각각 제대로 통제하지 못하고 각 병사들을 내버려두어 병사들이 손 유격 아문의 문, 창문, 칸막이를 모두 때려 부수었습니다. 또한 손 유격을 때려서 이마 두 곳에 상처가 나 흐르는 피가 옷을 흠뻑 적셨고, 온몸이 상처투성이가 되었습니다. 각 병사는 침실에까지 들이닥쳐 상자 등 물건을 모조리 때려 부수고, 모든 문서를 갈가리 찢었습니다.

방여귀 및 장명·장주는 각각 또한 무도하게도 세력만 믿고 흉악한 짓을 저질렀습니다. 방여귀는 손 유격의 기패(旗牌)인 왕건즉(王建郇)과 황견(黃見)을 심하게 때려 중상을 입히고 곧장 사망하게 했습니다. 장명은 뇌자(牢子)[112]인 조작(趙爵)을, 장주는 일곱 살짜리 계집종을 각각 심하게 때려 중상을 입혔습니다. 조작과 계집종은 모두 그날 밤 사망했습니다. 또한 생원(生員) 조희적(曹熙績)과 유응선(劉應選) 2명을 때려 다치게 하고, 손 유격의 수행 인원 60명을 때려 다치게 했습니다. 그때 모국기는 변고가 발생했음을 듣고 즉시 말을 달려 손 유격 아문에 이르러 후당(後堂)으로 들어갔는데, 거기서 방여귀를 마주쳐 그의 얼굴에 직접 주먹을 날려 사로잡았습니다. 또한 장명과 장주를 보고 모두 기패로 하여금 체포하게 했습니다. 각 병사는 그제야 사방으로 흩어져 달아났습니다. 그때 진무보의 병사들이 자신들의 장수가 다치고 황견이 죽은 사실을 알고서는, 파총 항극신을 잡아다가 찌르고 때리자, 절승영의 병사들이 다시 모여 나쁜 짓을 도모했습니다. 유격 손계업이 이를 듣고 즉시 기패 5~6명을 파견하여 항극신을 돌려보냄으로써 사건이 마침내 진정되었습니다.

살펴보건대, 흉악한 범인 방여귀 등은 장령(將領)을 때려 다치게 하고 세 명의 목숨을 빼앗았으며, 생원과 수행 인원 60여 명에게 중상을 입혀 사태가 중대합니다. 곧바로 추관(推官)에게 문서를 보내 기록하여 검토하게 하고 명확히 검사하고 심문하여 따로 진술을 갖추어 보고하게 하는 한편, 마땅히 먼저 정문으로 보고합니다.

....

112 뇌자(牢子): 군대에서 죄인을 다루는 군졸. 군뢰(軍牢).

이를 받고 살펴보건대, 앞서 진무보의 유격사도사첨서(遊擊事都司僉書)[113] 손계업이 위 사안에 대해 올린 정문을 받았습니다. 곧바로 분순도(分巡道)에게 비문을 내려 엄히 조사하게 하는 사이에, 또한 총독군문의 자문을 받았는데, 흉악하고 사나운 병사를 엄히 조사함으로써 군법을 바르게 하고 지방을 안정시키는 일에 관한 것으로, 그 내용은 다음과 같았습니다.

조사해 보건대, 앞서 저는 동정(東征)하는 관병이 지나는 지방에서 소요를 일으킬까 봐 걱정되어, 먼저 이를 엄금하기 위해 제본을 갖추어 올렸고 이에 성지를 받들었는데, "조정에서 출병한 이유는 원래 난을 평정하고 백성을 편하게 하기 위함이다. 해당 총독은 군법을 밝게 펼쳐 장사들을 단속하고 지나는 지방에서 추호도 소요를 일으키지 않도록 힘쓰라. 범하는 자가 있으면 즉시 참수하여 무리에게 보이고 또한 군령으로 삼게 하라."라고 하셨습니다.

먼저 두루 보여 엄금하고 또한 각 도(道)에 문서를 전달하여 미리 유사(有司)에게 위임하여 모든 음식을 준비하게 하고 무역을 공정하게 하는 외에, 또한 장령 등 관원에게 효유(曉諭)하여 엄히 단속하고 기율(紀律)을 준수하게 했습니다. 후에 철병할 때 또한 백패(白牌)를 내어 각 도의 유사와 장령에게 문서를 전달하여 조정하고 순금(巡禁)하게 함이 한두 번이 아

---

113 유격사도사첨서(遊擊事都司僉書): 명대 지방 최고 군사 기구인 도지휘사사(都指揮使司)에는 정2품 도지휘사(都指揮使) 1명, 종2품 도지휘동지(都指揮同知) 2명, 정3품 도지휘첨사(都指揮僉事) 4명을 두었다. 명대 후기에 도사첨서는 보통 수비(守備)와 유격(遊擊) 사이의 승진 과도 단계의 직위였는데, 통상 도사첨 앞에 수비사(守備事)·유격사(遊擊事) 또는 참장사(參將事)를 관할한다는 직함이 붙었다.

니었습니다. 그 후 지금 또한 이렇게 흉악하고 사나운 병사가 매우 심하게 죄를 범했으니, 법으로 어찌 용서하겠습니까. 해당 관할 관원은 도대체 무슨 일을 맡아 한 것입니까. 마땅히 명확히 조사하고 정법(正法)에 처함으로써 군대의 기율을 엄숙하게 해야 하겠습니다.

분순도에게 패문을 보내서 패문의 내용에 따라 즉시 한편으로 참장 모국기를 만나 그가 통솔하는 관병들이 며칠에 위 항목에 나온 성보(城堡)에 이르렀는지, 무슨 연유로 단속하지 못하고 사건의 발단을 열어 장관을 때리고 아문을 소란스럽게 했으며, 문서를 훼손하고 인명을 살상하게 되었는지 엄히 조사하게 하십시오. 어느 천총·파총 소관의 어느 병사 아무개가 무슨 연유로 흉악한 짓을 했는지, 정확히 몇 명이었는지, 가장 먼저 나선 주동자를 엄히 조사하여 확실하게 심문해야 합니다. 장관(將官)에게 체포와 감금에 대한 책임을 맡기고, 해당 관할 관원은 모두 탄핵해야 합니다. 확보한 진술을 제게 보고함으로써 시행할 근거로 삼을 수 있게 하십시오. 처벌이 잘못되는 일이 없어야겠습니다. 다른 한편으로는 패문을 내고 관원을 파견하여 엄히 더욱 효유해서 단속하고 금지하되, 또다시 기율을 따르지 않는 자가 있으면 해당 관할 장관과 함께 논의하여 즉시 참수하고 무리에게 보이십시오.

막 시행하려던 차에 또한 참장 모국기의 품문(稟文)을 받았는데, 그 내용은 다음과 같았습니다.

본영(本營)의 병사 방여귀 등이 무리를 모아 인명(人命)을 때려 다치게 한 사건에 대해, 이미 정문을 올려 요동순무가 분순도에게 내린 비문을 받들었고, 분순도가 이를 지현 유원공(劉元功)에게 전달하여 그곳으로 가서 직접 조사하게 하고 유원공이 확실한 내용을 정문으로 올렸는데, 제가 앞서 품문으로 올린 정황과 다름이 없었습니다. 사건은 비록 창졸간에 일어났지만, 정황은 실로 격렬한 바가 있었습니다. 만일 제가 일찍 도착해서 해산시키지 않았다면, 그 화가 어떻게 끝났을지 알지 못했을 것입니다. 지금 사건은 이미 잘 처리되었는데, 맞아 죽은 황견 등 두 사람은 제가 손 유격과 직접 만나 매장에 필요한 은량을 주었고, 크고 작은 부상을 당한 사람들에게는 모두 약을 지급하여 치료하게 했으며, 부서진 아문의 창과 벽은 값을 치러 보수하게 했습니다. 주동자 방여귀 등 세 명은 이미 광녕에 감금해 놓고 판결을 기다리고 있습니다. 저는 관병을 통솔하여 서쪽으로 출발하여 이달 17일 저녁 대릉하(大陵河)에 이르러, 군문의 헌패를 받들어 삼엄하고 분명하게 효유하고 소속 관군에게 두루 전달하여 기율을 삼가 준수하고 대오를 맞추어 전진하며 다시는 멋대로 굴지 못하게 했습니다. 생각해 보면 저의 자질은 본래 우둔한데 평소 부원(部院: 형개)께서 가르치고 길러 주신 덕분에 법도를 조금 알게 되었습니다. 오랫동안 이역을 지키면서 아무런 소란이 없었다는 점은 부원께서 친히 보신 바입니다. 뜻밖에도 마지막에 사달이 발생하여 3년간의 작은 노고에도 불구하고 직무를 제대로 이행하지 못한 죄를 갚기 힘들 것 같습니다.

자문을 보내니 번거롭지만 한꺼번에 조사하여 시행해 주시기를 바랍니다.

이상의 문서들을 받고 또한 해당 도(道)에 문서를 보내 엄히 조사하게 했습니다.

그 후 지금 위 내용을 받고 살펴보건대, 남병이 왜를 정벌하고 돌아오면서 기율을 지키지 않고 멋대로 흉악한 일을 벌여 민간의 마초를 강탈했을 뿐만 아니라, 무리를 모아 난동을 부려 아문을 훼손하고 장관의 온몸을 때려 상처를 입혔으며 남녀 세 명을 때려죽였으니, 사정이 중대하고 법으로 응당 제본을 올려 처벌해야 하겠습니다. 비록 아직 확실한 진술이 나오지는 않았지만 늦추기 어려울 것 같습니다. 마땅히 귀 부원(형개)에 자문을 보내니 번거롭지만 논의하여 처리하고 제본으로 청하여 시행해 주십시오.

신이 순무요동지방찬리군무겸관비왜 도찰원우첨도어사 이식, 경리조선군무 도찰원우부도어사 만세덕과 함께 살펴보건대, 정벌에 나선 병사가 소란을 피워 해를 끼치는 일에 대해 앞서 신 형개가 엄금하여 경계함이 한두 번이 아니었습니다. 어찌 곽문은 갑자기 감히 정기의 마초를 강탈하여 분쟁의 발단을 열 수 있단 말입니까. 그때 모국기와 손계업은 각자 그 병사들을 책망했고 법 또한 양쪽에 모두 미쳤습니다. 그런데 방여귀 등은 순간 잘못 들은 풍문을 가지고 뜻밖에 무리를 이끌고 아문에 들이닥쳐 세 사람을 죽이고 장령에게 상처를 입혔으니, 방자함이 극에 달해 법도가 완전히 없어졌습니다.

모국기는 사령관으로서 미리 막지는 못했으나 변고를 듣고 급히 달려가 곧바로 해산시키고 또한 사나운 병사들을 친히 체포해서 해당 도에 보내 감금하여 처벌을 기다리게 했으니, 사태에 임한 위력과 평소의 위엄이 여전히 있다고 할 수 있지만, 응당 중벌에 처해야 하겠습니다. 항극신 등은 병사들이 자신의 관할인데도 앞서 막지 못했을 뿐만 아니라 사태에 임해서도 금하지 못했으니, 소홀하고 느슨함을 알 수 있습니다. 군법으로 용서하기 어려우니, 응당 무겁게 처벌해야 하겠습니다.

또한 조사해 보건대, 강매 행위는 곽문으로부터 시작되었으니 실로 화를 키운 근원이라 할 수 있고, 흉악한 행위는 방여귀 등으로부터 이루어졌으니 소요를 이끈 주동자이므로, 모두 응당 군법으로 무겁게 징벌해야 하겠습니다. 다만 곽문은 원래 소란에 참여하지는 않았으니 응당 조금은 참작하여 가볍게 처벌해야겠습니다. 엎드려 바라건대, 병부에 명하시어 모국기를 무겁게 처벌하십시오. 방여귀·장명·장주는 모국기가 그때 바로 체포했으니, 신 등이 바로 군법으로 효시(梟示)하게 해 주십시오. 항극신·오대성·주문채·장문룡·곽문은 각각 먼저 결박하여 때리고, 또한 해당 도에 문서를 보내 응당 받아야 할 죄명을 판결하고 진술을 받아 내서 보고하고 처리하도록 하십시오. 동참한 군병과 관련된 무리는 잠시 추궁을 면하겠습니다. 법령이 엄숙하고 인심이 경계함을 알아야 더 이상 소요의 걱정이 없을 것입니다.

성지를 받들었는데, "병부에 알리라."라고 하셨습니다.

병부에서 검토하여 논의한 내용은 다음과 같았습니다.

살펴보건대, 동정(東征)에 나선 군사는 매우 많고 통솔과 단속은 전부 장관에게 달려 있습니다. 앞서 저희 병부가 제본을 올리고 성지를 받들어, 오가는 도중에 소요를 일으키는 것을 엄히 금했습니다. 그 후 절승영의 병사 방여귀 등이 감히 명령을 어기고 와전된 소문을 경솔하게 듣고서는 장관을 때려 다치게 하고 세 명을 죽였으며, 아문을 때려 부수고 침실에 들이닥쳐 상자를 부수는 등 방자함이 이 지경에 달했습니다. 보고에 따르면 참장 모국기는 장령으로서 사태가 벌어지기 전에 막지 못했고 창졸간에 일어난 변고를 평정하지 못했으니, 병사들이 소란을 피운 사건에 대해 책임을 면하기 어렵습니다. 비록 친히 사나운 병사들을 체포한 일이 허위는 아닌 듯하지만, 이역에 오래 머물다가 병사들이 아직 장성 안으로 들어오지도 않았는데 제대로 통제하지 못했으니, 잠시 무겁게 처벌함으로써 징계를 보여야겠습니다. 파총 항극신 등은 평소 제대로 단속하지 못했고, 사건이 발생했을 때 체포하거나 해결하지도 못했으니, 소홀하고 느슨함을 군법으로 용서하기 어렵습니다.

사건의 발단은 곽문으로부터 나왔지만, 소란으로 커진 건 사나운 병졸들 때문입니다. 또한 곽문은 다투기만 했을 뿐 처음부터 흉악한 일을 벌이지는 않았습니다. 인정과 법률을 참작하여 마땅히 차등이 있어야 합니다. 방여귀 등은 무리를 선동하여 무기를 들고 곧바로 손계업의 내실로 들이닥쳐 흉악하게 굴며 장관을 때리고 또한 함부로 악독하게 세 사람을 죽였으니, 주동자로서 목을 베어 효시함이 마땅합니다. 그러나 해당 총독의 자문에 따르면, 세 범인은 심문할 때 고집을 부리며 불복했다고 합니다. 확실한 진술이 나오기를 기다려 법을 집행해야겠습니다. 생각하건대, 소란을 피울 때 많은 이들이 무리 지어 흉악한 일을 행하고 구타했으니, 세 사람으로부터만 시작되었다고 확정할 수가 없습니다. 따라서 방여귀 등은 각 병사가 점차 장성으로 들어

가는 정황을 보아 가며 계속 발뺌하면서 사형을 벗어나 보려고 하고 있습니다. 또한 원래의 상소를 조사해 보건대, 세 범인은 참장 모국기가 손계업의 후당(後堂)에서 곧바로 사로잡았다고 했습니다. 만일 억울함이 있었다면 그때 세 범인이 어찌 변명 한마디 없이 머리를 숙여 순순히 잡혔겠습니까. 만약 많은 무리가 철수하여 돌아가고 모국기도 이미 떠남으로써 결국 이렇게 변명을 늘어놓고 법망에서 빠져나가게 한다면, 무고한 세 생명의 원한은 어찌 풀겠습니까. 아직 뒤따르는 남병이 멀리 있지 않고 모국기도 아직 있으니 조속히 확실한 진술을 받아내 사형에 처함으로써, 진짜 흉악한 범인이 거짓말로 죄에서 벗어나지 못하게 하여 군법을 펼치고 여러 명령이 막힘없이 통하게 하십시오. 만일 세 사람이 원래 주동자가 아니라 모국기가 멋대로 체포하여 얽어맨 것이 아닌지, 또한 원래 주동자인 아무개를 일부러 놓아준 것이 아닌지, 다른 사유가 있는 것은 아닌지도 모두 응당 확실히 조사하게 해야 하겠습니다. 어찌 모호하고 엉성하게 처리하여 오차가 있게 할 수 있겠습니까. 이미 제본을 갖추어 보내왔으니 응당 검토하여 청합니다.

마땅히 명이 내리기를 기다려 모국기를 잠정적으로 무겁게 처벌하고, 항극신·오대성·주문채·장문룡·곽문은 각각 먼저 무겁게 결박하여 때리고, 또한 해당 도에 문서를 보내 응당 받아야 할 죄명을 판결하게 해야 하겠습니다. 방여귀·장명·장주는 다시 확실하게 심문하여 만약 억울한 누명이 없다면 즉시 처결하여 효시해야 하겠습니다. 만약 흉악한 일을 행한 다른 사람이 있다면 모국기를 함께 심문하여 처벌함으로써 법도를 밝혀야 하겠습니다. 또한 살피건대, 군의 통솔은 장수에게서 나오고 소란은 교만함에서 나오니, 관할하는 장수가 공정하고 조용하게 처리 했다면, 그 지휘 아래 있는 자들이 감히 방자하게 소란을 피우지 못했을 것입니다. 모국기는 각 병사를 통솔하여 이미 장성 안으로 들어왔고 얼마 안 있어 남쪽으로 돌아갈 것입니다. 마땅히 자기 자신을 깨끗이 하여 업무에 임하고 여러 병사들을 어루만져 함부로 욕보이거나 강탈함으로써 사달을 일으키지 않게 해야 하고, 또한 각 병사에게 엄히 명하여 군법을 준수하게 하고, 이르는 곳마다 추호도 범하지 못하게 해야 하겠습니다. 만일 각 병사가 다시금 옛날 버릇 그대로 도중에 소요를 일으킨다면, 그 장관의 단속이 어떠한지 알 수 있습니다. 이러한 소식이 들리기만 하면 반드시 무겁게 탄핵하고 처벌함으로써 기율을 바로 세우지 못한 일에 대한 경계로 삼아야겠습니다. 또한 각 해당 총독과 순무 아문에 자문을 보내 일체 조사하고 살펴 시행하게 하겠습니다.

성지를 받들었는데, "모국기는 잠시 벌봉(罰俸) 4개월에 처하라. 나머지는 논의한 대로 하라."라고 하셨습니다.

經略禦倭奏議卷之九終

經略禦倭奏議

권10

10-1

원문 잔결(原文殘缺)

날짜 만력 28년(1600) 3월경

내용 천진에서 수군이 사용할 복선(福船) 15척을 해체하여 수리하고 창선(蒼船) 77척과 호선(唬船) 58척을 보수하며 대조선(大鳥船)·소조선(小鳥船)·사선(梭船)을 건조하는 등 대대적으로 선박의 건조·수리를 수행한 뒤 이에 사용한 비용을 회계하여 보고하는 상주이다. 전반부가 결락되어 선박의 대대적 건조·수리에 착수한 정확한 사유를 확인하기는 어렵다.

"…… 명이 내리기를 기다려 총독아문에 자문을 보내고 또한 천진(天津)과 보정(保定)의 순무도어사(巡撫都御史)에게 각각 자문을 보내며, 또한 도찰원(都察院)에 자문을 보내 순안어사(巡按御史)에게 문서를 전달해서 해당 도(道)로 하여금 위 선박을 원래 논의한 바에 따라 모두 고치고 수리하게 하고, 완성되는 날 장부를 만들어 상주하여 결산하고 호부로 보내 검토하게 해야 하겠습니다. 지출한 비용 은(銀) 1만 2561냥 4전 9푼은 전례에 따라 병부와 공부가 각각 절반씩 내고, 파견한 관원이 천진의 조선(造船)아문으로 가지고 가서 인계하도록 하겠습니다." 제본을 올려 성지를 받들었는데, "그렇게 하라."라고 하셨습니다.

저희 부가 보내야 하는 은 6280냥 7전 4푼 5리는 승임낭중(陞任郎中) 포응등(包應登)[1]을 파견하여 천진의 조선아문으로 가지고 가서 인계하고 지출에 쓰도록 하겠습니다. 병부가 내어야 할 은량은 병부에 자문을 보내 스스로 마련하여 보내게 하는 외에, 마땅히 자문을 보내니 황상의 명에 따라 살펴 시행해 주십시오.

또한 총독군문의 자문을 받았는데 위의 사안과 같았고, 모두 자문을 갖추어 보내왔습니다.

천진도(天津道)에게 안험(案驗)을 보내 당도한 은량을 조사하고 수령하여 써서 위관(委官)이 선박을 해체하고 건조(建造)하는 중에, 올해 6월에 또한 공부의 자문을 받았는데, 그 내용은 다음과 같았습니다.

전함(戰艦)에 대한 처리를 논의함으로써 공격을 편하게 하는 일.

앞서 해방무신(海防撫臣) 만세덕이 공동제본을 올렸는데, 그 내용은 다음과 같았습니다. "복선(福船) 15척을 뜯어고치는 것만으로는 수군 두 진영의 운영과 쓰임에 부족합니다. 이에 조선(鳥船)과 사선(樏船) 38척을 건조하기로 논의했는데, 모두

....

1 포응등(包應登): 1559~?. 명나라 사람이다. 절강 항주부 전당현(錢塘縣) 출신이며 자는 치승(稺升), 호는 함소(涵所)이다. 만력 7년(1579) 거인이 되었고 만력 14년(1586) 진사가 되었다.

은(銀) 1만 239냥 1전 9푼이 필요합니다. 조사 결과 복건에서 원래 보내온 선가은(船價銀: 뱃값) 4360냥을 써서 지급하는 외에, 아직 은 5879냥 1전 9푼이 모자랍니다. 수효대로 보내 주시기를 바랍니다."

저희 공부가 검토하여 논의했는데, 그 내용은 다음과 같았습니다. "삼가 명이 내리기를 기다려 위의 조선에 필요한 은 5879냥 1전 9푼은 전례대로 병부와 공부가 각각 절반씩 내어 예부진사(禮部進士) 하여신(何如申)[2]을 파견하여 그곳으로 보냄으로써 급한 용도에 쓰게 해야 하겠습니다." 제본을 올려 성지를 받들었는데, "그렇게 하라."라고 하셨습니다.

또한 본부(=공부)의 자문을 받았는데, 그 내용은 다음과 같았습니다.

천진조선아문은 매우 급하게 은을 필요로 하고 있습니다. 만약 병부와 공부 두 곳에서 은량을 다 같이 보내기까지 기다린다면 또한 지체될까 걱정입니다. 마땅히 먼저 본부의 절반에 해당하는 은 2939냥 5전 9푼 5리를 곧바로 진사 하여신을 파견하여 먼저 그곳으로 보내 지급하여 쓰게 하겠습니다. 병부의 은량은 계속 보내는 대로 인수하여 쓰게 하면 되겠습니다.

또한 총독군문의 자문을 받았는데 위의 사안과 같았고, 모두 자문을 갖추어 보내왔습니다.

또한 안험을 해당 도에 보내 수에 맞춰 조사하여 수령하고 위

....

2 하여신(何如申): ?~?. 명나라 사람이다. 남직례 동성현(桐城縣) 출신으로 만력 26년 (1598)에 진사가 되었다. 호부주사(戶部主事)에 초임되어 지처주부(知處州府) 등을 역임하고 만력 40년(1612)에는 절강참정(浙江參政)으로 승진했다.

관이 은을 나누어 투입하여 재료를 구입해서 위 항목의 복선과 조선 등을 정해진 방식대로 고쳐 건조하게 했으며, 일이 완료되면 장부를 만들어 보고하게 했습니다. 그 후 지금 천진도병비참의(天津道兵備參議) 장여온(張汝蘊)의 정문을 받았는데, 그 내용은 다음과 같았습니다.

조사해 보건대, 원래 논의하기로 복선 15척을 해체·건조하고 창선(蒼船) 77척과 호선(唬船) 58척을 보수하기로 했는데, 총 150척에 원래 매긴 총비용은 은 1만 2561냥 4전 9푼이었습니다. 또한 논의하기로 대조선(大鳥船) 28척과 소조선(小鳥船) 6척, 사선 4척 등 총 38척을 건조하기로 했는데, 원래 매긴 총비용은 은 1만 239냥 1전 9푼이었습니다. 두 항목 도합은 2만 2800냥 6전 8푼입니다. 이 중 복건에서 보내온 선가은 4360냥 외에, 또한 해당 은 1만 8440냥 6전 8푼에 대해 병부와 공부가 균등히 내기로 했습니다. 공부는 절반의 은 9220냥 3전 4푼을 보내왔고, 병부는 절반의 은 9220냥 3전 4푼을 아직 보내지 않았습니다.

지금 복선 15척을 해체·건조하고, 창선 77척과 호선 58척을 보수했으며, 대조선 28척을 새로 건조했으며, 사선을 소조선으로 고쳐 소조선 총 10척을 건조했습니다. 또한 용강영(龍江營)의 사선(沙船) 3척을 보수하고, 복선·창선·조선·각선(脚船) 99척을 더 건조했습니다. 각각 사용한 목재·돛대·돛·재[灰]·마(麻)·기름·못과 장역(匠役)의 공식(工食)·강구(扛具) 등 항목은 대금의 많고 적음이 같지 않은데, 융통하여 계산하면 실제 쓴 비용이 총 은 1만 5257냥 7전 5푼 2리 3사 3홀입니다. 선박을 건조하는 데 지출하고 남은 소나무와 삼나무 목재 등 항목은 가격이 은 1564냥 2전 6푼 8리 6호인데, 천진의 전투선을 수리하는 비용으로 남겨 놓았습니다. 두 항목에 쓴 총비용은 1만 6822냥 2푼 6호 3사 3홀입니다. 보내온 은 1만 3580냥 3전 4푼은 모두 지출한 외에, 해당 은 3241냥 6전 8푼 6호 3사 3홀은 이미 병부가 원래 보낸 제기여잉은(製器餘剩銀) 중에서 빼내 모두 사용했습니다.

건조하여 보낸 위 항목의 선박, 지출한 은량 및 지출하고 남은 목재 등 항목의 가은(價銀), 그리고 공부가 원래 저장하고 있던 재료를 가져다 쓴 각 수목(數目)은 장부로 작성되어 저에게 보고되었습니다.

저는 순무보정등부제독자형등관겸리해방군무(巡撫保定等府提督紫荊等關兼理海防軍務) 도찰원우첨도어사 왕응교(汪應蛟),[3] 순안직례감찰어사(巡按直隷監察御史) 도종준(涂宗濬)[4]과 함께 검토하고 조사했는데 서로 같았습니다. 이미 해당 순무가 장부를 만들어 상주하여 보고하고, 또한 병부와 공부에 자문을 보내 검토하게 한 외에, 이에 지금 복선과 조선(鳥船) 등을 새로 건조하고 해체·보수하는 데 써 버린 은량 및 지출하고 남은 목재 비용, 그리고 공부가 원래 저장하고

....

3   왕응교(汪應蛟): 1550~1628. 명나라 사람이다. 남직례 휘주부(徽州府) 무원현(婺源縣) 출신으로 만력 2년(1574)에 진사가 되었다. 만력 25년(1597) 천진순무 만세덕이 경리(經理)로 임명되어 조선으로 파견되자 우첨도어사(右僉都御史)로 발탁되어 그를 대신했다. 이후 보정순무(保定巡撫), 공부우시랑(工部右侍郎), 병부좌시랑(兵部左侍郎)으로 승진했다.
4   도종준(涂宗濬): 1555~1621. 명나라 사람이다. 만력 20년(1592) 산동도감찰어사(山東道監察御史)로 발탁된 이후 광서(廣西), 하남(河南), 직례(直隷) 등 여러 지역의 순안어사(巡按御史) 직을 역임했다. 이후 관직이 병부상서까지 올랐다.

있던 재료를 가져다 쓴 각 수목을 마땅히 상주하여 아룁니다.

성지를 받들었는데, "공부에 알리라."라고 하셨습니다.

10-2

철병에 관한 합동 제본

會題撤兵疏 | 권10, 6a-9b

날짜 만력 28년(1600) 3월 24일

내용 3월도 지나가고 군량과 급여의 지급을 멈춘 상황에서 명군의 철수를 오래 지연시킬 수 없으니, 원래 결정한 내용에 따라 입하(立夏) 전후에 철수할 수 있도록 허락해 달라고 요청하는 상주이다. 병부에서는 이에 대해 철수하지 않으면 비용이 들어가고, 섣불리 철수하면 일본군의 재침이 우려되니, 형개 및 만세덕에게 공문을 보내 다시 상세히 헤아리게 하고 조선에도 문서를 보내 자세히 논의하게 해 달라고 요청했다. 만력제는 이를 윤허했다.

사전에 상정한 철군 시기가 다가오는 상황에서 명군의 최종 철병 결정을 내리기에 주저하는 명 조정의 모습을 확인할 수 있는 자료이다.

관련자료 『명신종실록』 만력 28년 3월 24일에는 형개 및 만세덕이 철병을 요청한 데 대해 병부에서 신중히 논의하도록 하자는 검토 의견을 올려 만력제의 윤허를 받았다는 내용이 간략하게 요약되어 있다.[5] 병부의 제본 내용은 『사대문궤』에 수록된 만력 28년 4월자 만세덕이 조선국왕에게 보내는 자문에도 인용되어 있다.[6]

....

5 『명신종실록』 권345, 만력 28년 3월 24일(정묘).

6 『事大文軌』 卷35, 「經理朝鮮軍務萬(世德)咨朝鮮國王[萬經理豫陳撤兵之期]」, 만력 28년 4월, 48b-50b.

봄철 조수가 곧 끝나니 미리 철병의 기한을 진술하여, 황상께서 동쪽을 돌보는 온전한 계획을 우러러 돕고 오래 지킨 병사들의 노고를 굽어살펴 돌아오게 하여 내탕(內帑)의 부족을 아끼는 일로 올리는 제본.

경리조선군무 도찰원우부도어사 만세덕의 회고를 받았는데, 그 내용은 다음과 같았습니다.

만력 28년 2월 27일에 병부의 자문을 받았는데, 그 내용은 다음과 같았습니다.

밝은 성지를 삼가 준수하여 병사를 남기는 일과 군향(軍餉)의 처리 등 사안을 삼가 논의하는 일.

저희 병부가 제본을 올려 경리(만세덕) 등이 함께 올린 상소를 검토했는데, 그 내용은 다음과 같았습니다.

그 나라(조선)는 오직 수군만 원할 뿐인데 장방의 병사가 이미 담당 지역을 떠났으니 다시 남기기 어렵습니다. 마땅히 명이 내리기를 기다려 저희 병부가 경략 총독과 순무 아문에 자문을 보내 장방의 병사를 그대로 철회(撤回)하게 하겠습니다. 순무의 표병(標兵) 800명과 각 항목의 잡역(雜役)·당발(塘撥)·초야(哨夜) 등 800명, 오종도의 선병(船兵) 2000명, 이승훈의 표병 3600여 명, 그리고 수륙에 원래 남기기로 한 8800여 명은 모두 조선에 남겨, 부산·거제·왕경·공주 등 지역에 배치함으로써 기세를 떨치고 공격과 수비에 쓰게 하겠습니다. 입하(立夏) 전후를 기다려 따로 철병을 논의하겠습니다.

성지를 받들었는데, "장방의 병사는 그대로 철회하게 하라. 나머지는 논의한 대로 조선에 남겨 배치하라. 조수가 끝나기를 기다려 따로 논의하여 상주하라."라고 하셨습니다.

이를 받고 살펴보건대, 앞서 저는 총독과 함께 한편으로 장방의 관병을 철수시켜 진(鎭)으로 돌려보냈고, 다른 한편으로 응당 남겨야 할 수륙 각 군영의 관병을 방어가 시급한지 적절히 헤아린 뒤 부산·거제 등 지역에 나누어 배치하고 지키게 했습니다. 이미 상주문과 제본을 갖추어 알려 드린 바 있습니다. 지금 위의 사안을 받았습니다.

제가 경리조선군무 도찰원우부도어사 만세덕과 함께 살펴보건대, 왜노(倭奴)가 속번(屬藩: 조선)을 해치고 천자께서 토벌함에 형세가 세 번이 바뀌었고 시간은 7년이 흘렀습니다. 이미 성읍을 쳐서 빼앗아 적의 소굴을 부수고 해자를 메웠습니다. 조선의 빼앗긴 땅은 전부 회복되고, 일본의 잔당은 모두 제거했습니다. 저들 군신(君臣)은 마땅히 피폐하고 쇠퇴한 나라를 일으켜야 하며, 중국 또한 전쟁을 그만두고 군사를 거두어야 합니다. 하지만 황상께서는 그 나라가 파괴되어 황폐해짐을 불쌍히 여겨 병사를 남기고 군향을 옮겨 줌으로써 방비하고자 하십니다. 처음에는 1년으로 논의했는데 이어 봄철 조수 때까지로 늘리더니 그 나라를 위해 적을 쫓아내고 지켜 준 지가 지금껏 9년입니다. 그러나 또한 2만 명도 안 되는 수륙의 장수와 병졸로 1000여 리의 요충지를 지키려 하니, 안팎이 고갈되는 때를 맞이하여 이제는 빠듯해져서 두루 돌볼 수 없게 되었습니다. 실로 천자의 위엄이 크고 엄숙하여 해상의 파도가 잠잠해졌습니다. 2월이 이미 끝나고 3월 봄도 반이 지나 어느덧 초여름을 내다보고 있습니다. 군량과 급여의 지급은 이미 중단되었는데, 기한이 다 되어 위에 청하면 성지를 얻어 다시 돌아오는 와중에 4월이 다 가 버릴 것입니다. 강을 건너는 날을 계산해 보면 한 달이 아니면 도달할 수 없습니다. 그러면 각 병사는 또한 두 달 치 급여를 받지 못한 상황에서 한 달을 더 지키게 됩니다. 지킨 지가 오래이니 돌아가고 싶어 함은 인지상정이고, 먼 길에 식량을 대는 일은 또한 군대의 이동에서 먼저 고려해야 합니다. 필시 군량과 급여를 확실히 늘릴 수 없을 텐데 어찌 기한을 채운 병사들을 오래 지체시킬 수 있겠습니까. 신 등은 응당 원래 올린 제본과 병부의 검토 내용에 따라 입하 전후에 배치하고 철수시켜 돌려보냄으로써 밝은 성지를 따르겠습니다. 이로써 군량을 절약하면서도 지키는 자들을 위로함이 모두 가능해질 것입니다.

엎드려 바라건대, 병부에 명하시어 다시 조사하고 논의하게 하여 과연 신 등이 말한 바에 잘못이 없다면, 조수의 기한이 이미 끝났으니 신 등이 먼저 철수시키고 나중에 아뢰게 하시어 지체됨이 없게 하시고 또한 병사들을 먹이는 데 도움이 되게 하십시오. 신 등은 간절함을 이기지 못하겠습니다.

성지를 받들었는데, "병부에 알리라."라고 하셨습니다.

병부에서 검토하여 논의한 내용은 다음과 같았습니다.

살피건대, 속번이 갓 회복되어 기세가 아직 미약하니, 병사를 남겨 전후 처리를 하는 일은 두루 완벽히 하려는 염려이자 작은 나라를 보살피는 인자함을 끝까지 미치게 하고자 함입니다.

국면이 완결되어 철병하는 일에 대해서는 저희 병부가 여러 차례 검토하고 논의하여, 봄철 조수가 끝나는 날을 기다려 평온

하고 위급한 상황이 없으면 따로 철수를 논의하기로 했었습니다. 황상께서도 밝은 성지를 내려 그리하라고 하셨습니다. 경략의 보고에 따르면, "일본의 잔당은 전부 없앴으니, 중국의 구원병도 마땅히 해산해야 합니다."라고 했습니다. 기한이 이미 다 했고 철병이 임박했습니다. 응당 철수해야 하는데 철수하지 않으면 필시 비용이 많이 들 것입니다. 철수하면 안 되는데 서둘러 철수하면 이미 이룩한 공적마저 무너질까 걱정입니다. 그곳의 정황은 그곳에 있는 자가 스스로 확실한 견해를 가지고 있을 것입니다.

마땅히 총독·순무에게 문서를 보내 다시 상세히 헤아리게 하고, 또한 조선의 군신에게 문서를 보내 상세히 논의하고 검토하게 하십시오. 과연 왜노가 멀리 도망쳐 바닷가의 안개가 전부 사라지고 조선이 쇠하고 약함에서 떨쳐 일어나 족히 스스로 지킬 수 있다면, 기한대로 철수하여 돌아오되 먼저 시행하고 나중에 아뢰게 하십시오. 뜻밖의 염려를 남기기보다는 차라리 지나치게 신중한 계획이 낫습니다. 비록 삼군(三軍)이 돌아오려는 뜻을 오래도록 어기기 어렵다고 해도 수년 동안에 이룩한 공적을 잘 마무리해야 합니다. 군사 기밀이 만 리 밖에 있어 멀리서 판단하기가 어려우니 함께 잘 논의하여 처리해야겠습니다. 이미 제본을 갖추어 왔으니 마땅히 검토하여 청합니다. 삼가 명이 내리기를 기다려 저희 병부는 곧바로 해당 총독과 순무아문에 자문을 보내 일체 내용에 따라 시행하게 하겠습니다.

성지를 받들었는데, "이번 철병에 대한 사안은 해당 총독과 순무가

조선의 군신과 상세하게 논의하고 타당하게 시행하도록 하라."라고
하셨습니다.

귀향하여 노모를 봉양하게 해 달라고 일곱 번째 간청하는 상주

七懇歸養疏 | 권10, 10a-12b

날짜 만력 28년(1600) 4월 9일

내용 은퇴 및 귀향이 허락되지 않아 82세의 노모를 홀로 남쪽으로 보내야 했던 절박한 상황을 호소하고, 속히 귀향하여 노모를 봉양할 수 있도록 요청하는 일곱 번째 상주이다. 만력제는 형개의 상주를 이부에 내려 논의하게 했고, 이부에서는 정유재란의 전후 처리와 북방 오랑캐의 침입 방어로 인해 형개의 소임이 중요하니 그의 사직은 부당하다는 의견을 올렸다. 다만 그의 상황도 이해가 되니 형개의 요청대로 일단 귀향을 허락했다가 뒷날 돌아오게 하는 방법도 있음을 제시했다. 그러나 만력제는 결국 형개의 요청을 허락하지 않았다.

참고자료 『명신종실록』 만력 28년 4월 9일에 형개가 모친의 봉양을 마치기를 요구했고 만력제가 거부했음을 알리는 기사가 있다.[7]

어머니가 돌아가서도 의탁할 곳이 없고 아들의 정은 하루가 다급하여 황상의 은혜를 일곱 번째 간청하니, 조속히 귀향하여 봉양

....

7 『명신종실록』 만력 28년 4월 9일(임오).

하게 해 주심으로써 노쇠한 몸을 연명하게 해 달라는 일로 올린 상주문.

2월 9일에 저는 모자가 쇠약하고 병들어 버티기 어려운 지금의 정황이 가련하니, 삼가 죽음을 무릅쓰고 사정을 아뢰어 여섯 번째 천자의 은혜를 간청하니 조속히 사직하고 귀향하여 봉양하게 해 달라고 상주한 바 있습니다. 이때 신의 어머니는 이미 먼저 통만(通灣)에 이르러 황상께서 허락하신다는 성지 소식만 기다리고 있었습니다. 신은 황상께서 은혜롭게도 괴로운 심정을 굽어살펴 주시어 청한 바를 윤허 받아 어머니를 뒤좇아 돌아감으로써, 하루라도 더 봉양하는 즐거움으로 헤아리기 어려운 염려를 면하기를 간절히 바랐습니다. 그런데 14일에 성지를 받들었는데, "변경의 무거운 직무는 오로지 그대의 도움에 의지하는데, 어찌 누차 어머니 봉양만 바라고 있는가. 앞선 성지에 따라 최선을 다해 직무를 보게 하라. 이부에 알리라."라고 하셨습니다.

공손히 향안(香案)을 갖추어 망궐(望闕)하고 고두(叩頭)하며 사은(謝恩)하는 외에, 신은 황상의 온화한 성지를 삼가 읽으면서 감격스러우면서도 슬펐습니다. 군주의 은혜가 지극히 무거움을 잘 알면서 어찌 감히 돌아가게 해 달라고 했겠습니까. 하지만 어머니가 홀로 고향으로 떠날 생각을 하니 너무나 고통스럽고, 그렇다고 만류하기도 어려우니, 생각할 때마다 눈물이 흘러 양쪽을 모두 보전할 방도가 없습니다. 이 몸을 어느 땅에 두어야 할지 모르겠습니다. 신의 낭패스러움과 고초는 실로 가련합니다. 신은 부득이하게 가인(家人)을 보내 성지를 받들어 어머니께 알렸습니다. 어머니는 아들만 절절히 생각하다가 성은(聖恩)으로 만류시키셨음을 듣고 자기도 모르게 비통하고 목이 메어 눈물만 흩뿌리며 배를 타고 멀리 떠났습니다. 다시 가인에게 부탁하여 신에게 말을 전하기를, "군주의 은혜는 갚기 어렵고 이 늙은이의 일은 우려할 만하니 뭐라 할 말이 없구나. 임종 때 한 번 볼 수만 있으면 소원이 없겠다."라고 했습니다.

신의 어머니는 82세로 몸과 마음이 매우 쇠약해졌습니다. 아침 저녁의 일을 신이 어찌 헤아릴 수 있겠습니까만 신과 서로 1400리 떨어져 있으니, 창졸간에 어찌 즉시 도달할 수 있겠습니까. 말이 여기에 미치고 보니 혹시라도 불측한 일이 있으면, 신의 어머니는 과부로 산 지 약 50년이고, 신을 고아로 기르면서 고통과 어려움을 천태만상(千態萬狀)으로 참고 견뎠습니다. 혹시 어머니 앞에 한 약속을 지키지 못한다면, 만세명교(萬世名教) 중의 죄인이 되지 않겠습니까. 그래서 매번 생각이 여기에 미치면 오장(五臟)이 모두 찢어지는 듯하고 정신이 너무나 혼란스럽습니다. 신이 앞선 상소에서 "신은 형편상 남을 수 없고, 남더라도 쓸모가 없습니다."라고 함은 바로 이를 두고 말한 것입니다.

천자의 위엄은 혁혁하고 군주의 은혜는 망극합니다. 신이 전전 반측하며 밤새도록 방에 불을 밝힌 채 방황하면서 잠도 못 이루며 몇 번이고 주저했기에 어쩔 수 없이 다시금 천자의 위엄을 번거롭게 하면서 피를 흘리며 은혜를 바라니, 엎드려 바라건대, 황상께서는 신 모자의 절박한 정을 굽어살피시고, 또한 신이 황상을 섬길 날은 길고 어머니를 섬길 날은 짧음을 헤아려 주시어, 이부에 명하여 속히 귀향하여 봉양하도록 허락해 주십시오. 어찌 신 모자가 감격할 뿐이겠습니까. 자손에게 전해져 그들 또한 영원무궁토록 황상의 은혜를 칭송할 것입니다. 신은 너무나 간절히 애타게 바라며 명이 이르기를 기다리겠습니다.

성지를 받들었는데, "이부에 알리라."라고 하셨습니다.

이부에서 검토하여 논의한 내용은 다음과 같았습니다.

살펴보건대, 총독계요상서(總督薊遼尙書) 형개가 상주하여 사직하고 노모를 봉양하게 해 달라고 청한 사안에 대해, 생각해 보면 형개는 그 재주와 이름이 오래도록 조정에 현저했고 위엄과 명망이 이역에서 매우 융성합니다. 비록 지금 왜의 기세가 겨우 그쳤으나 전후 처리는 더욱 어렵고, 오랑캐의 우환이 서로 이어지니 쳐들어오는 적을 막는 데 그에게 의지하고 있으며, 변경에서 무겁게 기대고 있는 데다 황상의 총애도 한창 두텁습니다. 대신은 마땅히 나라를 위해 힘을 다해야 함을 헤아려 보면, 사직을 청함은 부당합니다.

마땅히 명이 내리기를 기다려 형개에게 문서를 보내 예전대로 맡은 바 직무를 다하게 해야 하겠습니다. 하지만 형개가 외아들로서 아득히 먼 고향에 있는 노모(老母)를 그리는 바람이 매우 가련함을 다시 생각해 보면, 해외에 멀리 원정을 나갔다가 돌아오고 싶어 하는 마음도 응당 공감이 갑니다. 대의(大義)로 따진다면 나라를 따름은 무거운 일이고 집을 돌봄은 가벼운 일입니다. 만약 그 지극한 정을 불쌍히 여긴다면 군주에게 보답할 날은 길고 부모에게 보답할 날은 짧습니다. 혹여 오늘 돌아갈 수 있게 해 주고 다른 날 다시 그를 쓴다면, 조정이 대신을 예우하고 변방을 지키는 신하의 뜻을 헤아려 주는 것이 될 것입니다. 그러나 이는 신 등이 감히 멋대로 결정할 수 없습니다. 엎드려 바라건대,

황상께서 결정해 주십시오.

성지를 받들었는데, "형개는 위엄과 명망이 평소 현저하여 변방에서 그에게 의지함이 한창 크니, 예전대로 직무를 다하여 맡긴 바에 보답하게 하라. 사직을 허락하지 않는다."라고 하셨습니다.

동정 군대의 철군 여부를 회의하여 올리는 상주

會議東師撤留疏 | 권10, 13a-50b

날짜 만력 28년(1600) 5월 4일

내용 조선에 주둔하고 있던 명군 1만 6000명을 철수시킬 것인지, 잔류시킬 것인지를 놓고 형개·만세덕이 올린 제본과 그에 대해 병과(兵科)를 대표하는 병과서과사좌급사중(兵科署科事左給事中) 계유근(桂有根)이 올린 제본, 그리고 이 안건에 대한 구경과도회의(九卿科道會議)에 참여한 명 조정 신료들이 올린 건의, 이를 총정리한 병부의 상주문이 실려 있는 문서이다.

형개·만세덕은 원래 입하(立夏) 무렵에 명군을 철수시킬 계획이었으나 병부로부터 조선과 상세히 상의한 뒤 일본군의 재침 우려가 없다면 철수하라는 공문을 받은 바 있었다. 이에 대해 그들은 일본군이 큰 피해를 입기는 했으나 재침의 우려가 없다고 확신할 수 없으며 조선은 피폐하여 자강하지 못했다고 현재의 정세를 평가했다. 이에 더하여 병력을 잔류시키자니 군량 공급의 어려움이 있고, 병력을 철수시키자니 일본군이 재침하여 조선이 무너지면 그동안의 전공이 수포로 돌아가는 어려움이 있으며, 명 연해 지역의 방어를 강화하자니 여력이 고갈된 어려움이 있다는 "세 가지 어려움[三難]"을 지적했다. 그리고 사안이 중대하여 자신들이 결정하기 어려우니 명 조정에서 구경과도회의를 열어 방침을 결정해 줄 것을 요청했다. 만력제는 그들의 요구대로 구경과도회의의 개최를 결정했다.

이에 병과를 담당한 급사중 계유근은 당장 조선에 주둔한 군대를 철수시키면 일본군의 재침이 우려되니 연말까지 주둔을 연장하도록 하되, 내지의 방어 강화는 양응룡(楊應龍)의 반란 등 명 내부의 혼란이 안정되고 난 다음 다시 강구할 것을 주장했다. 또한 현장의 형개·만세덕과 조정 신료들이 서로에게 결정 책임을 떠넘기는 사태를 비판하고, 구경과 도회의를 개최하지 말고 만력제가 결단을 내려 지시해 줄 것을 요청했다. 다만 만력제는 철병에 대한 계유근의 주장까지 포함해서 구경과도회의를 열 것을 명령했다.

만력제의 명령 하에 동궐(東闕)에서 구경과도회의가 소집되었고, 본 문서에서는 그 가운데 17명의 논의를 수록했다. 17명 중 8명은 병부상서를 제외한 구경(九卿)이었고, 9명은 과도관(科道官)이었다. 이들 중 병력 잔류를 주장하는 숫자가 5명, 주둔 병력을 줄일 것을 주장하는 숫자가 3명, 전면 철수하거나 철수하여 요동에 주둔시킬 것을 주장하는 숫자가 4명, 나머지는 철수와 잔류 여부에 대해서 명확한 의견을 밝히지 않았다. 그러나 호부와 예부에서는 군량의 추가 공급은 절대 불가하다는 입장을 밝혔다. 또한 병부상서와 현지의 형개·만세덕이 결정해야지 회의에 책임을 떠넘기는 것을 비판하는 경향도 강했다.

이에 대해 병부에서는 잔류를 주장하는 논의가 2~3할, 철수를 주장하는 논의가 6~7할이 된다고 요약하면서도 양쪽 모두 근본적으로는 같은 의도를 가지고 있다고 정리했다. 또한 잔류와 철수 모두 각각의 어려움이 있고, 논의가 귀일되지 않는 상황이므로 다시 현지의 형개·만세덕이 조선과 상의하여 방책을 결정해 보고하게 해 달라고 요청했다.

만력제는 안류으로 책임을 서로 떠넘기는 상황을 비판하면서도 결국 병부의 건의에 따라 형개·만세덕에게 조선과 잘 상의해 보고하도록 하라는 지시를 내렸으며, 회답이 늦어지자 독촉하는 성지를 한 차례 더 내렸다.

본 문서는 내지의 혼란과 재정 고갈 속에 원정군을 장기간 유지해야 하는 부담과 일본군의 재침 우려 사이에서 고민하는 명 조정의 상황을 여실히 보여주며, 이에 대해 명 조정 신료들이 어떤 의견을 가지고 있었는지를 생생하게 알려주는 사료이다. 또한 조선에서 명군을 철수한다는 결단을 내리기까지 명 내부에서 책임 회피가 확연히 이뤄지고 있었음을 보여준다.

관련자료 본 문서 가운데 형개·만세덕이 올린 제본은 4월에 작성되어 북경에 올라온 것으로 보이며, 계유근이 이에 대해 상주한 시점은『명신종실록』에 따르면 4월 17일의 일이었다.[8] 만력제의 명령에 따라 구경과도회의가 열린 시점은 4월 27일이었으며,[9] 만력제가 형개·만세덕에게 공문을 보내라는 성지를 내린 시점은 5월 4일이었다.[10] 다만 만력제가 다시 재촉하는 성지를 내린 시점은 파악할 수 없다.

『선조실록』 선조 33년 5월 5일 기사에 실려 있는 제독 이승훈(李承勛)의 게첩(揭帖)에는 경보(京報)를 출처로 하여 구경과도회의가 열렸고 논의의 태반은 잔류를 주장했다는 내용이 간략히 실려 있으며,[11] 『사대문궤』에는 5월 15일~17일 명군 지휘부가 조선에 보낸 자문들에 만력제의 성지 내용이 인용되어 있다.[12] 그중에서도 제독 이승훈이 보낸 자문에는 계유근의 상주부터 구경과도회의 내용 및 만력제의 성지까지 거의 전문이 그대로 실려 있다. 명군 지휘부는 만력제의 지시에 따라 조선 측에

....

8 『명신종실록』 권346, 만력 28년 4월 17일(무인).

9 『事大文軌』 권36,「提督南北水陸官兵朝鮮防海禦倭總兵官李(承勛)咨朝鮮國王[李都督遵旨會議咨]」, 만력 28년 5월 17일, 11a.

10 『명신종실록』 권347, 만력 28년 5월 4일(병오).

11 『선조실록』 권125, 선조 33년 5월 5일(정미).

12 『事大文軌』 卷36,「經理朝鮮軍務萬(世德)咨朝鮮國王[萬經理欽奉聖諭咨]」, 만력 28년 5월 15일, 3a-4b,「提督南北水陸官兵朝鮮防海禦倭總兵官李(承勛)咨朝鮮國王[李都督遵旨會議咨]」, 만력 28년 5월 17일, 7b-38b,「禦倭監軍杜(潛)咨朝鮮國王[杜監軍遵旨會議咨]」, 만력 28년 5월 16일, 41b-45b.

> 방책을 문의했고, 그에 대한 조선 측의 답변 역시 『사대문궤』에 실려 있다.[13]

동쪽을 정벌한 군대를 장차 철수시키기 위해 논의를 마땅히 서둘러 정해야 하니, 황상께서 조정 신료들에게 명령을 내리셔서 장구한 좋은 계책을 상세히 논의하여 만전을 기하도록 할 것을 간절히 바라는 일로 올린 제본.

신이 경리조선군무 도찰원우부도어사(經理朝鮮軍務都察院右副都御史) 만세덕(萬世德)과 함께 논의했는데, 그 내용은 다음과 같았습니다.

왜노가 조선을 공격해 함락시켜 번방(藩邦: 제후국)이 거의 왜의 소유가 될 뻔했으나, 우리 황상께서 장수에게 명령하고 군사를 일으켜서 2년 동안 정토(征討)한 끝에 마침내 강한 왜를 섬멸하고 약한 나라[조선]를 보존할 수 있었습니다. 이는 소국을 사랑하는 인자함이 천고(千古)에 탁월할 뿐만 아니라 동남쪽 절반이 이에 힘입어 편안하게 된 것입니다. 왜가 물러난 이후 지금에 이르기까지 햇수로 2년, 세 번의 물때가 지나도록 추호도 움직임이 없었습니다. 이로 말미암아 위세를 떨치고 군대를 철수시키면

----

13 『事大文軌』卷36,「朝鮮國王咨經理萬[回咨]」, 만력 28년 5월 21일, 4b-7b,「朝鮮國王咨督總兵李(承勛)[回咨]」, 만력 28년 5월 24일, 38b-41a,「朝鮮國王咨監軍杜(潛)[回咨]」, 만력 28년 5월 23일, 45b-47b.

완전하게 일을 마무리하는 것이 아니겠습니까.

신 등은 2월에 병부의 공문을 받들어 입하(立夏) 전후로 군대를 모두 철수시키고, 군량 지급도 정지해야 한다고 의논했습니다. 따라서 정해진 논의에 따라 이미 제본을 갖추어 올렸습니다.[14] 근래 병부의 자문을 받아 보니 다시 신 등으로 하여금 조선의 군신(君臣)과 함께 상세히 논의하여 검토하도록 했으며, 만약 왜노가 멀리 도망쳐서 바다의 재앙이 완전히 소멸하고, 조선이 쇠약함을 떨치고 일어나 족히 스스로 지킬 수 있게 되면 기한에 맞추어 철수해 돌아오도록 했습니다.[15] 이 일은 중대하니 상세하고 신중하게 처리하지 않을 수 없습니다.

무릇 조선 팔도(八道)에 한 명의 왜도 남아 있지 않으니 이미 바다의 재앙은 완전히 소멸했습니다. 그러나 대마도는 왜국의 한 고을로서 부산과 서로 바라보고 있어, 비유하자면 구변(九變)[16]의 오랑캐가 변경 밖에서 빙 둘러 유목하고 있는 것과 같으니 어떻게 멀리 몰아낼 수 있겠습니까. 하물며 왜노는 예전부터 교활하게 속이는 것이 일정하지 않고 조선은 오래도록 쇠약하여 떨치지 못한다는 것은 논의할 필요도 없이 알 수 있는 일입니다.

....

14 신 …… 올렸습니다: 전년에 올린 9-9 〈酌議留撤兵數幷催糧餉疏〉에서 형개와 만세덕은 이듬해 입하 전후에 군대를 철수시키자는 건의를 올렸고, 병부에서는 입하 무렵에 별도로 철수를 논의하여 시행하자는 검토 의견을 올렸다. 10-2 〈會題撤兵疏〉에 따르면 해당 내용을 담은 병부의 자문이 만세덕에게 도착한 것은 만력 28년(1600) 2월 27일이다. 형개와 만세덕은 병부의 검토 의견을 받고 10-2 〈會題撤兵疏〉를 작성해 상주했다.

15 근래 …… 했습니다: 10-2 〈會題撤兵疏〉에 수록된 병부의 검토 논의 내용을 지칭한다.

16 구변(九變): 명나라 때 북방에 설치한 주요 군진을 총칭하는 말로, 요동(遼東)·계주(薊州)·선부(宣府)·대동(大同)·산서(山西)·연수(延綏)·영하(寧夏)·고원(固原)·감숙(甘肅) 등이다.

마땅히 논의해야 할 바는 오직 외번(外藩: 조선)과 중국의 이해와 경중, 관병(官兵)과 군량을 철수시키거나 남겨 두는 일의 쉽고 어려움뿐입니다. 청컨대 오늘날 잔류해야 할지, 철수해야 할지 상세히 말씀드리고자 합니다.

신이 듣기로 여러 사람들의 논의 가운데 왜가 장차 오지 않을 것이라고 말하는 자들은 주장하기를, "정유년(1597) 이전은 따지지 않더라도, 만력 25년(1597)에 정토한 이후 왜 가운데 앞뒤로 우리에게 참획(斬獲)을 당한 자, 불에 타거나 물에 빠져 죽은 자, 곤궁하여 죽은 자, 병으로 죽은 자가 셀 수 없이 많으며, 여기에는 여러 해 동안 큰 바다에서 표류하여 빠져 죽거나 조선에 의해 참수당한 수급은 넣지도 않았다. 저들의 군수품과 병장비 중 물에 빠지거나 불에 타 버려 없어진 것, 우리의 각 부대에 의해 노획된 것도 매우 많다. 또한 듣기에 전라도·경상도에 대군이 들어가 점거했을 때 왜의 군량 운송이 이어지지 못하자 그 나라[일본]에서는 날마다 물과 불의 형벌[水火之刑][17]을 가하니 백성들이 명령을 감당하지 못했다고 한다. 그렇다면 우리의 손해는 진실로 장부를 살펴 상고할 수 있지만, 저들의 손해도 여러 사람들이 목도한 바이니, 왜의 원기가 다하고 물력도 심히 고갈되었음을 대략 볼 수 있다."라고 합니다.

이른바 왜가 장차 오지 않을 것이라는 말은 언뜻 또한 정론인

....

17 물과 불의 형벌[水火之刑]: 『맹자』「양혜왕 하(梁惠王 下)」에서는 가혹한 정치로 인해 백성이 당하는 고통을 물과 불에 비유했고, 새로운 지배자가 등장하더라도 물이 깊어지고 불이 뜨거워지면 다른 데로 옮겨 가 버릴 것이라고 경고했다. 이로부터 물과 불은 백성을 괴롭히는 형벌이나 가혹한 정치를 뜻하게 되었다.

듯합니다. 다만 신 등이 헤아리기로, 조선은 일본과 이웃하고 있는 데다 대마도 땅은 모두 산과 언덕이라 오곡(五穀)이 나지 않고 부산과 겨우 이틀거리에 있습니다. 그러므로 예전에는 왜가 모두 부산의 곡식과 비단을 가져다가 대마도의 백성들에게 공급했습니다. 지금은 우리가 이미 부산을 빼앗아 조선에 돌려주었으니, 대마도 또한 앉아서 곤궁을 겪는 땅이 되었습니다. 저들이 조선에서 조그마한 땅도 얻지 못하고 도리어 백 년 동안 점유하던 부산을 잃었으니,[18] 예전에 가지고 있던 것에 대한 아쉬움에 더해 새로운 원한도 생겼습니다. 또한 수년 이래로 조선·중국에서 붙잡혀 갔다가 고향으로 돌아가기를 원하는 무리가 저들 가운데서 침략을 선동한 뒤 그 틈을 타고 빠져나가기를 도모하지 않는다는 보장이 없습니다. 무릇 왜와 오랑캐는 똑같습니다. 구변의 여러 오랑캐 가운데 여러 차례 패하여 도망간 자들이라도 끝내 다시 오지 않는다고 보장할 수 없는데, 하물며 멀리 떨어진 나라[越國]에 사는 교활한 왜가 다시 침범하지 않는다고 어떻게 단언할 수 있겠습니까. 왜가 장차 오지 않을 것이라는 말을 신 등은 감히 전적으로 믿지 못하겠습니다.

만약 조선의 군신이 과연 와신상담하여 분연히 스스로 힘써

....

18 저들이 …… 잃었으니: 임진왜란 발발 이후 송응창을 비롯한 명군 지휘부는 부산이 원래 조선 땅이었으나 임진왜란 이전에 이미 일본에 할양되어 있던 땅이라고 인식했다. 특히 송응창은 조선의 지리지를 근거로 들면서 홍치(弘治)·정덕(正德) 연간(1488~1521)에 이미 부산은 왜가 머물러 사는 곳이 되었고 부산 사람들은 모두 왜호(倭戶)가 되었다고 평가하기까지 했다. 백 년 동안 점유하던 부산이라는 표현은 이러한 인식을 반영하는 것이다. 『경략복국요편』 8-54 「移朝鮮國王咨」, 10-20 「議朝鮮防守要害幷善後事宜疏」, 12-19 「報石司馬書」, 13-1 「諭示周九功」 등을 참고.

서 험지를 수리하고 요새를 설치하며 군사를 훈련시키고 군량을 비축해 수군은 바다에서 방어하고 육군은 물가에서 방어하면, 설령 왜가 온다 해도 발을 붙일 곳이 없을 것입니다. 왕년에 왜가 부산을 점거하여 문 앞과 집안이 모두 적의 소굴이었을 때와 비교하면 들어가는 노력과 난이도가 하늘과 연못 사이처럼 큰 차이가 날 것입니다.[19] 만약 조선이 스스로를 지킬 수 있다면 우리 또한 조선을 울타리로 삼을 수 있습니다. 다만 신이 오랫동안 저 나라를 보니 부상당한 자들은 일어나지 못하고 유랑하는 자들은 돌아오지 못했으니 오랫동안 쇠약해진 뒤에 끝내 자강하기 어려울 것입니다. 그 군신상하(君臣上下)에게서는 아직 떨쳐 일어나 자립하려는 실상을 보지 못했습니다. 신 등은 왜를 몰아내어 가도록 할 수는 있지만 왜가 다시 오지 못하게 할 수는 없습니다. 부산에서 왜를 쓸어버리고 조선에 부산을 돌려줄 수는 있지만 조선이 일본을 막을 수 있다고 보장할 수는 없습니다.[20] 조선 부산에 있는 왜를 내몰 수는 있지만 일본 대마도의 왜를 몰아낼 수는 없습니다. 이는 중국의 역량이 여기에 그치는 것이니, 신 등

....

19 하늘과 …… 것입니다[相去天淵]: 『시경(詩經)』 대아(大雅) 「한록(旱麓)」의 "솔개는 하늘에서 날고, 물고기는 연못에서 뛴다[鳶飛戾天, 魚躍于淵]."는 구절에서 유래한 말로, 하늘과 땅처럼 크게 떨어져 있는 상태를 말한다.

20 신 …… 없습니다: 송응창(宋應昌)의 『경략복국요편(經略復國要編)』에도 비슷한 표현이 있다. 그는 남해안으로 물러난 일본군이 책봉을 요청하는 데 대해 "신은 여러 장사와 더불어 왜노들을 조선 강역에서 쫓아낼 수 있었지만, 왜노들을 부산 및 해도 바깥으로 쫓아낼 수는 없었습니다. 왜를 쫓아내서 오늘날에는 멀리 달아나게 했지만, 왜가 훗날 다시 오지 않도록 할 수는 없습니다."라고 하면서 자신이 일본군과 교섭을 유지하는 이유를 설명했다. 『경략복국요편』 13-2 「愼留撤酌經權疏」. 형개 및 만세덕은 이미 부산에서 일본군이 물러난 이후이므로, 송응창의 문장을 의식하면서 일부 표현을 바꾼 것으로 판단된다.

의 역량 또한 여기에 그칩니다.

 이제 머물러 지키고자 하면 지금 있는 병력이 1만 5000명에 불과하니, 해안 1000리에 나누어 배치하기도 이미 어렵습니다. 또한 군량을 지급하지 못하는 것이 늘상 몇 달에 이르는데 중국도 때에 맞춰 지급하지 못하고 조선 또한 처리할 방법이 없다고 고집을 부리며 문을 닫아걸고 응하지 않으므로, 굶주린 배로 돌아가기를 바라는 무리들이 변란을 일으키려는 형세가 여러 차례 드러났습니다. 비록 순무·총병 및 해당 도(道)가 간곡하게 격려하고 위로해서 다행히 별일이 없었습니다만, 당장 군량이 끊어져 인심이 끓어오르는 상황에서 문무 관병들이 해외에서 목숨을 맡기고 있으니 형세가 매우 위급합니다. 사람이란 하루에 두 번 식사를 하지 못하면 굶주리는 것인데,[21] 외국에서 주둔하는 병졸들이 한 달 동안 군량이 없는 상황을 감당할 수 있겠습니까. 신은 불측한 변란이 장차 이 때문에 일어날까 두렵습니다. 군량을 처리하는 것이 매우 어려우니 군대를 잔류시키는 것은 더욱 어렵습니다. 신 등이 작년에 전후로 3만 명·2만 명을 요청하고 내년·내후년까지 방어해야 한다고 했으나 호부·병부가 괴롭고 힘들다고 여긴 까닭이 바로 이것입니다.[22] 이는 병력을 잔류시키는

---

21 사람이란 …… 것인데: 한대(漢代) 조조(鼂錯)가 올린 「논귀속소(論貴粟疏)」에 나오는 구절이다. 그는 사람이 하루에 두 끼를 먹지 못하면 굶주리는 것이며, 한 해가 끝나도록 옷을 지어 입지 못하면 추위를 느끼니, 이런 상황을 방지하기 위해 곡식을 헌납하면 그 대가로 벼슬을 주거나 죄를 사해 주는 등의 포상을 베풀 것을 주장했다. 『한서(漢書)』 「식화지(食貨志)」에 나오는 내용이다.

22 신 …… 이것입니다: 형개 및 만세덕은 초기에 3만여 명이나 최소 2만 명의 잔류를 요청했지만, 호부 및 병부에서는 이에 난색을 표한 바 있다. 9-2 〈酌議留兵糧餉疏〉.

데 따르는 어려움입니다.

그러나 중국 안에서 이웃에 사는 백성들도 오히려 다투기를 면하지 못하는데, 하물며 적국으로서 강역이 서로 이어져 있고 배가 때때로 통하여 분쟁의 불씨가 쉽게 일어날 수 있는 상황은 어떻겠습니까. 지금 바다의 파도가 평안하니 진실로 무사하다고 이를 만하지만, 만약 왜노가 우리 대군이 철수한 뒤를 엿보아 조선에 원한을 갚으려 하면 우리는 형세상 다시 구원해 주기 어렵고, 비록 구원해 주려 해도 제때 미치지 못할 것입니다. 만약 조선이 지탱하지 못한다면 전에 거둔 공적이 모두 버려질까 진실로 염려됩니다. 이것이 철병하는 데 따르는 어려움입니다.

예전에 왜구 때문에 동남쪽의 복건·광동·절강·남직례에 군진(軍鎭)을 세우고 방비를 갖추어 지금까지 사계절 내내 게을리 하지 않고 있습니다. 지금 조선에서 이러한 흔단(釁端)이 열렸는데 기보(畿輔: 북경 주변) 지역은 조선과 입술과 이처럼 밀접한 관계에 있으니, 지금의 요동(遼東)·천진(天津)·등주(登州)·회안(淮安)·양주(揚州)는 동남쪽의 복건·광동·절강·남직례와 같습니다. 중국이 진실로 외번을 위해 항상 수비해 줄 수는 없으나, 다만 내지(內地)를 위해 미리 계책을 세우는 것이 마땅하지 않겠습니까. 그러므로 신 등은 외람되이 생각하건대, 요동의 진강(鎭江)·여순(旅順)과 산동의 등주·내주(萊州), 남직례의 회안·양주와 북직례의 천진에는 마땅히 참작하여 병력을 배치하고 미리 방어하기를 한결같이 동남쪽의 옛일과 마찬가지로 했다가 2~3년 뒤에 조선의 원기가 완전히 회복되기를 기다려서 다시 철수하기를 논의해야 합니다. 이는 내지의 방어이니 미리 대비하지 않을 수 없습니다. 다만 내탕이 부족하고 공사(公私)의 재정이 고갈되어 요동에서의 병력 모집도 어려운데 각지에서 병력을 추가하자는 것이니, 말하는 것이야 어찌 어렵겠습니까.[23] 이 또한 방비를 갖추는 데 따르는 어려움입니다.

무릇 병력을 잔류시키자면 군량을 처리해야 하는 어려움이 있고 병력을 철수시키자면 외환(外患)을 근심해야 하는 어려움이 있으며, 안으로 방어하고 밖으로 계획하는 일은 어찌 저희와 같은 변리(邊吏)[24]가 능히 논의하여 처리하기를 주장할 수 있는 바이겠습니까. 하물며 주둔 병력의 군량은 이미 3월부터 정지했습니다. 조선에서 북경까지 오가는 길이 만 리나 돼서 한 번 조사하고 논의하여 황상의 성지(聖旨)를 받들어서 공문을 보내려면 두 달은 잡아야 하므로, 이는 또 두 달의 군량을 소모하는 것입니다. 중국과 번국(藩國: 조선)·왜노의 정세는 다만 이와 같을 뿐입니다.

일이 중대하니 엎드려 바라건대, 구경(九卿)·과도관(科道官)[25]에게 명령을 내리시어 좋은 쪽으로 참작하고 논의해서 상주해

---

23 말하는 …… 어렵겠습니까[談何容易]: 『한서(漢書)』 「동방삭전(東邦朔傳)」에 나오는 고사이다. 원래는 신하가 임금에게 간언하는 것이 어찌 쉽겠느냐는 의미의 구절이었으나, 이후 말하는 것은 쉽지만 실제 행하는 것은 어렵다는 의미로 바뀌어 사용되었다.

24 변리(邊吏): 변방의 벼슬아치. 형개는 계요총독, 만세덕은 경리조선군무로서 변경의 관할지역만을 관장하고 있으니, 전반적인 내지 방어 및 군사 전략의 수립은 자신들이 함부로 결정할 수 없는 분야임을 암시하는 표현이다.

25 과도관(科道官): 명·청시대 육과(六科)의 급사중(給事中)과 도찰원(都察院) 산하의 각 도의 감찰어사(監察御史)를 통칭하여 부르는 말이다. 감찰과 간언을 함께 담당하는 명대 특유의 언관으로, 『명사(明史)』의 기록에 따르면 "어사(御史)는 조정의 이목(耳目)이요 급사중은 장주(章奏)를 담당하여 조정과 황제 앞에서 시비를 다투니 모두 언로(言路)라 부른다."라고 했다.

결정을 청하도록 하시되, 저쪽[조선]에서 조사하고 논의하기를 기다려 시일을 지연시킬 필요는 없습니다. 또 바라건대, 황상께서 조선의 군신에게 간곡히 말씀을 내리시어 스스로 부지런히 노력하고 힘써 자강(自强)할 방책을 강구해서 바깥의 흔단을 영구히 끊어 버리도록 하며, 오로지 중국의 구원만을 믿다가 스스로 근심을 더하지 못하게 함으로써[26] 황상께서 망할 나라를 존속시켜 주신 인자함이 결말을 지을 수 있게 하고, 중국과 외번의 방비가 굳어질 수 있도록 해 주십시오.

성지를 받들었는데, "병부에서 구경·과도관을 모아 회의해서 좋은 쪽으로 헤아리고 논의해 와서 말하라."[27]라고 하셨습니다.

또한 병과서과사좌급사중(兵科署科事左給事中)[28] 계유근(桂有根)[29]이 동쪽을 정벌한 군대를 남겨 두기도 철수시키기도 어렵지만 안팎에

....

26 스스로 …… 함으로써[自貽伊戚]: 『시경』 소아(小雅) 「소명(小明)」에 나오는 구절로, 스스로 마음의 근심을 초래하거나 화를 자초한다는 의미이다.

27 병부에서 …… 말하라: 병부가 주도하여 구경과도회의(九卿科道會議)를 열 것을 지시한 것이다. 구경과도회의는 정의(廷議)라고도 불렸으며, 명 후기에는 해당 의제와 직접적으로 관련된 육부(六部)의 상서(尙書)가 회의를 주재하고 구경(九卿) 및 과도관(科道官)이 기본적으로 참여했다. 이에 더해 많은 중앙 관료가 참여하여 많은 경우에는 100여 명, 회의를 참관하는 이들까지 포함하면 그 이상이 참석하기도 했다. 일반적으로 자금성(紫禁城) 오문(午門)의 동남쪽에 위치한 궐좌문(闕左門), 즉 동각(東閣) 또는 동궐(東闕) 주변에서 열렸다. 명 후기 구경과도회의의 실상과 그 정치적 결정권의 한계에 대해서는 三木聰, 『伝統中國と福建社会』, 東京: 汲古書院, 2015, 346-357쪽을 참고.

28 병과서과사좌급사중(兵科署科事左給事中): 원래 병과의 책임자는 병과도급사중(兵科都給事中)이지만, 당시 병과도급사중 자리가 공석이었기 때문에 병과좌급사중인 계유근이 그 임무를 대신한 것이다. 이하 본 문서에서는 해당 과 도급사중의 부재로 그 업무를 대신하는 관원들이 여럿 나오는데, 그들은 모두 서과사(署科事), 즉 과의 업무를 대행한다는 직함을 띠고 있다.

29 계유근(桂有根): ?~?. 명나라 사람이다. 자는 징실(徵實)이고 하남 여녕부 여양현 출신이다. 만력 17년(1589) 진사가 되었다.

서 서로 미루는 것도 사체에 어긋나니, 조속히 일을 맡은 여러 신하들에게 명령해서 사실에 근거해 참작하여 처리하도록 하고, 회의를 개최하지 말도록 해서 국가의 기강을 떨치고 성공을 보장할 일로 제본을 올렸는데, 그 내용은 다음과 같았습니다.

신이 생각건대, 천하의 일은 손뼉을 치며 논의하기는[30] 언제든 쉽지만, 몸소 담당하는 것은 항상 어렵습니다. 또한 논의하기는 쉬운 듯하면서도, 이미 일어난 일에 국한하여 논의했다가 갑자기 의외의 변란이 일어나면 소홀하다는 죄책을 받게 되고, 아직 일어나지 않은 일까지 두루 염려했다가 다행히 옛 전철을 그대로 밟아 진행되면 터무니없는 말로 속인다고 지목당합니다. 그런즉 논의하기는 또한 쉬우면서도 어렵습니다. 담당하는 것은 원래 어렵지만, 일의 권한을 쥐고 있지 않으면 남이 공급해 주기를 바라고 있어야 하는 쓸쓸한 처지라 옷깃을 붙잡으면 팔꿈치가 드러나는 딱한 형세를[31] 면치 못하며, 성공하기를 책임 지우는 것은 어찌 매우 엄해야 하지 않겠습니까만 움직일 때마다 견제를 받아서 매번 털을 불어 흠집을 찾는 것과 같은 근심이[32] 있

....

30 손뼉을 …… 논의하기는[抵掌而議]:『전국책(戰國策)』「진책(秦策)」의 "손뼉을 치며 이야기하다[抵掌而談]."라는 구절에서 나온 말로, 전국시대 소진(蘇秦)이 출세하기 위해 강태공(姜太公)의 병서를 연구한 뒤 조왕(趙王)을 찾아가 손바닥을 치며 설득하여 무안군(武安君)에 봉해졌다는 고사에서 유래했다.

31 옷깃을 …… 형세[捉襟露肘之形]:『장자』「양왕(讓王)」에 실린 증자(曾子)의 고사[捉襟見肘]에서 나온 말이다. 증자는 위(衛)나라에 살 때 매우 빈한하여 옷을 지어 입지 못할 정도라 옷깃을 여미려고 하면 옷이 작아서 팔꿈치가 드러날 지경이었다고 한다. 여기서 초라한 차림새나 생활이 곤궁한 상태, 이것저것 돌볼 수 없는 딱한 사정을 의미하는 성어가 되었다.

32 털을 …… 근심[吹毛洗瘢之患]:『한비자』「대체(大體)」에 현명한 군주는 터럭을 불어 남의 작은 흠을 찾으려 하지 않고, 때를 씻어 알기 어려운 결점을 찾지 않는다[不吹毛而求

으니, 담당하는 것은 대개 어려움 중에서도 어려운 일입니다. 논의하는 것과 담당하는 것이 양쪽 모두 어려운 지경이 되었으니, 천하의 일은 더욱 해볼 수가 없게 되었습니다. 이것이 임무를 피하고 모여서 시비만 늘어놓는 까닭이지만, 국가의 체통과 신하의 직분에 있어서는 끝내 용납하기 어렵습니다. 빨리 조치하지 않으면 다만 그 어려움을 군부(君父)에게 끼칠 따름입니다.

신이 청컨대 동쪽을 정벌한 군대의 일을 가지고 말씀드리고자 합니다. 신이 14일에 병과에 나아가 일을 맡아보면서 계요총독 형개가 동쪽을 정벌한 군대를 장차 철수시키기 위해 논의를 마땅히 일찍 결정해야 하니, 황상께서 조정 신료들에게 명령을 내리셔서 장구한 계책을 상세히 논의하여 만전을 기하도록 할 것을 간절히 바라는 일로 올린 게첩(揭帖)을 받았습니다. 대략 이르기를, "올해 2월에 이미 병부의 공문을 받아서 입하 전후로 관군을 모두 철수시키고 군량도 정지하기로 논의하고, 벌써 이에 따라서 제본을 갖추어 올렸습니다. 지금 와서 또 병부의 공문을 받아 보니 총독·순무에게 명령을 내려 조선의 군신과 함께 상세히 논의하여 시행할 것을 청했습니다. 왜노가 다시 침범할 수 있고 속국이 지탱할 수 없음을 생각하면 갑자기 철병하기 어렵습니다. 군량이 고갈되고 지키는 군사들이 돌아가기를 원하는 것을 생각하면 오래 머물기 어렵습니다. 복건·광동·절강·남직례의 제도를 모방하여 병력을 연해에 옮겨서 배치하고 수비해야

....

小疵, 不洗垢而察難知]고 했는데, 여기서 유래하여 고의로 남의 작은 흠까지 샅샅이 들춰내는 행동을 지칭하는 말로 사용되었다.

하지만, 내탕과 재정이 빈 것을 생각하면 방어를 갖추기 어렵습니다. 마땅히 이 세 가지 어려움을 구경·과도관에게 회의하도록 하여 만전의 계획을 정해야 합니다."[33]라고 했으니, 총독이 고심했다고 할 만합니다.

다만 신이 어리석음을 무릅쓰고 논하자면, 일이 애매하면 의논해야 하고 지금 마땅히 크게 일을 일으키려 하면 의논해야 합니다. 그런데 지금 관백(關白)[34]은 비록 죽었지만 가토 기요마사·고니시 유키나가(小西行長)[35]는 여전히 무사합니다. 조금 기다려 저 나라[일본]의 일이 안정되고 우리 군대가 돌아오면 반드시 장차 우리를 배반한 무리들과 함께 돛을 올려서 북쪽을 향할 것입니다. 그러므로 왜가 반드시 다시 올 것은 논의할 필요가 없습니다. 우리의 대군이 비록 이미 개선했다고는 하나 주둔하는 군사 1만 6000명이 있어 수륙으로 겸하여 보탬이 되고 있으며, 장

33 올해 …… 합니다: 형개가 올린 제본의 요지를 계유근이 간략히 요약한 것이다.
34 관백(關白): 도요토미 히데요시를 지칭한다. 원래 관백이란 헤이안(平安) 시대 이후 천황(天皇)을 대신하여 정무를 총괄한 일본의 관직이다. 율령에 규정되지 않은 영외관(令外官)으로, 메이지(明治) 유신까지 조정 대신들 중에서는 최고위 관직이었다. 9세기 중엽 이후 대대로 후지와라(藤原) 가문에서 관백을 독차지했는데, 유일한 예외 기간이 바로 도요토미 히데요시와 그 조카 히데쓰구(秀次)가 관백에 취임한 시기이다. 히데요시는 고노에 사키히사(近衛前久)의 양자가 되어 최초의 무가(武家) 관백이 되었는데, 이후 도요토미 성을 받음으로써 후지와라 가문 외부에서 관백에 취임한 최초의 사례가 되었다. 임진왜란을 일으켰던 당시 도요토미 히데요시는 이때 이미 관백에서 물러나 태합(太閤)을 칭하고 있었지만, 명과 조선의 사료에서는 여전히 그를 관백으로 칭했다.
35 고니시 유키나가(小西行長): 1555~1600. 일본 사람이다. 상인 출신으로 도요토미 히데요시의 수하로 들어간 후 신임을 얻어 히고(肥後) 우토(宇土) 성의 성주가 되었다. 임진왜란 때에 선봉장이 되어 소 요시토시(宗義智)와 함께 부산진성을 공격하고 곧바로 진격하여 평양성을 함락했다. 정유재란 때 다시 조선으로 쳐들어와 남원(南原)과 전주(全州) 일대를 장악했다가 조명연합군의 반격을 받고 순천왜성에 주둔했다.

수와 벼슬아치 수십 명, 100명이 있어 방책을 세우는 데 도움을 받고 있고, 통제하고 배치하는 데도 기존의 규례가 모두 남아 있습니다. 그러므로 우리의 병사들은 논의할 필요가 없습니다. 만약 해외로 수송하는 어려움을 걱정하고 속번(屬藩: 제후국, 조선)을 오랫동안 수비해 줄 이유가 없다고 여겨서, 이제 연해로 방어를 옮겨 내지를 지킨다면, 지금 바야흐로 병력을 모아서 파주(播州)를 정벌하느라 여러 성(省)이 소란스러우며,[36] 절강·남직례의 조고원(趙古元)·당운봉(唐雲峰)[37]이 와언(訛言)을 지어내고 변란을 선동하여 사람들의 마음 또한 흉흉한 것이 삼가 염려됩니다. 만약 동쪽을 정벌한 군대가 일거에 철수한다면 조선은 곧바로 왜에 꺾여 버릴 것이니, 조선을 구원하여 7년 동안 소국을 보살핀 공을 마무리해야 함은 말할 것도 없고, 우리 스스로를 위한

....

36 지금 …… 소란스러우며: 파주(播州)의 토사(土司) 양응룡(楊應龍: 1551~1600)이 일으킨 반란을 지칭한다. 양응룡은 당나라 때부터 대대로 파주 지역의 묘족(苗族) 유력자 집안 출신으로, 그 역시 선위사(宣慰使) 지위를 계승한 뒤 명 조정에 조공을 바치고 명의 군사 활동에 휘하 세력을 동원하여 협력했다. 그러나 다른 묘족 집단으로 세력을 확장하려는 움직임을 보여 명 지방관들과 갈등을 빚었고, 만력 22년(1594)에는 명군을 대파하기도 했다. 이후 일시적으로 귀순하려는 의사를 보였으나, 재차 다른 묘족 집단 및 명 지방관들과 충돌을 일으켰다. 결국 명은 대대적 토벌로 전환했고, 만력 28년(1600) 양응룡이 자결함으로써 반란은 종결되었다. 영하(寧夏)의 반란[보바이의 반란] 및 임진왜란과 함께 "만력삼대정(萬曆三大征)"의 하나로 꼽힌다.

37 조고원(趙古元)·당운봉(唐雲峰): 조고원은 절강(浙江) 산음(山陰) 사람으로 요서(妖書)와 요술로 백성들을 미혹하여 여러 차례 물의를 일으킨 인물로서, 당시 세감(稅監) 진증(陳增)이 팽성(彭城) 지역에서 횡포를 부리자 몰려든 여러 무뢰(無賴)들이 조고원을 따르게 되면서 세력이 커졌다. 이에 봉양순무(鳳陽巡撫) 이삼재(李三才)의 탄압을 받아 무리가 와해되었고, 도주한 조고원은 이후 체포되었다. 당운봉 역시 조고원과 마찬가지로 유민들을 규합하여 비적이 된 인물이었다. 沈德符, 『萬曆野獲編』 卷29, 厄祥, 「妖人趙古元」; 『명신종실록』 권344, 만력 28년 2월 7일(신사). 조선에서도 이들의 활동에 대한 정보를 전해 듣고 있었다. 『선조실록』 권126, 선조 33년 6월 4일(을해).

계책으로도 요동·천진·회안·등주 사이에 병력을 동원하고 장수를 늘려야 할 텐데, 역량이 두 가지를 겸할 수 없어 더욱 괴로움을 겪을 것입니다. 그러므로 철병과 방어는 더욱 침착하게 도모해야지, 중원에 일이 많은 때에 큰 어려움의 단서를 열어서는 안 된다는 것은 의논할 필요도 없이 알 수 있는 일입니다.

따라서 신의 생각에는 동쪽을 정벌한 병사들은 철수시키기를 논의하지 말고, 호부·병부로 하여금 올해 말까지의 군량을 논의하여 처리해서 기한 내에 군영으로 운송해 나눠 주도록 하십시오. 또한 장사들을 격려하여 방어를 더욱 엄하게 하며, 양응룡(楊應龍)이 평정되고 역적 조고원 등이 몰래 숨어서 자취를 감출 때까지 조금 기다렸다가 한결같이 총독이 요동·회안에 방어를 세우기를 요청한 내용에 따라 시행하면, 왜가 와도 강을 건너 속국을 보전할 수 있고, 왜가 물러나면 군사를 이동시켜 북쪽 오랑캐를 주저앉힐 수 있습니다. 어찌 오래도록 평안할 완전한 사후 대책이 아니겠습니까.

혹시 조정 신하들이 감히 논의하려 하지 않고 총독·순무에게 떠넘기고, 총독·순무가 감히 담당하려 하지 않고 구경·과도관[臺省]에게 미루다가, 만일 구경·과도관이 다시 서로 다른 견해를 견지하면서 그 허물을 거론하지 않는다면, 어찌 장차 그 임무를 군부에게 되돌려주는 일이 아니겠습니까. 이는 신이 이해할 수 없는 바입니다.

엎드려 바라건대, 황상께서는 영단(英斷)을 홀로 떨쳐 병부·도찰원(都察院)에 명령을 내려서 회의를 열지 말도록 하시고, 그럼으로써 봉강(封疆)에는 임무를 전담하는 신하가 있게 하고 묘당(廟堂)에는 조정을 가득 메운 논의가 없게 해 주시면 국체(國體)와 무공(武功)에 진실로 적지 않은 보탬이 될 것입니다.

성지를 받들었는데, "동쪽 변경에서 여러 해 군사를 부린 것은 원래 울타리[藩籬]를 마땅히 지켜야 하기 때문이었다. 왜가 다시 오지 않을 것이라고 보장할 수 없거니와 조선의 힘도 아직 떨치지 못했으니, 갑자기 철병을 논의하면 누가 후환을 방비하겠는가. 이 제본도 함께 회의하여 와서 말하라."라고 하셨습니다.

병부에서 성지에 따라 구경·과도관을 소집했고, 각 관원들이 모두 동궐(東闕)에 와서 회의했습니다.

이부상서 이대(李戴)[38] 등의 의견은 다음과 같았습니다.

살피건대, 해외의 군사들은 본디 조선을 구원하기 위해 출병한 것이므로, 마땅히[39] 조선을 회복했으니 개선해야 합니다. 다만 조선은 황폐화되었고 병사들은 아직 훈련되지 않았으므로, 잠시 1만 5000명을 남겨 두어 저들을 응원하도록 했습니다. 지금 조선이 전쟁을 겪은 지 이미 몇 년이 되었고 휴식한 것도 이미 2년이 되었으나 아직 적을 상대하기에 부족합니다. 그렇다면 조선은 언제 마땅히 자강할 것이며, 중국은 언제 어깨를 쉴 수 있겠습니까. 제본을 올려 준허를 받은 철병 시기가 이미 다가왔고 원래 논의에 군량 지출은 3월에 정지하도록 했으나, 우리 안팎의 의논

....

38 이대(李戴): ?~1607. 명나라 사람이다. 하남 연진현(延津縣) 출신으로 융경 2년(1568) 진사가 되었다. 도찰원우부도어사(都察院右副都御史), 남경공부상서(南京工部尚書) 등을 거쳐 만력 26년(1598)에는 이부상서(吏部尚書)에 임명되었다. 만력 31년(1603) 국본(國本) 논쟁에 연루되어 관직에서 물러났다.

39 마땅히: 원문은 "自□"으로 한 글자가 마멸되어 보이지 않는다. 여기서는 문맥에 따라 번역했다.

은 지금껏 결정되지 않았습니다. 만약 삼군(三軍)이 굶주리다가 다른 변란이라도 일으키게 되면 잃는 바가 클 것입니다.

지금 이미 조선으로 하여금 스스로 떨치도록 할 수 없고 또한 왜노가 반드시 오지 못하도록 할 수 없다면, 중국 역시 남을 대신하여 오래도록 주둔해야 할 이유가 없습니다. 마땅히 우리 군대 중 5000명을 철수시키고 1만 명을 남겨 두어 잠시 방어를 돕도록 하되 1~2년을 기한으로 해야 합니다. 조선은 원래 은이 나지 않으니 절색(折色: 은)은 진실로 강요하기 어렵습니다. 다만 남겨 두는 병력이 점차 줄어드니 저들의 힘도 점차 넉넉해질 것이므로 마땅히 곡물 외에 포백(布帛)을 더 부담하도록 하고, 우리는 절색으로 조금 도와주어야 합니다.

병란이 일어난 이후 사람은 적고 땅은 많으니, 마땅히 조선과 논의해서 해외에 나간 수군에게 경작할 만한 땅을 지급해서 머물러 농사짓도록 하여 군량을 공급하면, 곡식이 익은 뒤에는 우리의 절색과 저들의 본색(本色: 곡물)을 모두 차차 줄일 수 있습니다. 각 해당 장령(將領)·도(道)는 반드시 실심(實心)과 실사(實事)로 실행해야 합니다. 또한 마땅히 군령을 엄히 신칙하여 침탈하고 능멸하거나 빼앗아서 다른 흔단을 열지 못하도록 해야 합니다. 이 밖에 군중에서 반드시 필요하지 않은 비용은 재원을 절감할 수 있고, 해상에서 반드시 방어할 필요가 없는 곳은 군량을 옮길 수 있습니다. 모두 총독이 덜거나 보탤 것을 헤아려서 상주하도록 하여, 반드시 공급하는 군량이 헛되이 낭비되지 않고, 중국에서 모아서 주둔시킨 병력이 속국을 소란하게 하지 않도록 해야 합니다. 우리 군사들로 하여금 주둔하여 경작해서 능히 스스로 먹고살게 하면 군량이 절약되고, 조선을 타일러서 훈련하도록 하여 조금 스스로 떨칠 수 있게 하면 군사들이 돌아올 수 있습니다. 밖으로는 왜와 조선의 정세를 살피고, 안으로는 우리의 병력과 물력을 헤아리는 것은 오직 일을 맡은 자가 결단하기에 달려 있을 따름입니다.

또한 호부상서 진거(陳蕖)[40] 등의 의견은 다음과 같았습니다.

처음 왜가 난리를 일으켰을 때 우리는 조급히 울타리[藩籬: 조선]를 굳힐 것만 걱정했지, 전쟁이 지속되어 해결하기 어려울 것을 근심하지 않았습니다. 속국을 위해 멀리 염려하여, 반드시 왜의 남은 무리가 없어진 연후에야 비로소 편히 잠을 잘 수 있으리라 기약했습니다. 왜가 멸망하지 않고서는 병력을 철수시킬 기한은 없었습니다. 병부에는 자연히 큰 계획이 있을 것이니, 저희 호부로서는 당연히 간섭하기 어렵습니다. 다만 병사들이 급하게 여기는 것은 군량입니다. 군량은 어디서 나올 것입니까. 역사서가 있었던 이래로 중국이 바깥 오랑캐를 위해 수비하면서 내지로부터 군량을 운송했다는 말은 듣지 못했습니다. 비유하자면 나를 위해 농사짓는 자가 우연히 도둑을 맞았다면, 나는 다만 주인으로서 한두 명의 노비에게 명령을 내려 그가 지키고 망보는 것을 도와줄 뿐이지, 식량을 싸 가지고 가서 그를 따르도록 하는 일은 없는 것과 같습니다.

....

40 진거(陳蕖): ?~?. 명나라 사람이다. 호북 응성(應城) 서향[西鄕, 지금의 응성시(應城市) 진하(陳河)·양령(楊嶺) 일대] 사람이다. 융경 2년(1568) 진사가 되었다. 산동안찰사부사(山東按察司副使), 산서안찰사부사(山西按察使副使), 산서포정사참정(山西布政使參政)을 거쳐 호부상서에 이르렀다. 시호는 의민(毅敏)이다.

천조(天朝: 명)가 7~8년 이래로 지출한 본색은 100만, 절색은 400만으로 헤아립니다. 예전에는 죽을 사람을 구하고 상처 입은 자를 부축하느라 겨를이 없었으니 오히려 스스로 핑계댈 수 있었습니다. 지금은 이미 옛 물건을 회복했으니, 병사들의 식량을 어찌 우리에게만 의지할 수 있겠습니까. 하물며 조선은 왜와 이웃했으며, 이전 시대는 말할 것도 없고 선조(先朝: 선대의 조정) 때만 해도 군사와 말이 강성하고 비축이 풍성하여 화살 한 대, 한 톨의 곡식이라도 저들에게 보태 주어 왜를 방어하는 데 쓴 적이 없습니다. 지금 물력이 선조 때에 비해 크게 미치지 못하니, 속국에 이전에는 왜를 어떻게 방어했으며, 지금은 무엇 때문에 병력과 식량을 모두 천조에 우러러 의뢰하는지 물어야 할 상황입니다. 다만 저들이 군량을 얼마나 낼 수 있고 병력 몇 명에게 공급할 수 있으며, 군량은 어떤 방법으로 마련할 것인지를 물어보아야 비로소 주둔 병력을 논의할 수 있을 따름입니다. 본색·절색은 결코 조금도 내지에서 지출할 수 없음은 저희 호부에서 매우 깊이 헤아린 바 있습니다. 병법에 이르기를, "저들을 알고 나를 안다[知彼知己]."[41]고 했습니다. 우리가 저들을 위해 계획해 주는 것은 좋습니다만, 먼저 우리를 위해 계획하지 않을 수 있겠습니까. 또한 예부상서 여계등(余繼登)[42] 등의 의견은 다음과 같았습니다.

외람되이 생각건대, 남의 신하가 된 자는 국가의 일에 대해서 반

41 "저들을 알고 나를 안다[知彼知己]": 『손자(孫子)』「모공(謀攻)」에 "적을 알고 나를 알면 백 번 싸워도 위태롭지 않다[知彼知己, 百戰不殆]."는 유명한 구절을 지칭한다.

42 여계등(余繼登): 1544~1600. 명나라 사람이다. 직례 교하현(交河縣) 출신이다. 만력 5년(1577) 진사가 되어 한림원 서길사(翰林院庶吉士)에 들어간 후 한림원의 관직을 누차 역임했다. 관직은 예부상서(禮部尙書)에 이르렀다.

드시 진실되게 안 연후에야 논의하는 바가 마땅하게 되며, 반드시 직접 본 이후에야 아는 것이 진실하게 됩니다. 하물며 군사는 지극히 중요한 일이니 더욱 어둑어둑하게 결정해서는 안 됩니다. 지금 총독과 경리가 조선에 있었던 것이 여러 해입니다. 왜가 다시 올지, 병력을 철수시켜야 할지 그들이 이미 직접 보았고 또한 진실하게 알고 있습니다. 마땅히 이해의 귀추를 궁구하고 가부의 마땅함을 들여다보아 밝으신 성상을 위해 명백히 아뢰어야 합니다.

만약 한갓 그 실마리만 인용하여 황상께서 스스로 결정하도록 하거나, 그 책임을 떠넘기고 구경으로 하여금 회의하도록 해 놓고서는, 나중에 무사하면 그만이고, 일이 생기면 "이는 주상께서 결정하신 것이다. 내가 무슨 죄인가."라던가 "이는 아무개가 회의한 바이니, 그가 바로 책임을 져야 할 자이다. 나는 죄가 없다."라고 하면서 미리 헤아리는 교묘한 계획으로 이후의 허물과 책망을 면하려 한다면, 이는 자신의 일을 도모하는 데에는 뛰어나지만 나라를 위해 도모하는 데는 충직하지 못한 것입니다. 옛 사람이 말하기를, "군사는 멀리서 헤아리기 어려우니, 백 번 듣는 것이 한 번 보는 것만 못하다."[43]라고 했습니다. 그러므로 신

....

43 군사는 …… 못하다[兵難隃度, 百聞不如一見]: 『한서(漢書)』「조충국전(趙充國傳)」에 나오는 고사이다. 신작(神爵) 원년(기원전 61) 한나라가 강족과 충돌하여 크게 패배하자, 선제(宣帝)는 이미 일흔이 넘은 조충국에게 강족의 형세와 정벌하기 위해 군대를 얼마나 투입해야 할지를 하문했다. 조충국은 "백 번 듣는 것이 한 번 보는 것만 못하며 군사는 멀리서 헤아리기 어려우므로, 신은 금성(金城)으로 달려가서 방략을 올리고자 합니다[百聞不如一見, 兵難隃度, 臣願馳至金城, 圖上方略]."라고 대답하면서 자신을 현지로 보내줄 것을 요청했고, 선제는 이를 허락했다. 이후 조충국은 현지에 가서 상황에 맞는 전략을 실행, 강족을 대파하는 데 성공했다.

은 어리석음을 무릅쓰고 생각하기를, 철병하는 일은 다만 밖에서는 총독이 결정하고 안에서는 추신(樞臣: 병부상서)이 결정해야지, 구경에게 결정하도록 해서는 안 된다고 여깁니다.

군량을 공급하는 것은 신의 어리석은 생각에 결코 해서는 안 될 일입니다. 동쪽의 일로 군사를 일으킨 뒤에 기보·산동[齊魯]의 백성들은 해마다 향은(餉銀) 수십만 냥을 더 내느라 뼈를 쳐서 골수를 발라내고,[44] 살을 베어 내어 종기를 치료하는 지경입니다.[45] 비록 밝은 조서(詔書)를 받들어 정벌을 정지했지만, 담당 관리들 중에는 여전히 조서의 내용을 받들어 행하지 않는 자들이 있어 백성들의 괴로움이 극에 달했습니다. 또한 여기에 더해 가뭄·메뚜기의 재난이 못된 관리를 도와[助] 포학한 짓을 행하니 여염에서는 원망이 자자하며, 먹을 것을 얻을 길이 없어 나무껍질과 풀뿌리까지도 일시에 모두 다 먹어 버렸으니 떠돌아다니다가 굴러 넘어져 죽어 가는 모습을 차마 보고 들을 수가 없습니다. 비록 우리 황상께서 곡식을 풀어 진휼하심으로써 조금 살아나고 있지만, 지금도 마을에는 사람이 없고 집에는 연기가 나지 않습니다. 이러한 상황에서 황상께서는 아직도 세금을 더 거두

---

44 뼈를 …… 발라내고[椎骨剝髓]: 당나라 한유(韓愈)의 「운주계당시서(鄆州谿堂詩序)」에서 유래한 말이다. 원문은 사람의 피부를 벗기고 골수를 때린다[剝膚椎髓]는 뜻으로, 그만큼 가혹하게 압박하고 수탈하는 것을 의미한다.

45 살을 …… 지경입니다[剜肉醫瘡]: 당나라 섭이중(聶夷中)의 「영전가(詠田家)」의 "2월에는 잣지도 못한 고치실을 팔고 5월에는 익지 않은 곡식을 파네. 눈앞의 종기를 치료하기 위해서라지만 가슴 속 살점을 저며내는 듯하구나[二月賣新絲, 五月糶新穀, 醫得眼前瘡, 剜卻心頭肉]."라는 시구에서 유래한 말이다. 농가에서 당장 닥친 세금을 내기 위해 제대로 잣지도 못한 실과 거두지도 못한 곡식을 미리 팔아 치우는 상황이 종기를 치료하기 위해 살점 한 덩이를 떼어 내는 것과 마찬가지임을 표현한 것이다.

어 다른 나라에 공급해 줄 수 있다고 생각하십니까.

하물며 수년 이래로 조선의 백성들 중 왜에 의해 죽임을 당한 자들이 절반 이상이니, 그 나머지 절반으로 한 나라의 논밭을 경작하면 자연히 남는 곡식이 있을 것인데 왜 중국을 번거롭게 합니까. 병사들로서 머물러 주둔하는 자들은 아무런 하는 일이 없으니,[46] 정벌하면서 둔전하도록 하면 또한 족히 자급할 수 있는데, 다시 왜 중국을 번거롭게 합니까. 한나라의 조충국(趙充國)은 1만 명을 이끌고 황중(湟中)에 주둔하면서 앉아서 선령(先零)을 곤궁하게 했으며,[47] 반초(班超)가 병력을 요청하여 서역(西域)을 수호할 때는 중국의 한 되 곡식도 쓰지 않고도 여러 나라를 위세로 복속시켰습니다.[48] 저들이라고 남의 신하가 아닙니까. 어찌 옛날과 지금이 끝내 이렇게까지 다르단 말입니까. 만약 반드

46 아무런 …… 없으니[無所事事]: 원래 『사기(史記)』 「조상국세가(曹相國世家)」에 나오는 말이다. 한나라 초의 조참(曹參)은 소하(蕭何)의 뒤를 이어 승상이 된 이후 소하가 실시한 정책을 조금도 바꾸지 않고 밤마다 술을 마시면서 아무런 일도 하지 않았다. 혜제(惠帝)가 그에게 이유를 묻자 조참은 혜제가 그 아버지 고조(高祖) 유방(劉邦)만 못하고, 자신이 소하보다 못하니, 자신들은 그들이 정해 둔 규정에 따르면서 실수하지 않는 것이 옳다고 해명했다. 실제로 조참이 재상으로 재임하고 죽자 백성들은 조참의 업적을 칭송했다고 한다.

47 한나라의 …… 했으며: 한나라 선제 때 강족을 토벌하기 위해 현지에 당도한 조충국은 기병 1만여 명을 해산시키고 둔전을 하면서 강족이 피폐해져 스스로 무너지기를 기다리는 방책을 세웠으며, 반대에도 불구하고 자신의 전략을 관철시켰다. 그 결과 선령을 비롯하여 반란을 일으킨 강족을 모두 토벌하는 데 성공했다. 『한서』 「조충국전」의 서술이 자세하다.

48 반초(班超)가 …… 복속시켰습니다: 반초는 30여 년간 서역에 머물며 서역 여러 나라를 복속시키고 한나라의 위세를 떨쳤으며, 서역도호(西域都護)가 되고 정원후(定遠侯)에 봉해졌다. 그는 건초(建初) 3년(78) 병력을 요청하기 위해 올린 상소에서 사차(莎車)·소륵(疏勒)은 토지가 비옥하니 이곳을 확보하면 중국의 양식을 쓰지 않고도 자족할 수 있음을 강조하기도 했다. 『후한서(後漢書)』 「반초열전(班超列傳)」 참고.

시 가난한 백성의 고혈을 짜내서 울타리 바깥으로 수송해야겠다
면, 재물이 다해도 그 구하는 바를 감당하지 못하고 국력이 피폐
해져도 그 일을 감당해 내지 못할까 걱정됩니다. 이는 공자께서
이른바 "계손(季孫)의 근심은 전유(顓臾)에 있는 것이 아니라 담
장 안에 있다."[49]라고 말씀하신 그대로입니다. 그러므로 신의 생
각에 이는 절대 불가합니다.

또한 태자태보(太子太保) 형부상서 소대형(蕭大亨)[50] 등의 의견은 다
음과 같았습니다.

왜를 방어하기 위해 병력을 배치하는 것은 일이 본디 중대하며,
병력을 철수시킬지 남겨 둘지는 결정하기 어려우니 마땅히 신중
하게 논의해야 합니다. 왜가 임진년(1592)에 조선을 침범했을 때
부터 지금까지 8~9년입니다. 싸우다가 책봉하고, 책봉하고는 다
시 싸우는 사이 여러 사람의 논의가 분분했습니다. 평정하고서도
병력을 논의하고 군량을 논의하는 것이 아직도 끝나지 않았으니,
조선만 피곤한 것이 아니라 천조에 누를 끼친 것도 많습니다.

　　다만 왜노가 처음 침입할 때 움직일 때마다 20~30만을 칭

....

49　계손(季孫)의 …… 있다: 『논어(論語)』 「계씨(季氏)」에 나오는 말이다. 노(魯)의 실권자
　　계손씨(季孫氏)가 자기의 세력을 강화하기 위해 노나라의 부용국(附庸國)인 전유(顓臾)
　　를 침공하려 하자, 공자는 계손씨를 섬기고 있던 제자 염유(冉有)에게 그 부당함을 비
　　판하면서 계손씨의 근심이 바깥에 있는 전유가 아니라 자기 집안 안에 있을까 두렵다고
　　지적했다.
50　소대형(蕭大亨): 1532~1612. 명나라 사람이다. 가정 41년(1562) 진사가 되었고, 변경에
　　서 몽골족의 침입을 막아내고 화의를 통해 몽골과의 관계를 안정시키는 데 공헌했다. 만
　　력 20년(1592) 영하에서 보바이의 난을 진압하는 데 기여했다. 이후 형부상서, 병부상
　　서를 장기간 역임했으며 몽골에 대처한 실무 경험을 토대로 『북로풍속(北虜風俗)』을 저
　　술했다.

했으니, 관백의 용맹함과 씩씩함이 없었으면 몰아서 모을 수 없는 것이고, 관백의 사납고 날뛰는 성미가 없었으면 엿보고 침범할 수 없는 것이었음에도, 오히려 수년 동안의 힘을 들여서야 겨우 조선을 침범할 수 있었습니다. 지금 왜는 이미 도망갔고 관백은 죽었습니다. 가토 기요마사·고니시 유키나가 두 우두머리는 여전히 서로 사이가 나쁜 상태이니, 관백의 어린 고아[도요토미 히데요리(豊臣秀賴)[51]]는 스스로 보전할 수 없습니다. 헤아리건대, 왜는 필시 곧바로 무리를 모아서 다시 오기 어려울 것입니다.

다만 조선의 임금과 신하는 원기가 없고 떨치지 못해 속임을 당하거나 능멸을 당하기 쉽습니다. 대마도의 곤궁한 왜는 살아가기가 어려우니 반드시 마음대로 약탈할 것입니다. 하물며 옛날의 부산은 왜호(倭戶)가 살면서 농사짓던 곳이었고 왜상(倭商)이 무역하던 곳이었으니, 반드시 침범하고 반드시 다툴 땅인 듯합니다. 만약 조선이 능히 군대를 신칙하여 방어를 신중히 할 수 있다면 또한 족히 스스로를 보전할 수 있을 것입니다. 하지만 그러지 못하고 오로지 중국만 믿어서 반드시 구원해 주고 반드시 방어해 주리라 여기고 있습니다. 따라서 병력을 남겨 두는 논의를 강구하지 않을 수 없습니다.

그러나 병력을 잔류시키는 것은 진실로 어려우며, 군량을 처리하는 것은 더욱 어렵습니다. 헤아리건대, 병력 1만 5000명을

....

51 도요토미 히데요리(豊臣秀賴): 1593~1615. 도요토미 히데요시가 57세에 본 아들로, 1598년 3월 히데요시가 사망하자 5살의 히데요리가 그 뒤를 이었다. 그러나 히데요리는 오사카 전투에서 도쿠가와 이에야스에게 패배하여 정권을 넘겨주게 되었고, 이후 자결했다.

남겨 두면 해마다 들이는 비용이 30만 냥을 밑돌지 않을 것인데, 이는 조선에 책임 지울 본색은 포함시키지 않은 숫자입니다. 만약 군량을 감액하면 구례가 이미 정해져 있으니 병사들이 따르지 않을 것입니다. 전액 지급할 경우 세월이 길어지면 오래도록 지속하기 어렵습니다.

그러나 참작하여 방책을 세우고 멀리 헤아리는 계책에서 보면 병부·병과(兵科)의 논의대로 형세상 병력을 남겨 두지 않을 수 없습니다. 잔류시키면 향은(餉銀)은 절대 줄일 수 없습니다. 또한 멀리 가서 주둔하는 병사들은 이미 집을 내버리고 나온 것을 괴로워하니, 응당 지급해야 할 급여는 빠뜨리거나 체불하기 어렵습니다. 그렇지 않으면 북을 치며 소란을 피우는 것은 오히려 작은 일이고, 왜가 올 경우 누가 목숨을 바쳐 싸우겠습니까. 따라서 군량을 논의하는 것은 진실로 병력을 잔류시킬 때의 긴요한 과제입니다. 오직 병부와 호부가 좋은 쪽으로 헤아려서 어떤 항목의 병력을 잔류시키고 어떤 항목의 은을 지출하며, 조선에서 응당 지급할 것은 얼마이고 중국에서 응당 지급할 것은 얼마이며, 어떤 장수가 응당 남아야 하고 어떤 관원은 응당 줄여야 할지, 획일적인 규정을 강구하는 데 힘써서 길 옆에 집을 짓는 논의[52]를 면하도록 하면, 안으로는 중국의 대체(大體)를 온전히

----

52 길 …… 논의[道傍之議]: 『후한서(後漢書)』「조포전(曹褒傳)」에는 예제를 제정하는 과정에서 다양한 논의로 인해 일이 진척되지 않자, 장제(章帝)가 "길가에 집을 지으면 3년이 지나도 완성되지 못한다[作舍道傍, 三年不成]."는 속담을 인용하면서 의견에 좌우되지 말고 관철시킬 것을 지시한 고사가 실려 있다. 여기서 유래하여 길가의 논의, 혹은 길가에 집을 짓는 논의란 여러 사람의 의견이 분분하여 일이 진행되지 않는 상황을 나타내는 말로 쓰이게 되었다.

하고 밖으로는 먼 오랑캐가 두려워 복종하도록 할 수 있을 것입니다.

또한 태자소보(太子少保) 공부상서 양일괴(楊一魁)[53] 등의 의견은 다음과 같았습니다.

작년에 왜가 물러난 이후부터 의논하는 자들은 모두 말하기를 왜는 반드시 오지 않을 것이니 병력은 모두 철수시켜도 된다고 했습니다. 알지 못하겠으나 관백이 이미 죽었고 나라 안이 아직 안정되지 않았으며 가토 기요마사·고니시 유키나가 두 장수가 서로 버티며 굽히려 들지 않으므로, 일단 이 문제를 내버려두는 것으로 완만한 계책을 삼았을 것입니다. 그러나 그 마음속으로 돛을 올려 북쪽을 향할 계획을 잊었으리라고 보장할 수 없습니다. 만약 오랑캐가 침범하기로 뜻을 세우고 또 우리 군대가 모두 돌아갔음을 엿보아 목구멍을 치고 빈틈을 공략해 오면[54] 아침에 해도(海島)를 건너 저녁에는 삼한(三韓)의 교외를 달릴 수 있습니다. 그러므로 저들이 오지 않을 것을 믿고 곧바로 방비를 느슨하게 한다면 이는 눈앞의 일을 보지 못하는 것입니다. 회안·등주·

....

53 양일괴(楊一魁): 1535~1609. 명나라 사람이다. 가정 44년(1565)에 진사가 되어 출사했고 병과급사중(兵科給事中), 절강안찰사(浙江按察使), 부도어사(副都御史), 남경태상시경(南京太常寺卿) 등을 거쳐 만력 23년(1595)에 공부상서(工部尙書)가 되었으며, 만력 26년(1598)에는 태자태보(太子太保)를 더했다.

54 목구멍을 …… 공략해 오면[批亢擣虛]: 목을 치고 빈 곳을 찌른다는 말로,『사기』「손자오기열전(孫子吳起列傳)」에 나오는 표현이다. 전국시대 위나라가 조나라를 공격하자 제나라는 전기(田忌)를 장군으로 삼고 손빈(孫臏)을 군사로 삼아 조나라를 구원하게 했다. 손빈은 싸움을 도울 때는 직접 치고받을 것이 아니라 적의 목을 치고 빈 곳을 찔러 적이 공격할 수 없는 형세를 만들면 자연스럽게 풀린다고 주장하면서 위나라의 수도 대량(大梁)을 공격할 것을 진언했고, 그의 진언에 따라 움직인 제나라 군대는 회군해 온 위나라 군대를 대파하는 승리를 거두었다.

천진에서 방비하되 한 부대도 조선에 남겨 두지 않는다면 이는 문 앞에서 적을 맞이하는 것입니다. 병력을 남겨 두는 것이 진실로 편하지만, 병력이 있으면 군량이 있어야 합니다. 병력이 많으면 군량을 지급하기 힘들고, 군량이 부족하면 군사들은 배부른 채로 잘 수 없게 됩니다. 지금의 계책으로는 마땅히 주둔하는 병력의 숫자를 참작해 줄여서 정병(精兵) 1만 명을 헤아려 남겨 두고, 대장으로 하여금 통솔하게 해서 부산 등의 요해처에 주둔시켜야 합니다. 그 군량과 사료는 조선에 공급하도록 책임 지워야 합니다. 다만 행량(行糧)[55]의 절색과 의갑(衣甲)·호상(犒賞)[56]의 비용은 천조에서 운송하여 지급해야 합니다.

또 살피건대, 주둔하는 병력이 가 있을 곳에서는 경작하고 개간할 수 있습니다. 예컨대 왜노가 예전에 경작하고 방목했던 지역을 각 병사들에게 나누어 주고 그들이 처자를 데려오는 것을 허락하여 힘닿는 대로 개간하고 농사짓게 합니다. 수확이 많든 적든 그들이 스스로 거두도록 허락하고, 군이 수확을 공제하여 월량(月糧)으로 삼지 않고 장관(將官)들이 구실을 붙여 떼어 가지 못하게 합니다. 그러면 각자 땅을 편안히 여기고 생업을 즐기는 이득이 있을 것이니, 오래도록 수비하느라 돌아가고 싶어하는 마음을 위로할 수 있을 것입니다. 이는 곧 조충국[趙營平: 영평후]이 금성(金城)에 둔전을 설치했던 뜻입니다. 일 처리가 마땅하게 된 연후에 경리를 소환하고, 감군(監軍)으로 사(司)·도(道)[57]

....

55 행량(行糧): 병정이 출정할 때 진영에 지급되는 양식(糧食)이다.

56 호상(犒賞): 장병들에게 상으로 지급하는 물품을 말한다.

57 사(司)·도(道): 포정사·안찰사·도지휘사사(都指揮使司)와 도원을 총칭하는 말이다.

중에 재능과 명망이 있는 자 1명을 뽑아서 중한 임무를 맡기고 3년 기한으로 교대하도록 해야 합니다. 만약 안배하는 데 공을 세우면 우등으로 발탁하여 기용하도록 합니다. 해당 도는 곧 요동을 관할하니 순무의 절제(節制)를 받도록 하며, 만약 경보가 있으면 총병과 회동하여 기미를 살펴 방어하도록 하고, 한편으로 총독·순무에게 보고해서 무리를 통솔하여 응원하도록 합니다. 이상의 논의를 따르면 평시에는 경비를 과다하게 지출하지 않을 뿐만 아니라 급할 때도 앉아서 울타리를 잃어버리는 사태에 이르지 않을 것입니다. 만전을 기하는 계획으로는 이보다 나은 것이 없을 듯합니다.

천진·회안·등주 연해의 병력 또한 다시 논의할 만합니다. 병력 중 10분의 2~3을 줄이고, 줄어든 지급 액수를 조선에 수송하면 호부에서 재정을 헤아려야 하는 근심도 조금 풀릴 것입니다. 이는 내지를 가볍게 여기고 조선을 중하게 여기는 것이 아닙니다. 대개 부산은 천험의 요지로 관병 1만 명이 10만 명을 대적할 수 있습니다. 부산을 지키는 것은 조선을 공고히 하는 방법이니, 이는 곧 우리의 국경을 공고히 하는 방법입니다. 그렇지 않으면 다른 날에 왜가 조선을 점거하고 오랑캐와 규합하여 중국을 침범할까 염려되니, 왜의 교활함에 오랑캐의 강함을 더하면 누가 이를 막을 수 있겠습니까. 그런 연후에 연해와 연변에 병력을 늘리고 방어를 설치하면 들이는 비용이 부산에 비해 열배, 백배, 천배, 만배에 그치지 않을 것입니다. 이를 어떻게 지탱하겠습니까. 따라서 빨리 살피고 미리 도모하지 않을 수 없습니다. 신의 어리석은 염려는 이러하니, 오직 황상께서 채택해 주시면 매우 다행이겠습니다.

또한 도찰원좌도어사(都察院左都御史) 온순(溫純)[58] 등의 의견은 다음과 같았습니다.

왜노가 조선을 침범한 이래로 조정에서 소국을 사랑하는 어진 마음을 실천하여 병력을 징집하고 군량을 수송한 것이 이미 7년이 되었습니다. 다행히 하늘이 도요토미 히데요시(豊臣秀吉)[59]의 목숨을 빼앗아서 침입하여 오래 점거하고 있던 적들을 모두 평정하도록 하니, 지금에 이르러 바다의 재앙이 사그라들었습니다. 의논하는 자들은 말하기를 왜의 성향이 심히 교활하니 다시 오지 않을 것을 보장할 수 없으며, 조선은 거듭 쇠퇴했으므로 갑자기 진작될 것을 기대하기 어렵다고 합니다. 왜가 올 것을 걱정하

....

58 온순(溫純): 1539~1607. 명나라 사람이다. 섬서 삼원현(三原縣) 출신으로 가정 44년 (1565)에 진사가 되어 출사했다. 장거정(張居正)과 불화하여 관직을 내놓고 귀향했다가 장거정 사후 다시 관직에 올랐다. 만력 21년(1593) 공부상서(工部尙書)가 되었고 만력 26년(1598)에는 좌도어사(左都御史)로 도찰원(都察院)을 관장하게 되었다.

59 도요토미 히데요시(豊臣秀吉): 1536~1598. 일본 사람이다. 하급무사인 기노시타 야에 몬(木下彌右衛門)의 아들로 태어나 젊어서는 기노시타 도키치로(木下藤吉郞)라는 이름을 썼고, 29세 이후에는 하시바 히데요시(羽柴秀吉)라고 했다. 1558년 이후 오다 노부나가의 휘하에서 점차 두각을 나타내어 중용되어 오던 중 아케치 미쓰히데(明智光秀)의 모반으로 혼노지에서 죽은 오다 노부나가의 원수를 갚고 실권을 장악했다. 이때부터 다이라(平)를 성씨로 사용했으며, 1585년 관백(關白)이 되자 후지와라(藤原)로 성씨를 다시 바꾸었다. 도요토미라는 성씨는 1586년부터 사용했다. 도요토미 히데요시는 대마도주를 통해 조선에 명나라 정복을 위한 협조를 요청했고, 교섭이 결렬되자 마침내 1592년 조선을 침공하여 임진왜란을 일으켰다. 그는 출정군을 9개 부대로 나누어 15만여 명이 넘는 수군과 육군을 선두로 부산포진을 공격했고, 서울에서 평양까지 파죽지세로 진공했다. 하지만 겨울이 되면서 전쟁의 어려움이 가중되자 고니시 유키나가로 하여금 명의 심유경과 평화 교섭을 추진하게 했으나 실패했다. 이듬해 1597년에 다시 군대를 동원하여 정유재란을 일으켰지만 고전을 거듭하여 국력만 소모하는 결과를 낳았다. 그는 후시미(伏見) 성에서 1598년 질병으로 사망했다.

므로 병력을 잔류시킬 것을 논의하는 것이며, 군량을 공급하기 어려움을 염려하기 때문에 병력을 철수시킬 것을 논의하는 것입니다.

모두 철수시키면 우리의 울타리를 잃게 될 것이니, 이는 말할 수 있는 바가 아닙니다. 그러나 군대는 단순히 잔류시키는 것이 중요한 것이 아니라 충실히 훈련되었는지가 중요합니다. 훈련되어 있지 않은 병력을 잔류시키거나, 훈련시켰더라도 만전의 기술이 없는 경우에는 병력이 있어도 무익합니다. 병력을 운용하는 것은 병부의 일이고, 군량을 공급하는 것은 호부의 일입니다. 병력이 남아 있더라도 군량이 이어지지 못하거나 조삼모사(朝三暮四) 격으로 전보다 군량 지급액을 줄인다면 비록 다른 염려가 없다 하더라도 또한 무익한 일입니다. 병력을 잔류시키는 것은 천조의 소관이지만 병력을 남겨 두기를 원할 것인지는 조선에 달린 일입니다. 옛날 반초[班定遠]가 서역을 지키다가 돌아올 때 부로(父老)들이 만류했으나 멈추지 못하자 눈물을 흘리며 전송했습니다.[60] 지금 조선에서 우리 수비군을 받드는 것도 이러합니까. 그렇지 않다면 한갓 억지로 병력을 잔류시켜도 원하지 않고, 조금씩 군량을 책임 지워도 응하지 않게 될 뿐이니, 이어 가기 어려울 것은 물론이요 무익하기까지 합니다.

하물며 저 나라의 임금과 신하는 처음에는 취한 것과 같은 상

----

60 옛날 …… 전송했습니다: 영평(永平) 18년(75) 후한의 명제(明帝)가 사망하자 서역의 여러 국가들은 반초가 머물고 있던 소륵(疏勒)을 공격했고, 한 조정에서는 반초의 고립을 우려하여 그를 소환했다. 반초가 떠나려 하자 소륵에서는 왕후(王侯) 이하가 모두 울면서 그를 붙잡았고, 반초는 이에 다시 소륵으로 돌아와 적군을 격파하고 소륵을 다시 안정시켰다. 『후한서』「반초열전(班超列傳)」에 나오는 고사이다.

태여서 반드시 남이 부축해 주어야 했으나, 지금은 종일 곤드레만드레하고 있으니 부축하는 사람이라고 피곤해 하지 않겠습니까. 또 하물며 우리 천조는 여러 해 동안 군사를 일으켜 태창(太倉)이 텅 비어 없어졌으니, 어떻게 유한한 재물로 무궁한 지출을 감당할 수 있겠습니까. 게다가 저 나라의 논은 오래도록 황폐해져 개간하기가 황중(湟中)보다 배로 힘드니, 조충국의 계책도 지금 당장 효과를 거둘 것을 책임 지우기 어려운 상황이 아닙니까. 옛날 사안(謝安)은 8000명으로 부견(符堅)의 백만 대군을 격파했습니다.[61] 그때는 아직 우리가 지금 쓰는 것과 같은 정교한 화기(火器: 화약무기)가 없었습니다.

지금 병력을 논의하려면 먼저 군량을 논의하는 것이 마땅합니다. 군량이 진실로 풍족하다면 비록 1만 5000명을 그대로 남겨 두어도 많다고 여길 것이 없습니다. 만약 군량을 결코 얻기 어렵다면 1만 5000명 중에서 4분의 1을 줄이고 나머지 4분의 3으로 4개 군영을 만들되, 예컨대 선부진(宣府鎭)에서 최근에 만든 위원포(威遠砲)·지뢰포(地雷砲)[62] 등으로 훈련시켜 만전과 필승

---

61 옛날 …… 격파했습니다: 비수대전(淝水大戰)을 일컫는다. 동진(東晉)의 태원(太元) 3년(383) 화북을 통일한 전진(前秦)의 부견(符堅)은 수십만 이상이라고 일컬어지는 대군을 동원하여 동진을 침공했다. 이에 동진에서는 재상 사안(謝安)을 정토대도독(征討大都督)으로 삼아 전쟁을 총지휘하게 하고, 그의 동생 사석(謝石) 및 조카 사현(謝玄), 장군 유뢰지(劉牢之) 등으로 하여금 실전에서 전진군과 대적하게 했다. 동진군은 수적으로 전진군에 비해 크게 열세였으나 전진군의 문제점을 효과적으로 공략하여 비수에서 대승을 거두었다. 이로 인해 전진은 와해되어 멸망했으며, 중국의 남북 분열 형세는 이후에도 지속되었다.

62 위원포(威遠砲)·지뢰포(地雷砲): 위원포는 명대 대장군포(大將軍砲)를 가볍게 개량하여 운용하기 편하게 만든 대포로서 무게는 약 100kg이었으며, 대연자(大鉛子)는 10리, 소연자(小鉛子)는 4~5리까지 쏠 수 있었다. 지뢰포는 용기에 화약을 채우고 도화선을

을 기하는 형세를 조성해야 합니다. 조선으로 하여금 전적으로 부산에 주둔하게 하고, 우리는 압록강·여순·전라도에서 지원하면서 위급할 때가 되면 응원하도록 합니다. 농사지을 만하면 농사짓고 고기잡이할 만하면 고기잡이하게 하면 눈앞의 이익은 모두 우리 사졸들에게 돌아갈 것이니, 왜를 감당하지 못할 것이 무엇이 있겠으며, 이에 더해 오랑캐도 방비할 수 있습니다. 하지만 그 군량은 조선으로 하여금 그 10분의 4를 책임지게 하고, 우리는 그 10분의 6을 책임지는 것이 마땅합니다. 또한 우리의 문무 장수와 관리들로서는 충성스러움과 믿음직함, 독실함과 공경함으로써 다른 나라를 감격시켜 믿음을 얻고, 맛있는 음식을 나누고 좋은 술을 강물에 쏟아부음으로써[63] 사졸들의 마음을 헤아리고 불쌍히 여겨야 합니다. 조선[遠人]이 믿음이 가지 않는다고 해서 전열[行間]을 단속하지 않는다면 조선을 신뢰하지 않는 것입니다. 위원포·지뢰포의 자세한 내용은 별도로 아뢰겠습니다.

또한 통정사사통정(通政使司通政) 범윤(范崙)[64] 등의 의견은 다음과 같았습니다.

조선이 왜의 침범을 받아 위태로워 급한 상황을 알려 왔으니, 병력을 출동시켜 가서 구원하는 것은 조정에서 소국을 사랑하는

....
연결하여 땅속에 묻었다가 불을 붙여 폭발시키는 방식의 화기였다.

63 맛있는 …… 쏟아부음으로써: 『여씨춘추(呂氏春秋)』 「순민(順民)」에 실린 월왕(越王) 구천(句踐)의 일화에서 유래된 말이다. 월왕 구천은 "맛있는 음식이 있어도 나누기에 부족하면 감히 먹지 못했고, 술이 있으면 강에 부어 백성과 함께 마셨다[有甘肥不足分, 弗敢食, 有酒, 流之江, 與民同之]."라고 했는데, 이후 "군사들과 고락을 함께한다."는 뜻으로 변화했다.

64 범윤(范崙): 1534~1608. 명나라 사람이다. 자는 자대(子大), 호는 간산(艮山)이며 직례 진강부 단도현 출신이다. 가정 44년(1565) 진사가 되었다.

인자함일 뿐만 아니라 우리 자신의 울타리를 위한 계책이기도 했습니다. 그러나 왜가 이미 패하여 물러갔으니 군대는 마땅히 철수하여 돌아와야 합니다. 다만 조선은 극도로 황폐화되어 지금까지 국력이 여전히 떨치지 못하고 있으므로, 일단 철병했다가 왜가 기회를 타고 다시 침범하면 형세상 필시 지탱하지 못할 것입니다. 그때가 되어서 좌시하고 구원하지 않으면 한 삼태기의 흙이 모자라 아홉 길의 산을 쌓는 공이 무너질 뿐만 아니라, 왜가 득롱망촉(得隴望蜀)⁶⁵하는 근심을 더하게 될까 염려됩니다. 다시 정비하여 구원하려면 보내는 병력의 숫자가 어찌 철수시킨 병력 수준에 그치겠습니까. 또한 멀리 있는 물이 비록 많다고 해도 가까운 곳의 뜨거운 불을 끄지 못할까 걱정입니다.⁶⁶ 해내(海內: 명 국내)에 어려움이 많고 군량을 마련하기 어려움을 모르지 않지만, 이해를 따져 보고 경중을 헤아려 보면 눈앞의 비용을 아까워했다가 뒷날의 화를 남겨서는 안 될 듯합니다. 길게는 2년, 짧게는 1년 동안 대비가 충분히 갖추어지면 그때 가서 철병과

....

65 득롱망촉(得隴望蜀): 후한의 창업자 광무제의 일화에서 나온 표현이다. 광무제는 농서(隴西) 지역에서 할거하던 외효(隗囂)의 세력을 굴복시키고 농서를 손에 넣은 이후, "사람은 진실로 만족할 줄을 모르니, 이미 농서를 평정했더니 다시 촉을 바라게 되는구나「人固不知足, 既平隴復望蜀」."라고 토로했다. 여기서 사람의 욕심은 끝이 없고, 무엇인가를 얻으면 다시 다른 것을 바라게 됨을 의미하는 고사성어가 되었다.

66 멀리 …… 걱정입니다:『한비자(韓非子)』「설림(說林)」에 나오는 표현이다. 노(魯) 목공(穆公)이 공자(公子) 중 한 명은 진(晉)에 벼슬을 살게 하고, 다른 공자는 초(楚)에 벼슬 살게 해서 유사시 도움을 받고자 했다. 이에 대해 이서(犁鉏)는 불이 났는데 물을 바다에서 길어 온다고 하면 바닷물이 아무리 많아도 불을 끌 수 없을 것이며, 멀리 있는 물은 가까이 있는 불을 끌 수 없으니, 멀리 있는 진나라와 초나라가 아무리 강해도 가까이에 있는 제나라를 막을 수 없을 것이라고 비판했다. 여기서 자원이 아무리 많아도 동원하기 어려운 상황이라면 당장의 문제를 해결할 수 없다는 뜻의 표현이 되었다.

잔류를 논의하자는 말은 총독·순무·병과의 상주에서 이미 언급했습니다.

또한 대리시경(大理寺卿) 정계지(鄭繼之)[67] 등의 의견은 다음과 같았습니다.

살피건대, 병력을 잔류시키는 것은 어렵지 않지만 식량을 풍족하게 공급하는 일은 어렵습니다. 병력을 철수시키는 것은 어렵지 않지만 다시 소집하는 일은 어렵습니다. 만약 왜가 다시 올지 알 수 없음이 염려되고 또 조선이 능히 진작될 수 있을지 헤아려야 한다면, 잠시 연말까지 병력을 남겨 두고 군량을 처리하여 운송해 주는 것이 지금의 좋은 방책입니다. 총괄하여 말하자면 중국은 속국에 일이 있을 때 물에 빠지고 불에 탈 재난에서 구원해 주어서 울타리를 굳힐 수 있지만, 또한 사방(四方)이 평정된 뒤에는 마땅히 위엄을 기르고 정예를 축적해서 근본을 배양해야 합니다. 항상 승리하는 방도는 가까운 곳을 편안하게 하여 멀리까지 미치도록 하는 데 있으며, 군사를 제어하는 방법은 실상 정예를 귀하게 여기는 데 있지 숫자가 많도록 하는 데 힘쓰는 것이 아닙니다. 안팎의 신료들이 마땅히 밤낮으로 게을리해서는 안 될 바입니다.

또한 이과서과사(吏科署科事) 호과좌급사중(戶科左給事中) 허자위(許子偉)[68] 등의 의견은 다음과 같았습니다.

....

67 정계지(鄭繼之): 1535~1623. 명나라 사람이다. 자는 백효(伯孝), 호는 명현(鳴峴)이며, 호광성 양양 출신이다. 가정 44년(1565) 진사가 되었다.

68 허자위(許子偉): 1559~?. 명나라 사람이다. 자는 운정(雲程), 호는 전남(甸南)이며, 광동 경주부 경산현 출신이다. 가정 44년(1565)에 진사가 되었다.

우리나라가 조선을 어루만지고 사랑해 준 것은 예부터 없었던 은혜입니다. 그들이 버린 왕성(王城)을 회복시켜 주었을 뿐만 아니라 오랫동안 침탈당한 부산을 수복해 주었습니다. 장수를 선택하고 군사를 파견하여 대장을 잃고 많은 병력 손실을 입기까지 했으며, 여러 차례 패한 이후에야 완전한 승리를 거두었습니다. 군자금을 보내고 군량을 수송한 것이 앞뒤로 천 수백만 냥이나 되니, 중국의 재력을 다 써서 겨우 성공을 거둔 것입니다. 무릇 10년이 지나서야 승리를 거두었으며, 봉공(封貢)의 음모가 있었던 뒤에야 겨우 전공을 거둘 수 있었습니다.[69] 이 기세를 몰아 장수와 군대를 소환하고 삼군이 개선하며, 고려(高麗: 조선) 전체를 조선의 임금과 신하에게 돌려주어 그들 스스로 진작하여 지키도록 한다고 해서 불가할 것이 무엇이겠습니까.

하지만 아직까지 얽힌 것을 결단하지 못하고 전혀 결말을 짓지 못하고 있습니다. 군사들을 바깥에 내버려두고 멀리 수천 리 떨어진 바깥 오랑캐를 수비해 주게 하는 것은 무엇 때문입니까. 만약 전에 급히 성공했으므로 미봉한 것이 견고하지 못하니 우리 쪽에서 흔단이 일어날 것이 걱정된다면, 누구나 그 이전의 책임을 추궁하고 이후의 방책을 논의할 수 있습니다. 끝내 이래도

_____

69 봉공(封貢)의 …… 있었습니다: "봉공의 음모"란 도요토미 히데요시를 일본국왕으로 책봉(冊封)하고, 그의 조공(朝貢)을 받아들임으로써 전쟁을 종결하자는 명 내부의 논의를 지칭한다. 명 조정 내에서는 병부상서 석성(石星)이 주도하여 만력제의 승인을 얻고 유격 심유경(沈惟敬)이 현장에서 교섭을 담당했으며, 수년에 걸친 교섭 끝에 일본국왕 책봉사를 파견하여 도요토미 히데요시를 일본국왕에 책봉하는 의식까지 마쳤으나, 결국 강화 조건에 대한 이견을 좁히지 못함으로써 교섭은 수포로 돌아가고 정유재란이 발발했다. 이후 석성은 하옥되고 심유경은 처형당했으며, 봉공론을 주장했던 이들은 정치적으로 큰 타격을 입었다.

좋고 저래도 좋다고 하며[兩可之擧]⁷⁰ 세월을 질질 끌면서 구차하
게 물의를 면하려고 하는 것을 저는 잘못이라고 생각합니다.

　멀리 나가 수비하는 대군을 위로하고 이미 회복한 속국을 보
존하며 수천 리에 물자를 운송해서 큰 바다 바깥에 위세를 떨치
는 것은 비록 국가[명] 전성기의 부강함과 태평하고 무사한 시기
에도 오히려 어려운 일이었습니다. 지금 나라의 재정이 부족하
여 매우 어렵고 고단합니다. 요동에서부터 감숙(甘肅)까지 여러
오랑캐들이 난리를 일으켜 아직 다 평정되지 못했습니다. 게다
가 서남쪽 파주의 오랑캐 두목[양응룡]은 바야흐로 기세등등하
여 이리처럼 침략하며 횡포를 부리며, 묘족(苗族)·동족(獞族)의
흉포한 기운이 연이어 불붙는 듯합니다. 내지를 빙 둘러보면 성
지(城池)를 농락하고 산굴에서 울부짖는 무리들을 곳곳에서 마
땅히 방어해야 하는데, 곳곳에서 병력과 식량이 부족하여 통제
하고자 하나 실효가 적습니다. 지금이 어떠한 때인데 멀리 달려
먼 곳을 통제한다는 헛된 명성을 다하고자 곤궁한 군대로 무력
을 남용함으로써 실제 화를 양성한다는 말입니까.

　신의 어리석은 생각에는 병력을 철수하는 것이 편리합니다.
이전의 공을 이미 성취했으니 우리는 이미 조선에 덕을 베풀었
습니다. 만일의 후환은 알 수 없다 해도, 우리가 어떻게 알지도

....

70　이래도 …… 하며[兩可之擧]: 모릉양가(摸稜兩可)의 고사를 가리키는 것으로 보인다. 당
　　나라 때 소미도(蘇味道)는 일을 처리할 때 우유부단하여, 항상 말하기를 "일을 처리할
　　때 명백하게 결단해서는 안 되니, 만약 착오가 있으면 반드시 견책을 당하게 된다. 다만
　　모서리를 더듬어 양쪽 면을 다 잡는 것이 좋다[但摸稜以持兩端, 可矣]."라고 했다. 이는
　　후대에 모호한 태도로 명확한 의견을 표시하지 않는 모양을 형용하는 표현으로 사용되
　　었다.

못하는데 임시방편을 베풀 수 있단 말입니까. 천하에는 일이 없는 나라가 없고, 구변에는 오래도록 안정된 지역이 없습니다. 어찌 후환으로 인해 끝내 이전의 공적을 덮어 버리겠습니까. 근본에 힘쓰지 않고 힘을 헤아리지 않으면서 구차히 모호하게 질질 끌며, 옛 잘못을 변호함으로써 요행을 도모해서 백성의 고혈을 다하게 하고 돌보지 않고 있습니다. 이런 식으로 나라의 일을 꾀하는 것은 충성스럽다 할 수 없습니다.

이번 봄여름 물때가 지나면 왜선(倭船)은 서북쪽을 향해 올 수 없습니다. 일체의 병력과 함선은 모두 철수시켜 여순·천진 등지에 배치하고, 원래의 장수로 하여금 통솔하게 해서 한편으로는 우리의 해안 방어를 굳히고 한편으로는 조선을 응원하도록 해야 합니다. 요동의 피해를 입은 부대는 헤아려 보충해 주어야 합니다. 경리는 중신(重臣)이니 다른 진의 순무로 옮겨 줍니다. 이는 우리나라의 과감하고 굳센 일대 결단이 아닙니까. 저곳[조선]의 신민(臣民)들은 우리 병사와 장수가 여러 해 머무는 것을 괴로워하여 마음과 뜻이 늘상 흩어지니, 이목(耳目)을 가리기 어렵습니다. 존속하기를 도모하는 방도를 가르쳐 주고 침탈하는 재난을 끼치지 않도록 하는 것이 조선에 이로울 것입니다.

또한 호과도급사중(戶科都給事中) 이응책(李應策) 등의 의견은 다음과 같았습니다.

살펴건대, 나라의 큰일은 전쟁에 있으며,[71] 동쪽을 정벌한 군대를

....

71 나라의 …… 있으며: 『좌전』 성공(成公) 13년조의 "나라의 큰일은 제사와 전쟁에 있다[國之大事, 在祀與戎]."라는 문장에서 유래한 표현이다. 고대 이래 의례와 전쟁이 국가를 운영하고 지탱하는 데 핵심적인 역할을 했음을 보여주는 숙어이다.

철수시킬지 잔류시킬지는 관계된 바가 더욱 중요합니다. 왕왕 임무를 담당하고 사안을 논의하면서 서로 도움이 되는 경우가 있고 서로 다투는 경우가 있습니다. 무릇 공정함을 가지고 한마음으로 정성을 다하고자 생각한다면 다투더라도 무슨 해가 되겠습니까. 사사로움을 가지고 속임과 거짓을 이뤄야겠다고 생각한다면 돕는다 해도 근심만 더할 뿐입니다. 이번 동쪽의 일은 처음부터 끝까지 결정하기 어렵습니다. 『좌전(左傳)』에 이르기를 팔뚝을 세 번 부러뜨려 봐야 좋은 의사가 되는 방법을 안다고 했으니,[72] 오랫동안 일을 다스리다 보면 도리어 어찌 미혹되겠습니까.

진실로 지난번에 승리를 거두어 왜가 과연 패배했다면, 저들이 병력을 모으고 훈련시키는 것은 필시 하루 밤낮 사이에 해낼 수 있는 일이 아닙니다. 총독·순무가 이른바 "척박한 모래땅과 궁벽한 토양에서는 군량을 공급하기 부족하니, 굶주리고 사나운 병사들로 권토중래(捲土重來)하기 어렵습니다."라고 한 말을 어떻게 감히 의심하겠습니까. 왜가 과연 거짓으로 패한 척했다면 앞서의 굴욕을 설욕하고자 하여 내버렸던 것을 취하려 할 것은 이치상 당연합니다. 총독·순무가 이른바 "예전에 가지고 있던 것에 대한 아쉬움에 더해 새로운 원한도 생겼습니다."라고 한 말을 또한 어떻게 감히 의심하지 않겠습니까.

하물며 조선은 오가는 데에 한 달 남짓이면 돌아올 수 있습니다. 앞서 성지를 받들었는데, "이 철병하는 일은 해당 총독·순

---

72 『좌전(左傳)』에 …… 했으니: 『좌전』 정공(定公) 13년조에 있는 "팔을 세 번 부러뜨려 봐야 좋은 의사가 되는 방법을 알게 된다[三折肱, 知爲良醫]."라는 말에서 유래한 표현으로, 많은 경험이 있어야 조예가 깊어진다는 의미의 숙어이다.

무가 조선의 군신과 더불어 상세하게 논의하고 타당하게 시행하라."[73]라고 하셨습니다. 이는 3월 24일의 일입니다. 만약 뜻이 막히지 않고 말을 실천할 수 있다면, 지금 헤아리건대, 한 달 남짓 지났으니 상주하여 보고하기에 무엇이 어렵겠습니까.

천하의 일에 직접 눈으로 본 자는 믿기 어렵고 귀로 전해 들은 자가 믿을 만한 경우는 없었습니다. 또한 당국자는 마땅히 책임을 벗을 만하고, 옆에서 보던 자가 책임을 담당할 만한 경우도 없었습니다. 해당 총독·순무와 조선의 군신은 필시 스스로 잘 알고 있을 것입니다. 옛날 선령(先零)의 전역에서 조충국이 황중(湟中)에 머물러 둔전하고자 한 것을 어찌 최상의 방략이라고 칭하지 않겠습니까. 조충국이 현지에 아직 도착하지 않았을 때는 다만 "백 번 듣는 것이 한 번 보는 것만 못하다."고 했을 뿐입니다. 뒤에 조정의 논의가 시샘하여 헐뜯고 천자(天子)가 손수 글을 내려 꾸짖었을 때, 비록 그 아들이 울면서 간했어도 돌아보지 않았습니다. 그리하여 끝내 한(䍐)·견(开)으로 하여금 왕의 목을 베어 항복하도록 했으니, 그 공은 천고(千古)에 탁월했습니다.[74] 그러나

---

73 이 …… 시행하라: 10-2〈會題撤兵疏〉에 대해 만력제가 내린 성지를 지칭한다.
74 옛날 …… 탁월했습니다: 신작 원년(61) 강족의 일파인 선령(先零)의 양옥(楊玉)이 한에 반기를 들었을 때, 선제가 조충국에게 병력 얼마를 동원해야 할지를 묻자 조충국은 백 번 듣는 것이 한 번 보는 것만 못하니 직접 현지에 가서 방책을 올리겠다고 대답했다. 이에 선제는 조충국을 현지에 보내 강족 토벌을 지시했다. 조충국은 정공법으로 강족의 예봉을 꺾은 뒤 황중에서 둔전을 하면서 서서히 강족을 와해시키는 방책을 취했는데, 이에 대해 선제는 여러 차례 토벌을 재촉하는 글을 내리고 조충국의 아들 조앙(趙卬) 역시 황제의 뜻에 따라 출병해 달라고 요청했으나 조충국은 이를 모두 반박했다. 선제는 조충국이 매번 글을 올려 자신의 의견을 밝힐 때마다 신하들에게 논의하도록 했는데, 처음에는 조충국의 계책이 옳다고 한 자가 소수였으나 결국에는 다수가 조충국의 논의에 동조했다. 조충국의 토벌에 의해 강족의 다른 일파인 한(䍐)·견(开)은 일찍부터 한에 귀순했

국가의 어떠한 군량이나 어떠한 병력을 소모했다는 말은 듣지 못했습니다.

소대(昭代)[75]의 여자준(余子俊)[76]은 연수(延綏)를 경리(經理)하면서 둔전을 일으키고 사졸을 돌보며 수비를 강화하니, 오랑캐가 손가락을 깨물고 경계하면서 감히 엿보지 못했습니다. 논의하는 자들은 조충국의 견해와 같다고 평했습니다. 지금 호부·병부에 공문서가 모두 남아 있습니다. 여자준 또한 일찍이 군량 문제로 어려워했으나, 조정 신료들은 공적은 자기 덕으로 삼고 죄책은 남에게 미루지 않았습니까.[77]

또한 동쪽의 일로 무리를 모아 의논한 것이 무릇 여러 차례이니, 처음에는 책봉하고 조공하도록 할 일로 회의가 있었고, 이어서 조공은 그만두고 책봉을 주로 하자는 일로 회의가 있었으며, 다음으로 책봉을 그만두고 싸울 것을 주장하는 일로 회의가 있

....

고, 이듬해에는 궁지에 몰린 강족들이 양옥의 목을 베어 항복해 옴으로써 반란이 평정되었다.

75 소대(昭代): 나라가 잘 다스려지는 태평성대. 여기서는 명 전기 국력이 왕성하던 시대를 가리키는 표현으로 사용되었다.

76 여자준(余子俊): 1429~1489. 명나라 사람으로 자는 사영(士英)이다. 연수순무(延綏巡撫) 시절 서쪽 부근의 연수장성에 해당하는 만리장성 쌓는 일을 직접 감독했고, 섬서순무로 재직할 때는 서안성 서북쪽에 수로를 개척했는데 이 수로를 가리켜 여공거(余公渠)라고 불렸다고 한다. 시호는 숙민(肅敏)이다.

77 여자준(余子俊)은 …… 않았습니까: 여자준은 성화 6년(1470) 연수순무(延綏巡撫)가 된 이래 변경에 장성을 수축했으며, 여러 차례 침범해 온 몽골족을 격퇴하고 홍염지(紅鹽池)의 몽골족을 습격하여 전공을 세워 하투(河套: 오르도스) 지역에 거주하지 못하도록 했다. 당시 병부상서 백규(白圭)는 오르도스 지역의 몽골족을 몰아내기 위해 여러 차례 군사행동을 벌였으나 실패했는데, 여자준은 작전에 소모되는 군량이 과다하니 차라리 장성을 쌓을 것을 주장하였다. 백규는 백성이 곤궁해진다며 반대하였으나, 성화제는 여자준의 주장을 따라 장성을 수축하게 하였다.

었고,[78] 뒤이어 감과(勘科)[79]를 파견할 일로 회의가 있었으며, 다시 이어서 패배로 인해 감과를 헐뜯는 일로 회의가 있었고,[80] 또 뒤이어 다시 전공을 조사할 때, 공적을 서훈할 때, 상을 내릴 때 모두 회의가 있었습니다. 정말이지 지금 다시 청할 것이라 생각하지 못했습니다. 갑오년(1594) 양응룡을 토벌하고 처리할 때 원래 무리를 모아 회의하지 않았는데, 8월에 심리하고 10월에 반란을 일으키자 지금까지도 이야기가 나오면 오히려 묘당의 계책에 잘못을 돌립니다. 만약 조정 신료들의 논의에서 결론이 나왔다면 저들은 필시 양응룡은 본디 마땅히 죽어야 했으나, 나라 전체가 간섭하는 어려움이 한스러울 뿐이라고 할 것입니다.[81]

....

78 책봉하고 …… 있었고: 도요토미 히데요시에 대한 봉공론은 처음에는 책봉하고 조공도 허락하자는 논의가 있었다가, 조공은 허락하지 않고 책봉만 허락하는 쪽으로 귀결되었다. 그러나 도요토미 히데요시를 일본국왕에 책봉했음에도 강화 협상이 최종적으로 결렬되자 명 조정에서는 봉공론을 폐기하고 일본군과의 전쟁으로 방향을 전환했다.

79 감과(勘科): 만력 25년 말에서 이듬해 초까지 있었던 울산 전투의 패배에 대해 회감(會勘), 즉 합동 조사를 행하기 위해 파견된 과도관(科道官) 서관란(徐觀瀾)을 지칭한다. 『명신종실록』 권323, 만력 26년 6월 9일(임술), "差兵科給事中徐觀瀾, 往朝鮮, 會勘東征功罪."

80 패배로 …… 있었고: 울산 전투에 대한 공과를 조사하기 위해 파견된 서관란은 병부주사(兵部主事) 정응태(丁應泰)의 양호 탄핵 및 조선에 대한 무고 사건, 명군 지휘부의 반발에 휘말려 조사를 제대로 끝마치지 못했고, 이로 인해 명 조정의 탄핵을 받고 귀환해야 했다. 서관란의 활동에 대해서는 車惠媛, 「言官 徐觀瀾의 임진전쟁」, 『明淸史硏究』 53, 2020을 참고.

81 갑오년 …… 것입니다: 파주의 묘족 토사(土司) 양응룡은 주변 집단에 세력을 확장하는 과정에서 만력 22년(1594) 명군을 대파하는 등 명과 충돌했다. 이에 명 조정은 천귀총독(川貴總督)으로 형개를 파견하여 대처하도록 했다. 만력 23년(1595) 형개는 현지에서 양응룡을 직접 심리하여 그의 사죄 의사를 확인하고 그의 직위를 해임하되 그의 아들의 계승을 인정하는 회유책을 취해 사건을 일시 해결하는 한편, 지역의 방어를 강화하는 등의 사후조치를 강구했다. 그러나 얼마 되지 않아 양응룡은 다시금 준동하여 만력 24년(1596)부터 명군과 재차 충돌하기 시작했다가 만력 25년(1597) 대대적인 반란을 일으켰다. 李崇龍, 「邢玠勘播州土司楊應龍始末」, 『鄂州大學學報』, 2015-10을 참고.

이번 논의가 나온 뒤에 철병할 것을 주장한 자는 필시 "이는 정의(廷議: 구경과도회의)로 인해 철병한 것이지, 내 탓이 아니다."라고 말할 것입니다. 혹여라도 군량이 떨어지면 병력을 잔류시켜야 한다고 주장한 자는 반드시 "이는 조정의 논의로 인해 잔류시킨 것이지, 내 탓이 아니다."라고 말할 것입니다. 두 가지 설을 꾸며서 함께 쓰자고 하는 것은 밭을 위에 만들어 놓고 구멍을 아래에 뚫는 것처럼 뒤섞이는 결과를 초래합니다. 한 가지 일을 나누어 여러 사람들이 관여하게 하면 어찌 왼쪽으로는 동그라미를 그리고 오른쪽으로는 네모를 그리는 어지러움을 면할 수 있겠습니까.[82] 전후로 갖추어 올린 제본이 문서로 남아 있고 안팎에서 멀리 바라보는 자들이 기대하는 바가 있으니, 눈동자가 돌아갈 짧은 사이에 검토 제본을 올리면 마땅히 확실한 결론이 날 것입니다. 그러나 논의를 자꾸 바꿔서 성상의 마음에 부응하려고 해서는 안 됩니다. 그렇지 않으면 한쪽은 병력을 잔류시킬 것을 주장하고 한쪽은 병력을 철수시키자고 주장할 것이며, 이쪽에서 잔류를 주장하면 저쪽에서는 철병을 주장할 것입니다. 구멍에서 쥐가 머리만 내밀고 있는 것처럼 양다리를 걸치는 자들이 줄을 잇고, 자루와 구멍이 서로 맞지 않는 것처럼 의견이 다른 자들이 서로 시기하지 않고서도 이루어진 일을 망치는 경우는 드뭅니다.

또한 호과우급사중(戶科右給事中) 요문울(姚文蔚)[83] 등의 의견은 다음

---

82 왼쪽으로는 …… 있겠습니까: 『한비자(韓非子)』 「외저설(外儲說)」의 "사람은 왼손으로 네모를 그리면서 오른손으로 동그라미를 그릴 수 없다[人莫能左畫方而右畫圓也]."라는 구절에서 유래한 표현이다.

83 요문울(姚文蔚): ?~?. 명나라 사람이다. 자는 원소(元素), 양곡(養穀)이며 절강 전당(錢塘) 사람이다. 만력 20년(1592)에 진사가 되었고 관직은 남경태복시소경(南京太僕寺少

과 같았습니다.

무릇 조선에 주둔하는 병력은 만약 철수시킨다면 철수시킬 뿐이니 논의할 것이 없습니다. 다만 잔류시키려면 논의가 없을 수 없습니다. 지금 현재 병력 1만 5000명으로 과연 적을 방어하기에 충분하겠습니까. 교활한 왜가 오지 않는다면 그만이지만, 온다면 반드시 수만 명은 될 것입니다. 우리의 고립된 군대가 멀리서 이역(異域)을 지키고 있는데, 과연 능히 1명이 10명을 당해 낼 수 있겠습니까. 또한 병력을 잔류시키려면 반드시 먼저 군량을 처리해야 하는데, 지금 태창이 바닥나서 비록 내지 변경의 군량이라도 노고(老庫: 비상용 비축)를 지출하지 않을 수 없으니 절박함이 또한 심합니다. 어떻게 다시 이러한 정액 외의 수요를 공급할 수 있겠습니까. 그렇다면 잔류시킬 병력의 군량으로 어떤 항목의 은을 언제 운송할 것인지 반드시 미리 정해 두어야 합니다. 만약 시일을 넘겨서도 지급하지 못하면 멀리 나가 수비하며 돌아가기를 생각하는 저들 군사들의 마음이 매우 흉흉할 것이니, 두건을 벗고 시끄럽게 호소하는 사태를 필시 면치 못할 것입니다. 만약 부대가 무너지는 변란이 일어나면 누가 그 허물을 책임질 것입니까. 따라서 논의가 없을 수 없습니다.

과도관의 건의에 원래 이르기를 1만 5000명에 대해서는 배치하는 데 이미 기존의 규례가 남아 있으니, 응당 지급해야 할 군량과 급여를 기한 내에 군영에 운송하자고 했습니다.[84] 이와 같이

....

卿)에 이르렀다.

84 과도관의 …… 했습니다: 앞서 인용된 병과서과사좌급사중 계유근의 논의를 지칭한다.

잔류시킨다면 불가할 것이 없습니다. 만약 단지 수천 명만 잔류
시켜서는 적을 막기에 부족합니다. 군량과 급여가 이어지지 못하
면 군사들이 마음으로 원망과 분노를 품을 것입니다. 이는 다만
병력을 잔류시킨다는 이름만 있을 뿐 실제로는 군사들을 버리자
는 뜻이니, 이미 과도관이 건의한 내용과 크게 다릅니다. 나중에
일이 어그러지더라도 과도관을 핑계 삼을 수 없을 것입니다.

저의 어리석은 생각에는 조선은 비록 우리의 속국이지만 결
국 외이(外夷)일 따름입니다. 우리가 출병하여 구원해 주는 것은
가하지만, 저들을 위해 기약 없이 지켜 주는 것은 불가합니다. 저
들이 그 나라로서 우리의 울타리가 되는 것은 가하지만, 우리가
병력을 파견하고 군량을 수송하면서 저들의 울타리가 되어 주는
것은 불가합니다.

옛사람이 이르기를, 전쟁이 오래되면 변란이 일어나고, 일이
괴로우면 다른 마음을 먹게 마련이라고 했습니다.[85] 우리 군사들
이 해상에서 바람에 나부끼며 보낸 지가 몇 년이 되었으니 돌아
가기를 생각함이 이미 극도에 이르렀습니다. 항상 몇 달 동안 급
여를 지급 받지 못함을 괴로워한다고 들었습니다. 지금 철수시
키기로 허락해 놓고 다시 잔류시키면 인정상 감내할 수 없을 것
인데, 급여 또한 제때 지급되지 않는다면 둑이 무너져 터지는 것
과 같은 사태가 터지더라도 어찌 돌아보고 물어볼 것이 있겠습
니까. 우리 군사들에게 분란이 발생한다면 왜가 이를 틈타지 않

....

85 전쟁이 …… 했습니다: 『사기(史記)』 「평진후주보열전(平津侯主父列傳)」에 나오는 말로,
주보언(主父偃)이 한 무제(武帝)에게 올린 상소에서 흉노와의 전쟁을 너무 오래 끌면 민
심이 이반할 것이라고 간언하면서 사용한 표현이다.

겠습니까. 왜가 온다면 우리의 한 부대가 해상에 고립되어 있으니 누가 응원하겠으며 누가 뒤를 잇겠습니까. 그렇다면 병력을 동원하고 군량을 운송하느라 전날에 했던 일을 장차 다시 하게 될 것입니다. 병화가 이어진다면 누구도 끝날 때를 알지 못할 것입니다.

지금 천하가 어떠한 상황인데 또한 이런 소동을 견딜 수 있겠습니까. 무릇 왜노가 병란을 일으켜 군사를 움직인 것이 7년이나 되었습니다. 당시에 손을 뗄 수 없었던 것은 실로 부득이했습니다. 지금 왜가 물러난 지 2년이고 수비한 것도 2년인데, 군사들을 철수시키고 개선시키는 것은 또 어느 때를 기다려야 한단 말입니까. 확실히 이 국면을 마무리 지으려 하지 않는다면 나중에 다시 손을 뗄 때가 없을까 염려됩니다. 무릇 내지 연해의 방비는 방치하고 강구하지 않으면서 이 고립된 군대만 홀로 외국에 잔류시켜 놓고는 곧바로 일을 마무리했다고 여기니, 이는 방어를 남겨 두는 것이 아니라 실제로는 방어를 거두는 것입니다. 이는 바깥을 평안하게 하는 것이 아니라 실제로는 안을 소모시키는 것입니다. 나중에 화가 조선에서 일어나 중국으로 파급되면 누가 앙화의 단서를 만들어 낸 것이겠습니까.[86] 반드시 그 책임을 져야 할 자가 있을 것입니다. 이러하니 어찌 충분히 헤아려 상세히 처리하지 않을 수 있겠습니까.

또한 예과서과사우급사중(禮科署科事右給事中) 양천민(楊天民)[87]

....

86 누가 …… 것이겠습니까[誰生厲階]: 『시경(詩經)』 대아(大雅) 「부상(桑柔)」에 나오는 "누가 앙화의 단서를 만들어 냈는가. 지금에 이르도록 병폐가 되고 있다[誰生厲階, 至今爲梗].”는 표현에서 유래한 말이다.

등의 의견은 다음과 같았습니다.

곤외(閫外: 도성 밖, 변경)에는 원래 전적으로 위임한 관원이 있으며, 군기(軍機)는 멀리서 헤아릴 수 있는 것이 아닙니다. 동쪽을 정벌하는 전역을 총독이 몸소 맡은 것이 이제 수년이 되었습니다. 병력을 요청하면 병력을 주었고, 군량을 요청하면 군량을 주었으며, 공이 있다고 하면 공에 보답하지 않은 적이 없고, 죄가 없다고 하면 죄를 용서하지 않은 적이 없습니다. 과연 어떤 일이 그의 논의와 처리를 거치지 않았으며, 어떤 일을 맡아서 주장하지 않았단 말입니까. 지금 어찌하여 전공을 서훈하고 상을 요구한 이후에 유독 정의(廷議)를 가지고 철병과 잔류를 결정하려고 하는 것입니까. 또한 똑같은 왜노에 대해서 전에는 오지 않을 것이라고 했다가 지금은 또 반드시 올 것이라고 하고, 똑같은 수비에 대해서 전에는 마땅히 철수시켜야 한다고 했다가 지금은 또 철수시키기 어렵다고 합니다. 말을 바꾸어 일관되지 못하니, 정의를 열어도 장차 어떻게 믿을 수 있겠습니까.

군국(軍國)의 방책에 대해 말하자면 마땅히 함께 오래도록 편리할 방안을 강구해야지, 서로 책임을 떠넘겨서는 안 되는 것입니다. 조선에서 왜를 보는 관점과 중국에서 왜를 보는 관점을 비교하여 그 이해관계가 어느 쪽이 절박한지 생각하지 않고, 조정 신료들이 적을 헤아리는 것과 총독이 적을 헤아리는 것을 비교하여 그 정황을 보고 들은 내용 중 어느 쪽이 사실에 가까울지

....

87 양천민(楊天民): ?~?. 명나라 사람이다. 자는 정보(正甫)·각사(覺斯)이고, 산서 태평현 출신이다. 만력 17년(1589) 진사가 되었다.

생각하지 않고서, 지금 이해가 절박한 조선을 버리고 조사하여 논의할 필요가 없다고 여기고, 총독이 직접 처리한 일을 치워 버리고 조정 신료들이 억측하여 결정한 것으로 대신하고자 하면, 이는 잘못이 아니겠습니까.

하물며 조선을 수비하는 것은 쉽지만 조선을 안정시키는 것이 어렵고, 병력을 잔류시키는 것은 쉽지만 군량을 공급하는 것이 어렵습니다. 관백이 이미 죽어서 각 섬들이 패권을 다투고 있으므로 왜는 필시 대거 침공해 오기 어렵다고 말하는 사람이 있는 한편, 조선과 가까운 섬 한두 곳에서는 침입해 오더라도 쉽게 막을 수 있으니 우리는 당장 돌아가야 한다고 말하는 사람도 있습니다. 우리 군사들이 일으키는 소란이 왜보다 심하다고 말하는 사람도 있고, 병력을 잔류시키는 해로움이 철병하는 것보다 심하다고 말하는 사람도 있습니다. 재정이 이미 고갈되고 중국이 이미 피폐하니, 만약 병력을 잔류시키려거든 군량은 마땅히 조선에서 절색을 모두 공급하여 중국을 번거롭게 해서는 안 된다고 말하는 사람도 있습니다. 조선이 소란을 괴롭게 여겨 비록 철병을 원하지만 감히 분명하게 말하지 못한다고 이야기하는 사람도 있습니다. 이러한 상황에서 조정 신료들이 어떻게 결단하겠습니까. 만약 남의 공까지 자기 것으로 삼고 화는 남에게 전가하며, 변경을 맡은 신하가 바야흐로 조정 신료들을 속이려고 하는데 조정 신료들이 다시 이로써 스스로를 속인다면, 사대부들에게 웃음거리가 될 것은 물론이요 청사(靑史: 역사서)에서도 웃음거리가 될 것입니다. 오늘의 논의는 오직 마땅히 병부상서와 총독이 스스로 결단하도록 책임을 지우고 조정은 그 뒤에 상벌을 행해야만 오래도록 편리할 것입니다.

또한 병과도급사중(兵科都給事中) 후선춘(侯先春)[88] 등의 논의는 다음과 같았습니다.

중국과 조선의 안과 밖, 가벼움과 무거움의 구별은 일단 차치하고 따지지 않되, 청컨대 지금 남겨둔 병력을 가지고 논하고자 합니다. 무릇 조선에 남겨 두어 주둔하게 한 병력은 겨우 1만 5000명뿐입니다. 예전에 10만여 명을 가지고도 한 번 크게 왜를 무찌르지 못했습니다. 지금 이 1만 5000명으로 과연 족히 왜의 삶과 죽음을 결정하고, 왜로 하여금 멀리서 바라만 보고도 멀리 달아나 오지 못하게 할 수 있겠습니까. 아니면 왜가 비록 오더라도 이 1만 5000명으로 끝내 능히 크게 무찔러 가 버리도록 할 수 있겠습니까. 만약 왜가 왔는데 1만 5000명이 혹시라도 패배를 면치 못한다면, 우리 중국은 다시 대군을 내보내 그들을 구원할 것입니까. 이 1만 5000명을 모두 치지도외(置之度外)하고 그들이 살든지 죽든지 이기든지 지든지 묻지 않을 것입니까. 구원한다면 부산은 여기서 수천 리 떨어져 있는데 어떻게 아침에 출발하여 저녁에 도착하고, 저녁에 출발하여 아침에 도착할 수 있겠습니까. 이 1만 5000명은 장차 왜에게 도륙당하지 않겠습니까.

병력 1만 5000명을 잔류시키려면 매년 써야 할 군량이 30만여입니다. 이 30만여를 장차 조선에 책임을 지워서 우리 중국을 조금도 번거롭게 하지 않을 것입니까. 아니면 여전히 중국에서

....
88 후선춘(侯先春): 1545~1611. 명나라 사람이다. 자는 원보(元甫), 호는 소지(少芝)이며 직례 상주부 무석현 출신이다. 만력 8년(1580) 진사가 되었다.

실어나르는 데 의지하고, 조선에 전적으로 책임을 지울 수 없는 것입니까. 조선에 책임을 지울 경우 조선은 처리할 방법이 없다고 고집하며 문을 닫아걸고 응하지 않을 것입니다. 중국에서 실어나를 경우 천 리에 식량을 수송하면 군사들에게는 굶주린 기색이 있다고 했는데,[89] 하물며 국경을 넘어서 운반하려면 또 수천 리의 먼 길을 가야 하지 않습니까. 또한 지금 국가 재정도 매우 궁핍합니다. 각 변경에 해마다 들어가는 액수도 노고(老庫)에서 빌려서 지급하고 있으며, 여기에 더하여 서쪽의 오랑캐 우두머리[양응룡]가 평정되지 않아 중원의 일도 헤아리기 어렵습니다. 지금이 어떤 때인데 조선에 군량을 수송할 겨를이 있겠습니까. 만약 본색과 절색은 둔전하여 농사짓는 한편 본토에서 운송함으로써 보충하겠다면, 각 변경의 둔전도 모두 유명무실한데 무엇 때문에 조선의 주둔군에 꼭 시행해야겠습니까. 만약 보급을 잇지 못한다면 이 1만 5000명은 능히 굶주리면서 싸울 수 있겠습니까. 설령 싸우지 않더라도 두건을 벗고 북을 울리며 소동을 일으키지 않겠습니까.

하늘이 성조(聖朝: 명)를 살펴주셔서 관백의 넋을 빼앗았으니, 우리가 이 기회에 전군을 귀환시키는 것이 어찌 좋은 계책이 아

권
10

---

89 천리에 …… 했는데[千里饋糧, 士有饑色]: 『사기』 「회음후열전(淮陰侯列傳)」에 나오는 말로, 한나라의 장군 한신(韓信)이 조나라를 침공하자 광무군(廣武君) 이좌거(李左車)는 조나라 군대를 이끈 성안군(成安君) 진여(陳餘)에게 천리 밖에서 군량을 수송하면 병사들에게 주린 빛이 돌며, 땔나무를 하고 풀을 베어야 취사가 가능하므로 군사들이 저녁을 배불리 먹더라도 아침까지 행군할 수 없다는 말을 인용하면서 한나라 군대의 군량 보급로를 끊을 것을 주장했다. 이로부터 원거리 군량 수송의 어려움을 나타내는 표현이 되었다.

니겠습니까. 그런데도 머뭇거리며 결정하지 못하면 봄철과 가을철을 방어하다 보면 한 해 또 한 해 지나갈 것이니, 또 장차 언제쯤에나 철병하겠습니까. 장차 조선이 스스로 진작된 이후에 병력을 철수시키려고 하면 왜가 떠난 지 2년이 되도록 아직도 허송세월하고 있으니, 이후에 지금을 보는 것이 지금 예전을 보는 것과 똑같을까 염려됩니다. 이 병력을 장차 끝내 철수시키지 않을 것입니까.

장차 왜노가 침범하지 않을 때에 병력을 철수시키려면 관백은 하늘에 의해 죽임을 당했으며 가토 기요마사·고니시 유키나가가 권력을 다투느라 왜에 내분이 있고 조선도 어깨를 쉬고 있으니, 철병할 때는 오직 지금뿐입니다. 또 1~2년이 지나 왜국(倭國)의 일이 안정되면 다시 조선에 원한을 갚고자 모든 병력을 동원해 올 것이니, 1만 명으로 대적할 수 없을 것입니다. 그때 가서는 비록 철병하고자 해도 어떻게 가능하겠습니까. 오랫동안 수비하느라 돌아가기를 생각하고, 군사들은 늙었으며 재정은 고갈되었습니다. 사람에게 굳은 뜻이 없으면 끝에는 마음이 어그러지게 되니, 무너져서 흩어져 돌아오거나, 두건을 벗고 호소하거나, 왜를 만나 패배하게 될 것입니다. 이를 일러 스스로 그 군대를 버린다고 말합니다. 1만 5000명의 목숨이 절역(絶域)에서 섬멸될 것이 불쌍함은 말할 것도 없고, 나라의 체면과 나라의 위엄이 손상되는 것도 크지 않겠습니까. 병력을 잔류시키는 일의 이로움과 해로움은 대략 알 수 있습니다. 만약 병력을 잔류시키는 해로움을 분명히 알면서도 꼭 병력을 남기려 하고, 병력이 잔류하더라도 군량을 지급할 필요가 없다고 여겨 무너지고 패하고 흩어지는 사태를 초래한다면, 병부와 호부는 어떻게 책임을 벗어날 수 있겠습니까. 어리석은 신이 알 수 있는 바가 아닙니다. 또한 병과좌급사중 계유근 등의 의견은 다음과 같았습니다.

살피건대, 중국에서 왜를 방비하는 군대는 속국만을 보전하기 위해 있는 것이 아니며, 실은 우리의 외번을 굳히기 위한 것입니다. 만약 갑자기 모두 철수시켜 돌아오게 할 수 있었다면 왜가 도망치고 전공을 논의할 때에 곧바로 장수는 조정으로 귀환시키고 병사들은 들에서 해산시켜 성대하게 개선했어야지, 무엇 때문에 잔류를 논의했겠습니까. 처음에는 3만, 2만 명이었다가 이미 1만 6000명으로 결정하지 않았습니까. 다만 이역에서 오랫동안 매여 있어서는 안 되겠지만, 방어하는 일도 중지하기는 어렵습니다. 근일 총독 형개의 상주를 받아 보니 논의한 내용이 매우 상세했으며 염려한 것 또한 주밀했습니다.[90] 어떻게 눈앞의 왜구가 이미 물러났고 우리의 군량이 충분하지 못하다고 하여 끝내 일거에 모두 그만둘 수 있겠습니까.

지금 눈동자 굴릴 사이에 가을철 방비가 곧 끝날 것이며 파주의 난리도 장차 평정될 것이니, 우리 군대는 마땅히 내지로 철수시키고 마땅히 신속하게 향은을 처리하여 월량·행량의 비용으로 삼아야 합니다. 수군 약간은 마땅히 모처에 정박하도록 하고, 육군 약간은 마땅히 모처에 주둔하여 훈련하게 해야 합니다. 장관은 예전대로 통솔하게 하며, 군문(軍門)[91]은 예전대로 경략(經

---

90 근일 …… 주밀했습니다: 앞부분에 제시된 형개의 제본을 지칭한다.
91 군문(軍門): 명대 군사 업무를 감독할 권한을 부여받은 총독·순무 등의 관원, 특히 총독을 지칭한다. 『大明會典』卷128, 鎭戌3, 「督撫兵備」, "國初, 兵事專任武臣, 後常以文臣監

略)[92]이 천진·요양 사이에서 절제하도록 할 수도 있고, 혹은 계요총독이 겸하여 관장하도록 하면 별도로 순무를 설치할 필요는 없습니다. 이는 절강·남직례·절강·광동에서 시행되는 규례이니, 족히 등주·회안·천진·요동을 통제하고 방어하는 완전한 계책이 될 수 있습니다.

만약 "왜는 이미 도망쳐서 돌아갔으니 우리도 개선해야 한다."라고 하면, 비용이 줄어들어 매우 편리할 것처럼 보입니다. 다만 1~2년 내에 섬 오랑캐가 좋지 못한 일을 꾸미고 반역한 무리가 여기에 붙으면 부산·죽도(竹島)·전라도·경상도는 북 한 번 울리면 왜에게 함락될 것이니, 우리가 비록 조선으로 가서 구원할 여유는 없다 하더라도 연해를 방어하지 않을 수 있겠습니까. 그때 1만 6000명의 병력으로는 장차 지탱하지 못할 것인데, 과연 누가 그 수비를 철수시킨 허물을 떠맡겠습니까. 병과에서 오늘 미리 계획해 두지 않았다고 해서는 안 될 것입니다. 옛말에 이르기를, "차라리 방비해 두었다가 적이 오지 않을지언정, 적이 왔는데 방비가 없도록 하지 말라."라고 했으니, 그 말에 어찌 뜻이 없겠습니까.

또한 형과도급사중(刑科都給事中) 양응문(楊應文) 등의 의견은 다음과 같았습니다.

조정에서는 군국의 큰일이 아니면 정의(廷議)를 관여시키지 않

....

督. 文臣, 重者曰總督, 次曰巡撫. 總督舊稱軍門, 而巡撫近皆贊理軍務, 或提督."

92 경략(經略): 원래 당시의 경략은 경략어왜(經略禦倭)의 직함을 맡고 있던 형개를 지칭하지만, 문맥상 순무와 동급의 인물을 지칭하므로 당시 경리조선군무(經理朝鮮軍務)였던 만세덕을 경략으로 삼아 천진·요양 지역에 배치하자는 의미로 보인다.

습니다. 정의란 성심(誠心)을 열고 공도(公道)를 펴며 여러 사람의 생각을 모으고 충성과 이익을 널리 확산시키는 방법입니다.[93] 부화뇌동하고 끝내려는 것이 아니라면 서로 의견을 달리한 자취를 논하지 않을 수 있겠습니까. 무릇 우리 황상께서 군사를 일으켜서 조선을 구원하셨을 때는 원래 부산에 한 명의 왜도 남겨 두지 않기로 기약했습니다. 전년에 부산의 왜를 모두 소탕했으니, 속국을 불쌍히 여기는 의리는 이미 다했습니다. 그 당시 나라의 위세는 이미 떨쳐졌고 나라의 체면 역시 온전해졌으니, 곧바로 마땅히 군대를 돌이켜 개선해야 했습니다. 지금 조선을 위해 수비해 준 것이 거의 2년이 되어 가는데 왜구는 전혀 소식이 없습니다. 이제 병력을 철수시켜 돌아오도록 하는 것을 어찌 논의할 필요가 있겠습니까. 그런데 오히려 굳이 정의를 여는 것은 무엇 때문입니까.

말하는 자들은 철병한 뒤에 왜가 오지 않을 것을 보장할 수 없으므로 이처럼 신중히 하는 것이라고 합니다. 어리석은 저의 생각에는 왜가 다시 오지 않으리라고 보장하는 것은 반드시 일본이 없어진 이후에야 가능하리라고 여깁니다. 만약 일본이 여전히 있다면 왜가 올지 여부는 끝내 헤아릴 수 없을 것입니다. 그렇다면 우리 병사와 장수가 일본과 더불어 처음과 끝을 같이 하며 영영 철수할 기약이 없어질 것이니, 이러한 이치가 있겠습

---

93 성심을 …… 방법입니다: 『삼국지(三國志)』「제갈량전(諸葛亮傳)」에서 유래한 말이다. 『삼국지』의 저자 진수(陳壽)는 제갈량에 대해 성심을 열고 공도를 펼쳤다고 평가했다. 또한 제갈량 자신은 승상이 된 후 아랫사람들에게 "무릇 관직에 참여한 사람은 여러 사람의 의견을 모으고 충성과 이익을 널리 확산시켜야 한다[夫參署者, 集衆思廣忠益也]."고 당부한 바 있다.

니까. 무릇 자고로 외국을 위해 병력을 주둔하여 지켜 준 일은 없었습니다. 옛날 신(申)과 허(許)에서 수자리 설 때는 어느 달에 돌아갈까 한탄했으니, 기간이 되면 가고 기간이 차면 교대했습니다.[94] 중국을 수비할 때도 또한 이러했는데, 하물며 바깥 오랑캐에 대해서는 어떻겠습니까. 또한 조선은 중국의 울타리인데, 지금 대신하여 조선을 위해 병력을 주둔시켜 지켜 주고 있으니, 중국이 도리어 저들의 울타리가 되는 것이 옳겠습니까. 이는 당연히 철병해야 하는 이치입니다.

지금 우리 태창이 고갈되어 각 변경의 연례은(年例銀)도 처리하지 못해 내지에서 장차 두건을 벗는 사태가 일어날 지경이라 부득이 노고(老庫)에서 옮겨 지출하고 있으니, 절박한 상황이 이러한데도 도리어 능히 멀리 운송하여 조선에 공급해서 부족하지 않도록 해 줄 수 있단 말입니까. 이는 철병하지 않을 수 없는 형세입니다.

이치와 형세상 마땅히 철병해야 한다면 철병할 따름입니다. 왜가 온다고 해서 어디에 허물을 돌리겠습니까. 어리석은 저의 생각에는 왜가 올지 알 수 없다면 병력은 더욱 철수하지 않을 수 없다고 여깁니다. 그 까닭은 무엇이겠습니까. 철병한 뒤에 만약 왜가 조선에 침입하면 우리는 마땅히 자신의 역량을 살펴서 대

----

94 옛날 …… 교대했습니다: 『시경(詩經)』 국풍(國風) 왕풍(王風) 「양지수(揚之水)」에 나오는 고사이다. 주나라 평왕(平王)은 자신의 외가 신(申)이 초나라와 가까워 자주 침략을 당하기 때문에 기내(畿內)의 백성을 보내 신·보(甫)·허(許)에서 수자리 서게 했는데, 이에 대해 수자리 서는 백성들이 "그리워라, 그리워라. 어느 달에나 나는 돌아갈까나[懷哉懷哉, 曷月予還歸哉]."라는 노래를 불렀다는 고사를 인용하여 당시에도 돌아갈 기한이 정해져 있었음을 지적한 것이다.

처할 수 있습니다. 구원해 줄 수도, 구원해 주지 않을 수도 있고, 멀리서 응원해 주든지 내지에 방어를 설치하든지, 늘리고 줄이고 나아가고 물러나는 것을 모두 자유롭게 할 수 있으니 크게 해가 될 것이 없습니다.

만약 저쪽에 병력을 남겨 두었다가 왜가 오면 우리의 고립된 군대가 바다 바깥에 동떨어져 있으니 버려두고 구하지 않을 이치가 만무합니다. 반드시 장차 병력을 동원하고 군량을 수송하여 천 리를 달려가 싸워야 할 것입니다. 만약 한 번 패배하면 나라의 위세는 이미 떨쳐졌다가 다시 업신여김을 당하게 되고, 나라의 체면은 이미 온전해졌다가 다시 손상되니, 매우 한탄스럽지 않겠습니까. 이렇게 되면 병화가 이어져 승패를 알 수 없게 될 것이니, 국가가 다시 전날처럼 10만의 군사를 소집하고 수백만 냥의 군비를 들일 수 있을지, 다시 바다와 육지로 군량을 멀리 수송하여 질주하듯 사지(死地)로 갈 수 있을지는 아뢰지 못하겠습니다.

지금 서남쪽으로는 파주의 오랑캐 우두머리에게 얽매여 있고 중토(中土: 중원)는 착취로 인해 소란스러워 인심이 혼란스럽게 난을 일으킬 것을 생각하는데, 다시 동방에서 병란의 단서를 열어 이처럼 대규모 전쟁을 지속하면 천하의 안위는 알 수 없습니다. 또한 지금 군량을 공급할 수 없음을 분명히 알면서도 반드시 병력을 잔류시키려 하는 것은 잔류시키면서도 군량은 줄 필요가 없다고 여기는 것입니다. 저 1만 5000명이 굶주리면서 창을 들고 해상에 비쩍 마른 채로 서 있을 수 있겠습니까. 왜가 오기도 전에 군대가 먼저 무너질까 염려됩니다. 이는 『춘추(春秋)』에 정

(鄭)나라가 그 군대를 버렸다고 기록한 바와 같지 않습니까.[95] 만약 단지 수천 명의 돌아가기를 바라는 병사들만 남겨 두고 잠시 병력을 잔류시켰다는 허울만 유지한다면 필시 적을 막는 실제 효용은 없을 것이니, 이는 병사들을 적에게 넘겨주는 꼴입니다.[96] 일을 담당한 자의 소견으로는 철수한 뒤에 왜가 오면 사람들이 장차 허물을 돌릴 것이지만, 잔류시켰다가 환란이 닥치면 허물이 자기에게 오지 않을 것이라고 여기고 있습니다. 어리석은 저의 생각으로는 그렇지 않습니다. 군대를 버려서 적에게 주는 것은 잘못이 가볍지 않습니다. 사람은 각자 마음이 있고 입이 있으니, 허물을 장차 누구에게 핑계를 대겠습니까.

그렇다면 지금의 계책은 마땅히 어떠해야겠습니까. 이른바 철병한다는 것은 철수하고 방어하지 않는다는 뜻이 아닙니다. 지금 요동은 이미 심하게 황폐해져 군사와 군량이 모두 부족하니, 오랑캐의 환난을 버텨 내지 못한다면 이는 내지의 큰 근심이 될 것입니다. 어째서 조선의 병력을 철수시키고 그 정예를 선발하여 요동을 수비하게 하며, 조선에 공급하던 군량으로 요동 사

....

95 이는 …… 않습니까:『춘추(春秋)』민공(閔公) 2년의 "정나라가 그 군대를 버렸다[鄭棄其師]."는 기사를 지칭한다.『좌전(左傳)』의 설명에 따르면 정 문공(文公)이 고극(高克)을 미워하여 군대를 거느리고 가서 황하 가에 주둔하게 하고는 오랫동안 부르지 않으니, 군대가 흩어져 돌아가고 고극도 진(陳)으로 도망갔다고 설명되어 있다.

96 이는 …… 꼴입니다[是以卒與敵也]:『한서(漢書)』「조조전(晁錯傳)」에 나오는 말이다. 조조는 흉노가 침범했을 때 상소에서 병법을 인용하여 "기계(器械)가 날카롭지 않으면 그 병사들을 적에게 넘겨주는 셈이고[器械不利, 以其卒予敵也], 사졸들이 쓸 만하지 않으면 그 장수를 적에게 넘겨주는 셈이며, 장수가 병사들을 알지 못하면 그 주군을 적에게 넘겨주는 셈이고, 임금이 장수를 잘 택하지 못하면 그 나라를 적에게 넘겨주는 셈이다."라고 간언했다.

람에게 공급하지 않습니까. 만약 왜가 조선을 침입하면 혹 응원할 수도 있고, 혹 가서 구원해 줄 수도 있습니다. 왜가 다시 침입하지 않는다면 오랑캐를 막을 수 있습니다. 이는 철병하면서도 철병한 것이 아니고, 잔류시키지 않으면서도 잔류시킨 것입니다. 지금 요동을 방어하지 않고 조선을 방어하는 것은 요동을 급하게 여기지 않고 조선을 급하게 여기는 것이니, 어찌 자신의 밭을 버려두고 남의 밭을 가는 격이 아니겠습니까. 옛말에 이르기를, "천 명의 아부하는 소리가 선비 한 명의 정직한 간언만 못하다."[97]라고 했습니다. 입에 쓴 말을 하는 것은 나라가 있다는 것만 알기 때문이니, 또한 그 때문에 충성스럽게 고하는 것입니다. 일을 맡은 자가 신중하게 검토하기를 바랍니다.

또한 공과서과사우급사중(工科署科事右給事中) 장(張)[98] 등의 의견은 다음과 같았습니다.

외람되이 생각하건대, 동쪽의 일에 대한 논의는 전적으로 철병에 관한 것으로, 왜가 이미 떠났고 승전도 선포했으니 중국의 군

----

97 천 …… 못하다[千人諾諾, 不如一士諤諤]: 『사기』 「상군열전(商君列傳)」에 나오는 말이다. 상앙(商鞅)은 진(秦)에 가서 효공(孝公)의 재상이 되어 강력한 부국강병책을 실시하여 국력을 강화시켰지만 많은 원한을 샀다. 어느 날 지인 조양(趙良)이 찾아오자 상앙은 자신의 업적을 자랑했고, 조양은 "천 마리 양의 가죽이 한 마리 여우의 겨드랑이만 못하고, 천 명의 아부하는 소리가 선비 한 명의 정직한 간언만 못하다."라고 하면서 미리 조심할 것을 촉구했다. 상앙은 그 말을 듣지 않다가 자신을 기용한 효공이 죽자 반역을 저질렀다고 고발당하여 처형당했다.

98 장(張): 만력 28년(1600) 당시 공과우급사중의 성명은 『명신종실록』에서 확인되지 않으며, 공과좌급사중은 장문달(張問達)이었다. 『명신종실록』 권347, 만력 28년 5월 18일(경신), 권348, 만력 28년 6월 10일(경신), 권349, 만력 28년 7월 4일(을사), 권352, 만력 28년 10월 27일(정유), 권354, 만력 28년 12월 14일(계미). 본문의 공과우급사중은 공과좌급사중의 오류일 가능성도 있으며, 그럴 경우 이 부분의 화자는 장문달이 된다.

대가 오랫동안 외국을 위해 방어해 줄 이유가 없으며, 만약 철병하지 않으면 군량과 급여를 또한 조처할 수 없으니 굶주린 무리가 두건을 벗는 사태를 면하기 어렵다고 여기고 있습니다. 이것이 철병을 논의하는 뜻입니다. 이는 왜가 떠난 까닭이 크게 응징하여 그 기백을 부수고 그 마음을 서늘케 한 결과가 아님을 알지 못하는 것입니다. 또한 왜의 본성은 교활하여 거짓으로 갔다가도 갑자기 와서 한 번 행패를 부릴 것을 도모하니, 이는 지혜로운 자를 기다릴 것도 없이 알 수 있는 바입니다. 따라서 응당 수군 한 부대를 왕경(王京)·평양 근처에 남겨 두어 방어하도록 하면 왜는 오히려 견제 받고 꺼려서 감히 출병하지 못할 것입니다. 가령 출병한다고 해도 2~3년 동안은 의심하고 지체할 것입니다.

무릇 3년 동안 병력을 잔류시키려면 반드시 군량을 논의해야 합니다. 3년 동안의 군량을 모두 내탕에서 지출하자니 내탕이 지금 텅 비었고, 모두 조선에 책임을 지우자니 조선 또한 황폐해진 지 얼마 되지 않았습니다. 마땅히 내탕과 조선에서 각각 절반씩 수송해서 수군의 비용에 충당해야 합니다. 3년을 기다리면 조선은 사졸들을 휴양시키고 사료와 군량을 비축하여 스스로를 굳힐 수 있으며, 왜노도 다시 구도(九都)·신숭(神嵩)·강해(江海) 사이에서 미친 듯 날뛰지 못할 것입니다. 이렇게 되면 외국은 안정되고 울타리[藩垣]는 굳어지니, 수군은 비로소 모두 철수할 수 있으므로 국면을 완결했다 할 만합니다. 연해에 병력을 배치하여 미리 방비하는 사후 대책에 대해서는 일을 맡은 자가 당연히 스스로 계획해 둔 바가 있을 것입니다.

또한 하남도장도사감찰어사(河南道掌道事監察御史) 주반(周盤)[99] 등의 의견은 다음과 같았습니다.

저번에 왜노가 조선을 공격하여 함락시킴으로 인해 중국에서 군대를 일으켜 가서 구원했습니다. 다행히도 하늘이 흉포한 우두머리를 싫어하여 부산의 왜가 물러나 도망갔고, 속국의 영토가 다시 수복되었으며, 중국의 울타리[屛翰]도 이에 보존되었습니다. 동쪽의 일에 대해서는 국면을 마무리했다고 할 만합니다. 그러나 일을 맡은 자는 논의하기를, 병력을 철수하여 돌아오면 왜가 다시 올 것이 염려되며, 병력을 잔류시켜 지키면 군량을 잇기 어려움이 염려되고, 연해에 방어를 증강하면 또한 힘이 지탱하기 어려울 것이 염려된다고 했습니다. 세 가지 어려움을 늘어놓고 조정 신료들의 회의를 요청한 뜻은 대개 일에 앞장서는 혐의를 피하고 장래의 근심을 막으려는 것입니다. 어찌 진실로 조정에 있는 신하들에게 세 가지 어려움을 벗어날 수 있는 기이하고 비밀스러운 계책이 있어서겠습니까. 다만 세 가지의 이치와 형세에 대해 비교하여 말해 보겠습니다.

조선이 왜의 침입을 당한 이래로 중국에서 병력을 수년 동안 동원했고, 군량을 천만 단위로 지출했으며, 이미 잃은 강토를 가져다가 온전하게 보태 주었으니, 은혜가 이미 융성하고 힘도 또한 다했습니다. 저 나라의 임금과 신하는 마땅히 통렬하게 스스로 힘써서 군대를 훈련시키고 군량을 축적하는 것을 자강할 계책으로 삼아야 할 것입니다. 왜가 혹여라도 소규모로 침략했는

<hr />

99 주반(周盤): ?~?. 명나라 사람이다. 자는 경여(儆予)이고 산서 택주 출신이다. 만력 5년 (1577) 진사가 되었다.

데 사력을 다하여 막아 내지 못한다면, 어떻게 나라를 유지할 수 있겠습니까. 진실로 우리 군대를 기다릴 것도 없는 일입니다. 설령 전년처럼 대규모로 침입해 온다 해도 구구한 잔류 병력 1만여 명 또한 어떻게 끝까지 믿고 내지에서 다시 징병하지 않을 수 있겠습니까. 비록 이들을 남겨 두더라도 무익합니다.

혹자는 또한 연말까지 잔류시켜 시세를 살피자고 합니다. 이는 왜가 올지는 형세를 원래 예측할 수 없으며 시점도 기약할 수 없으니, 반드시 우리의 병력을 헤아려 보아 능히 오래도록 수비해 줄 수 있어야 된다는 것을 모르는 것입니다. 설령 수년 동안 병력을 잔류시키더라도 수년 뒤에 침범해서 끝내 무익한 결과에 이르지 않는다고 어떻게 보장하겠습니까. 하물며 조선을 소란스럽게 하는 것도 감당하기 힘들고, 우리 병사들이 변란을 일으킬 형상도 여러 번 드러났습니다. 그러니 어떻게 서둘러 계책을 세우지 않을 수 있겠습니까.

부득이하다면 오직 내지에 방어를 설치하는 것은 시행할 만합니다. 마땅히 논의하여 철병할 병력 중에서 1만 명을 뽑아 요동에 잔류시키고 압록강 위아래에 주둔시키되, 대장을 전적으로 두어서 통솔하도록 하고 총체적으로는 요동순무의 절제를 받도록 해야 합니다. 명목은 왜를 방어하는 것이지만 실제로는 오랑캐를 막는 것입니다. 조선 입장에서는 그 응원하는 힘에 의지할 수 있고, 요동 입장에서는 그 방어하는 공에 힘입을 수 있으니, 이 또한 양쪽 모두 이롭고 오래도록 시행할 수 있지 않겠습니까. 그렇지 않다면 다만 속국을 마땅히 방어해야 한다는 것만 알 뿐이요 내지의 곤궁하고 피폐함을 잊은 것이니, 국가의 근심이 왜노에만 있지 않게 될까 두렵습니다.

병부의 논의는 다음과 같았습니다.

국가가 내지에서 환난을 구원하는 것은 쉽지만, 외국 땅에서 환난을 구원하는 것은 어렵습니다. 스스로 강고한 울타리를 지키는 것은 쉽지만, 무너진 울타리를 지키는 것은 어렵습니다. 왜노가 강역을 넓히려고 조선을 공격하여 함락시킨 이후 우리 황상께서 넓은 인자함으로 소국을 사랑하여 발끈 화를 내시며 군대를 정돈하셨으니, 천백만의 군량과 급여를 지출하고 7년 동안의 노고를 다한 끝에 마침내 황상의 신령스러운 위엄에 기대어 형편없는 추한 무리들을 평정하고, 거의 폐허가 된 번봉(藩封: 제후국)을 회복시켜 실낱같던 기자(箕子)의 제사[100]가 이어지게 하셨습니다. 어찌 승리를 아뢰고 개선해서 천고에 탁월한 업적을 세우고 국면을 완결했다고 칭할 수 없겠습니까. 그러나 오히려 교활한 왜가 이랬다저랬다 하는 것이 일정하지 않고 속국의 성세(聲勢)가 진작되지 못함을 염려해서, 병력을 잔류시켜 사후 처리를 담당하게 하고 처음부터 끝까지 보전하도록 한 지가 대개 이미 2년이나 되었습니다. 지금 경략하는 총독·순무가 조사하여 올린 원래의 제본에는 개선하고 군사를 돌려서 비용을 절약하고자 하지만, 과도관[101]은 왜가 반드시 다시 올 것인데 조선은 지탱

....

100 기자(箕子)의 제사: 한대 이래 기자가 조선으로 와서 주 무왕에 의해 제후에 책봉되었다는 기자동래설이 전해지고 있었으며, 이를 의식하여 조선을 "기봉(箕封)"이라고 별칭하기도 했다. 따라서 기자의 제사를 존속시켰다는 것은 조선의 명맥을 유지시켰음을 의미한다.

101 과도관: 형개·만세덕의 제본에 대해서 논한 병과서과사좌급사중 계유근을 지칭하는 말이다.

하지 못할 것이고, 대군이 이미 철병하면 다시 동원하기 어려울 것을 또한 곡진하게 염려했습니다.

성지를 받들어 정의(廷議)를 연 결과, 대군이 이미 철수하고 나면 조선이 스스로 온전하지 못할 것이 염려되니 마땅히 그대로 병력을 잔류시켜서 대신 수비하게 해야 한다는 주장이 있었습니다. 병력을 잔류시키되 군량과 급여로 들어갈 본색·절색은 마땅히 조선에서 그 절반을 처리하여 지급해야지, 전적으로 천조만 우러르고 있어서는 안 된다는 주장이 있었습니다. 병력을 잔류시키려면 반드시 군량을 운송해야 하지만 중국을 피폐하게 하여 사이(四夷)를 섬기는 것은 마땅하지 않으니, 응당 철병하여 귀환시켜야 한다는 주장이 있었습니다. 정예를 가려 뽑아 1만 명을 헤아려 잔류시켜서 부산에 근거하여 수비하도록 하고, 둔전과 수비를 겸하면서 적이 오는 요충지를 막게 하자는 주장이 있었습니다. 물러나서 압록강에 주둔하여 멀리서 성세를 올리면 왜와 오랑캐를 겸하여 방어할 수 있다는 주장이 있었습니다. 장차 모두 철수시켜 돌아오게 하고, 수비병을 등주·천진·여순 사이에 배치하여 우리의 문 앞을 방위하고 우리의 내지를 굳히자는 주장이 있었습니다. 백 번 듣는 것이 한 번 보는 것만 못하며 총독·순무가 일을 맡은 것이 이미 오래되어 저쪽의 상황을 반드시 정확하게 잘 알고 있을 것이니, 또한 마땅히 그들이 조선의 군신과 함께 상세히 논의하도록 해야 한다는 주장이 있었습니다.

그 가운데 잔류시키자는 논의가 10분의 2~3이었고, 철병하자는 논의가 10분의 6~7이었습니다. 하지만 총독·순무가 일을 결단해야지 내정(內庭)에 떠넘겨서는 안 된다는 것도 사람마다

이야기했습니다. 총괄하자면 철병하자는 논의나 잔류시키자는 논의는 그 주장이 비록 다르지만 국가의 군량을 위하는 계책과 국가의 울타리를 위하는 계책이니, 마음은 다르지 않습니다.

무릇 왜가 올지 오지 않을지는 진실로 미리 내다보고 헤아릴 수 없습니다. 그러나 대마도의 왜는 부산과 물 하나를 사이에 두고 서로 바라보고 있어 연기와 불을 멀리서 바라볼 수 있으니, 이는 총독·순무의 상주에서도 분명히 언급되었습니다. 따라서 왜가 대거 침공할지는 진실로 알 수 없으나, 우리 군대가 이미 철군하고 부산이 텅 비게 되면 저들이 빈틈을 타고 들어올 것이니, 곧 그대로 저들의 옛 물건이 되어 버릴 것입니다. 천조가 수천 수백만의 군량과 10만여의 군대를 투입하여 7~8년 동안 절역에서 바람을 무릅쓰고 밥을 먹고 이슬을 맞고 자게 한 것은 우리 속국의 옛 강토를 회복하기 위함이었습니다. 일단 왜가 여력을 들이지 않고 그곳을 얻게 되면 조선의 임금과 신하들은 논하지 않더라도, 그들의 의를 사모하고 나아가 귀화하려는 마음은 어찌하겠습니까. 조선의 간신히 남은 백성들은 논하지 않더라도, 그들이 우리 군대를 원수로 여기고 저 왜에게 의지할 것은 어찌하겠습니까. 구해 준 것은 무슨 마음이었고 버리는 것은 무슨 마음입니까. 따라서 병력을 철수시킬지 잔류시킬지는 명백히 알 수 있습니다.

다만 조선의 무리들은 조금도 스스로 힘쓰려는 마음이 없고 계획을 세워 다스리려는 생각이 전혀 없습니다. 우리 병력이 철군하는 것은 마땅히 언제가 되어야 합니까. 만일 우리의 병력이 이미 오랫동안 머무르고 있더라도 왜의 대비가 미리 잘 갖추어져 있어 무리를 몰고 돛을 올려 갑자기 이른다면, 저 나라는 도움이 되지 못하고 우리 군대는 지탱하기 어려워 장차 별도로 병력을 통솔하여 구원하게 될 것이니, 비록 채찍이 길더라도 어떻게 말의 배에까지 미치겠습니까.[102] 장차 어찌할 수 없는 지경으로 놓아 버리고 저 1만 명의 군대를 버리게 되면 국가의 위세를 손상시키고 나라를 욕되게 함이 이보다 심한 일은 없을 것입니다. 그러므로 병력을 잔류시키는 어려움을 여러 신하들이 극구 말했어도 과격하지 않았던 것은 실로 반드시 일어날 일을 염려하기 때문입니다. 또한 병력을 잔류시키는 것은 우리의 일이지만 군량이 나오는 것은 저쪽의 일입니다. 저들[조선]은 필시 황폐화된 나머지 형세상 공급할 수 없다고 여길 것인데, 내탕은 텅 비어 각 변경의 연례 정규 군량도 이미 앞의 것을 옮기고 뒤의 것을 모으는 식으로 어렵사리 지급하는 형편입니다. 호부의 논의에서 군량을 지급할 수 없다고 고집했으니, 그 말은 진실로 거울삼을 만합니다.

무릇 이미 병력을 잔류시키는 어려움을 괴롭게 여겼는데 또 군량을 논의하는 어려움을 괴롭게 여기며, 또한 조선을 자립시키고 분발시키기 어려움을 우려해야 하니, 총독·순무가 감히 밖에서 계획하지 못하는 까닭이 어찌 지혜가 이에 미치지 못해서이겠습니까. 혹은 어려워하는 바를 군부와 조정 신료들에게 미

---

102 비록 …… 미치겠습니까:『좌전(左傳)』선공(宣公) 15년에 나오는 고사이다. 당시 초나라가 송나라를 침입하자 송에서는 진나라에 구원을 요청했다. 이에 진나라의 대부 백종(伯宗)이 "채찍이 길다 해도 말의 배에까지는 닿지 않는다."는 옛말을 인용하며, 지금 초나라와 싸워서는 안 된다고 간언했다. 여기서 유래하여 역량이 되더라도 할 수 없거나, 역량이 부족한 상황을 나타내는 숙어로 사용되었다.

루어 각기 그 책임을 나누도록 하려는 것이겠습니까. 또한 조충
국이 황중에서 둔전할 때 산악처럼 우뚝하여 움직이지 못했으
니, 그가 충분(忠憤)으로써 나라에 자기 몸을 허락했으므로 진실
로 근거 없는 말로 흔들 수 없었기 때문입니다. 지금 오래도록
주둔한 병사들이 돌아가지 않으려 하겠습니까. 대장군은 지모와
용기가 모두 충분하여 스스로 옛날의 명장보다 못하지 않지만,
또한 안을 돌아보는 근심이 없이 왕사(王事: 나랏일)에 한뜻으로
임할 수 있겠습니까. 조선의 임금과 신하는 우리를 빌려 방비로
삼고 있는데, 사료와 군량을 아끼지 않고 방어하는 일을 돕기를
우리가 저들을 근심하는 것만큼 하려 하겠습니까. 이는 모두 저
쪽에 달린 문제이므로 수천 리 밖에서 억측하고 미리 헤아릴 수
있는 바가 아닙니다.

　이미 회의를 했는데도 논의가 하나로 모이지 않으니 마땅히
제본을 올려 청해야 합니다. 마땅히 명령이 내려오기를 기다려
경략하는 총독·순무에게 공문을 보내, 이전과 이번에 올린 제
본에 대한 검토 내용과 회의 내용에 따라, 원래 조선에 사후 처
리를 위해 잔류하고 있던 수륙 병마(兵馬)가 마땅히 써야 할 군
량·급여 및 그들을 잔류시킬지 철수시킬지 여부를 일일이 조선
의 군신과 함께 좋은 쪽으로 타당하게 헤아리고 논의하도록 해
야 합니다. 분명한 견해를 결단하지 않아서 한갓 분분한 논의만
늘리지 말아야 하며, 눈앞의 계책을 아끼고 말하지 않아서 뒷날
의 후회를 남기지 않도록 해야 합니다. 논의를 귀일시키고 일에
끝내 도움이 되도록 하며, 바깥 오랑캐에게 웃음거리가 되지 않
고 중국에는 해독(害毒)을 남기지 않도록 하는 것이 신 등의 더할

수 없는 큰 바람입니다. 연해의 방비는 근본적인 염려이니 계책이 정해지기를 기다려 서서히 도모하겠습니다. 모두 밝은 성지를 기다려 신 등이 받들어 시행하겠습니다.

성지를 기다리는 동안, 사례감태감(司禮監太監) 전의(田義)[103] 등이 문화문(文華門)에서 성유(聖諭)를 받들어 전했습니다.

조종(祖宗)께서는 옛것을 본받고 지금의 상황을 참작하여 문무 관원을 세우고 각 관청의 직임을 정하셨다. 군사와 전쟁에 관해 변경에는 총독·순무·총병이 있어 싸우고 토벌하며 지키고 방어한다. 조정에는 병부·병과가 있어 안배하고 상세히 살펴서 방책을 상주하며 상벌의 마땅함에 대해 짐의 재결을 요청한다. 이것이 정해진 제도이다.

조선은 왜노의 침범을 받아 강토가 거의 상실될 뻔했다. 짐은 동국(東國: 조선)이 울타리로서 대대로 충순(忠順)을 다한 것을 생각해서, 여러 사람의 논의에 현혹되지 않고 특별히 문무 장수와 관리들에게 명령을 내려 군사를 통솔하여 한뜻으로 나아가 토벌하게 했다. 수백만의 군량과 급여를 아끼지 않고 7년의 노고를 꺼리지 않은 끝에 바다의 재앙을 평정하고 속국을 온전히 회복시켰다. 천하에 조서를 반포하고 큰 상을 이미 나눠 주었으며, 이어서 군대를 잔류시켜 사후 처리를 맡게 함으로써 처음부터 끝까지 보전하도록 한 것이 또 이미 2년이 되었다. 그런데 총독·순

....

103 전의(田義): 1534~1605. 명나라의 환관이다. 9세에 입궁하여 가정제, 융경제, 만력제 3대에 걸쳐 60여 년 이상 황제를 보필했다. 만력 24년(1596) 명나라 환관 기구의 중심이라 할 수 있는 사례감(司禮監)의 최고직인 장인태감(掌印太監)이 되었다. 만력 33년(1605) 전의가 사망하자 만력제는 3일간 조회를 파하기도 했다.

무 형개 등은 병력의 철수·잔류와 군량의 일로 인해 처음과 끝을 삼가고 염려하여 와서 상주하니, 여러 차례 성지를 내려 구경에게 한꺼번에 논의하도록 했다. 지금 정의(廷議)가 분분하고 병부 또한 검토 의견을 내기를 어려워하여, 총독·순무 등에게 공문을 보내서 조선의 군신과 함께 좋은 쪽으로 논의하여 상주하도록 하기를 원한다. 안팎으로 떠넘기고 있으니 언제가 되어야 정해지겠는가.

짐은 철병하여 군량을 절약함으로써 휴식할 수 있게 하고자 한다. 다만 조선은 무너져서 성세를 떨치지 못하고 있으니, 만약 교활한 왜가 빈틈을 타고 다시 오면 어찌 속국만 깊이 해를 입겠는가. 천조 또한 이전의 전공을 버리는 셈이 될 것이다. 너희 병부는 성지에 따라 마음을 다해 참작하여 논의하고, 경략 만세덕 등의 관원에게 공문을 보내 깊은 생각을 널리 모아 군사를 철수시킬지 잔류시킬지, 들어갈 군량과 급여는 얼마나 될 것인지, 그밖에 일체의 사안을 상세히 논의하도록 하되 반드시 타당하게 만전을 기하여 와서 말하도록 하라. 돌아갈 생각으로 스스로 편하기를 꾀하거나 쥐가 머리만 내밀고 두리번거리듯 이쪽저쪽 눈치만 살피려는 마음[104]을 가져서 후회를 남기지 말라. 만일 나라

....

104 쥐가 …… 마음[心持首鼠兩端]:『사기』「위기무안후열전(魏其武安侯列傳)」에 나오는 표현으로, 위기후(魏其侯) 두영(竇嬰)과 무안후(武安侯) 전분(田蚡)이 위기후의 친우 관부(灌夫)의 잘못을 둘러싸고 한 무제(武帝) 앞에서 대립하자 조정 신료들은 대부분 애매한 태도를 취했다. 이로 인해 한 무제는 화를 내며 조회를 파했고, 무안후는 애매한 태도를 취했던 어사대부(御史大夫) 한안국(韓安國)을 불러 "어찌하여 구멍에서 머리만 내밀고 좌우를 살피는 쥐[首鼠兩端]처럼 망설였소?"라고 불평했다. 여기서 주저하면서 결단을 내리지 못하거나 양다리를 걸치는 것을 비유하는 표현이 되었다.

를 위해 계획함에 충성스럽지 못하여 저쪽에 있으면서 효험을 거두지 못하는 경우에는 나라의 법이 갖추어져 있으니 결코 죄를 용서하지 않을 것이다. 현직에 있든 직임을 떠났든 상관없이 그대로 끝까지 따져서 무겁게 다스릴 것이다. 너희 병부는 곧바로 즉시 사람을 보내 그들에게 공문을 발송해서 알도록 하라. 이에 유시한다.

또한 성지를 받들었는데, "이번 조선의 군대를 철수시킬지 잔류시킬지에 대해서는 이전에 이미 성지를 내려 총독·순무로 하여금 저 나라의 군신과 함께 오래도록 편리한 방향으로 헤아려 논의하도록 했다. 어째서 지금까지 와서 상주하지 않는가. 지금 너희들이 회의하면서 또 서로에게 떠넘기고 결정하지 않으니, 어떻게 번국을 안정시키고 나라를 보전하겠는가. 조선이 이미 군사를 훈련시켜 스스로 떨칠 수 없다면 마땅히 왕사(王師: 황제의 군대)에 군량이라도 공급해야 할 것이다. 어찌 수천 리의 땅을 가지고도 기어코 궁핍하다고 하면서 오로지 천조에서 수송해 주는 데 기댈 이치가 있겠는가. 곤외의 일은 조정이 원래 안에서 간여하지 않으니, 마땅히 충성스럽게 계획하고 용감하게 담당하여 성공을 보장해야 할 것인데, 어찌 서로를 돌아보면서 품고 있는 마음을 다하지 않을 수 있는가. 대소 문무관원들로 저쪽에 있는 무리들이 많으니, 반드시 이로움과 해로움을 다 알 것이다. 너희 병부에서는 곧바로 총독·순무·총병·도 등의 관원에게 긴밀하게 공문을 보내, 저들이 정성을 다하고 널리 계획하여 좋은 쪽으로 처리해서 반드시 합당하고 장기적인 계책을 세워 와서 말하도록 할 것이며, 구차하게 일을 끝마치는 것을 허락하지 않

는다. 만약 후회를 남길 경우 책임이 돌아갈 곳이 있을 것이다. 다시
유지(諭旨)에 따라 곧바로 참작하고 논의하여 와서 시행하라.”라고
하셨습니다.

해방, 병사의 해산, 군향의 절약, 공적이 있는 신하의 녹훈에 관한 상주

海防散兵節餉敍錄勞臣疏 | 권10, 51a-63b

날짜 만력 28년(1600) 5월 18일

내용 정유재란이 발발하자 명에서는 수도권의 연해 방어를 강화하기 위해 만력 25년(1597) 10월 남북 군병 9000명을 모집해서 서로·중로·동로의 3개 군영을 편성하고, 협수부총병(協守副總兵) 1명·유격 2명을 추가로 설치해서 각각 3000명을 통솔하여 밀운(密雲)·계주(薊州)·영평(永平)의 해변에 주둔하도록 했다. 또한 이들에 대해 필요한 마필 및 각종 경비도 할당하여 지급했다.

전쟁이 마무리되고 일본군의 위협이 감소했으므로 이들 부대는 해산되었고, 순천순무 이이(李頤)는 밀운·계주·영평의 연해 방어 담당자들에게 부대의 해산 및 재배치 상황, 지출 비용의 회계 처리 내역 등을 조사하여 보고하도록 했다. 이에 대해 담당 관원들은 병력 및 비용의 사후 처리 현황을 총정리해서 보고하는 한편, 무사히 부대를 해산시킨 지휘관들에 대한 포상을 요청했다. 순천순무 이이로부터 이상의 내용을 전달 받은 형개는 호부·병부에 관련 공문을 보내는 한편, 지휘관 및 담당 문관들에 대한 포상을 만력제에게 제본으로 요청했다. 호부와 병부에서는 담당 관원들의 회계 보고에 근거하여 남은 금액을 향후의 세입이나 지출에서 공제하도록 했고, 일선의 지휘관 및 담당 관원들과 이이·형개를 모두 포상해 달라고 요청하여 만력제의 재가를 받았다.

본 문서는 정유재란 당시 수도권의 연해 방어를 위한 병력 모집이 어떻게 진행되었고, 이들을 위한 군비 지출은 호부와 병부가 어느 정도의 비율로 분담했으며, 총 지출 비용의 규모는 얼마였는지, 부대를 해산할 때 사후 처리는 어떻게 이루어지며, 회계 처리는 어떻게 마무리되는지를 자세하게 알려주는 사료이다. 즉 명의 군사·재정 분야 행정이 구체적으로 처리되는 실상을 확인할 수 있는 문서인 것이다.

관련자료『명신종실록』에는 만력 28년 5월 18일 병부에서 형개를 비롯한 이들에 대한 포상을 건의하여 재가를 받았다는 기사가 있으므로,[105] 본 문서에 대해 최종적으로 만력제의 성지가 내려온 시점은 5월 18일이었던 것으로 추정된다.

왜구가 평정되었으므로 해안의 방어를 철수하여 병합시켜 월향(月餉)을 헤아려 줄인 것이 적지 않으니, 응당 노고가 있는 신하들을 기록하여 권장하는 뜻을 보일 일로 올린 제본.

정칙계주등처변비 겸 순무순천등부지방 도찰원우도어사 겸 병부우시랑(整飭薊州等處邊備巡撫順天等府地方都察院右都御史兵部右侍郎) 이이(李頤)[106]의 회고(會稿)를 받았습니다.

밀운(密雲)·계주(薊州)·영평(永平) 삼도병비부사(三道兵備副使) 항덕정(項德禎)[107] 등이 각각 올린 정문(呈文)을 받았는데, 그 내용은

....

105 『명신종실록』권347, 만력 28년 5월 18일(경신).
106 이이(李頤): 1541~1601. 명나라 사람으로 강서 여간현(餘干縣) 출신이다. 자는 유정(惟貞)이다. 만력 연간 초기에 어사로 발탁되었다. 하남우포정사(河南右布政使), 순천순무(順天巡撫) 등의 관직을 역임했다.
107 항덕정(項德禎): 1563~1602. 명나라 사람으로 절강 가흥부(嘉興府) 수수현(秀水縣) 출

다음과 같았습니다.

내려 주신[職][108] 헌패(憲牌)를 받았습니다.

바라건대, 삼도(三道: 밀운·계주·영평)는 각각 해당 장령에게 독촉하여 공문을 보내서 관할하는 신병에 대해 도망·사망 및 현재 인원을 조사하고, 놀면서 교활하게 빠져나가거나 허약해서 근무를 감당할 수 없어 마땅히 덜어 내거나 면직시키고 모집해 보충해야 하는 숫자가 얼마이고, 실제 있는 정예롭고 강한 인원이 얼마인지를 조사하도록 하라. 지금 응당 어느 영로(營路)에 추가로 배속해서 변경을 방어하도록 하고, 어느 장령에게 소속시켜 관리하고 훈련하도록 하며, 이후에 계속하여 감원할 자들은 다시 보충해야 할 것인지, 모두 좋은 쪽으로 타당하도록 논의해서 병사들이 모두 있을 곳을 얻도록 하고 급여가 헛되이 낭비되는 일이 없도록 하기에 힘쓰라. 통틀어 상문(詳文) 1건을 갖추어 속히 보고해 올려서, 검토한 뒤 제본으로 요청해 시행할 근거로 삼도록 하라.

받은 내용에 따라 해당 삼도가 회동하여 살피건대, 부산의 왜가 소탕되고 속국이 평안해졌으니 문호(門戶)가 이미 견고해졌고 집안에 근심이 없게 되었으므로, 연해의 수비병은 진실로 응당 속히 철수시켜 헛된 비용을 줄여야 합니다.

....
신이다. 병부직방사주사(兵部職方司主事), 산동첨사(山東僉事) 등을 역임했고 만력 27년(1599) 9월 하남안찰사부사(河南按察司副使)가 되었다. 만력 29년(1601) 6월 산서우참의(山西右參議)가 되었고, 1년 뒤 사망했다.
108 내려 주신[職]: 원문에는 항덕정이 "직(職)"의 헌패를 받았다[蒙]고 되어 있다. 여기서 "직(職)"은 회고의 화자인 순천순무 이이의 자칭이다.

이제 조사해 보니 밀운도 소속 서로해방영(西路海防營) 참장(參將) 진섭(陳燮)은 원래 모집한 남북(南北)의 초(哨)·기(旗)·대(隊)[109]의 병졸 2994명과 중군(中軍)[110]·천총(千總)·파총(把總)[111] 등 10명, 총병이 이어서 보낸 통정(通丁)[112] 106명을 통솔했으니, 모두 합쳐 관병 3110명입니다. 그중에 동원되어 동쪽을 정벌하러 갔거나 도망·사망·감원된 관병이 1203명이므로, 실제 있는 관병은 1907명입니다. 이 가운데 군대에 남기를 원하여 대조(臺操)[113]에 보충해 보내거나 영로에 추가

....

109 초(哨)·기(旗)·대(隊): 척계광(戚繼光)의 『기효신서(紀效新書)』에 따르면 병졸 10명이 1대(隊)를 이루고, 3~5대가 1기(旗)를 이루며, 3~5기가 1초(哨)를 구성하게 되어 있었다. 戚繼光, 『紀效新書』 卷1, 束伍篇, 「明活法」. 따라서 대는 현대의 분대, 기는 현대의 소대, 초는 현대의 중대 단위와 유사하다.

110 중군(中軍): 명대 총병이 전군의 업무를 총괄하여 모든 사무를 직접 처리할 수 없었으므로, 성화(成化) 연간 이후 총병을 보좌하여 영중(營中)의 업무를 관할하고 명령을 전달하는 일을 전담할 무관을 설치했는데, 이를 중군(中軍) 혹은 좌영(坐營)이라고 했다. 曹循, 「明代鎭戍營兵中的基層武官」, 『中國史研究』, 2018-1, 137쪽.

111 천총(千總)·파총(把總): 관직명이다. 명 초에는 북경에 주둔하는 경영(京營)을 삼대영(三大營)으로 나누고 천총, 파총 등의 영병관(領兵官)을 두었으나, 시간이 흐를수록 지위와 직권이 낮아졌다. 명 말에는 대략 천총은 1000명 정도를, 파총은 300~500명 정도를 지휘하는 직책으로서 수비(守備)보다 아래에 있었다. 명 후기의 천총·파총 등에 대해서는 肖立軍, 『明代省鎭營兵制與地方秩序』, 天津: 天津古籍出版社, 2010, 235~243쪽; 曹循, 「明代鎭戍將官的官階與待遇」, 『歷史檔案』, 2016-3; 曹循, 「明代鎭戍營兵中的基層武官」, 『中國史研究』, 2018-1을 참조.

112 통정(通丁): 명대 몽골족에게 넘어간 중국인이나 투항한 몽골인 출신으로 변진(邊鎭)에서 심부름 및 적과의 연락, 적진 정찰에 종사했던 자들로 추정된다. 『大明會典』 卷41, 經費2, 月糧, "(隆慶)五年題准, 各邊營通丁, 査係投降眞夷, 月糧之外, 再加五斗. … 又題准, 大同鎭一等眞夷, 除正糧外, 每名每月, 准給米五斗, 另給銀三錢. 次等通丁, 每名每月, 止准給糧五斗."; 陳子龍 編, 『皇明經世文編』 卷316, "題議照諸邊頻年招引人口, 率皆中國被鹵奔命投歸 … 今據前因, 臣獲得三鎭一歲共招徠男婦二千二百二十六名口, 騎來馬駝騾牛二千三百五十三頭, 只中間精壯男子, 願充通丁者査給月糧, 令其隨營報効. 老幼並婦女願告回籍者, 俱給脚力口糧, 差人伴送寧家." 卷318, 王鑒川文集3(王崇古), 「酌許虜王請乞四事疏」, "臣密遣通丁往來虜中, 察其情狀."

로 배속해서 군량을 지급해야 할 관병과 가정(家丁)이 404명이고, 해산하여 귀농하기를 원하는 관병이 1503명입니다.

이상 각 해당 관병 중 중군·천총·파총 및 각 관원의 신수(薪水)[114]·통정(通丁) 및 도망·사망·감원된 인원에 대해서는 귀농할 여비를 지급하지 않는 외에, 그 나머지에 대해서 원래 논의하기로는 떠나는 자와 남는 자를 구분하지 않고 각자에게 안가은(安家銀)[115] 3냥을 보태 주어 여비로 삼도록 했습니다. 다만 군사들 중에는 앞서 온 자와 나중에 온 자가 있어서 일률적인 기준으로 지급해 주기 어렵습니다. 이 가운데 원래

....

113 대조(臺操): 명 후기 북방 변경의 적대(敵臺)에 주둔하는 병력을 조련하는 훈련을 지칭한다. 만력 4년(1576) 판각된 『사진삼관지(四鎭三關志)』에 따르면 일상적인 훈련은 백총·천총·파총이 교사(敎師)를 정하여 담당하도록 했으며, 도망간 군사에 대해 인원을 보충할 때도 훈련을 시행하도록 했다. 또한 반달마다 대조(大操) 1회, 계절마다 교열(校閱) 1회를 하도록 규정되어 있었다. 劉效祖, 『四鎭三關志』卷6, 經略考, 「邊關條約」, "一, 覈督臺. 近該督撫衙門, 節次題奉明旨, 卽科詳議, 沿邊築建空心敵臺, 安設軍火·器械, 以嚴防守. 目今臺工將完, 又經酌量衝緩, 限定名數, 分臺操演, 仍定委千·把·百總, 量地監督. 已於隆慶四年終, 甄別勤隋獎戒外, 今後各該督臺千·把·百總, 兩防之時, 務要身親在臺, 躬自督率撫恤臺軍, 演習武藝 … 一, 重補練. 凡逃軍發伍, 務要安插得所, 仍選擇敎師, 分投訓練, 每一人使敎十人, 明其節制, 作其忠勇, 庶幾可用. 仍每營置簿一扇, 着落該營千·把·百總, 分司輪流小操, 每日將某敎師練某人等, 係何武藝, 曾否精熟, 塡註簿內. 該營主將, 每半月合營大操一次, 量行賞罰, 該道每一季校閱一次, 大行賞罰. 其犒賞, 就於軍門, 發去操賞銀內動支. 如不敷用, 準與加給. 該道與主將, 每次將校閱, 賞罰過名數, 開報督撫衙門, 歲終繳軍門備査."

114 신수(薪水): 신수조예(薪水皁隸) 혹은 근수조예(跟隨皁隸)를 지칭하는 말이다. 명대에는 관원에게 품계에 따라 일정한 숫자의 근수조예를 할당하여 부릴 수 있도록 했다. 예를 들어 홍무 원년(1368)에는 1품관에게는 15명을 할당하고, 품계에 따라 감등하여 9품관에게는 1명의 근수조예를 할당했다. 그러나 관원들은 부족한 봉록만으로 생활하기 어려웠으므로 근수조예를 실제로 사역하는 대신 은을 받는 경우가 많았다. 이렇게 받는 은을 시신은(柴薪銀)이라 하며, 은납화가 진전된 이후 근수조예는 신수조예로 통칭되었다. 伍躍, 「明代の柴薪銀について: 徭役と官僚收入の關係」, 『史林』 78-4, 1995.

115 안가은(安家銀): 병사의 급여 명목으로 그 가족에게 보내는 은량을 말한다.

모집한 병력 1611명에 대해서는 모두 마땅히 3냥을 전액 지급하고, 이어서 모집한 병력 191명에 대해서는 각자 1냥 5전으로 반액 지급하도록 해서, 모두 그해 5월 3일 등에 지급하여 수령하게 한 뒤 해산시켰습니다.

원래 지급한 태복시(太僕寺)의 말 100필 가운데 공문을 받들어 차용해서 요동진(遼東鎮)에 넘겨준 말이 56필이고, 실제 있는 말 44필은 진무영(振武營) 등에 나누어 보내서 군정(軍丁)들에게 지급해 타고 훈련하도록 했으며, 연례 마가은(馬價銀)[116]에서 충당했습니다.

원래 나누어 수령한 호칠병향은(戶七兵餉銀)[117] 3만 5931냥 6전 가운데 각 병사들의 월향(月餉) 및 마필(馬匹)의 사료 등의 항목으로 지출한 은이 총 2만 5841냥 6전 1푼 1리 1호이니, 지출하고 남은 은 1만 89냥 9전 8푼 8리 9호는 이미 향사(餉司)[118]에서 호부 당상에게 보고하여 객병연례은(客兵年例銀)[119]으로 용도를 바꾸어 충당했습니다.

....

116 마가은(馬價銀): 말값으로 지출하기 위해 책정된 비용이다. 명 초에는 각지에서 말을 길러 변경에서 사용하도록 했으나, 남방에서는 말이 나지 않기 때문에 성화(成化) 연간부터 은을 거두어 태복시(太僕寺)에 저장하고 유사시 이를 지출하여 말을 마련하도록 했다.

117 호칠병향은(戶七兵餉銀): 정유재란 당시 군량 및 급여에 들어가는 비용을 대체로 호부가 70%, 병부가 30%의 비율로 분담하기로 했는데, 그 가운데 호부가 담당하는 70%를 가리키는 말이다. 9-5〈請查東征錢糧疏〉및 9-10〈議給留兵折色免搭米豆疏〉참조. 이러한 분담비율은 만력 이전부터 군비 부담에 대한 전례로 성립되어 있었던 것으로 보인다. 『명신종실록』권18, 만력 원년 9월 7일(갑신), 권48, 만력 4년 3월 11일(갑진) 등을 참고.

118 향사(餉司): 관량낭중(管糧郎中) 등 군량 업무를 담당하던 관원을 지칭한다.

119 객병연례은(客兵年例銀): 명대 원래 소속에서 변진(邊鎮)으로 파견 나간 병력에게 지급하기 위해 명 조정이 매년 지출한 은을 지칭한다.

원래 나누어 수령한 병삼월향은(兵三月餉銀)[120] 및 모집한 병력에 대한 안가는 총 2만 9995냥 4전 6푼 1리 6호 8사 가운데 병부에서 절은(折銀)한 33냥 8전 1리를 제외하면 실제 있는 은은 2만 9961냥 6전 6푼 6호 8사뿐이니, 모두 숫자대로 각 병사들의 안가은·월향을 나누어 주고 군화(軍火: 화약무기)·장비[器械]를 제조하느라 다 지출해서 전혀 남는 것이 없습니다.

원래 논의하기로는 본영(本營) 장관들의 부식비[廩給]·인주값[心紅][121] 및 스스로 준비한 마필의 사료 등의 항목은 매년 은 773냥 4전이며, 밀운도(密雲道)·창평도(昌平道)·패주도(覇州道) 소속 지역에 부과하여 징수했습니다. 지금 살피건대, 각 소속 지역에서 다만 은 374냥 3전 6푼만 징수하여 운송했으니, 지출한 264냥 3전 6푼 외에 지금 쓰고 남아 있는 은은 110냥으로, 이미 향사에서 호부 당상에게 보고하여 연례은에서 공제했고, 완결되지 않은 은 399냥 4푼은 마땅히 숫자대

....

120 병삼월향은(兵三月餉銀): 정유재란 당시 군량 및 급여에 들어가는 비용을 호부가 70%, 병부가 30%의 비율로 분담하기로 했는데, 그 가운데 병부가 담당하는 30%를 가리키는 말이다.

121 인주값[心紅]: 명대 관원들이 공무를 볼 때 사용하는 인주 명목으로 지급되는 비용으로 추측된다. 원래 명초에는 관원들이 쓸 지필묵 및 인주 구입 비용을 보초(寶鈔)로 지급했으나, 이후 은으로 지급하게 되었으며, 액수가 정해져 있지 않으므로 관원들의 부수입으로 악용되는 경우가 많았다. 『大明會典』卷209, 「風憲總例」, "凡都察院合用筆、墨、心紅, 具奏札付京府. 按察司合用筆、墨、心紅、紙札, 行移附郭府分. 監察御史、按察分司巡歷去處, 合用紙、筆、朱、墨、燈油、柴炭, 行移所在有司. 並支給官鈔, 收買應用, 具實銷算."; 『皇明經世文編』卷389, 楊司農奏疏(楊俊民), 「邊餉漸增供億難繼酌的長策以圖治安疏」, "兵有定額, 官有常祿, 而廩給、紙札、心紅、油燭, 與贊畫、書記之類, 則無定制, 將領利其折幹而多開, 該道重其體面而容隱. 雖督撫明知, 亦多姑息, 此弊所從來遠矣."

로 운송을 재촉해서 급여 액수에 충당해야 합니다.

계주도(薊州道) 소속 중로해방영(中路海防營)은 원래 부총병 오광(吳廣)[122]이 통솔했으나, 만력 26년(1598) 6월에 공문을 받들어 동쪽으로 정벌하러 가면서 보고를 올려 중로남방영(中路南兵營) 참장 누필적(樓必迪)이 임시로 관할하도록 위임했습니다.[123] 원래 모집한 남북의 초·기·대의 병졸이 2918명이고, 중군·천총이 6명이므로, 합계 관병 2924명입니다. 이 가운데 공문을 받들어 동원되어 동쪽으로 정벌하러 간 인원과 도망·사망·감원된 관병이 1065명이고, 실제 있는 관병이 1859명입니다. 천총 4명은 따로 보임(補任)하도록 하는 외에, 그 나머지 군병 1855명은 모두 귀농하기를 원했습니다.

이 가운데 육병(陸兵) 1613명에 대해서는 윤4월의 양은(糧銀) 1개월치를 나누어 주고, 수병(水兵) 242명에 대해서는 멀리서부터 와서 역(役)에 나아간 지 얼마 되지 않아 곧바로 철수시키는 것이므로 형편이 더욱 고생스러우니, 5월 및 6월의 양은을 더하기로 논의했습니다. 각 병사들의 안가은은 원래 5냥입니다. 각자에게 먼저 2냥을 지급하여 병기를 만들도록 한 외에, 또한 마땅히 3냥을 보태 주어 귀농할 여비로 삼도록

....

122 오광(吳廣): ?~?. 명나라 사람이다. 광동 소주부(韶州府) 영덕현(英德縣) 출신이다. 만력 26년(1598)에 흠차통령운귀광동한토관병부총병(欽差統領雲貴廣東漢土官兵副總兵)으로 낭토(狼土)의 군사 5500명을 이끌고 조선에 왔다.

123 오광은 만력 26년(1598) 계주진에서 해방을 위해 모집한 남병 3000명을 통솔하여 조선으로 가는 임무를 맡았으나, 광동 병력을 통솔하던 진린(陳璘)을 수군 지휘관으로 차출하게 되자 그가 이끌던 광동 병력을 통솔하여 조선으로 출정했다. 4-5〈催發續調兵馬疏〉및 4-12〈補統領廣兵副將疏〉참고.

해야 합니다. 다만 병사들 가운데 새로 온 자들과 원래 있던 자들의 구분이 있어 일괄적으로 지급하기 어려울 듯합니다.

살피건대, 육병 846명·수병 216명은 만력 26년 6월 이전에 모집한 병사들이므로 마땅히 안가은을 전액 지급해야 하니, 각각 은 3냥씩 지급했습니다. 또한 육병 767명·수병 10명은 만력 26년 6월 이후에 추가로 모집했으므로 마땅히 안가은을 반액만 지급해야 하니, 각각 은 1냥 5전씩 지급했습니다. 모두 각각 순순히 해산했습니다.

또한 살피건대, 원래 지급한 태복시의 말 500필은 동영(東營)·중영(中營)에 지급하여 수령한 200필, 공문을 받들어 동쪽으로 정벌하러 간 유격 진잠(陳蠶)이 원래 중협(中協)·동협(東協) 두 영로에서 빌린 것을 대신 갚은 말 100필, 또 총병 표하(標下: 직할부대) 통정에게 지급하여 수령한 말 100필 외에, 중로해방영에는 다만 말 100필을 지급하여 수령했을 뿐인데, 그 가운데 비쩍 마르고 손상되어 팔 수 없는 말 9필을 제외하고 지금 있는 말은 91필입니다. 이를 하나하나 남병영(南兵營) 및 준화(遵化) 좌영(左營)·우영(右營)·치중영(輜重營) 등에 나누어 넘겨주어서 군사들에게 지급하여 타고 훈련하도록 했습니다. 또한 앞서 언급된 통정에게 지급하여 수령한 말 100필은 모두 연례 마가은에서 공제했습니다.

또한 수병이 원래 탑승했던 호선(唬船) 20척을 마련하기 위한 값으로 은 600냥을 사용했는데, 이미 비왜은(備倭銀)[124]

....

124 비왜은(備倭銀): 일본의 침입에 대비하기 위해 책정해 놓은 은을 지칭한다.

에서 지출 처리했습니다. 해당 선박은 지금 판매하기로 논의했으나, 값이 얼마 되지 않아 아쉬움이 없지 않으니, 마땅히 일단 계주에 남겨 두고 다시 논의하여 처리하기를 기다려야 할 듯합니다.

원래 나누어 수령했던 호칠병향은 4만 132냥 8전은 모두 숫자대로 각 병사들의 월량으로 나누어 주고 마필의 사료로 지출하여 이미 다 써 버렸습니다. 또한 지급하느라 차용한 군향은(軍餉銀) 348냥 4전 3푼 3리 4호 5사는 응당 지금 있는 지출 잉여분 및 각 소속 주현에서 징수를 마무리하지 못한 인주값[125] 등의 은을 재촉하여 운송해서 갚아 주어야 합니다.

원래 나누어 수령한 병삼월향은 및 모집한 병사들의 안가은은 총 3만 33냥 7푼 6리 6호 4사입니다. 이 가운데 각 병사들에게 안가은·월향으로 나누어 주고 군화(軍火)·장비를 제조하느라 쓴 은이 총 2만 1908냥 6푼 2리 3호이니, 실제 있는 지출 잉여분은 8125냥 1푼 4리 3호 4사이므로, 마땅히 병부에 보고하고 지시를 기다려 지출 처리해야 합니다.

원래 논의하기로 본영 장관들의 부식비·인주값 등의 항목은 매년 은 925냥 5전 6푼이며, 계주도·창평도·패주도에 부과하여 징수하도록 했습니다. 지금 살피건대, 각 소속 지역에서 징수하여 운송한 은이 겨우 637냥 6푼으로 이미 다 지출했습니다. 아직 완료하지 못한 은 288냥 5전이 더 있으니 마땅히 운송하기를 재촉해야 합니다. 이 가운데 198냥 7전 1푼 5리 6호로는 원래 빌려 쓴 군향을 상환하였으며, 남은 은 89냥 7전 8푼 4리 4호는 향사에 운송해 쌓아 두고 연례은에서 공제했습니다.

영평도 소속 동로해방영(東路海防營) 유격 이자방(李自芳)은 원래 모집한 남북 병사 2995명 및 중군·천총·파총 등 10명, 또한 총병 표하에서 뒤이어 보낸 통정 105명을 통솔하니, 관원·군병·통정 도합 3110명입니다. 이 가운데 공문을 받들어 동쪽을 정벌하는 데 동원된 병력과 도망·사망·감원되어 남쪽으로 돌아간 관병 1299명을 제외하면, 실제 있는 현재 관원·군병·통정은 1811명입니다. 그 가운데 잔류하기를 원하여 대조에 보내거나 영로에 추가로 배속해서 군량을 먹도록 할 관원·군병·통정이 169명이고, 귀농하기를 원하는 남북 관병이 1642명입니다. 이상의 관병들에게는 남병인지 북병인지, 떠날지 머무를지를 따지지 않고 각자에게 5월의 양은을 더 지급해서 윤4월 내에 지급하고 수령하여 해산시켰습니다.

해당 군영에 원래 지급한 태복시의 말 100필 중 동쪽을 정벌하러 간 본 군영의 유격 사도립(師道立)[126]에게 원래 넘겨준 산해로(山海路)의 말 2필을 갚은 것과 쓰러져 죽은 말 16필을

126 사도립(師道立): ?~?. 명나라 사람이다. 대동우위(大同右衛) 출신이다. 만력 26년(1598)에 형개(邢玠) 표하의 흠차통령우액병유격장군(欽差統領右掖兵遊擊將軍)으로 보병 2480명을 이끌고 조선에 왔다가 만력 27년(1599) 11월에 사천 전투에서 패배하여 달아난 것으로 인해 파직되어 명나라로 돌아갔다.

제외하면 실제 있는 현재 말의 숫자는 82필이니, 건창로(建昌路)·연하로(燕河路)에 나누어 보내서 군사들에게 지급하여 타고 훈련하도록 하고, 전례에 따라 연례마가은에서 공제했습니다.

또한 원래 나누어 수령한 호칠병향은은 3만 5931냥 6전입니다. 이 가운데 각 병사들의 월향 및 마필의 사료로 쓴 은이 총 3만 4701냥 4전 6푼 1리 3호 2사이고, 실제 있는 잉여분이 1230냥 1전 3푼 8리 6호 8사입니다. 이미 해당 향사에서 호부 당상에게 보고하여 객병연례은에서 공제했습니다.

원래 나누어 수령한 병삼월향은 및 모집한 병력의 안가은은 총 2만 9995냥 4전 6푼 1리 6호 8사입니다. 이 가운데 각 병사들의 안가은·월향을 지급하고 군화(軍火)·장비 등을 제조하기 위해 쓴 은이 총 2만 5341냥 1전 4푼 1리 6호 8사이고, 실제 있는 잉여분은 4654냥 3전 2푼입니다. 마땅히 병부에 보고하여 지시를 기다려서 지출 처리해야 합니다.

원래 논의에 해당 군영 장관의 부식비·인주값 등의 항목은 매년 은 773냥 4전이며, 영평도(永平道)·창평도·패주도에 부과하여 징수하기로 했습니다. 지금 살피건대, 각 소속 지역에서 징수하여 운송한 은은 다만 553냥이니, 지출한 127냥 5전을 제외하면 실제 있는 잉여분은 은 425냥 5전입니다. 이미 해당 향사에서 호부 당상에게 보고하여 객병연례은에서 공제했습니다. 또한 완결되지 않은 은 224냥 4전은 마땅히 향사로 운송할 것을 독촉하여 급여 액수에 충당해야 합니다.

살피건대, 3로의 해방(海防) 군병은 훈련이 꽤 이루어졌고 군량을 수령한 것이 오래되지 않았습니다. 하루아침에 공문을 받들어 철수하고 해산시켰으나 각 부대가 순순히 순응하고 소란을 일으키지 않았던 것은 모두 지휘관 진섭·이자방 및 각 중군·천총·파총 등의 관원이 평소에 어루만지는 데 방도가 있었고, 일에 임하여 부리는 데 마땅함을 얻었기 때문입니다. 고심하여 안배했으니 공적을 묻어 버리기 어렵습니다. 마땅히 전례에 따라 각각 서훈하고 상을 주어서 뒷사람들을 격려해야 합니다.

안건을 살펴보건대, 앞서 저희는 만력 25년(1597) 10월에 도왜(島倭)가 난을 일으키자 내지(內地)의 안위가 우려스러웠기 때문에 참작하여 논의해서 제본으로 요청하기를, 남북 군병 9000명을 더 모집해서 3영으로 나누고, 협수부총병(協守副總兵) 1명·유격 2명을 추가로 설치해서 각각 3000명을 통솔하게 하며, 밀운도·계주도·영평도 해변 요해처에 주둔하면서 나누어 배치하여 방어하도록 했습니다. 또한 각각 태복시의 말을 지급하여 서로 응원하기에 편리하도록 했습니다. 마땅히 써야 할 안가은·월향 및 마필의 사료 등의 항목은 호부·병부에서 전례에 따라 지출하여 지급하도록 했습니다.

여러 차례 해당 부에서 검토를 올려 황상의 재가를 받들어서 자문을 갖추어 보내왔습니다. 저희는 각 도에 독촉하여 공문을 보내서 숫자대로 선발하고 모집하도록 하여 모두 완결했고, 신설된 해방부총병(海防副總兵) 오광, 참장 진섭, 유격 이자방에게 책임을 지워 원래 논의된 내용에 따라 나누어 주둔하고 방어하며 훈련하도록 해서 이미 성과를 거두었습니다.

근래 저희는 왜의 재앙이 이미 수그러들어 속국의 방어도 철수했으니 내해(內海)의 방비도 모두 마땅히 참작해 처리해서 헛된 낭비를 줄여야겠으므로, 이미 여러 차례 각 도에 공문을 보내 철수하고 병합시킬 일을 조사하고 논의하게 했으며, 또한 부에서 보낸 안가은·월향 등의 은을 지출한 내역을 명확히 살펴서 보고하도록 했습니다. 그런 뒤에, 지금 앞의 내용을 받았습니다. 신이 정칙계주등처변비 겸 순무순천등부지방 도찰원우도어사 겸 병부우시랑 이이와 회동해서 다시 검토해 보니, 밀운도·계주도·영평도에서 원래 모집한 남북 초·기·대의 병졸 8907명과 총병 표하로서 뒤이어 보낸 통정 211명, 중군·천총·파총 등의 관원 26명을 합치면 총 관병 9144명입니다. 선발하여 동쪽을 정벌하는 데 동원한 병력 및 여러 차례 도망·사망·감원된 인원을 제외하면 실제로 지금 있는 숫자는 5577명뿐입니다. 이 가운데 잔류하기를 원하여 대조에 보내거나 영로에 추가로 배속해서 군량을 먹도록 할 자가 577명이고, 귀농하기를 원하는 자가 5000명입니다.

각각 조사하여 보고한 바에 따르면 영평도에 있는 자들에게는 5월분의 양은을 더 지급했고, 밀운도·계주도에 있는 자들에게는 각각 앞서 모집한 자와 뒤에 모집한 자를 구별하여 안가은을 보태 주었습니다. 호선의 수병에게는 또한 각각 2개월의 양은을 더하여 그 사정을 돌봐 주었으니, 참작하여 처리한 것이 모두 타당합니다. 이미 만력 27년(1599) 윤4월 등에 해산하여 귀농시켰습니다. 계주도에서 원래 건조한 호선 20척은 이미 팔아 치우기 아깝다고 했으므로, 마땅히 해당 도에서 논의한 바에 따라 별도로 헤아려 처리해야겠습니다.

살피건대, 3영에서 원래 지급한 태복시의 말 500필은 차용해서 요동진에 지급한 것, 원래 동쪽을 정벌하느라 영로에서 빌렸던 말을 갚은 것, 쓰러져 죽거나 감당해 내기 어려운 것 외에, 지금 있는 말 317필을 모두 각 영로에 나누어 보내서 군병들에게 지급해 타고 훈련하도록 했으며, 연례마가은에서 공제했습니다.

또한 살피건대, 호부에서 원래 보낸 병향은(兵餉銀) 11만 1996냥과 병부에서 원래 보낸 안가은·월향은(月餉銀) 9만 24냥 중 병부의 절은 및 각 관병의 월량과 마필의 사료, 병기 제조, 안가은 등의 지출을 제외하면 호칠은(戶七銀: 호칠병향은) 1만 1320냥, 병삼은(兵三銀: 병삼월향은) 1만 2779냥이 남습니다. 모두 마땅히 각 진(鎭)의 연례은에서 공제해야 하므로, 호부·병부가 곧바로 분명히 조사하여 처리하고 채워 넣도록 해야 합니다.

3영 장령의 경비[廩費] 등은 매년 총 은 2472냥 3전 6푼입니다. 원래 논의하기로는 밀운·계주·영평·창평·패주의 5도에 소속된 주현의 인정(人丁)과 전지(田地)에 부과하여 징수해서 운송해 쓰도록 했습니다. 조사한 바에 따르면 각 소속 주현에서는 다만 은 1564냥 4전 2푼을 운송 완료했을 뿐이니, 써 버린 액수 외에 실제 있는 잉여분은 은 535냥 5전입니다. 마땅히 각 진에 쌓아 두고 연례은에서 공제해야 합니다. 아직 완료되지 않은 은 907냥 9전 4푼 가운데 198냥 7전 1푼 5리 6호는 또한 마땅히 운송을 재촉하여 계주진에서 원래 빌린 군향을 갚아야 하는 외에, 그 나머지 완료되지 않은 은은 군대를 이미 철수시키고 해산시켰으니 모두 응당 면제해 주어 백성들의 곤궁함을 해소해야 합니다.

이어서 살피건대, 병사를 모집하기는 쉽지만 해산시키기는 어렵습니다. 하물며 앞서 언급한 해방 신병(新兵)은 모두 사방에서 불러 모은 오합지졸이었습니다. 또한 처음 불러 모을 때는 오직 오지 않을까 걱정했으나, 이어서 해산시킬 때는 또 신속히 이루어지지 못할 것을 걱정했으니, 군사들의 마음에도 거슬렸을 것입니다. 만약 처치함에 마땅함을 얻지 못했다면 숨 한 번 쉬는 사이에도 변란이 장차 헤아릴 수 없게 되었을 것입니다. 석문(石門)에서 근래 있었던 일이 은감(殷鑑)[127]이 아니겠습니까.[128] 지금 각 부대가 머리를 숙이고 명령을 들어서 조용하니 소란이 없고, 모을 때는 구름처럼 모였다가 해산시킬 때는 얼음이 녹는 것과 같았습니다. 이는 모두 우러러 천자의 위엄에 의지한 것이지만, 일을 담당한 문무 여러 신하들이 계획하고 밝게 타이르느라 처음부터 끝까지 바삐 움직였으니 그 노고 또한 묻어 버릴 수 없으므로, 참작하여 서훈하는 일은 진실로 그만둘 수 없습니다.

중로부총병 오광은 일을 맡은 지 오래지 않아 동원되어 동쪽으로 정벌하러 갔으니 마땅히 의논할 필요가 없으며, 각 진영의 중군·천총·파총 등의 관원은 신 등이 곧바로 장려하고 상을 베푸는 외에,

....

127 은감(殷鑑): 은감불원(殷鑑不遠)의 준말이다. 『시경(詩經)』 대아(大雅) 「탕문(湯問)」에서 후에 주 문왕(文王)이 되는 서백(西伯) 창(昌)이 은나라의 주왕(紂王)에게 "은나라의 거울은 멀리 있지 않으니, 하후(夏后: 하나라)의 시대에 있다[殷鑑不遠, 在夏后之世]."라고 간언한 데서 유래한 말이다. 거울로 삼아 경계해야 할 선례가 바로 가까이에 있다는 의미의 고사이다.

128 석문(石門)에서 …… 아니겠습니까: 만력 23년(1595) 포상에 불만족한 남병(南兵)들이 석문채(石門寨)에서 소요를 일으키자, 총병 왕보(王保)가 그들을 유인하여 대거 살해한 사건을 지칭한다. 『명신종실록』 권291, 만력 23년 11월 1일(기사), 15일(계미), 권292, 만력 23년 12월 6일(갑진); 諸葛元聲, 『兩朝平攘錄』卷4, 日本 上, "平壤南兵撤回時, 以王賞不給(如松攻平壤時, 約先登者, 給銀萬兩, 南兵果先登), 鼓噪于石門寨. 總兵王保, 與南兵有小忿, 遂以激變, 聳惑軍門, 千三百名, 保盡誘殺之. 人心迄憤惋, 故召募鮮有應者."

계주도병비안찰사(薊州道兵備按察使)로서 지금은 조사를 받고 있는 [聽勘] 조수조(趙壽祖),[129] 영평도병비선임부사(永平道兵備先任副使)로서 지금은 병이 있다고 신고한 번동모(樊東謨),[130] 현임 안찰사 고운정(顧雲程),[131] 밀운도병비부사 항덕정은 시국의 어려움을 근심했으며 염려함이 주밀하고 일에 앞장섰습니다. 왜의 재앙이 불길처럼 일어나서 보장(保障)의 계책을 위하여[132] 한 번 명령을 내리자 채찍을

．．．．．．．

129 조수조는 만력 26년(1598) 4월 계주병비참정(薊州兵備參政)에서 안찰사(按察使)가 되었다가 다시 원임으로 돌아갔으며, 5월에는 요해참정(遼海參政)이 됨으로써 계주병비도의 업무를 떠난 것으로 판단된다. 그는 이후 만력 27년 8월 사천우포정사(四川右布政使)로 승진했다가 호과급사중 이응책(李應策)의 탄핵을 받았는데, 그 내용은 계주에서 군량을 관장할 때 간인(奸人) 웅응사(熊應士) 등에게 속아 군량 수만 석, 사료 10만 속(束), 은 1000여 냥 등을 잘못 지급했다는 것이었다. 이로 인해 그는 원적으로 돌아가 조사를 기다리는 처지가 되었다. 그의 죄명이 완전히 벗겨진 것은 만력 31년(1603)의 일이었다. 『명신종실록』 권321, 만력 26년 4월 6일(경신), 권322, 만력 26년 5월 24일(무신), 권338, 만력 27년 8월 21일(정유), 26일(임인), 29일(을사), 권339, 만력 27년 9월 2일(무신), 권346, 만력 28년 4월 28일(신축), 권347, 만력 28년 5월 4일(병오), 권383, 만력 31년 4월 25일(신해).

130 번동모(樊東謨): 1551~?. 명나라 사람이다. 자는 백명(伯明), 호는 창남(昌南)이며, 섬서 서안부 화주포성현(華州蒲城縣) 출신이다. 만력 14년(1586) 진사가 되었으며, 호부주사, 낭중을 역임했고 직례 순덕부 지부로 나갔다. 만력 23년(1595) 산동부사·영평병비로 승진했다.

131 고운정(顧雲程): 1535~1608. 명나라 사람으로 직례 소주부 상숙현(常熟縣) 출신이다. 만력 5년(1577) 진사가 되었고, 절강 순안현(淳安縣) 지현, 운남안찰사부사(雲南按察司副使) 등을 역임했다. 만력 27년(1599) 산동안찰사(山東按察使)로 승진하여 영평도병비사(永平道兵備事)를 맡았다.

132 보장(保障)의 …… 위하여: 보장이란 가리어 막아 주는 것을 말하며, 국가가 위급할 때 보루가 되어 주는 존재를 뜻한다. 『국어(國語)』 「진어(晉語)」에 따르면 조간자(趙簡子)가 윤탁(尹鐸)으로 하여금 진양(晉陽)을 다스리게 하자, 윤탁은 진양을 세금[繭絲]을 거둘 곳으로 삼을지, 아니면 보루[保障]로 삼을지를 물었고, 조간자가 보루로 삼도록 하라고 지시하자 윤탁은 진양의 호구 숫자를 줄여 조세 부담을 가볍게 해 주었다. 이후 조간자는 아들 조양자(趙襄子)에게 진나라에 환란이 있으면 반드시 진양으로 들어가도록 지시했고, 조양자는 지백(知伯)의 공격으로 위기에 빠졌을 때 진양으로 들어가 장기간의 포위를 버텨 내고 승리할 수 있었다.

잡고 응모하는 자가 숲처럼 많았습니다.[133] 섬의 도적들이 평정되자 군량이 부족할 것을 우려하여[134] 한마디 해산 지시를 내리자 창을 던지고 귀농하는 자가 줄을 이었습니다. 지휘하는 것이 명령대로 이루어지는 모습에서 위신(威信)으로 평소에 믿음을 산 것을 볼 수 있으니, 아울러 마땅히 우등으로 서훈함으로써 충성스러움과 근면함을 권장해야 합니다.

　서로해방영참장이었다가 지금은 천진부총병으로 승진한 진섭, 중로서해방영사 남병영참장(中路署海防營事南兵營參將) 누필적, 동로해방영유격이었다가 지금은 산해로참장(山海路參將)으로 승진한 이자방은 군대의 숙장(宿將)이자 무기고의 신비로운 창 같은 존재들입니다. 군사를 모집할 때는 각자 정예롭고 강한 자들이 와서 창을 늘어놓고 창끝을 모으니, 소문이 퍼져 나가 왜노의 혼백을 빼놓았습니다. 철수하여 해산시킬 때는 각종 방략을 세워 검을 팔아 송아지를 사도록 유도하니,[135] 많은 군사들이 본업에 힘쓰려는 생각을 일으

....

133 채찍을 …… 많았습니다[杖策應募者如林]: 당대 위징(魏徵)의 시 「술회(述懷)」에 나오는 "채찍을 잡고 천자를 배알하고, 말을 몰아 관문을 나섰다[杖策謁天子, 驅馬出關門]." 라는 구절에서 유래한 표현이다. 나라의 부름에 응하는 모습을 형용하는 수사이다.

134 군량이 …… 우려하여[虞庚癸之呼]: 원문의 "경계(庚癸)"란 옛날 군량을 가리키는 은어였다. 『좌전(左傳)』 애공(哀公) 13년조에 오나라 대부 신숙의(申叔儀)가 노나라의 대부 공손유산씨(公孫有山氏)에게 곡식을 구걸하자, 유산씨가 쌀은 없지만 거친 곡식은 있으니 자신이 산에 올라가서 "경계야[庚癸乎]"라고 부르면 대답하라고 말한 고사에서 유래했다. 이후 식량이 없어서 빌려야 하는 상황을 지칭하는 말로 사용되었다.

135 검을 …… 유도하니[賣劍買犢]: 『한서(漢書)』 「공수전(龔遂傳)」에 나오는 표현으로, 발해군(渤海郡)에 기근이 들어 농민들이 들고 일어나자 지방관으로 파견된 공수가 농민들을 무마하여 지역을 안정시키고, 농가마다 농사에 힘쓸 것을 권하며, 칼을 들고 다니는 자가 있으면 팔아서 소나 송아지를 사도록 했다는 고사에서 유래한 말이다. 이후에는 전쟁을 그치고 농사를 짓게 하거나, 악인이 마음을 바꾸어 착한 사람이 됨을 비유하는 표현으로 사용되었다.

컸습니다. 공적은 무리 가운데서 뛰어나고 근심은 뜻하지 않게 사라졌으니, 모두 마땅히 후하게 상을 줌으로써 권장하고 보답하는 뜻을 보여야 합니다.

원래 요청하여 호부·병부에서 보낸 안가은·월향은 등은 수입과 지출, 남은 수량 및 응당 공제하거나 보충해야 할 각각의 숫자를 이미 순무가 간명한 장부를 만들어서 호부·병부에 자문으로 보내 검토하게 했으며, 호부·병부에서 보낸 해방 관련 잡다한 항목의 은은 지출하고 남은 실제 숫자를 각 도에서 분명하게 조사한 결과가 도착하기를 기다려 별도로 장부를 만들어 보고하는 외에, 마땅히 제본으로 청하여야 합니다. 엎드려 바라건대, 호부·병부에 명령하여 다시 명확하게 조사해서 검토하고 논의해 황상께 요청하여 시행하도록 해 주십시오.

성지를 받들었는데, "호부·병부는 알아 두어라."라고 하셨습니다.

호부의 검토 의견은 다음과 같았습니다.

살피건대, 3도에서 해방을 위해 모집한 병사들의 향은 및 장령들의 부식비 등의 은은 이미 각각 지출한 것이 명백하며 조사해 보아도 헛되이 소모된 것이 없으니, 마땅히 지출 처리를 준허해야 합니다. 지출하고 남은 호칠은 1만 1320냥 및 밀운·영평 2로의 부식비 지출 잔여분 은 535냥 5전은 조사한 결과 이미 밀운·영평 2진(鎭)의 만력 27년 하반기 경운연례은(京運年例銀: 매년 북경에서 변진으로 운반해 주어야 할 은)에서 공제했으니, 다시 논의할 필요가 없습니다. 보고 받은바 각 도에 소속된 주현에 원래 부과했으나 완결을 짓지 못한 부식비 등 은 907냥 9전 4푼은 모두 총독·순무가 5도 소속 주현의 축난 액수를 헤아리도록 허락하되,

그 가운데 198냥 7전 1푼 5리 6호는 징수를 독촉해서 원래 계주진 군향에서 빌렸던 숫자를 갚아 주어야 합니다. 그 나머지 미완 액수는 모두 면제를 허락하여 백성들의 곤궁함을 해소해 주어야 합니다. 그 외에 계주·영평 2도에서 지출하고 남은 병삼은 1만 2779냥에 대해서는 뒤이어 병부의 자문을 받아 보니, "이는 저희 부의 정식 항목으로 지금 계주진 연례은에서 공제하도록 논의하여 제본을 올렸습니다."라고 하니, 형세상 전용하여 빌려 쓰기는 어렵겠습니다. 호선 20척은 원래 건조하느라 들어간 은의 숫자가 많은데 팔아도 값이 얼마 되지 않으니 실로 아깝습니다. 마땅히 계주에 남겨 두어 별도로 계획해 처리하도록 해야 합니다. 모두 황상께서 결정하여 신 등에게 명령해 주시기를 기다려, 병부 및 계주진 총독·순무·순안 및 향사에 두루 공문을 보내서 일체로 받들어 시행하도록 하겠습니다.

성지를 받들었는데, "그리하라."라고 하셨습니다.

또한 병부의 검토 의견은 다음과 같았습니다.

살펴건대, 군대가 행군하면 군량이 따르는 것이니, 군사를 쓰는 방도는 본디 군량을 절약하는 것을 우선합니다. 하지만 군사들을 불러 모으기는 어렵지 않으나 해산시키기는 어려우니, 군사들을 안정시키는 것을 큰 공으로 삼습니다. 받은 공문의 내용에 따르면 전년에 창립한 해방 3영은 군사 1만 명을 모집했으며, 원래 저희 부의 병삼은 등으로 9만 24냥을 할당했습니다. 지금 왜가 평정되어 병력을 철수했으나 아직 은 1만 2779냥이 남아 있으니, 마땅히 해당 진의 연례은으로 충당해야 합니다. 다만 해당 진의 만력 28년분 연례마가은은 모두 이미 발송했으므로, 응당 내년의 연례은에서 공제해야 합니다.

　병력을 철수시킬 때 아무 문제도 일어나지 않은 것은 일을 맡은 문무 여러 신하들, 총독·순무로부터 각 도에 이르기까지 모두 통제하는 데 방도가 있었기 때문이니, 그 공을 모두 묻어 버려서는 안 됩니다. 밀운병비부사 항덕정은 그 일을 처음부터 끝까지 담당했으며, 또한 해당 도에서 절약한 비용이 유독 많으니, 우등으로 서훈해야 합니다. 계주도·영평도의 안찰사 고운정 등의 관원들은 비록 직임을 떠나거나 새로 직임을 맡았다는 차이는 있으나, 그 일을 맡은 노고는 모두 아울러 서훈해서 격려하고 권장하는 뜻을 보여야 합니다. 이미 제본을 갖추어 왔으니, 참장 진섭 등은 새로 직임을 맡았고 조수조는 조사를 받고 있어 모두 서훈하지 않는 외에, 응당 제본으로 청해야 합니다. 마땅히 명령이 내려오기를 기다려 저희 부에서 이부에 자문을 보내 총독 형개·순무 이이를 모두 우등으로 기록(紀錄)[136]하고, 항덕정·번동모·고운정은 모두 기록해야 합니다.

　지출하고 남은 병삼은 등 1만 2779냥은 해당 진에서 내년 마가은을 요청할 때를 기다려 숫자대로 공제하고, 다른 항목으로 전용하여 빌려 쓰지 못하게 하면 전량(錢糧)이 돌아갈 곳을 얻게 될 것입니다. 또한 변경의 신하들이 서훈을 받으면 더욱 독려하는 뜻을 알 것입니다.

....

136 기록(紀錄): 향후 인사고과에 참고하기 위해 관원의 공적이나 과실을 장부에 적어 넣는 것을 말한다.

성지를 받들었는데, "그리하라."라고 하셨습니다.

10-6

왜노가 선유 인역을 송환한 사안에 관한 제본

題倭奴送回宣諭人役疏 | 권10, 64a-76b

날짜 만력 28년(1600) 9월 10일

내용 만력 28년 4월 16일 절강성에서 수상한 배 1척을 붙잡았다. 이 배에는 모국과(毛國科)를 비롯한 명군 구성원들과 복건에서 일본 정세를 알아보기 위해 파견된 정탐원들, 일본군이나 왜구에 사로잡힌 중국인과 조선인, 일본에서 잡아 보낸 왜구, 그리고 이들 모두를 송환하기 위해 파견된 도리하라 기에몬(鳥原喜右衞門)[137] 이하의 일본인들이 타고 있었다. 이들의 대표자였던 모국과의 주장에 따르면, 자신은 정유재란 막바지에 시마즈 요시히로 등이 있던 사천왜성(泗川倭城)에 첩보활동을 위해 파견되어 일본군의 철수를 이끌어 내는 공적을 세웠고, 철수하는 일본군에게 협박 받아 끌려간 이후에도 명의 위엄을 선유함으로써 시마즈 요시히로 및 도쿠가와 이에야스(德川家康)의 호의적인 반응을 이끌어 내었다. 도쿠가와 이에야스는 모국과 일행을 귀국시키면서 도적의 우두머리를 잡아 보내 명에 성의를 표시하는 한편, 일행의 안전한 귀국을 위해 호송군까지 붙이도록 명령했다.

실상 모국과 일행은 정유재란 막바지 중로군을 이끌던 동일원(董一元) 등이 사천에서 시마즈 요시히로에게 패배를 맞본 뒤 교섭을 통해 이들

....

137 도리하라 기에몬(鳥原喜右衞門): ?~?. 일본 사람이다. 도리하라 소안(鳥原宗安)이라고도 불렸다. 보노쓰(坊津)의 유력한 상인으로서 복건과 사쓰마를 잇는 무역 네트워크에 관계된 인물이며, 시마즈씨를 섬겨 185석의 녹미(祿米)를 받고 있었다.

의 철퇴를 이끌어 내기 위해 파견된 것이었고, 명군이 일본군의 안전한 철수를 보장하기 위해 제공한 인질이었다. 그러나 모국과는 이러한 사실에 대해서는 일언반구하지 않았으며, 오히려 자신이 일본군의 철수를 이끌어 내고 도쿠가와 이에야스를 설득했다는 식으로 스스로의 공적을 과장했다.

모국과 일행은 원래 시마즈씨의 영지 사쓰마(薩摩)와 깊은 관계를 맺고 있던 복건을 향해 귀국길에 올랐으며, 도쿠가와 이에야스는 이들의 송환을 활용하여 명과 무역관계를 재개하기 위해 이들에게 서신을 부쳐 보냈다. 그러나 이들은 풍랑으로 인해 복건으로 가지 못하고 절강에 표착했고, 그곳에서 절강 지역의 명군에 의해 발견된 것이다.

모국과 일행의 처분을 담당하게 된 절강순무 유원림(劉元霖)은 이들을 다방면으로 심문한 뒤, 모국과의 말을 다 믿기 어렵고 일본의 의도도 확실히 파악할 수 없음을 토로하며 이들을 복건순무에게 인계하겠다는 제본을 올리는 한편, 경략 형개에게도 게첩(揭帖)을 보내 이 사실을 알렸다. 게첩을 받은 형개는 이번에 모국과와 동시에 조선 방면으로 송환된 왕건공(王建功) 등에 대해서 보고하는 한편, 정유재란 말기의 전황상 모국과의 말은 시간상 사실관계가 맞지 않는다는 점을 지적하면서도, 그가 명군의 명령을 받고 파견된 것은 맞다고 보고했다. 병부에서는 유원림 및 형개의 제본을 검토한 뒤 모국과 등을 복건순무에게 보내 철저히 조사하도록 하고, 형개에게는 모국과가 과연 어떤 아문의 명령을 받고 파견되었는지를 조사하게 할 것을 만력제에게 요청하여 재가를 받았다.

본 문서는 정유재란 막바지에 일본군을 군사적으로 몰아세울 수 없었던 명군이 어떤 식으로 일본군의 철퇴를 이끌어 내려고 시도했으며, 이를 명 조정에는 어떻게 은폐했는지, 일본에서는 명군 인질들을 어떤 방식으로 활용했으며, 그 의도는 무엇이었는지를 해명하는 데 중요한 역할을 하는 사료이다. 다만 모국과는 말할 것도 없고, 형개 역시 정유재란의 최고 책임자로서 이해관계가 얽혀 있으므로, 이들의 언술을 기록

된 그대로 받아들여서는 안 된다. 명군의 인질 제공에서부터 도쿠가와
이에야스의 대명 교섭 시도, 모국과 일행의 귀국 과정에 대해서는 여러
건의 선행 연구가 있어 참고가 된다.[138]

관련자료 본문에는 절강순무 유원림의 게첩을 상당히 길게 인용하고 있
으나, 사실 이는 유원림이 만력제에게 올린 제본의 일부분에 불과하다.
유원림이 당시 올린 제본은 그가 절강순무 재임 시 올린 상주문을 모은
『무절주소(撫浙奏疏)』에 「제보왜사송환차관청지감처소(題報倭使送還差
官請旨勘處疏)」라는 제목으로 수록되어 있다.[139] 또한 『명신종실록』 만력
28년 9월 10일 기사에는 형개와 만세덕이 모국과 등에 관하여 올린 상
주에 대해 병부에서 검토 의견을 올려 윤허를 받았다는 내용이 짧게 요
약되어 실려 있는데,[140] 이는 본 문서를 지칭하는 것으로 보인다.

바다에서 수상한 선박을 초탐하여 붙잡은 일로 올리는 제본.

제독군무순무절강등처지방 도찰원우부도어사(提督軍務巡撫浙江等處
地方都察院右副都御史) 유원림(劉元霖)[141]이 앞의 일로 보낸 게첩(揭帖)

·······

138 대표적으로 모국과 일행의 파견부터 귀국까지 전 과정을 조망한 연구로는 渡邊美季,
「鳥原宗安の明人送還: 德川家康による対明「初」交涉の実態」, 『ヒストリア』 202, 2006이
있다.

139 『무절주소』는 일본 동양문고(東洋文庫)에 소장되어 있으며(청구기호 Ⅱ-13-B-21-0),
해당 제본은 와타나베 미키(渡邊美季)에 의해 번각된 원문이 坊津歷史資料センター
輝津館 編, 『坊津-さつま海道』, 南さつま市: 坊津歷史資料センター輝津館, 2005에 실
려 있어 참고 가능하다. 본 역주에서는 일본재단(日本財團) 도서관 웹사이트에서 제공
하는 이미지 파일을 활용했다(http://nippon.zaidan.info/seikabutsu/2005/00340/
contents/0006.htm).

140 『명신종실록』 권351, 만력 28년 9월 10일(경술).

141 유원림(劉元霖): 1556~1614. 명나라 사람이다. 직례 임구현(任丘縣) 출신으로 만력 8년

을 받았는데, 그 내용은 다음과 같았습니다.

서창국비왜파총사 원임파총(署昌國備倭把總事原任把總) 허호학(許好學)의 보고를 받았는데, 그 내용은 다음과 같았습니다.[142]

올해 4월 16일에 검은색 꼬리를 한 수상한 배 1척을 초탐하여 붙잡았는데, 관원과 역인(役人), 중국인과 오랑캐[華夷] 한 무리가 정박하고 있었습니다. 압송하여 심문하고자 대기하고 있습니다.

비답을 내리고, 병순해도(兵巡海道)가 심문한 내용을 받았습니다.[143]

위관(委官) 모국과(毛國科)의 품문(稟文)을 받았는데, 그 내용은 다음과 같았습니다.[144]

왜의 동정에 관한 일.

저 모국과는 원래 남병유격(南兵遊擊) 양만금(楊萬金) 군영의 독진천총(督陣千總)이었으나, 양만금이 전사했기 때문에[145] 절강유격(浙江遊擊) 모국기(茅國器)의 군영에 전속되

(1580)에 진사가 되어 태상시소경(太常寺少卿), 공부우시랑(工部右侍郎) 등을 역임했다. 관직은 공부상서(工部尙書)에 이르렀으며 사망 후에 태자태보(太子太保)를 추증 받았다.

142 『무절주소』에 따르면 허호학의 보고는 실제 초탐을 담당한 남초우란기초관(南哨牛欄基哨官) 유대익(兪大益)의 보고 내용을 인용한 것이다.

143 『무절주소』에 따르면 절강순무 유원림의 비답은 병순해도 및 참장(參將) 진구사(陳九思)·유격 노장(魯璋)에게 모국과 일행 및 그들을 호송한 일본인들에 대한 철저한 조사를 지시하는 내용이었다. 따라서 심문 내용 역시 병순해도 및 진구사·노장이 연명하여 올린 정문(呈文)을 인용하는 형태로 제시되어 있다.

144 『무절주소』에는 모국과가 품문이 아니라 수본(手本)을 바쳤다고 기록했다.

145 양만금이 …… 때문에: 양만금의 전사 및 조선 정부의 대응에 관해서는 『선조실록』 권 96, 선조 31년 정월 20일(병오), 22일(무신), 24일(경술), 권97, 선조 31년 2월 4일(기미)를 참고.

어 이전의 직임을 그대로 맡았습니다. 만력 26년 11월 1일 유격 모국기·남방위·섭방영이 각각 용감한 병정 총 20여 명을 선발할 때 뽑혀서 수행하게 되었고, 임시로 도사(都司) 직함을 칭하여 사세용(史世用)[146] 및 통관(通官) 맹가십랑(孟柯十郎)과 함께 11월 5일 곧바로 사천(泗川) 왜영(倭營)으로 가서 여러 가지로 첩보활동을 수행하며 사쓰마(薩摩) 왜의 우두머리 시마즈 요시히로(島津義弘)[147]·시마즈 다다쓰네(島津忠恒)[148] 등을 설득했습니다.

시마즈 요시히로·시마즈 다다쓰네는 11월 15일 병력을 거두어 영채를 철수해서 부산에 이르렀습니다. 또한 왜의 우두머리 가토 기요마사가 병력을 멈추어 두고 군영을 세웠으므로, 저 모국과는 다시 계략을 써서 데라자와 마사나리(寺澤正成)[149]를 설득해 그로 하여금 몰래 영채를 불태우도록 했습니다. 이로써 각 부대의 왜병들이 모두 감히 머물지 못하게 되어, 11월 27일에 이르러 모두 돛을 올리

....

146 사세용(史世用): ?~?. 명나라 사람이다. 일찍부터 일본에 왕래하던 자로 유격 모국기(茅國器)의 참모였다. 정유재란 시기 사쓰마 군을 철수시키기 위해 시마즈와 교섭하였다.

147 시마즈 요시히로(島津義弘): 1535~1619. 일본 사람이다. 시마즈(島津) 15대 당주의 차남으로 도요토미 히데요시가 규슈 정벌에 나서자 항전하다가 항복했으며, 임진왜란 당시에는 시마즈씨의 존속을 위해 가문을 대표해서 임진왜란과 정유재란에 참전했다. 정유재란 때는 사천 전투에서 공격해 온 명군을 격파하기도 했다.

148 시마즈 다다쓰네(島津忠恒): 1576~1638. 일본 사람이다. 시마즈 요시히로의 3남으로 조선에 와서 아버지와 함께 사천 전투 등에 참전했다. 세키가하라 전투 이후 도쿠가와 막부의 인정을 받아 사쓰마번(薩摩藩)의 번주가 되었다.

149 데라자와 마사나리(寺澤正成): 1563~1633. 일본 사람이다. 데라자와 히로타카(寺澤廣高)를 말한다. 아버지와 함께 일찍부터 도요토미 히데요시를 섬겼고, 임진왜란 시에는 보급과 병력 수송 임무를 담당했다. 세키가하라 전투에서 동군에 소속되어 히젠 가라쓰번(唐津藩)의 초대 번주가 되었다.

고 동쪽으로 돌아갔습니다. 그러나 왜인들은 우리 수군이 추격하여 죽일 것을 염려했으므로, 저 모국기와 총병 유정(劉綎)의 위관 유만수(劉萬壽)·왕건공(王建功)과 총병 진린(陳璘)의 위관 진문동(陳文棟)을 협박하여 함께 일본으로 갔습니다.

왜경(倭京: 교토)·야마시로(山城)·후시미(伏見) 등지에 도착하자 삼가 우리나라의 덕과 위세를 일일이 선유(宣諭)했습니다. 근래 집정(執政) 도쿠가와 이에야스(德川家康)[150]가 관백[도요토미 히데요시]의 어린 아들 도요토미 히데요리를 후견하고 보좌하여 정무를 시행하고 있었습니다. 이 사람은 자못 신의를 중시하는데, 저 모국과가 그곳에 이르러 선유하는 것을 보고는 곧바로 여러 왜인들에게 명령하여 모두 섬의 소굴로 돌아가 생업을 편안히 여기도록 했으며, 바다로 나가서 잘못을 저지르는 것을 허락하지 않았습니다. 또한 왜의 우두머리들에게 명령하여 배를 구해서 저 모국과 등을 귀국시키도록 했습니다.

그 사이에 또다시 바다의 도적들이 횡행하여 돌아가는 길을 막자, 저는 도쿠가와 이에야스·시마즈 요시히로 등에게 글을 보내 저희를 위해 이 큰 도적들을 체포해서 해변을 소란스럽게 하지 못하도록 해 줄 것을 부탁했습니다.

....

150 도쿠가와 이에야스(德川家康): 1543~1616. 일본 사람으로 에도막부(江戸幕府)의 초대 쇼군(將軍)이다. 도요토미 히데요시의 사망 이후 벌어진 세키가하라(關ヶ原) 전투에서 승리하여 일본의 패권을 장악했다. 조선과의 관계 개선을 도모하여 조선의 회답견쇄환사 파견을 이끌어 냈고, 이후 조선과 외교 및 무역을 재개하게 되었다.

그때 다행히 예전에 사로잡힌 백성 허의후(許儀後)[151] · 곽국안(郭國安)이 힘써 거들어 주었으므로, 도쿠가와 이에야스 · 시마즈 요시히로는 각 섬에 글을 보내서 도적의 우두머리 임명오(林明吾) · 왕회천(王懷泉) · 장흥암(蔣興巖) 등을 사로잡아 왜경에 구금해 두고 천조(天朝)에서 명문(明文)을 보내 데려가 조사하기를 기다리도록 했습니다. 그 전후로 죽인 도적들이 모두 합쳐 100여 명입니다.

이번에 적의 우두머리 이명(李明) 등 11명을 묶어 보내 저 모국과가 데리고 돌아가 죄를 정하도록 함으로써 저 나라가 천조를 존경하는 뜻을 드러내고자 했습니다. 그러나 왜의 우두머리 시마즈 요시히로는 또한 적당(賊黨)의 무리가 많아서 중간에서 겁탈하는 일을 면하기 어려울까 염려했으므로, 왜관(倭官) 기에몬(喜右衛門)을 차정하여 병사와 역인(役人) 12명을 거느리고 저 나라의 깃발을 갖고서 가는 길에 호송해 오도록 했습니다.[152] 이달 16일에 바람을 따라 지금 있는 곳에 떠내려왔습니다. 이에 왜의 정황에 대한 기밀과 사로잡혔다가 데리고 돌아온 포로 등의 성명은 별도로 적어서 직접 올리는 외에, 대신 전달하기 위해

....

151 허의후(許儀後): ?~?. 명나라 사람으로 복건성 출신이다. 왜구에 잡혀 포로가 되어 일본 사쓰마주(薩摩州)에 끌려갔다. 일본의 중국 침략에 대한 정보를 명나라 조정에 처음으로 제공한 인물로 알려져 있다. 조선왕조실록에 따르면 그는 행상과 의업에 종사했다고 한다.

152 저 …… 했습니다: 당시 일본에서는 영주가 영내를 통과하는 배에 무사통행을 보장하는 의미로 영주의 문장이나 연월일 등을 쓴 소과기(所過旗)를 주는 관습이 있었으므로, 모국과 일행이 탄 배에 내린 깃발도 시마즈 요시히로의 문장이 새겨진 소과기로 추측된다. 渡邊美季, 앞의 글, 144~145쪽.

본문을 갖추어 올립니다.

이미 파총 허호학이 파총 진여기(陳汝器)·초관(哨官) 유대익(兪大益) 등과 함께 차관 모국과 및 수행원 대은(戴恩)·동승(董昇) 등을 직접 심문했는데, 진술 내용은 다음과 같았습니다.

과연 만력 26년 11월에 차정하는 명령을 받들어 일본으로 가서 선유했습니다. 저 나라에서는 먼 곳의 사람을 회유하는 천조의 은혜에 감격하고 우러러보아서 강도 이명·진문병(陳文秉)·석이(石二)·곽춘(郭春)·임귀(林貴)·진명오(陳明吾)·허천구(許天求)·내진(來進)을 사로잡아 바쳤으며, 이와 함께 일본에서 한패가 된 왜적 산쿠로(三九郎)·요시스케(喜助)·야쿠로(彌九郎)까지 합쳐 총 11명을 보내 그 죄를 바로잡도록 했습니다. 또한 왜관 도리하라 기에몬과 총 44명을 차정하여[153] 모국과·대은·동승·장록(張祿) 등을 호송해서 중국으로 돌아가게 했습니다.[154]

저는 공문을 보내 지부(知府) 장좌치(張佐治)[155]가 추관(推官) 하사진(何士晉)[156]과 회동하여 다시 조사하도록 했으며,[157] 그

....

153 『무절주소』에는 도리하라 기에몬 외의 43명의 직책과 성명이 모두 기재되어 있으나, 본문에서는 생략되었다.

154 『무절주소』에는 뒤이어 일본 정세를 정탐하기 위해 복건에서 파견된 차관 및 사로잡힌 중국인과 조선인으로서 모국과와 함께 귀국한 사람들의 성명과 내력을 매우 자세히 기술하고 있다.

155 장좌치(張佐治): 1546~?. 명나라 사람으로 복건 장주부(漳州府) 평화현(平和縣) 출신이다. 금화부(金華府)·영파부(寧波府) 지부를 역임했다. 왜구에 맞서 싸워 영소병비부사(寧紹兵備副使)로 승진했고 천진병비참정(天津兵備參政)에 이르렀다.

156 하사진(何士晉): ?~1625. 명나라 사람으로 직례 의흥현(宜興縣) 출신이다. 만력 26년(1598) 진사가 되어 영파부 추관(推官) 직을 제수받았다. 이후 광서순무(廣西巡撫), 병부우시랑(兵部右侍郎) 등을 역임했다.

내용은 다음과 같았습니다.

모국과가 일본에서 돌아와서 말하기를, "앞서 조선의 군영에서 차정되어 갔으며, 지금 왜의 우두머리가 보내 돌아왔습니다."라고 했습니다. 동쪽의 일과 관계가 있는 듯하지만 증빙할 만한 집조(執照: 증명서)가 없습니다. 그 묶어 보냈다고 하는 도적을 조사해 보니 복건 사람이었으며, 또한 복건의 정탐인 3명이 있었습니다. 이 일은 복건에 속하는 것이며, 더욱이 인신(印信)이 찍힌 패표(牌票: 명령서)가 있습니다. 살피건대, 그 사이의 은밀한 사정은 또한 멀리서 헤아리기 어렵습니다. 마땅히 이 배에 탄 중국과 오랑캐 여러 부류의 사람들은 배와 함께 곧바로 복건으로 압송해 보내서, 그곳에서 조사하고 논의해 상주하도록 해야 합니다.[158]

살피건대,[159] 조선의 전역에서 왜의 무리가 도망쳐 돌아간 것은 실로 경략·경리 등 일을 담당한 여러 신하들이 우러러 전략을 올려서 능히 큰 공을 떨쳤기 때문입니다. 그러나 당시에 여러 장

....

157 『무절주소』에는 병순해도 등의 보고를 받은 절강순무 유원림이 이들의 처리 방안에 대해 논의하여 다시 보고하도록 병순해도에게 지시했고, 병순해도가 다시 지부 장좌치 및 추관 하사진에게 공문을 보내 재차 심문하게 한 뒤 그들의 보고를 받았음이 명시되어 있다.

158 『무절주소』에는 이 아래 본도(本道) 안찰사 범래(范淶)의 심문기록, 병순해도의 의견, 절강순무 유원림의 재차 검토 지시, 좌포정사(左布政使) 조흠탕(趙欽湯)·우포정사(右布政使) 오헌태(吳獻台)·안찰사(按察使) 이유정(李維楨)의 의견이 길게 실려 있으나, 본문에서는 모두 생략되었다.

159 『무절주소』에 따르면 이하 유원림의 의견은 절강순안(浙江巡按) 이남(李楠)과 회동하여 제출한 내용이다.

수들이 적과 마주하여 방책을 결정함에 간첩을 쓰고 기책(奇策)을 시행했으니, 모국과가 말한 "차정하는 명령을 받들어 가서 유세했다."는 일에 대해서는 저희가[160] 감히 결코 없었다고 보장할 수 없습니다. 다만 그의 말은 공을 자랑하는 듯하며 그의 일은 확실한 증거가 없으니, 저희 또한 감히 그러한 사실이 있었다고 온전히 믿지는 못하겠습니다.

다만 일본은 이번에 우리 차관을 돌려보내고 우리 해적을 바쳤으며, 관원과 역인을 동행시키고 선박을 마련하여 호송해 주었습니다. 병순해도·지부·참장·유격에게 공문을 보내 심문하도록 하여 이들이 통역을 통해 조사한 결과를 받아 보니, 보기에는 공순(恭順)한 듯합니다. 저들이 전쟁을 싫어하고 화란(禍亂)을 후회하고 있는지는 알 수 없습니다. 이 일을 핑계로 우리를 엿보려고 하는 것인지도 알 수 없습니다. 저의 어리석은 생각에 이 일의 요체는 합당하게 조사하고 처리하여 나라의 체면을 더욱 무겁게 하는 데 있습니다. 이로써 안으로는 연해의 흔단을 잠재울 수 있으며, 밖으로는 동쪽 일의 국면을 마무리할 수 있습니다. 그러나 평소에 그 일을 맡아서 그 정황을 잘 아는 자가 아니라면 결코 처리할 수 없을 것입니다.

지금 사(司)·도(道)가 회의한 내용을 받아 보니, 왕즙(王楫) 등이 왜의 정세를 탐지하라는 임무를 받은 것은 장남도(漳南道)[161]

....

160 『무절주소』는 황제에게 올린 제본을 수록하고 있어 화자를 "신 등이[臣等]"로 표기하고 있으나, 본문은 유원림이 형개에게 보낸 게첩이므로 화자를 "저희가[職等]"로 적고 있다.
161 장남도(漳南道): 복건안찰사(福建按察司)의 분사로, 성화(成化) 7년(1471) 이후 장주부(漳州府) 및 정주부(汀州府)를 관할했다.

의 인신이 찍힌 패표로 증빙할 수 있습니다.[162] 강도 이명 등은 모두 복건 사람입니다. 왜의 관원과 종인(從人) 또한 모국과 등을 호송하여 복건에 가서 넘겨주어 보내려 했으나 바람이 일어 절강에 이르렀다고 했습니다. 또한 허의후·곽국안 등의 서계(書揭)를 살펴보니 기밀에 관계된 사안이며, 복건에 관련된 내용이니, 절강성에서 억측으로 판단하기 어렵습니다. 마땅히 모두 복건성으로 압송해서 조사하여 처분해야 합니다.

하물며 관백이 맹약을 어긴 이래 복건순무는 마음을 다해 계획을 세워 다방면으로 정탐했으므로, 일본의 모든 동정을 미리 알지 못하는 바가 없어 내지에서 이를 믿고 대비하고 있습니다. 절강성은 평소 해금이 엄격하여 안팎으로 돛 하나짜리 작은 배도 통하지 못하니, 그저 복건성에서 알려 주는 데 의지하여 일을 처리하고 있습니다. 저희가 말한 평소에 그 일을 맡아서 그 정황을 잘 아는 자란 바로 이러한 상황을 말하는 것입니다. 게다가 이로써 국가의 체면을 높이고 바다의 흔단을 잠재우며 동쪽의 국면을 완결 짓고 먼 곳에 공적을 드리우는 일은 다른 사람이 맡을 임무가 아닙니다.

천총 모국과 등과 동행한 왜의 관원 및 종인 도리하라 기에 몬노죠 소안 등, 압송해 온 해적 이명 등은 병선을 많이 뽑아 호위해서 곧바로 해로를 통해 복건총독·순무에게 압송하고 그들

....

162 왕즙(王楫) …… 있습니다:『무절주소』에 따르면 마일송(馬一松)은 복건도(福建道)에서 총초(總哨) 유지매(劉志邁) 등에게 발급한 "일본으로 가서 일본 정세를 정탐하라는 패[差往日本, 偵探倭情牌]"를 소지하고 있었으며, 그 안에 왕집·임서(林瑞)의 이름도 적혀 있었다. 또한 이들은 허의후·곽국안 등이 은밀히 일본 정세를 보고하는 서계(書揭)도 가지고 있었다.

이 조사하도록 한 뒤 성지를 청하여 처분해야겠습니다. 또한 사로잡힌 병사와 백성 오빈(吳賓)·왕군한(王君翰) 등은 명백히 조사한 뒤 여비를 헤아려 지급하고 각기 해당하는 원적(原籍)으로 보내 보호관찰하도록 하며, 별도로 자문을 갖추어 성명을 열거해서 부(部)에 보고하여 알리는 외에, 마땅히 게첩으로 보고해야 합니다.[163]

살피건대, 올해 5월에 경리순무(經理巡撫) 만세덕이 저에게 수서(手書)를 보냈는데, 그 내용은 다음과 같았습니다.

> 통령광동수영유격(統領廣東水營遊擊) 장양상(張良相)의 품문을 받았습니다.[164]
>
>> 외양(外洋)에서 왜선 2척을 포획했는데, 심문해 보니 전년의 위관 진문동(陳文棟), 천총 왕건공(王建功)·파총 왕보균(王甫均)과 원래의 수행원 및 사로잡힌 관정(官丁) 정진원(丁陳元) 등 40여 명, 대마도 왜장(倭將) 소 요시토시[豊臣義智]가 차정하여 보낸 왜장 1명·사공 1명, 배에 탄 왜·조선 남녀 왕유(王

....

163 『무절주소』는 "마땅히 제본을 올려야 하니, 엎드려 바라건대, 병부에 명령을 내려서 살펴 검토하여 논의하게 하시고, 복건총독·순무에게 공문을 전달하여 조사하고 처리해 시행하도록 하소서[相應具題, 伏乞勅下兵部, 查照覆議, 轉行福建督撫都御史, 勘處施行]."라는 구절로 끝맺고 있다. 『명신종실록』 권348, 만력 28년 6월 27일(무술) 기사에는 병부에서 본 제본을 만력제에게 보고해 윤허를 얻었음이 기록되어 있다.

164 『선조실록』 권124, 선조 33년 4월 11일(갑신)에는 장양상이 조선국왕에게 보낸 게첩이 실려 있으며, 본문에 인용된 품문과 거의 내용이 같다. 다만 해당 게첩에는 "포획한 왜인 범신(犯信) 등을 여러 장수들과 회동하여 번역하여 정확히 심문하고 별도의 문서를 작성하여 압송합니다."라는 문장이 덧붙어 있다. 이때 대마도주 소 요시토시 및 고니시 유키나가, 데라자와 마사나리, 야나가와 시게노부(柳川調信)가 조선 예조에 보낸 서신 3통은 경리 만세덕을 통해 조선에 전달되었으며, 소 요시토시의 서신에는 모국과는 사쓰마의 시마즈 요시히로를 통해 복건으로 송환하도록 했음을 알리는 내용이 있다. 『선조실록』 권124, 선조 33년 4월 14일(정해).

有) 등 20여 명이 올해 4월 3일 대마도에서 출항하여 4일에 금마도(金馬島)에 도착하고, 5일에 부산 외양에 이르러 사로잡힌 것이었습니다. 모국과는 앞서 작년 12월에 이미 복건 상선을 따라서 갔습니다.

마땅히 우선 치계(馳啓)하고 분명히 조사해서 별도로 제본을 갖추어 올리도록 해야 합니다. 그간에 또 조선어왜해방감군도부사(朝鮮禦倭海防監軍道副使) 두잠(杜潛)이 왜선을 정탐하여 잡은 일로 올린 정문을 받았고, 다시 그에게 패문을 보내 세밀히 심문해서 정확한 구술을 두루 보고하여 제본을 올리기에 편리하게 하도록 지시했습니다. 그런 뒤, 아직 정문으로 보고하지 않았습니다.

신이 경리조선군무 도찰원우부도어사 만세덕과 회동하여 조사해 보건대, 당시의 당보(塘報)[165]에 따르면 동로(東路)의 도산(島山)에 주둔했던 가토 기요마사는 11월 18일 5경(새벽 3~5시)에 무리를 이끌고 모두 도망쳤습니다. 서생포·기장의 왜도 이날 밤에 도주하여 곧바로 본국으로 돌아갔습니다. 서로(西路)의 고니시 유키나가는 18일 밤에서 19일 하늘이 밝을 무렵 막 예교(曳橋)를 나섰습니다. 중로의 시마즈(石曼子) 등은 17일 육지를 버리고 배에 올라 군사를 이끌고 서쪽으로 고니시 유키나가를 구하러 와서, 19일 5경에 이르러 노량에서 총병 진린과 크게 싸웠습니다. 이날 밤 부산·사천·거제·한산도의 각 왜장도 병력 2만여 명을 이끌고 배 700~800척에 타서 시마즈와 함께 서쪽으로 구원하러 노량에 와서 교전했습니다. 이에 고니시 유키나가는 바다에서 왜가 패전하는 것을 보고, 양쪽이 한참 싸

....

165 당보(塘報): 군사정보 보고서 또는 긴급한 군사정보를 알리는 사람을 가리킨다.

우는 틈에 탈주했습니다. 또한 동로의 보고를 조사해 보니 20일 부산의 왜는 방옥(房屋)을 모두 불태우고 소굴을 버리고 해변으로 달려갔으며, 26일 왜병은 모두 배에 올라 도망갔습니다. 이때 왜구를 소탕하면서는 4로가 서로 1000여 리 떨어져 있었던 데다가 미리 약속도 하지 않았는데도, 열흘 안에 앞뒤로 보고한 것이 실로 증험됩니다.

또한 갖추어 조사해 보건대, 동래·서생포·기장·울산·도산은 곧 가토 기요마사의 영채였습니다. 그가 18일에 견고한 소굴을 불태우고 도망간 것을 수만 명의 관병 중 누가 모르겠습니까. 그때 시마즈는 바야흐로 무리를 이끌고 서쪽으로 고니시 유키나가를 구원하러 갔습니다. 그리고 부산의 소굴은 20일에 불태우고 배를 타러 갔으니, 수만 명의 관병 중에서 또한 누가 이를 모르겠습니까. 이때 시마즈는 막 노량에서 크게 패했습니다. 그가 어떻게 축지법을 써서 곧바로 부산에 이르러 영채를 불태우고 가토 기요마사가 가도록 재촉할 수 있었겠습니까.

또한 살피건대, 만력 26년 3월 울산에서 싸운 이후 왜의 우두머리 가토 기요마사가 여러 차례 왜장 사생문낙신대(舍生門樂信大) 등을 보내 왔지만, 신 등은 이들을 모두 안동에 감금했습니다. 고니시 유키나가도 왜장 요시라(要時羅)[166] 등을 보내왔지만, 신 등이 역시 왕경(王京)에 감금해 두었습니다. 뒤에 이들을 모두 경사(京師)로 압

<hr />

166 요시라(要時羅): ?~1599. 일본 사람이다. 대마도(對馬島) 출신으로 고니시 유키나가와 소 요시토시 휘하에서 조선과 일본의 교섭을 담당했다. 1598년 5월에 요시라는 고니시의 명에 따라 강화 협상을 위해 조선 정부에 접촉했으나 명나라 군에 의해 한양으로 압송되어 양호(楊鎬)에게 심문을 받은 후 북경으로 끌려가 처형되었다.

송하여 헌부(獻俘) 의식을 마쳤으며, 절대 저들과 더불어 왕래를 통하지 않았습니다.[167] 왜가 오는 것은 본디 우리를 늦추고 속이려는 것이므로, 우리가 앞 사람의 실패한 전철을 답습해서는 안 되기 때문입니다.[168] 또한 한 번 왕래를 통하면 우리는 왜의 실상을 파악할 수 있을지 기필하기 어렵지만, 도리어 왜가 먼저 우리의 실상을 알게 될까 염려되었습니다. 그러므로 여러 차례 각 진영에 엄히 패문을 보내 금지했으며, 한 명이라도 사사로이 보내 왜영에 출입하는 것을 허락하지 않았습니다.

11월 21일에 이르러 중로어왜총병관(中路禦倭總兵官) 동일원(董一元)의 당보를 받았는데, 그 내용은 다음과 같았습니다.

절승영유격(浙勝營遊擊) 모국기 등의 보고를 받았는데, 그 내용은 다음과 같았습니다.

중로의 왜채(倭寨)는 이미 5곳을 격파했습니다. 오직 심안도(沈安道: 시마즈 요시히로)의 새 영채만이 함락되지 않아 각 영채의 왜가 모두 이곳으로 들어갔으니, 그저 힘으로 공격해서는 곧바로 격파하기 어렵습니다.[169] 통판(通判) 여민화(黎民化)[170]와 은밀히 상의해 보니 영채 내에 시마즈가 신임하는 자

....

167 만력 …… 않았습니다: 가토 기요마사 및 고니시 유키나가가 보낸 일본 사신들과 그들의 처우에 대해서는 6-7 〈獻俘疏〉를 참고.

168 왜가 …… 때문입니다: 석성(石星) 및 심유경(沈惟敬) 등에 의해 추진되었던 대일 강화책을 지칭한다.

169 중로의 …… 어렵습니다: 동일원이 이끄는 중로군은 초기에 진주 등지의 일본군을 격퇴하는 등의 전과를 세웠으나, 일본군이 사천왜성에 집결하여 방어전을 펴자 대규모 사망자를 내는 참패를 맞보고 성주까지 후퇴해야 했다. 『선조실록』 권105, 선조 31년 10월 8일(경신), 10일(임술), 16일(무진).

170 여민화(黎民化): ?~?. 명나라 사람이다. 정유재란이 종결된 이후 동로관량동지(東路管

로서 곽국안이라는 사람이 내응하고자 한다고 합니다.

이에 경리 도찰원에게 계략으로써 격파하겠다고 아뢰니, 유시하는 글을 보내주었습니다. 이달 9일에 본영의 참모 사세용으로 하여금 독진관 모국과 등과 함께 글을 가지고 시마즈에게 가서 유시하게 했습니다.[171]

앞서 모국과를 보낸 뒤에도 4로의 포위 공격은 쉬지 않았습니다. 바다에서 크게 싸워 왜노가 심히 참혹하게 패배했으니, 저들이 어떻게 모국과를 잡아가지 않을 수 있었겠습니까. 지금은 이미 2년이 지났습니다. 이들은 관직이 없으니 왜로서는 억류해도 소용이 없고, 죽이자니 무익합니다. 교활한 왜는 이러한 기미를 알고 예우하여 보내서 귀국시키는 것이 낫겠다고 생각했을 것입니다. 이는 한편으로는 이를 구실로 중국의 허실을 정탐할 수 있고, 한편으로는 이를 틈타 부산의 길을 개통할 수 있으며, 한편으로는 천조에 공순함을 표하고 조선과 우호를 맺어 대마도가 스스로 존립할 바탕을 마련하려한 것입니다.

대마도는 오곡이 나지 않아서 본디 부산을 우러러 먹을 것을 공급 받아 식량으로 삼았으니, 때마다 정을 잊지 못하고 있습니다. 또한 대병이 아직 부산에 모여 있는 것을 보고 대마도를 습격할까 두려워하고 있습니다.[172] 여기에 더해 예전에 복건순무에게 원래 일본

<hr />

糧同知)로 세운 공로를 인정받아 직례연경주지주(直隸延慶州知州)에 임명되었다.

171 이에 …… 했습니다: 동일원 및 사세용은 일본군 철수 이후 올린 보고에서도 만세덕의 글을 전달했고, 그 효과로 시마즈 요시히로 등이 철수했다는 주장을 편 바 있다.『선조실록』권107, 선조 31년 12월 8일(기미), 21일(임신).

172 또한 …… 있습니다: 실제로 명군이 대마도를 칠 것이라는 풍문은 일본에 퍼져 있었던 것으로 보인다.『선조실록』권124, 선조 33년 4월 13일(병술).

을 직접 쳐서 조선에 있는 왜를 동요시키자는 계책이 있었으니,[173] 풍문이 혹여 이미 저들에게 전파되었을지도 모릅니다. 지금 일본의 국주(國主)가 어려 나라가 의심하고 있는 때이니, 국외의 병화와 국내의 변란에 대한 우려가 없으리라 장담할 수 없습니다. 이 때문에 악의 우두머리를 묶어 보냄으로써 복건에 공순함을 표했을 수도 있지만, 이 또한 모를 일입니다. 저들이 한 길로 오지 않고 한편으로는 부산, 한편으로는 복건에 보냈으며,[174] 중국의 간첩 및 사로잡힌 사람만 보낸 것이 아니라 고려[조선]의 사로잡힌 사람도 함께 보냈고, 고려[조선]의 사로잡힌 사람만 보낸 것이 아니라 일본의 해적 우두머리도 보낸 것을 보면, 그 정황은 미루어 알 수 있습니다.

또한 경리순무가 저에게 보낸 글에는 "듣기에 왜가 국왕에게 글을 보냈는데 별로 다른 바라는 것이 없고, 오직 화호(和好)하기만을 요구하며, 말이 매우 겸손하다 합니다."[175]라고 했습니다. 이는 왜의 우두머리가 위엄을 두려워하는 마음과 엿보려는 생각 양쪽을 모두

....

173 여기에 …… 있었으니: 만력 22년(1594) 복건순무 허부원은 시마즈 요시히로에 대해 적극적인 모략을 시도하면서, 명군 20만을 동원한 일본 침공론도 방책의 하나로 명 조정에 제안한 바 있다. 三木聰,「福建巡撫許孚遠の謀略: 豊臣秀吉の征明をめぐって」,『人文科學研究』4, 1996(三木聰,『伝統中國と福建社会』, 東京: 汲古書院, 2015에 수록)을 참고.

174 한편으로는 …… 보냈으며: 앞서 장양상의 품문을 통하여 언급된 4월의 진문동·왕건공 등에 대한 송환을 지칭한다.

175 듣기에 …… 합니다: 4월에 진문동·왕건공 등을 송환하면서 소 요시토시, 고니시 유키나가, 데라자와 마사나리, 야나가와 시게노부 명의로 작성되어 전달된 글 3편을 지칭하는 것으로 보인다. 만세덕은 이 서계들을 열람한 뒤 선조에게 원래대로 봉하여 전달했다. 다만 이 서계들은 조선 예조를 수신자로 하고 있으며, 조선국왕 선조에게 부쳐진 것이 아니다. 또한 서계의 내용은 일본은 오직 화호만을 바라고 있고, 속히 조선에서 사신을 보내 화호를 마무리할 것을 간절히 바라고 있지만, 만약 지연된다면 전쟁이 재개될 수도 있다는 은근한 협박도 함께 제기되어 있었다.『선조실록』권124, 선조 33년 4월 14일(정해).

잊지 못하고 있음을 또한 보여주는 것입니다. 지금 모국과 등은 양군이 대치하고 있을 때 강개하게 호랑이굴로 곧바로 들어갔으니, 또한 의를 위하여 죽음을 각오한 자들입니다. 또한 능히 온전한 몸으로 돌아왔으며 예우하여 돌려보내게끔 했습니다. 비록 왜가 품은 계략을 알 수는 없지만, 이미 중국·조선의 간첩과 사로잡힌 사람을 돌려보냈고, 해적을 붙잡아 천조에 바쳤으며, 또한 남은 무리를 구금하여 황상의 명령을 기다리고 있으니, 나라의 위엄이 이미 떨쳐졌고 나라의 체면을 볼 만합니다. 각 역인들이 이렇게 돌아왔으니 시작된 일이 잘 마무리된 것입니다. 그 노고는 진실로 불쌍히 여길 만하며, 재략(才略)은 실로 취할 만합니다.

왕건공 등은 명백히 심문하기를 기다려 모국과 더불어 별도로 논의하여 상주하는 외에, 다만 모국과 등은 자신이 가 있는 동안 선유해서 왜를 물러나게 한 공을 성대하게 이야기하고 있습니다. 전년의 일을 돌아보면 조정에서 보책(寶冊)·금인(金印)을 가지고 중신(重臣)을 보내 수백 명의 수행원을 거느리고 바다를 건너도록 했으나 한 곳의 왜영도 물러나려고 하지 않았으며, 반드시 왕자·배신(陪臣: 조선의 신하)·명주·쌀을 요구하고, 또한 전라도·경상도의 땅을 할양해 주기를 바랐습니다.[176] 지금 각 우두머리들이 하나도 얻은 것이 없는데 어떻게 그 물러나는 것이 쉬웠겠습니까. 또한 100년 동안 있

....

176 돌아보면 …… 바랐습니다: 임진왜란 당시 강화 교섭의 파탄 원인을 도요토미 히데요시의 조선 남부 영토 확보 집착에서 찾은 연구로는 김문자, 「豊臣秀吉의 冊封問題와 壬亂期의 講和交涉: 정유재란의 원인을 중심으로」, 『中央史論』 36, 2012 및 김문자, 「임진왜란 연구의 제 문제: 임진·정유재란 발발 원인에 대한 재검토」, 『韓日關係史硏究』 68, 2020을, 조선 왕자의 입조를 통한 전쟁 종결 명분의 확보에서 찾은 연구로는 김경태, 「임진전쟁기 강화 교섭의 결렬 원인에 대한 연구」, 『대동문화연구』 87, 2014를 참고.

었던 부산과 1000리에 걸친 견고한 소굴을 헌신짝처럼 가볍게 버렸습니다. 이는 저들이 패배했기 때문에 떠난 것이지, 한 명의 간첩이 한 번 선유하여 가게 할 수 있는 바가 아니었음을 알 수 있습니다. 절강순무도 이미 그 상황을 이해하고 있습니다.[177]

왜서(倭書)가 오고 감에 있어서는 거짓이 실로 많으며, 또한 왜는 간첩을 매우 잘 씁니다. 군사를 부릴 때는 혹 성 밖으로 화살로 쏘거나 산골짜기에 투서하기도 하며, 혹 직접 사람을 보내오거나 깃발을 세워서 그 글을 표시해 두기도 하여, 이런 일이 없는 날이 없었으나 신 등은 전혀 살펴보지 않았습니다. 신이 전에 바다에서 초탐하여 배를 포획한 사건들을 한꺼번에 보고할 때 이르기를, "잡혀간 고려[조선] 사람이 돌아오면서 가져오는 일체의 글은 우리를 꾀거나 위협하는 내용으로 대부분 교활한 왜의 손에서 나온 것이니, 가볍게 믿을 수 없습니다."라고 했는데, 바로 이 때문입니다.

문서를 살펴보니, 신은 왜가 평정된 이후 총병·도(道)에 패문을 보내 수륙 관병을 엄히 독려해서 바다에 나가 초탐하도록 하고, 만약 왜선이 있으면 곧바로 사로잡으라고 했습니다. 만약 고려[조선] 병사라면 해당 도에 잡아 보내 심문하도록 했습니다. 병정(兵丁: 명군)이면 차례대로 출발시켜 관문으로 보내도록 했습니다. 고려[조선] 남녀라면 원도(遠道)에 안치하고, 함께 전송하러 건너온 왜노 또한 돌아가지 못하게 함으로써 군사기밀을 누설하지 말도록 했으며, 전년에 여러 차례 행한 사례에 따라 곧바로 요동 각 변보(邊堡)에 압

....

177 절강순무도 …… 있습니다: 앞에서 절강순무 유원림이 모국과의 말이 공을 자랑하는 데 가깝고 확실한 증거가 없다고 지적한 것을 지칭한다.

송해서 오랑캐를 막도록 했습니다.[178]

그러므로 작년 봄부터 대마도의 왜노가 일찍이 왜를 파견하여 중국·조선의 병사와 백성 오미(鄔美) 등을 돌려보낸 뒤 총병·도가 함께 심문하여 정문을 올려 청한 것을 받아 보고, 신은 경리순무와 함께 모두 앞의 내용에 따라 시행했습니다. 병사는 해당 군영으로 보내 기한을 정해서 관문으로 가도록 했습니다. 고려[조선] 백성은 원도에 안치하도록 연이어 보냈으며, 왜노는 모두 요동 각 군영과 변보에 나누어 압송해서 오랑캐를 막도록 했습니다.[179] 이번의 왜사(倭使)는 경리순무가 기미를 살펴 처분하고 따로 보고하도록 하는 외에, 지금 그 정상(情狀)이 공순한 듯하지만 글 안에는 어떤 간사한 꾀가 숨어 있는지 알 수 없으므로 마땅히 상세히 살펴야 합니다. 엎드려 바라건대, 해당 부에 명령을 내려서 복건순무에게 공문을 보내 확실히 심문해 상주하여 시행하도록 하소서.

성지를 받들었는데, "병부는 알아 두어라."라고 하셨습니다.

병부에서 검토하여 논의한 내용은 다음과 같았습니다.

살피건대, 군기(軍機)는 매우 중요하니 상세한 내용을 확보하는 것을 귀하게 여깁니다. 그러므로 정황이 은미한 경우에는 멀리서 판단하기 어렵습니다. 일에 근거할 만한 바가 있어도 마땅히

....

178 전년에 …… 했습니다: 임진왜란 당시부터 명군에 사로잡힌 일본인 포로 중의 일부는 요동 등지로 압송되어 북방의 방어에 활용되었다. 久芳崇, 「朝鮮の役における日本兵捕虜: 明朝による連行と處置」, 『東方學』 105, 2003.

179 그러므로 ……했습니다: 실제로 전쟁 종결 직후부터 대마도에서는 여러 차례 강화 교섭과 인질 및 피로인의 송환을 위해 조선에 사신을 파견했으나, 선조 32년(1599)까지 파견된 3회의 사신은 모두 명군에 인계되어 대마도로 돌아가지 못했다. 洪性德, 「壬辰倭亂 직후 日本의 對朝鮮 講和交涉」, 『韓日關係史研究』 3, 1995, 49~52쪽.

사실에 따라 정확히 따져 봐야 합니다. 하물며 왜노는 교활하고 속임수가 많아 평소에도 헤아리기 어렵습니다. 그 정황은 또한 바다를 넘어 외국의 일이니, 어떻게 한쪽 말만 듣고 가볍게 믿어서 적의 술수에 빠지는 결과를 초래하고 후환을 남길 수 있겠습니까. 제본에 따르면 모국과는 스스로 만력 26년 11월에 차정을 받고 왜영에 들어가 지금까지 간첩 활동을 한 뒤, 복건으로 돌아오려 했다가 바람에 떠밀려 절강에 도착했다고 하지만, 조사 결과 증빙할 만한 패표가 없습니다.

한꺼번에 복건성으로 압송해서 분명하고 확실하게 조사해 처리하도록 하고, 사로잡혔던 병사와 백성들은 여비를 헤아려 지급해서 원적으로 돌려보내겠다고 논의했습니다. 신중하지 않을 수 없는 바를 신중히 함으로써 국세(國勢)를 진작시키고 전란의 싹을 자르기를 기약했으며, 또한 우리 내지와 조선의 사람에게 은혜를 베풀어 고토로 돌아갈 수 있게 했습니다. 계책이 매우 상세하며 조치함에 마땅함을 얻은 것입니다.

병과에서 상주문을 자세히 살펴보고 새 상주를 열람하고 옛 문서를 검토하고는 모국과의 말이 터무니없지 않다고 판단했습니다. 다만 그가 차정을 받아 일본에 갔다고 한 데 대해서는 인신이 찍힌 패문이 없을 뿐만 아니라, 피차 차정을 받았다고 하는 아문이 통틀어 한 곳으로 귀착되지 않으며, 마일송(馬一松) 등이 가진 것은 복건의 인신이 찍힌 표문(票文)과 서계(書揭)입니다.[180]

....

180 마일송 …… 서계(書揭)입니다: 앞서 주기했듯이 마일송은 복건에서 일본 정세를 정탐할 것을 명령하는 패문에 왕집과 함께 이름이 적혀 있었으며, 허의후·곽국안 등이 은밀히 일본 정세를 보고하는 서계를 가지고 있었다. 복건의 인신이 찍힌 표문과 서계는 이

다만 응당 조사하고 논의해서 결정하고, 상세하고 신중하게 심문하여 처리함으로써 지극히 마땅한 바를 밝혀야 합니다.

간악한 자를 조사하고 해방을 신중히 하자는 것은 진실로 식견이 있는 말입니다. 지금 계요총독[형개]이 앞의 일로 올린 제본에 따르면 모국과는 절승영유격 모국기로부터 차정을 받았으며, 심안도[시마즈 요시히로]의 새 영채는 힘으로만 공격해서는 곧바로 격파하기 어려우므로 은밀히 곽국안과 의논하여 그의 내응을 이끌어 내기 위해서 경리 만세덕에게 보고하고 유시하는 글을 받아 보냈다고 하니, 모국과가 차정을 받아서 갔음은 명백합니다.

생각하건대, 모국과를 3년 동안 억류했다가 하루아침에 돌려보냈으며, 호송할 뿐만 아니라 식량까지 싸 주었고, 우리의 도망친 도적을 바쳤으므로 공순함을 표하기에 족합니다. 그간에 모국과 또한 약간의 노고가 있는 듯합니다. 그러나 섬의 추한 무리들이 나라를 기울여서 왔는데 모국과가 능히 세 치의 혀로 영채를 철수하고 소굴을 불태우도록 할 수 있었겠으며, 이익으로 유인하고[181] 바라는 것을 맞춰 줌으로써 자신의 사사로운 소망을 이루어 줄 것을 요구하여 스스로를 빼낸 것이 아닐지 어떻게 알겠습니까. 그렇지 않다면 저 사세용·유만수·진문동 등과 원래 임무를 받은 용감한 병정들은 같은 날에 갔으므로 그 무리가 꽤나 많았는데, 어찌하여 송환한 것은 다만 모국과 한 명뿐이겠습

들 문서를 지칭한다.

181 이익으로 유인하고[啖之以利]: 『육도(六韜)』 「무도(武韜)」에 나오는 말로, 적국을 공격하기 위해 그 임금을 "여색으로 음탕하게 하고 이익으로 유인하며, 맛있는 것으로 배부르게 하고 음악으로 즐겁게 한다[淫之以色, 啖之以利, 養之以味, 娛之以樂]."는 문장에서 유래했다.

니까. 견양(犬羊: 오랑캐)의 본성은 길들이기 어렵고 금수의 마음은 헤아릴 수 없으며, 몇 년이 지난 일인 데다 사람이 이역에서 왔으니, 반드시 하나로 귀결시켜 그 진상을 규명해야 합니다.

그가 가지고 나온 서계와 묶어서 바친 해적에 대해서는 더욱 마땅히 그 사실 여부를 조사해야 하며,[182] 왜의 두목·종인을 돌려보낼지,[183] 가토 기요마사·고니시 유키나가 두 우두머리가 다시 침범하지 않을지는 모두 의당 잘 조사하고 신중히 처리해야 하니, 마땅히 검토하여 청해야 합니다.

마땅히 명령이 내려오기를 기다려 복건순무에게 공문을 보내, 제본의 논의 내용과 병과에서 검토한 내용에 따라 절강성에서 모국과 등을 호송하여 보내면 즉시 중국인과 오랑캐 무리를 격리해서 마음을 다해 조사하도록 하고, 모국과는 어떤 아문의 차정을 받아 파견되었으며, 마일송 등은 복건성에서 파견해 정

---

182 그가 …… 하며: 선행 연구에서 밝혀진 바에 따르면 도쿠가와 이에야스의 외교 브레인이었던 세이쇼 죠타이(西笑承台)가 기초하고, 시마즈 요시히로·시마즈 다다쓰네·데라자와 마사나리의 명의로 작성되어 모국과의 상관 모국기에게 발송하기 위해 모국과 일행에게 부칠 예정이었던 서신 1통의 전문이 사쓰마 사료인『구기잡록(舊記雜錄)』에 실려 있다. 또한『양조평양록(兩朝平攘錄)』에는 "일본왕(日本王)"이 어왜경략 형개에게 보내는 서신 1통과 복건순무 김학증(金學曾)에게 부친 서신 1통의 존재가 언급되어 있다. 본문에서 지칭하고 있는 모국과가 가지고 나온 서계가 어느 쪽을 지칭하는지는 불명확하나, 와타나베 미키(渡邊美季)는 형개 및 김학증에게 보낸 서신만 명 조정에 제출되었고, 위협성 내용이 두드러지는 모국기 앞 서신은 제출되지 않았던 것으로 추측했다. 渡邊美季, 앞의 글, 140~141쪽 및 149~151쪽.

183 왜의 …… 돌려보낼지: 도리하라 기에몬을 비롯하여 모국과 일행을 호송하러 온 일본인들을 돌려보낼 것인지, 형개의 말대로 북방으로 보낼 것인지를 의미한다. 실제로 이들은 절강에서 접대를 받은 뒤 복건순무에게 인계되었고, 타고 온 배가 낡았기 때문에 복주(福州)에서 새로운 배를 구입해서 8월에 귀국길에 올랐다. 도리하라 기에몬 일행이 사쓰마에 귀환한 이후 이들이 타고 온 배는 필리핀[呂宋] 및 안남(安南)으로의 항해에 사용되었다고 한다. 위의 글, 147쪽.

탐하도록 한 것이 맞는지, 가지고 있던 인신이 찍힌 패표는 진짜가 맞는지, 묶어서 바친 해적은 어떻게 처분할 것인지, 검토한 서게에는 무슨 내용이 적혀 있는지를 하나하나 조사해서 명확하게 상주하게 해야 합니다. 또한 서게는 봉인하여 병과에 보내서 조사하기 편리하도록 해야 합니다.

또한 절강순무에게 공문을 보내 사로잡혔다 돌아온 백성과 병사들에 대해서는 반드시 각각 원적의 친척과 이웃, 이갑(里甲)[184]에서 인계 받았다는 보결(保結: 보증서)을 받아 두도록 해서 간사한 자들이 근심을 끼치도록 놓아두는 일이 없게 해야 합니다. 또한 저쪽에서 온 왜인 무리를 어떻게 처리하여 보낼 것인지, 해외에서 도적질한 장물의 증거는 증빙할 만한 근거가 있는지, 어떻게 귀결시킬 것인지를 자세히 조사하도록 해야 합니다. 더하여 경략 총독에게 자문을 보내서 모국과가 과연 어떤 아문으로부터 은밀히 파견된 것인지를 갖추어 조사하고, 복건순무에게 경략의 공문을 전달하여 한꺼번에 조사할 때 근거로 삼을 수 있게 해야 합니다. 가토 기요마사·고니시 유키나가 두 우두머리는 지금 어느 곳에서 무슨 일을 하고 있으며, 서로를 도모하고 있는

....

184 이갑(里甲): 명대의 향촌조직이다. 명초 홍무제는 110호를 1리(里)로 편성하고, 1리를 10갑(甲)으로 나누었다. 그 가운데 인정(人丁)과 재산이 많은 10호를 이장호(里長戶)로 삼고 나머지 100호를 갑수호(甲首戶)로 삼았으며, 매년 이장 1명과 각 갑에서 차출된 10명의 갑수가 돌아가면서 향촌의 여러 직무를 맡도록 했다. 이를 이갑제(里甲制)라고 한다. 그러나 부역의 부담이 점차 무거워짐으로써 이장과 갑수의 부담이 심각해졌으며, 이갑 내부의 불평등이 더욱 악화됨으로써 향촌질서를 유지하는 데 한계를 드러냈다. 결국 명 중기 이후 이갑제는 붕괴되어 갔고, 명조는 명목상으로는 형해화된 이갑제를 계속하여 향촌질서 유지의 기반으로 삼으면서도 현실적으로는 향약(鄕約)이나 보갑(保甲) 등 현지에서 만들어진 향촌조직을 적극적으로 활용하는 방향으로 전환했다.

지, 조선을 다시 침범할 정황이 있는지를 다방면으로 물어보고 상고해 보거나 은밀히 정탐하는 것도 무방합니다. 반드시 적의 계획을 쳐서 동쪽을 돌아보는 근심을 풀어 주며, 바다의 파도가 일어나지 않고 속번(屬藩: 조선)을 보전하며, 천조를 위해 처음부터 끝까지 국면을 완결시키는 것을 기약해야 합니다.

성지를 받들었는데, "그리하라."라고 하셨습니다.

동정한 문무 관원들을 서둘러 서훈해야 한다는 상주

催敘東征文職疏 | 권10, 77a-83b

날짜 만력 28년(1600) 7월 이후

내용 정유재란 종결 이후 정벌에 참여한 문무 관원들은 두루 서훈 및 포상을 받았으나, 이부와 병부의 행정처리 문제로 인해 실제 승진 등의 조치를 받지 못한 문관들에 대한 추가 서훈 및 관직 수여를 요청하는 문서이다. 이때 형개 등이 언급한 문관들은 오양새(吳良璽)·한초명(韓初命)·여민화(黎民化)·도양성·왕입민(王立民)·조자정(趙子政)·나부교(羅敷教)·유정륜(劉正倫)·왕관생(王觀生)·오서린(吳瑞麟)·오도행(吳道行)·항덕정(項德楨)·정문빈(鄭文彬)으로, 군량 관리 등에서 공을 세운 인물들이었다. 병부에서는 형개의 의견을 받아들여 구체적인 조치를 상주했고, 만력제는 이를 윤허했다. 본 문서는 전쟁 종결 이후 명 조정의 포상 및 서훈 절차를 살펴볼 수 있는 자료이다.

정벌에 종군한 문관들이 오래도록 은혜를 입지 못했으니, 원래 논의대로 참작하여 처리해서 인심을 격려하고 이후에도 힘쓰도록 독려하기를 황상께 간절히 바라는 일로 올린 제본.

신이 경리조선군무 도찰원우부도어사(經理朝鮮軍務都察院右副都御史)

만세덕(萬世德)과 회동하여 삼가 생각하건대, 공이 있는데도 상을 주지 않고 죄가 있는데도 벌을 주지 않으면 비록 요순(堯舜)이라도 천하를 다스릴 수 없습니다.[185] 그러므로 상벌은 천하의 공적인 일이며, 작록(爵祿)은 남의 임금된 자가 세상의 기풍을 북돋고 둔한 자들을 갈고 닦는 도구입니다.

동쪽을 정벌하는 전역은 해외에서 군사를 부리느라 고생스러웠으며, 2년 동안 서둘러 달렸으니 오랜 기간이 걸렸고, 한 명의 왜도 남아 있지 않게 되었으니 공이라고 할 만합니다. 이것이 어떻게 한 사람의 마음과 생각, 지혜와 힘으로 해낼 수 있었던 일이겠습니까. 직임이 큰 자는 전략을 전개하고 직임이 작은 자는 힘을 다했으며, 정벌에 종군한 자는 화살촉 앞에 몸을 내놓고 군량을 운반한 자는 바람과 파도에 목숨을 내맡긴 덕분입니다. 이들이 구사일생으로 위험을 겪으면서도 돌아보지 않았던 것은 모두 황상의 은상(恩賞)이 이들을 분주하게 만들 수 있었기 때문입니다. 근래 황상께서 누차 조서(詔書)를 반포하시어 우등으로 서훈하고 기록하도록 하셨으니,[186] 일에 참여한 문무 관원들은 환호하고 고무되어서 다투어 먹는

....

185 공이 …… 없습니다: 『한서(漢書)』 「선제기(宣帝紀)」 지절(地節) 3년(기원전 67) 조에 실린 선제의 조서에 나오는 구절에서 유래한 표현이다. 선제는 "대개 듣기로 공이 있어도 상을 주지 않고 죄가 있어도 주살하지 않으면 요순이라도 천하를 교화할 수 없다[蓋聞有功不賞, 有罪不誅, 雖唐虞猶不能以化天下]."라고 하면서 치적이 뛰어난 교동상(膠東相) 왕성(王成)을 관내후(關內侯)로 봉했다. 이후 이 구절은 국가를 다스리기 위해서는 상벌을 분명히 하는 것이 필수적임을 가리키는 표현으로 널리 사용되었다.

186 근래 …… 하셨으니: 명 조정은 정유재란이 종결된 뒤인 만력 27년(1599) 9월 9일에 형개를 비롯한 명군 지휘부에 대해 대대적으로 포상을 수여한 바 있으며, 9월 22일에도 일부 인원에 대해 추가 포상이 있었다. 『명신종실록』 권339, 만력 27년 9월 9일(을묘), 22일(무진).

것도 제쳐 두고 보답하기를 도모하지 않는 자가 없습니다. 그러므로 신 등이 사실대로 제본을 올려 서훈할 것을 청했고, 부(部)의 검토 의견에서 재단하고 참작한 것도 마땅하니, 사람들의 마음도 자연스럽게 복종하고 있습니다. 다만 그 가운데 두세 명의 문관은 비록 우등으로 서훈하는 은혜를 입었으나, 일이 이부와 병부 양쪽에 관계되어 결정하기 어렵습니다. 신 등은 참월하게도 한 번 간청하여 인심을 달래고 경사스러운 은전을 펼치지 않을 수 없겠습니다.

살피건대, 앞서 신 등이 서훈할 것을 제본으로 올린 서수로관량운동(西水路管糧運同) 오양새(吳良璽)[187]는 자신이 몸소 원망을 떠맡고 노고를 달게 여겼으며, 2년 동안 바람에 머리를 빗고 비에 목욕했습니다.[188] 군량 수송이 늘고 주는 것을 헤아려서 쌀과 소금을 직접 재 보지 않는 일이 없었습니다. 수륙(水陸)의 전략에 해박하여 미세한 것도 모두 승산(勝算)에 부합했습니다. 큰 공적이 뚜렷하며 탁월하게 온갖 일에 능통한 재주를 가지고 있습니다. 또한 그는 사천에서부터 한족[漢]·이민족[土] 부대를 통솔하여 관문(關門)을 거쳐 만 리를 행군하면서 엄밀히 살피고 통제함으로써 묘족(苗族) 오랑캐들이 덕에 감복하고 위엄을 두려워하도록 했으니, 공로가 특히 많습니다. 지금 다시 군사를 감독하여 사천으로 돌아가니, 마땅히 곧바로 사천 번얼(藩臬: 포정사 및 안찰사)의 빈자리에 추천하여 보임해서

....

187 오양새(吳良璽): ?~?. 명나라 사람이다. 만력 26년(1598)에 원임염운사동지(原任鹽運司同知)로 조선에 왔다가 이듬해에 명나라로 돌아갔다.

188 바람에 …… 목욕했습니다[櫛風沐雨]: 『장자(莊子)』 「천하(天下)」에서 묵자(墨子)가 전설 속의 명군 우(禹) 임금이 몸소 치수에 힘쓴 모습을 "심한 비에 목욕하고 거센 바람에 머리를 빗었다[沐甚雨, 櫛疾風]."라고 형용한 데서 나온 표현이다. 긴 세월 동안 이리저리 떠돌며 온갖 고생을 다함을 뜻한다.

파격적으로 크게 쓰도록 해야 합니다.

왕경관량동지(王京管糧同知) 한초명(韓初命)은 재능이 뛰어나고 민첩하고 숙련되었으며 마음 씀씀이가 올바릅니다. 전량(錢糧)을 정신없이 출납할 때는 한 푼의 동전이나 한 냥의 은도 모두 명확히 처리했으며, 관풍이 청렴해지고 폐단이 사라졌습니다. 복잡하고 어려운 일을 처리할 때는 팽팽히 당기고 느슨하게 늦추는 데 법도가 있었으며, 기운이 안정되고 정신이 여유로웠습니다.

동로관량동지(東路管糧同知) 여민화(黎民化)는 부세(賦稅)를 다스리는 데 능하며 또한 군사에 대해서도 식견이 있습니다. 위험을 무릅쓰고 공격하는 형세를 살펴서 용기로 추한 무리들을 삼켰으며, 산가지를 잡고 늘어나고 줄어드는 숫자를 계산하니 수많은 둔영(屯營)에 은혜가 흡족하게 미쳤습니다.

통판(通判) 도양성은 기국과 기품이 온후하고 순박하며, 재주와 슬기가 세밀합니다. 마음을 다해 군량을 다스려서 육군(六軍: 천자의 군대)이 배를 주리는 근심이 없었습니다. 손뼉을 치며 군사를 논하니[189] 천 리 밖에서 전략의 승산을 결정했습니다.

이상 4명은 모두 응당 파격적으로 승급시켜 그 노고에 보답해야 합니다.

공을 기록(紀錄)하거나 공에 대해 상을 지급하는 일을 맡은 관원으로 산해위경력(山海衛經歷) 왕입민(王立民)과 밀운중위경력(密雲中

....

189 손뼉을 …… 논하니[抵掌談兵]: 『전국책(戰國策)』「진책(秦策)」에서 소진(蘇秦)이 궁궐 아래에서 조나라 왕을 만나 유세하면서 손뼉을 치며 군사를 논하니, 조나라 왕이 크게 기뻐하여 무안군(武安君)으로 봉하고 재상의 인수(印綬)를 주었다는 고사에서 나온 말이다. 허심탄회하게 군사 전략을 논한다는 의미의 표현이다.

衛經歷) 조자정(趙子政)은 전량을 출납할 때 매우 공평했고,[190] 임무를 맡기면 일을 잘 처리한 경우가 매우 많았으며, 다른 나라에서 해를 지내면서 온갖 고생을 두루 맛보았습니다. 왕입민은 원래 주판(州判)이었다가 경력으로 승진했으며, 조자정은 현직의 근무 경력이 6년을 넘겼으니, 모두 주동(州同)의 관함을 더해야 마땅합니다.

관량위관(管糧委官)으로 진강(鎭江)에서 근무한 정요우위경력(定遼右衛經歷) 나부교(羅敷敎), 황주에서 근무한 정요후위경력(定遼後衛經歷) 유정륜(劉正倫), 미곶(彌串)에서 근무한 요해위경력(遼海衛經歷) 왕관생(王觀生)[191] 등의 각 관원은 자세하게 조사하고 알맞게 절약해서 곡식 한 톨도 허투루 쓰지 않았고, 금전을 출납하고 군량을 수송할 때는 조금도 기한을 어기지 않았습니다.[192] 이 가운데 나부교·유정륜·왕관생은 노고와 공적이 유독 오래되었으니 응당 2급을 승진시켜야 합니다. 서로관량주판(西路管糧州判) 심사현(沈思賢)은 노고와 공적이 유독 많으니 응당 파격적으로 서훈하여 근무지를 옮겨야 합니다. 동로관량경력(東路管糧經歷) 오서린(吳瑞麟)은 2년 동안 일을 맡아서 노고가 보통의 배나 되었으니 응당 파격적으로 급수를 초월하여 승진시켜야 합니다. 중로관량원임경력(中路管糧原任經歷) 오도행(吳道行)은 힘쓰고 고생한 것이 가장 많으니 응당 헤아려 원래 관직을 회복시켜야 합니다.

....

190 『상촌집』에 따르면, 왕입민(王立民)과 조자정(趙子政)은 관량관 또는 청용관으로서 조선에 왔다.

191 왕관생(王觀生): ?~?. 명나라 사람이다. 요해위경력(遼海衛經歷)이며 정유재란 시 관량위관(管糧委官)의 직책을 수행했다.

192 『상촌집』에 따르면, 나부교(羅敷敎), 유정륜(劉正倫), 왕관생(王觀生)은 모두 관량관과 청용관으로서 왕래했다.

이상의 각 관원은 모두 병부에서 검토 의견을 올려 황상의 재가를 받아 이부에 자문을 보내서 우등으로 승진시키거나 각각 후하게 참작해 처리하기를 마쳤습니다. 다만 이에 대해 병부에서 문신의 승급은 응당 이부에서 처리할 일이라 판단하여 우등으로 승진시키도록 논의하는 데 그쳤습니다. 하지만 이부에서는 군공(軍功)을 결정하는 것은 응당 병부에서 처리할 일이라고 판단하고, 또한 갑자기 승진시켜 기용하기는 어렵다고 했습니다. 그러므로 작년 9월에 성지를 받든 이후 지금까지 이미 10개월이 지났는데도 각 관원으로서 남아 있는 자들은 전혀 은혜를 입지 못했으며, 철수한 자들은 아직도 옛 관직을 회복하지 못하는 지경에 이르렀으니, 여러 벼슬아치들을 고무시키고 변경의 신하들을 격려하는 방법이 아닌 듯합니다.

현임 밀운도부사(密雲道副使) 항덕정(項德楨)에 대해서 조사해 보니 앞서 공에 대해 서훈할 때, 신 등은 그가 이전에 계주에서 해방(海防)을 논의해 처리했으며 계책을 결정하고 싸울 것을 주장하여 2년 동안 바삐 일한 노고가 있고, 이어서 밀운에서 말을 사들이고 병력을 보충하며 장비를 운송하고 군량을 수송했으니, 왜적을 격파한 지금 앞뒤의 노고와 공적을 분명히 상고할 수 있으므로, 아울러 승급해 주어야 한다고 논의했습니다. 이미 병부에서 검토하여 논의하기를 항덕정은 다방면으로 뛰어난 인재로서 응당 특별한 보상이 있어야 한다고 했고, 제본을 올려 황상의 재가를 받아서 직급 1급을 올려 주어 구임(久任)시키고 필요할 때 크게 쓰도록 했습니다.

다만 그는 공에 대해 서훈하기 전인 6월 초에 이미 이부에서 자급에 따라 공과 과를 평가해서 하남부사(河南副使)로 승진시키고자 추천했습니다. 성지가 아직 내려오기 전에 신 등은 여론에 따라

새 직함을 보류하고, 부사로 승진시키는 것은 그 원래의 자급에 따른 것이니 공에 대해 서훈하는 승진은 또한 응당 따로 더해야 한다고 여겼습니다. 다만 보류해 줄 것을 청하는 상주에 대해 막 논의하여 검토하는 사이에 서훈하여 승진시킨다는 성지가 곧바로 내려와서,[193] 병부에서 이미 구임하도록 했으므로 이부에서는 다시 검토를 올리기 어려운 점이 있습니다. 이번의 본관에 대한 부사 승진이 만약 공에 대해 서훈하기 위한 것이라면 자급에 따라 승진시키는 전례는 아직 이루어지지 않은 것이요, 자급에 따라 승진시키기 위한 것이라면 공에 대해 서훈하는 은혜는 아직 입지 못한 것입니다.

하물며 회군할 때 병거(兵車)가 노하(潞河: 대운하의 북단)에 몰려들고 속현(屬縣)에 꼬리를 물어 처치하기가 매우 곤란했으니, 화의 단서를 헤아리기 어려웠습니다. 그러나 그는 밤낮으로 바삐 일하면서 수고와 원망을 피하지 않고 다방면으로 격려하고 어루만졌으며, 은혜와 위세를 함께 활용하여 수만 명의 귀환하는 병력이 순순히 길에 나서도록 했습니다. 무사할 때 그렇게 쉽게 처리한 것을 보면 유사시에는 능히 한 번의 변란을 감당할 수 있지 않겠습니까. 연해를 방어하던 병력을 철수시킬 때는 절약하고 조정하여 노고와 공적이 더욱 많습니다.[194] 앞뒤로 조치하고 경영한 것을 일마다 뚜렷이 상고할 수 있습니다. 신 등은 이번에 한 번 승진시키는 것으로는 실로 그 현명함과 노고를 보상하기 부족하다고 여깁니다.

....

193 다만 …… 내려와서: 항덕정이 하남부사로 승진한 것은 만력 27년 9월 22일이었다. 『명신종실록』 권339, 만력 27년 9월 22일(무진).
194 연해를 …… 많습니다: 연해 방어 부대의 해산 및 철수 당시 항덕정의 공로에 대해서는 10-5 〈海防散兵節餉敍錄勞臣疏〉를 참고.

살피건대, 장중홍(張中鴻)은 자급에 따라 막 참정(參政)으로 승진했다가 열흘도 되지 않아 공에 대해 서훈하여 1급을 더하여 안찰사로 승진했습니다. 양조령(梁祖齡)[195]은 자급에 따라 막 부사로 승진했다가 열흘도 되지 않아 공에 대해 서훈하여 2급을 더해서 또한 안찰사로 승진했습니다.[196] 두 사람에 대해 자급에 따르는 전례와 공에 대해 서훈하는 은혜는 전혀 서로 방해되지 않았습니다. 지금 항덕정의 일도 마찬가지입니다. 하물며 공에 대해 서훈한 뒤에 또한 곧 1년이 되어 가니, 마땅히 이전의 사례에 따라 1급을 더해서 뛰어난 공적에 대해 보상해야 할 듯합니다. 비록 전에 승진하도록 추천한 데 대한 성지가 아직 내려오지 않았지만, 역주도(易州道) 강탁(江鐸)[197]·영평도(永平道) 고운정·창평도(昌平道) 허응륙(許應逵)[198]은 모두 보류하고 새 직함을 더하여 일을 맡아보게 했으니, 이 또한 비교할 만한 사례입니다.

....

195 양조령(梁祖齡): ?~1622. 명나라 사람이다. 사천 성도부(成都府) 온강현(溫江縣) 출신으로 만력 14년(1586) 진사가 되었다. 만력 26년(1598)에 파직된 소응궁(蕭應宮)을 대신하여 흠차정칙요양관전등처해방병비겸리조선동중이로군무(欽差整飭遼陽寬奠等處海防兵備兼理朝鮮東中二路軍務)로 조선에 와서 군대를 감찰했다.

196 장중홍(張中鴻)은 …… 승진했습니다: 만력 27년(1599) 9월 9일의 포상이 있은 이후, 9월 22일 장중홍은 산서안찰사로, 양조령은 절강안찰사로 각각 다시 승진했다. 이들의 승진은 항덕정의 하남부사 승진과 동시에 이루어졌다. 『명신종실록』 권339, 만력 27년 9월 9일(을묘), 22일(무진).

197 강탁(江鐸): 1548~1603. 명나라 사람으로 절강 항주부(杭州府) 인화현(仁和縣) 출신이다. 형부원외랑(兵部員外郎), 복주부지부(福州府知府), 하남안찰사(河南按察使), 산서안찰사(山西按察使) 등을 역임했다. 만력 28년(1600) 초대 편원순무(偏沅巡撫)를 맡아 양응룡을 토벌하는 데 공을 세웠다.

198 허응륙(許應逵): 1539~?. 명나라 사람으로 절강 가흥부(嘉興府) 가흥현(嘉興縣) 출신이다. 만력 22년(1594) 2월 하남안찰사 서주병비(河南按察使徐州兵備)에 보임되었고, 만력 26년(1598) 5월 산동안찰사(山西按察使)에 제수되어 창평병비도(昌平兵備道)를 지냈다.

또한 살피건대, 원래 서훈했던 평양관량원임동지(平壤管糧原任同知) 정문빈(鄭文彬)[199]은 의리로는 임금을 잊지 않았고 재주로는 능히 난리를 평정할 수 있습니다. 사비를 써서 군사를 양성하여 소탕하는 공을 이루기를 기약했습니다. 군량을 운송하여 군사들에게 지급하니 일을 돕는 효험을 크게 드러냈습니다. 논의하건대, 부(府)의 직함을 더하여 치사(致仕: 은퇴)하게 함으로써 그 노고에 보답해야 합니다.

무릇 각 관원들은 이미 성지를 받들어 승진하여 임용했으니, 마땅히 이부에서 참작하여 결정하도록 해야 합니다. 그러나 이부에서는 일을 이러기도 저러기도 어려워하니, 신 등이 또한 어찌 감히 혐의를 피하여 참월하게 한마디 올리지 않을 수 있겠습니까. 다만 외국에서 군사를 부릴 때 신 등은 원래 황상의 은혜로운 상으로 마음을 기쁘게 하고 고무시켰는데, 이제 공이 이루어졌음에도 은혜가 오래도록 여기에 미치지 못하니, 정벌에 종군한 관원들이 신 등에게 기대하지 않을 수 없으며, 신 등은 그들을 위해 황상께 은혜를 간청하지 않을 수 없습니다.

엎드려 바라건대, 이부에 명령을 내려서 오양새·한초명·여민화·도양성·왕입민·조자정·나부교·유정률·왕관생은 각각 신 등의 원래 논의에 따라 조속히 논의하고 처리하게 해 주셔서 현재 직임을 맡고 있는 자는 직함을 더하여 일을 보게 하시고, 보임되기를 기다리는 자는 직함을 더하여 보임하도록 하소서. 항덕정은 부사에서

....

199 정문빈(鄭文彬): ?~?. 명나라 사람이다. 원임(原任) 하간부동지(河間府同知)로 군량을 관리했는데, 만력 20년(1592)에 조선에 왔다가 만력 21년(1593)에 명나라로 돌아갔다. 만력 25년(1597)에 다시 조선에 왔다.

1급을 더 승진시키고, 정문빈은 직함을 더해 치사하게 하며, 오도행은 원래 관직을 회복하도록 허락하셔서, 공에 대한 상이 마땅해지고 사람들의 마음이 복종하도록 하소서.

성지를 받들었는데, "이부는 알아 두어라."라고 하셨습니다.

이부의 검토 의견은 다음과 같았습니다.

살피건대, 각 지역에서 군량을 관리하고 공에 대해 상을 지급하거나 기록하는 일을 맡은 관원들은 이역에 군량을 수송하거나 행렬 사이에서 산을 넘고 물을 건넜으니, 그 바삐 일하고 수고로웠던 것 또한 마땅히 묻어 버리기 어렵습니다. 이미 총독·순무가 서훈하고 조사하기를 명백하게 해서 검토해 주기를 청해 왔습니다. 또한 병부에서 조사해 본 결과도 사실이니, 마땅히 참작하여 청해야 합니다.

마땅히 오양새는 자봉(資俸: 자급과 봉록) 1급을 승진시키고 또한 기록하며, 자봉에 정해진 임기를 채우기를 기다려 우대하여 처분해야 합니다. 한초명은 하간장로운사동지(河間長蘆運司同知) 직함을, 여민화는 직례연경주지주(直隸延慶州知州) 직함을, 도양성은 직례영평부난주지주(直隸永平府灤州知州) 직함을 더하고, 모두 각각 예전대로 일을 맡아보게 해야 합니다. 정문빈은 하간장로운사동지 직함을 더해 치사하도록 해야 합니다. 오도행은 원래 승진한 왕관(王官: 왕부의 관원)에 더하여 복봉(服俸: 관봉) 1급을 더해야 합니다. 위경력(衛經歷) 왕입민·조자정은 모두 각각 도사(都司)의 도사(都事) 직함으로, 나부교·유정륜·왕관생과 주판 심사현은 모두 도사의 부단사(副斷事) 직함으로 승진시키고, 모두 원래 맡던 사무를 관장하도록 해야 합니다. 위경력 오서린

은 지금 부에 도착한 인사고과[考滿]에 과실이 없으니 응당 1급을 승진시키고, 공에 대해 서훈하는 1급을 더해서 마땅히 2급을 승진시켜야 합니다. 주동지(州同知)의 관함으로 승진시켰다가 마땅히 급한 선발 대상에 넣어서 승진시켜 보임해야 합니다. 밀운병비 하남안찰사부사(密雲兵備河南按察司副使) 항덕정은 두 곳에서 일을 경영하며 노고가 오래되었고 공적이 드러났습니다. 회군하는 일을 처리할 때도 좋은 방책을 얻었습니다. 부사로 승진시키는 것으로는 실로 공에 보답하기 부족합니다. 다만 이미 명령을 받들었으니 마땅히 철병하는 일이 끝나기를 기다려 저쪽에서 총독·순무가 총괄하여 서훈해서 우대하여 처리하도록 해야 합니다. 삼가 명령이 내려오기를 기다려 저희 부에서 총독·순무에게 자문을 보내 각 관원에게 공문을 전달하도록 해서 한꺼번에 명령에 따라 시행하겠습니다.

성지를 받들었는데, "그리하라."라고 하셨습니다.

經略禦倭奏議

부록1, 2

부록1

형개 묘지명[1]

光祿大夫柱國少保兼太子太保南京兵部尙書參贊機務崑田邢公
墓志銘 | 부록 1, 29a-35a

날짜 만력 40년(1612) 이후

내용 섭향고(葉向高)[2]가 지은 형개의 묘지명이다. 형개의 출신과 생애, 업적을 시간 순서대로 개관하고, 그의 가족관계를 정리했으며, 그의 업적을 기린 명(銘)을 마지막에 붙였다.

본문에서 서술한 형개의 일생을 요약하면 다음과 같다. 형개는 산동 청주부(靑州府) 익도현(益都縣) 출신으로 가정(嘉靖) 19년(1540)에 태어나 융경 5년(1571)에 진사가 되었으며, 밀운지현(密雲知縣)·절강도어사(浙江道御史)·감숙순안(甘肅巡按)·하남안찰사(河南按察事)·섬서원마시소경(陝西苑馬寺少卿) 등을 역임하면서 민폐를 바로잡고 몽골에서 티베트로 통하는 내지의 길을 빌려 달라는 요청을 거부했으며 오랑캐와 왕래하는 백성들을 단속하는 등의 업적을 세웠다. 이후 만력 10년(1582)에는 산서행태복경(山西行太僕卿)이 되어 군사들의 난동을 진압했고, 섬서안찰사(陝西按察使)가 되어서는 이민족의 침입을 크게 격퇴했다. 만력 18

---

1 葉向高, 『蒼霞續草』(四庫禁燬書叢刊 集部 125) 卷11, 「光祿大夫柱國少保兼太子太保南京兵部尙書參贊機務崑田邢公墓志銘」.

2 섭향고(葉向高): 1559~1627. 명나라 사람이다. 복건 복주부(福州府) 복청현(福淸縣) 출신이다. 세 번이나 수보(首甫)를 역임했으나, 위충현(魏忠賢)의 전횡에 저항하다가 동림당(東林黨) 수괴(首魁)로 취급되자 천계 4년(1624) 낙향고, 3년 후 사망했다. 숭정제는 그를 태사(太師)로 추증하고 문충(文忠)이라는 시호를 내렸다.

년(1590) 대동순무(大同巡撫)가 된 이후 서쪽 변경 지역에서 콜로치[火落赤]가 일으킨 침입 사건이나 영하(寧夏)의 병변(兵變), 몽골 수장 사이관(史二官)의 준동 등에 적확히 대처하여 공을 세웠다. 만력 22년(1594)부터는 천귀총독(川貴總督)으로서 파주(播州)의 토사(土司) 양응룡(楊應龍)의 반란 사건 처리를 맡아 그의 복종을 받아 내는 공적을 세워 직함이 오르고 아들 한 명은 음직을 수여 받았다.

만력 25년(1597)부터는 병부상서(兵部尙書) 계요총독(薊遼總督)으로서 정유재란을 총괄하는 직임을 맡았다. 이때 신속히 대응하여 일본군의 침입을 중단시키고, 울산에서 가토 기요마사를 공격하도록 하여 항복 직전까지 몰아넣는 공을 세웠다. 이후 유정(劉綖)·동일원(董一元)·마귀(麻貴) 등에게 명하여 일본군을 공격하게 했으며, 일본군 우두머리 석만자(石曼子)[3]를 죽이고 다이라노 마사나리(平正成)·다이라노 히데마사(平秀政) 등을 사로잡았으며 수급 5000급을 베고 배 900척을 불태우는 대승을 거두었다. 그 결과 일본군은 철수하고 전쟁은 마무리되었다. 이로 인해 태자태보(太子太保)의 직함을 받고 증조부 이하에게 관직이 추증되었으며 아들 한 명에게 금의위지휘첨사(錦衣衛指揮僉事)를 세습하도록 했다. 귀국할 때는 조선에서 생사당(生祠堂)을 세우는 등 형개의 공적을 기념했다.

귀국한 이후에는 계요총독으로서 오랑캐의 침입을 격퇴하고 변란을 일으킨 도적들을 토벌하는 공을 세웠으나, 노모를 생각하여 10여 차례 상주를 올린 끝에 귀향을 허락 받았다. 이후 만력 37년(1609) 남경병부상서로 임명되었으나 네 번 상주를 올려 은퇴를 윤허 받았고, 만력 40년(1612) 사망했다.

섭향고는 말미에서 형개가 양응룡의 반란을 잘못 처리했다거나 정유재

....

3 형개를 비롯하여 임진왜란에 참전한 명군 지휘관들은 석만자(石曼子)를 시마즈 요시히로(島津義弘)로 판단했다.

란의 승리는 도요토미 히데요시가 죽어서 우연히 거둔 것일 뿐이라는 세상 사람들의 비판을 반박하면서, 형개가 공적을 세운 것은 분명한 사실임을 강조했다.

관련자료 본문은 형개 부모의 묘지명[4]과 함께 형개의 일생을 개관하기 위해 가장 먼저 살펴야 할 기본자료이다. 형개의 일대기를 개관하고 있으므로, 정유재란 이전 형개의 관력과 업적에 대해서도 적지 않은 부분을 할애하여 다루고 있다는 점에서 가치가 높다.

다만 형개의 업적을 선양하는 것을 목표로 지어진 글이기 때문에, 정유재란 당시 형개가 세운 공적을 과장하고 있는 측면이 있다. 이러한 편향성은 웅사리(熊賜履: 1635-1709)가 수정하여 강희(康熙) 41년(1702)에 강희제에게 바친 『명사』에 수록된 형개의 열전이 정유재란 당시 형개의 공적을 실질적으로 부정하고 있는 것과 대조를 이룬다.

대사마 형공(邢公)이 집에서 서거했다. 천자께서 공이 평소 훈로(勳勞)가 있었음을 진념하시어 제사 음식을 내려 치제(致祭)하시고 관원을 보내 장사(葬事)를 치르게 하셨으니 은휼(恩卹)이 매우 융성했다. 공의 아들 호부군(戶部君)이 사람들의 말에 따라 궁궐의 문서를 모아 내게 와서 묘지명을 청했다. 나는 평소 공을 몹시 흠모했고 또한 궁궐의 사관[惇史]인지라 직접 감히 일을 맡게 되었다.

공의 이름[諱]은 개(玠)이고 자는 진백(搢伯), 별호는 곤전(崑田)이다. 하간(河間) 형씨(邢氏)는 북위(北魏) 때부터 이름난 성이 되었고 명나라에 들어와서 청주부(靑州府) 익도현(益都縣)에 적을 두었다.

....

4 　李森, 「明代抗倭援朝名臣邢玠父母墓志考析」, 『中國國家博物館館刊』, 2011-11.

증조부 단(端), 조부 총(聰), 부친 빈(鑌)은 모두 공 때문에 귀하게 되었다. 여러 차례 증직하여 광록대부 태자태보 병부상서(光祿大夫太子太保兵部尙書)가 되었다.

공은 고아(孤兒)로 태어났으며 지조가 평범하지 않았다. 문장은 넓고 대범하고 법도가 있었으며 섬세하고 예쁜 것을 추구하지 않아 수차례 시험에서 제생(諸生) 중 특등을 차지했다. 정묘년(1567)에 향시에 합격했고 신미년(1571)에 진사가 되었다. 첫 벼슬로 밀운(密雲) 현령이 되었는데 안으로는 가난한 백성을 보살펴 주고 밖으로는 번잡하고 바쁜 일을 처리했으며 100치(百雉: 300장)의 성을 새로 만들고 가지런히 정돈하여 훌륭한 현령이라 불렸다.

을해년(1575)에 절강도어사[浙江道御]가 되었다. 이듬해(1576) 감숙순안(甘肅巡按)이 되어,[5] 변경 독향(督餉)이 광산을 개발하고 황무지를 개척한 것을 조사하여 뇌물을 바친 관원[債帥]을 탄핵했으니, 간악한 자들을 피하지 않았다. 무인년(1578)에는 하남안찰사로서 팔도(八道)를 겸하여 관리했는데 묵혔던 사안들이 말끔히 정리되었다. 경진년(1580)에는 섬서원마경(陝西苑馬卿)이 되었다. 큰 암말[騍牝]이 해마다 비싸지자 백성들이 속였으나 간파했다.

실무에 밝았고 다스림도 그러했다. 공은 문무의 재능을 가지고 있어 맡은 바가 또한 종종 병사(兵事)와 합치되었다.

밀운현에 있을 때 독부(督府)의 아병(牙兵)[6]이 마을을 괴롭히는 일이 빈번했는데 누가 감히 말하는 자가 없었다. 공이 몰래 독부에

....
5 형개의 감숙순안 임명 일자는 『명신종실록』 권48, 만력 4년 3월 24일(정사).
6 아병(牙兵): 장군 밑에서 중요한 방위 임무를 맡은 군사를 일컫는다.

아뢰고 편지를 보내 밀운현으로 불러 논죄하고 형구를 채우니 모든 병사가 숙연해졌다.

감숙에 있을 때 몽골의 엄추(俺酋: 俺答)[7]가 아들 빙투[丙兔]를 위해 티베트의 번족(番族)을 병합하여 부처를 맞이한다는 명목으로 내지(內地)의 길을 빌리고자 하니 담당자가 이를 허락하려 했다. 공이 상소[8]로 힘써 간쟁하여 교활한 오랑캐가 딴마음을 품지 못하도록 했다.

섬서에서 병권을 맡아 오랑캐를 평정할 때 예전부터 부패한 관원[穴官]이 있어 오랑캐 지역[甌脫地]이 간민(奸民)들의 소굴이 되는 것을 금지하지 않았다. 그중 몰래 오랑캐와 왕래하는 자들도 있었는데 빠르고 날쌤이 판승(板升)[9] 같았다. 공이 제부(制府)[10]에 청하여 밤에 병사들을 모아 달려가 포위하고 간악한 우두머리 풍상문(馮尙文) 등 30인을 사로잡았다. 나머지는 모두 투항시키고 오두막 500 성채를 불태우고 돌아왔다. 오랑캐들이 매우 놀랐으나 감히 따지지 못했다.

임오년(1582) 산서 행태복경(山西行太僕卿)으로 옮겨 영무(寧武)에서 병사를 다스렸다. 이때 삼관 난졸(三關亂卒)의 역(役)[11]이 있었

....

7 엄답(俺答): 1508~1582. 몽골 사람이다. 엄답(俺答)은 Altan의 음역이다. 몽골을 재통일한 다얀(Dayan) 칸의 손자로 몽골 투메트 만호의 수장이다. 몽골의 6개 만호(萬戶) 중 우익(右翼) 3개 만호를 통솔했으며, 실질적으로 내몽골 초원 대부분을 세력 하에 두어 가정 30년(1551) 대칸으로서의 지위를 인정받았다. 융경 5년(1571)에는 명과 화의를 체결하여 순의왕(順義王)으로 책봉되었다.

8 『명신종실록』 권16, 만력 5년(1577) 3월 17일(갑진) 기사 참조.

9 판승(板升): 원래는 가옥을 뜻하는 말이었으나 몽고와 명 국경 지역에 사는 한족을 이르는 말로 쓰이게 되었다.

10 제부(制府): 군사령부 본부를 일컫는다.

11 삼관 난졸(三關亂卒)의 역(役): 영무관의 병사들이 월량 지급 문제로 난동을 일으킨 사건을 일컫는다.

는데 영무의 군사들은 평소 사나운 데다가 교만했다. 장수 왕 모(王
某)가 한번은 군량으로 채청(探靑: 젊은 여자를 뽑는) 비용을 충당하자
고 요청했다. 공이 계속 불가하다고 하자 크게 화가 나서 군사를 부
추겨 2개월 치의 급여를 빌리게 했다. 승인하는 격문이 내려오지 않
자, 군사들은 공이 왕 모의 수부에서 술을 마시는 기회를 틈타 갑자
기 몰려와서 소란을 피웠고, 장수는 겉으로 놀라면서 공을 보호하는
모양을 했다. 공이 일어나 크게 꾸짖어 말하기를, "너희는 너희 아
버지 같은 나를 협박하려 하느냐? 누가 너의 주군이길래 감히 이같
이 하는 것인가?"라고 했다. 장수가 병사들을 거느리고 떠나고 공은
조용히 수레를 불러 돌아왔다. 병사들이 흉흉하게 시장을 노략질하
니 명령을 내려 도적을 치도록 하고 시장 사람들에게 포상을 주도
록 했다. 사람들이 다투어 집 아래로 몰려들어 기와가 들썩일 정도
로 소란스러운 일[瓦石紛拏]이 저녁부터 새벽까지 이어졌으나, 집안
에 앉아 있다가 엄숙하게 모두 불러들여 마땅한 바를 가지고 책임
을 물으니 모두 엎드려 청죄(請罪)했다. 결국 죄를 헤아려 왕대강(王
大綱) 등 8명을 죽이자 나머지는 감히 움직이지 못했다. 그 후 20년
동안 군량 때문에 난동을 피우는 일이 없었다.

갑신년(1584) 산서양저참정(山西糧儲參政)으로 진급했고 곧 섬서
안찰사(陝西按察使)로 승진하여 감주(甘州)의 병권을 맡았다. 이때 토
요(土窰)와 수당(水塘)의 전역(戰役)이 있었다. 감주는 홀로 서쪽 변
방에 붙어 있었는데 그곳은 다섯 나라가 뒤섞인 곳으로 엎치락뒤치
락하는 곳이었다. 공은 면밀하게 간첩을 두어 번이(番夷)의 동정을
매번 먼저 알고 그 요충지를 막았다. 오랑캐가 토요를 범하면 정예
기병을 출정시켜 격퇴했다. 수십 명을 생포하거나 목을 베었고 돌아

가는 길에서 기다렸다가 거의 다 죽였다. 이적[夷]들이 말에서 내려 애걸하자 허락해 주고 우마(牛馬) 1000여 마리로 속죄하게 했다. 수당은 고립된 지역으로 새외(塞外)의 병사와 백성들이 풀을 베어 그 안에 쌓아 두는데 장추(莊酋)[12]가 수시로 훔치고 노략질해 갔다. 공이 풀을 대부분 가축에게 먹이도록 하자 오랑캐[虜]가 더욱 깊숙이 침입했는데 불길이 사방에서 모여들었다. 미리 수구(水口)에 복병을 설치하고 기다리고 있었다가, 오랑캐들이 불을 보고 놀라 도망치니 쇠뇌를 일제히 발사하여 수백 명을 맞혀 죽였다. 버려진 군수품은 셀 수 없을 정도였다. 다른 부족들이 두려워 숨죽이고 말하기를, "형공은 정말로 하늘의 위엄을 가지고 있으니 감히 다시는 변경을 넘보지 않겠다."라고 했다.[13]

무자년(1588) 우포정사(右布政使)를 더하여 제수 받았으나 공은 전쟁에서 과로했다며 집에 돌아갈 것을 청했다. 안신(按臣)이 공적 및 변경을 잘 관리[閱邊]한 내용을 조사하여 모두 별도의 상소를 올려 위로하며 추천했다.

경인년(1590) 산서포정(山西布政)에 발탁되었다가 우첨도어사 순무대동(右僉都御史巡撫大同)으로 승진했다. 이때 화추(火酋)[14]와 사

....

12 장추(莊酋): 순의왕 출루게[扯力克] 등과 감숙 일대에서 활동했으며, 만력 20년 전후 출루게가 명과 화평을 유지한 것과 달리 지속적으로 명의 변경을 침입했다. 『명사(明史)』 권327, 열전 권215 외국8.

13 이와 관련하여 『명신종실록』 권194, 만력 16년 정월 17일(신축) 기사를 참조. 이 기사에는 섬서총독(陝西總督) 고광선(郜光先)과 감숙순무(甘肅巡撫) 조자등(曹子登)이 몽골 [套虜] 세력이 침입해 왔을 때 서녕(西寧)의 장사들이 용감히 싸워 물리친 데 대해 안찰사 형개와 첨사(僉事) 만세덕(萬世德), 총병 유승사(劉承嗣)의 공을 거론하고 있다.

14 화추(火酋): ?~?. 돌론 투메드[多羅土蠻]의 수장 콜로치를 말한다. 다얀 칸의 넷째 아들인 아르수 볼로드의 자손으로, 망날천[莽捏川: 망라천(莽剌川)과 날공천(捏工川, 捏工

(史)·차(車)[15]의 전역이 있었다. 화추가 서쪽 변방을 침범했을 때 노왕(虜王)이 서쪽에서 유목하며 화추를 지원[聲勢]하자 조정에서는 변시(邊市)와 상사(賞賜) 제도를 혁파하자고 논의했다. 공이 논의하여 말하기를, "당분간 예전부터 주던 노왕의 몫을 깎아 내어 화추에게 주는 것으로 바꿀까요?"라고 했다. 노왕이 듣고서 재빨리 북쪽으로 돌아갔다.

마침 영하(寧夏)의 변[16]이 일어나자 조정의 의론은 오랑캐[虜]가 합세할까 두려워 예전 것까지 아울러 지급하려고 했다. 공은 불가함을 견지했고 오랑캐 역시 결국 흩어졌다. 사·차는 노왕 속하 오랑캐의 두 추장으로, 동로의 조토(朝兎)에게 꾀임을 받아 변외로 나갔었는데, 다시 돌아와 노략질하고 성보를 불태우니 독부(督府)에서 현상금을 걸고 잡고자 했다. 공은 노왕이 지금 변시 개설을 급하게 원하고 있으니 이것을 이용해 요구할 수 있다고 생각했다. 사람을 시켜 오랑캐에게 알려주니 오랑캐가 곧바로 수락[聽許]했다. 변경 근처로 장막을 옮기고 사·차를 속여 와서 만나도록 했다. 그리고 병사를 숨겨 놓았다가 갑자기 나가서 결박했다. 그 부곡(部曲)은 용서할테니 성보를 침범하여 사람을 죽인 자만 바치라고 전유하고 그 우두머리를 용서하여 죽이지 않았다. 일이 황제께 보고되어 상을 받았다.[17]

....

川)]에서 유목하면서 청해 지역을 지배했다.

15 사(史)·차(車): 사는 출루게[扯力克]의 형 안토(安兎)의 사위인 사이관(史二官)을, 차는 차달계(車達鷄)를 가리킨다. 만력 20년(1592) 출루게는 이 두 명을 잡아다 명 조정에 바치고 포상을 받았다. 『명신종실록』 권249, 만력 20년(1592) 6월 8일(병신) 및 『만력무공록(萬曆武功錄)』一, 「史二官車達鷄列傳」 참고.

16 만력 20년(1592) 영하의 몽골족 출신 장수 보바이 등이 일으킨 병변을 가리킨다.

종실의 자제가 혼인과 책봉을 청할 때 서리들이 뇌물을 요구하는 것을 괴롭게 여겼다. 공이 일관되게 규정을 정하고 금령을 돌에 새겼으며 뇌물을 받을 구멍을 모두 다스렸다. 몇 달이 되지 않아 그간 치르지 못한 혼인과 책봉의 전례를 마무리한 자가 800인이나 되었으니, 지금까지 신명(神明)한 일이라고 칭송을 받고 있다.

계사년(1593) 남경 병부우시랑(南京兵部右侍郎)으로 진급했다. 갑오년(1594) 좌시랑 겸 첨도어사(左侍郎兼僉都御史)로 천귀(川貴: 사천·귀주)의 총독(總督) 직무를 맡았다.[18] 이때 파주(播州)를 조사하는 사태가 생겼다. 당시 파주의 우두머리 양응룡(楊應龍)이 그 부(部)의 다섯 토사(土司)들과 서로 크게 다투어 드러내 놓고 발호하는 상황이었다. 조정에서 논의하기를 위무(慰撫)하면 너무 가볍게 처리하는 것이고 죽이면 너무 무겁게 처리하는 것이니 마땅히 위엄과 명망이 있는 대신을 보내 조사해야 한다고 하여 공이 가기를 추천했다. 공이 북을 울리며 이동하여 촉 땅으로 들어가 장수와 군사를 적절히 배치했는데 마치 풀을 완전히 뽑아낼 듯이 했다. 우두머리 양응룡이 두려워 떨며 송감(松坎)[19]까지 나와서 조사 받기를 청했으나 공이 허락하지 않았고 묘강(猫岡)까지 나와서 조사 받기를 청했으나 공이 허락하지 않았다. 결국 소굴에서 600리를 나와 기강현(綦江縣)에 이르러 죄수의 복장으로 죄를 청하면서 가장 나쁜 죄인 12인을 바쳤

....

17 『명신종실록』 권248, 만력 20년 5월 22일(신사)에는 사이관 등을 사로잡아 바치게 한 공으로 관련 관원들을 포상하는 기사가 있는데, 이때 형개는 우부도어사(右副都御史)로 승진했다.
18 형개의 천귀총독 임명 기사는 『명신종실록』 권278, 만력 22년 10월 15일(기미).
19 송감(松坎): 오늘날 귀주성(貴州省) 준의시(遵義市) 동재현(桐梓縣)에 속하며, 귀주 북부 변경에 위치한다.

다. 공은 양응룡이 대벽(大辟: 사형) 죄에 해당한다고 판단했지만 오랑캐를 다스리는 법을 적용하여 벌금 4만 냥에 인질을 남겨 두고 오사(五司)를 분할하고 약속을 단단히 했다.[20] 상소가 올라가자 공의 임기가 만고(滿考)[21]에 해당하고 대동순무 때의 공적까지 합쳐서 우도어사 겸 병부좌시랑(右都御史兼兵部左侍郎)으로 진급시키고 아들 한 명에게는 음직(蔭職)을 제수했다.

정유년(1597) 왜의 문제가 위급하게 되자 황제께서 공에게 명하여 병부상서 계요총독(兵部尙書薊遼總督)으로 가서 군사들을 순시하도록 하셨다.[22] 이때 조선의 사태를 경략했다. 당시 왜가 이미 조선의 5도를 격파했다는 소식이 국도(國都)에 이르렀다.[23] 공은 이에 중승(中丞) 양호(楊鎬)[24] 등을 뽑아 밤에 왕경으로 빨리 들어가도록 하고[25] 뒤이어 격문을 보내 말하기를, "내가 천하의 병사 100만 명을

....

20 형개가 양응룡의 반란을 수습하기는 했으나 임시적인 것이었다. 그는 양응룡이 다시 반란을 일으킬 것을 염려하여 후속 조치로 귀주의 미담 및 사천의 송감 등의 요충지에 병력을 배치해 달라고 요청했으나, 충분히 이루어지지 않아 이후 양응룡이 다시 반란을 일으키는 배경이 되었다. 형개의 양응룡 반란 조사와 그 후속 조치에 대해서는 李崇龍, 「邢玠勘播州土司楊應龍始末」, 『鄂州大學學報』, 2015-10을 참고. 형개 자신도 『경략어왜주의』 9-2 〈酌議留兵糧餉疏〉에서 이때의 경험을 언급하고 있다.

21 만고(滿考): 관리의 임기가 차면 다른 관직에 임용하는 것을 말한다.

22 『명신종실록』 권308, 만력 25년 3월 29일(기미), "陞兵部左侍郎邢玠, 爲兵部尙書兼都察院右副都御史總督薊遼保定軍務兼理糧餉經略禦倭."

23 만력 25년(1597) 7월 16일에는 칠천량해전으로 조선 수군이 궤멸했으며, 8월 16일에는 양원이 지키던 남원이 함락되었다.

24 양호(楊鎬): ?~1629. 명나라 사람으로 하남 귀덕부(歸德府) 상구현(商丘縣) 출신이다. 자는 경보(京甫), 호는 풍균(風筠)이다. 만력 25년(1597) 6월에 흠차경리조선군무 도찰원우첨도어사(欽差經理朝鮮軍務都察院右僉都御史)로 조선에 왔다. 울산에서 벌어진 도산성(島山城) 전투에서 크게 패했는데, 이를 승리로 보고했다가 탄핵을 받고 파면되었다.

25 『명신종실록』 권308, 만력 25년 3월 15일(을사), "陞山東右參政楊鎬, 爲都察院右僉都御史經理朝鮮軍務."

징집하여 장차 도착할 것이다."라고 했다. 왜가 멀리서 위세를 바라보다가 밤에 달아났다. 공이 결국 심유경(沈惟敬)[26]을 잡아 조정으로 보내니 왜는 내통자를 잃어 더욱 군색해졌다.[27] 이해 겨울 징집한 병사와 장수들이 모두 모였다. 공이 고니시 유키나가를 견제하고 가토 기요마사를 재빨리 치려는 계획으로 군대를 울산(蔚山)에 집결시켰다. 태화강(太和江)을 공격하고 반구정(伴鷗亭)을 끊어내니 피가 낭자했다. 앞쪽에서는 땔감과 식수를 끊으니 기요마사가 궁지에 몰려 강화를 요청했다. 공이 말하기를 "나는 항복은 받지만 강화는 받지 않는다."라고 했다. 마침 큰 비가 내려 우리 군사들은 포위를 풀고 돌아왔다.[28]

왜가 다시 살아남은 병사들을 수습하여 도산성(島山城)에 머물렀다. 논의하는 사람들이 중승 양호를 헐뜯었는데 논의가 공에게까지 미치자 여러 장수와 관리들이 대부분 주저하게 되었다. 공은 뜻을 더욱 굳게 하고 말하기를, "나는 적과 함께 죽을 뿐이다."하고 다시 군을 세 길로 나누어 유정(劉綎), 동일원(董一元), 마귀(麻貴) 등이 통솔하도록 하여 진을 치기도 하고 전투를 치르기도 했다.[29] 황제께서

....

26 심유경(沈惟敬): ?~1599. 명나라 사람으로 절강성 가흥현(嘉興縣) 출신이다. 상인으로 활동하다가 임진왜란 때 조승훈(祖承訓)이 이끄는 명나라 군대를 따라 조선에 들어왔다. 평양성 전투 이후 일본과 평화 교섭을 추진하는 임무를 맡았다. 훗날 일본과의 평화 교섭이 실패한 뒤 일본으로 망명을 꾀하다가 붙잡혀 처형되었다.

27 본서 2-1 〈拘執沈惟敬疏〉 참고.

28 만력 25년(1597) 11월 29일 형개는 서울에 도착하여 선조의 영접을 받았으며, 양호·마귀 등 명군 지휘부와 회의를 거쳐 가토 기요마사가 주둔하고 있는 울산을 공격할 방침을 세웠다. 이에 명군 4만 명과 조선군은 경리 양호의 지휘 하에 12월 하순 가토 기요마사의 일본군을 공격하여 그를 도산왜성(島山倭城)에 포위하고 함락 직전까지 몰아가는 성과를 거두었으나, 해가 바뀐 만력 26년(1598) 정월 초 일본 구원군이 접근하자 철수하지 않을 수 없었고, 그 과정에서 적지 않은 손실을 입었다.

공을 알아보고 직임을 더해 주셨는데, 공은 별다르게 생각하지 않았다. 조정의 의론이 바뀌어 크게 돈을 내어 군사들에게 호궤(犒饋)하고,[30] 공에게는 검을 하사하면서 이르기를, "대장 이하는 명을 듣지 않으면 모두 목을 베어라."라고 했다. 공이 검을 차고 단에 오르자 감분(感憤)하여 용기를 북돋았다. 드디어 군대를 정렬하여 일군(一軍)으로는 기요마사를 견제하고 일군으로는 유키나가를 포위했다. 석만자(石曼子)가 병사들을 이끌고 구하러 오니 공이 방략을 지시하여 진린(陳璘)이 금산(錦山)과 남해(南海) 사이에서 요격하여 크게 격파했다. 석만자는 그곳에서 죽었고 가짜 구주도독(九州都督) 평정성(平正成)[31]과 대장 평수정(平秀政)[32] 등을 사로잡았다.[33] 이 전투에서 5000급의 목을 베었고 900척의 배를 불태웠다. 바다로 나가다가 죽은 왜병을 셀 수 없었다. 기요마사와 유키나가는 낭패한 채 바다를 건너갔다. 바다의 왜의 자취를 깨끗이 제거하여 조선은 한 치의 땅도 잃지 않게 되었다. 승전이 보고되자 황제께서 크게 기뻐하여 공에게 태자태보 상서 총독(太子太保尙書總督)을 더하여 주고 이미 죽어서 묻혀 있는 증조부 이하에게 관록(官錄)을 똑같이 내렸으며 아들 한 명에게는 금의위지휘첨사(錦衣衛指揮僉事)를 세습하도록 하고 금폐(金幣)를 후하게 내리셨다.[34]

....

29 본서 4-7 〈議三路屯守疏〉 참고.

30 『명신종실록』 권318, 만력 26년 정월 17일(계묘), "東征又以捷聞, 詔賚總督、撫、鎭諸臣邢玠、楊鎬、麻貴等白金有差, 并發太僕寺馬價銀五萬兩, 犒將士." 포상에 대한 사은하는 상소는 본서 4-8 〈恭謝欽賞疏〉 참고.

31 평정성(平正成): 데라자와 히로타카(寺澤廣高)를 가리킨다.

32 평수정(平秀政): 나카가와 히데마사(中川秀政)로 추정된다. 다만 명군에 사로잡힌 인물이 히데마사와 동일인물인지는 논란의 여지가 있다.

33 이에 대한 보고는 본서 6-7 〈獻俘疏〉 참고.

기해년(1599) 반사(班師: 회군)함에 조선의 군신(君臣)이 팔도의 사민(士民)을 이끌고 향을 태워 눈물을 흘리며 전송했다.[35] 생사당 (生祠堂)을 건립하여 화상(畫像)을 안치하고 구리 기둥을 주조하여 세웠으며,[36] 부산에 공적을 기록했다.

　　경자년(1600) 진으로 돌아왔는데,[37] 노추(虜酋) 간토(趕兔)[38]가 바 야흐로 군사를 몰고와서 상사를 달라며 협박하고 다른 노추 백아(伯 牙)[39]가 동쪽 변방을 엿보다가 공의 위명(威名)을 듣고 곧바로 몰래 도망가 버렸다. 또 보저(寶坻)에서 요인(妖人) 조일평(趙一平)을 사 로잡았고, 요좌(遼左: 요동)에서 참람되이 칭호를 쓴 도적 김득시(金 得時)를 토벌하여 50일 만에 우두머리의 항복을 받고 1만 3000명을
………

34　『명신종실록』 권339, 만력 27년 9월 9일(을묘). 형개가 이에 대해 사은하는 문서는 본서 9-1 〈謝東功恩廥疏〉에 실려 있다.

35　金大賢, 『悠然堂集』 卷3, 雜著, 「記軍門雜事(時先生爲邢軍門接待郎廳)」, "(四月)十五日, 軍 門起身西還. 上餞慰於洪濟院, 以駿馬·苧布·紬·筆·墨爲贐." 현재 한국국학진흥원에 기탁 되어 있는 풍산김씨《세전서화첩(世傳書畫帖)》에는 형개가 떠날 때의 모습을 그린 〈천 조장사전별도(天朝將士錢別圖)〉가 수록되어 있다. 이 그림은 형개가 떠날 때 그의 접대 낭청(接待郎廳)이었던 김대현(金大賢)이 형개로부터 선물 받은 것을 19세기에 다시 그 린 것이라고 한다. 박정혜, 「그림으로 기록한 가문의 역사: 조선시대《풍산김씨세전서화 첩》연구」, 『정신문화연구』 29-6, 2006, 244~245쪽.

36　형개의 사당인 선무사(宣武祠)가 세워진 경위는 우경섭, 「17~18세기 임진왜란 참전 明 軍에 대한 기억」, 『한국학연구』 46, 2017, 331~333쪽.

37　진으로 돌아왔는데: 만력 27년(1599) 4월 25일부터 만력 28년(1600) 2월 남경 병부상 서로 임명될 때까지 계요총독직을 수행하였다. 따라서 본문에서 언급한 '진(鎭)'은 계요 총독의 주둔지인 밀운(密雲) 또는 창평(昌平)을 말한다. 『명신종실록』 권333, 만력 28년 4월 25일(갑술); 같은 자료, 권356, 만력 29년 2월 3일(임신).

38　간토(趕兔): ?~?. 몽골 우익 투메드부[土默特部] 영주(領主)를 말한다. 알탄[俺答] 칸의 손자이자 생게두렌[辛愛黃台吉]의 아들이다.

39　백아(伯牙): 계진(薊鎭)의 속이(屬夷)로서 매년 공물을 바치고 상을 받다가 만력 24년 (1596) 상품을 더 요구하며 소란을 일으켜 명에서 조공무역을 단절했다. 만력 29년 (1601) 무렵 백아가 다시 조공을 청하자 명에서는 공상(貢賞)의 절반을 허락했다. 『명신 종실록』 권364, 만력 29년 10월 10일(갑술).

해산시켰다. 공이 이미 오랜 노고에 피를 토했고 또 집에 있는 모친 정태부인 생각에 그동안 진정하는 상소를 올린 것이 모두 열 번이었으나 황제께서 퇴직을 허락하지 않으셨다.

신축년(1601) 남경병부상서로 임명되자 임지로 가는 길에 고향의 모친을 뵙고 나서 탄식하며 말하기를, "왕양(王陽)은 어떤 사람인가.[40] 나는 이제야 내 어머니에게로 돌아왔구나."라고 했다. 다시 네 번의 소청(疏請)을 올려 비로소 허락을 받았다.[41] 날마다 즐겁게 모친을 모시고 자손을 훈육했으며 바깥 세상을 소요했다.

을사년(1605) 태부인이 졸했다. 공은 60여 세였으나 몸이 상하여도 예를 줄이지 않았다. 변경에게 근무했기 때문에 공적을 서훈한 뒤 소보(少保)를 더하여 받고 아들 한 명을 음직에에 올렸다.

기유년(1609) 다시 남사마(南司馬: 남경병부상서)로 발탁되었으나 네 번 사직 상소를 올려 비로소 윤허를 받았다.

임자년(1612) 집에서 서거했다. 병이 위급한 상황에서도 말로 상소를 남겨 황제에게 올렸다. 당파를 깨고 사람을 등용할 것과 내탕금을 내어 세금을 혁파할 것을 청하는 내용이었다. 말이 매우 적절하고 간절하여 매우 구체적이었으니 죽어서도 신하가 임금을 잊지 못하는 뜻이었다. 공은 키가 크고 이마가 넓었으며 보골(輔骨) 솟아 있고 음성이 종소리와 같았다. 의론은 군세고 명쾌하여 듣는 사람이 황성하여 떨었다. 생전에 모난 행동을 하지 않고 공손히 스스로를

---

40 왕양(王陽)은 …… 사람인가: 한(漢)나라 왕양(王陽)은 익주 자사(益州刺史)에 임명되어 공래산을 넘어야 했는데, 산이 몹시 험해 산을 넘다가 혹시 몸을 다쳐 어버이에게 걱정을 끼칠까 그냥 돌아왔다는 고사이다.
41 『명신종실록』 권370, 만력 30년 3월 22일(갑신) 및 권371, 만력 30년 4월 12일(계묘).

낮추었다. 어려운 일을 만나면 앞서서 홀로 몸을 일으키고 집안의 이해(利害)는 고려하지 않았다. 덕으로 친족[宗黨]을 대한 것이 멀리까지 젖어들어 넘쳐서 셀 수도 없을 정도였다. 군무에 임할 때에는 발등까지 닿는 담홍색의 긴 군복을 입고[靺韋跗注] 용기로 큰 악인을 이겨냈다. 자신을 닦으면서 세상사를 처리했고 자손을 경계하고 깨우칠 때에는 항상 부드러운 방도를 먼저 썼다. 스스로 말하기를 동정(東征)할 때 곧 검을 하사 받았는데, 한 사람도 가벼이 죽인 적이 없었다고 했다. 그 인자함이 이와 같았다.

가정(嘉靖) 경자년(1540) 9월 27일에 태어나서 만력(萬曆) 임자년(1612) 2월 15일에 졸했으니 향년 73세였다. 배우자는 왕씨(王氏)로 1품 부인에 봉해졌다. 아들은 셋을 두었는데 첫째는 고언(顧言)으로 요절하여 명위장군 금의위 지휘첨사(明威將軍錦衣衛指揮僉事)에 증직(贈職)되었다. 둘째 종언(從言)으로 호부 복건사 낭중(戶部福建司郎中)이며 막내 아들은 신언(愼言)으로 정미년(1607)에 진사가 되었고 호부 강서사 낭중(戶部江西司郎中)이다. 딸 넷을 두었다. 모년 모월 모일에 장사 지냈고 묘는 모산에 있다.

나는 이미 공의 일에 대해 순서대로 논했는데 공이 맡았던 일의 어려움에 대해 깊이 탄복했다. 저 파주(播州)의 전역(戰役)에서 양추(楊酋: 양응룡)가 이미 잡힌 몸이었을 때 석방해 달라는 명을 청했으니, 반역의 실상이 드러나지 않았기 때문이다. 공의 후임자로 하여금 적절히 조종하게 했다면 양추가 반드시 반란하지 않을 것이었다. 그러나 반란하여 토벌했고 토벌하여 천하의 공력을 다 소모했다. 서남쪽이 피폐하게 되어 아직도 회복하지 못했으니 과실이 공에게 있는 것이 아니다. 그런데 이야기하는 자들은 공이 잘못 계획했다고 책망하고 있으니 무슨 일인가. 섬나라 오랑캐가 조선을 유린하여 국도까지 들이닥쳤을 때 공이 왜병[鯨鯢]을 바다로 몰아내고 팔도의 봉강을 거두어 속국(屬國)의 군신에게 돌려주었으니 그 공이 크다. 어떤 사람은 또 "관백이 죽지 않았다면 왜가 반드시 돌아가지는 않았을 것이다."라고 하는데 공에게 천운이 있었던 것을 어찌 그리 가혹하게 평하는가.

풍종백[馮宗伯, 풍기(馮琦)]이 평소 지론으로 말하기를, "큰 공적을 이루었다면 단지 공적을 논할 뿐이다. 견고한 곳을 공격했는지와 허점이 있는 곳을 공격했는지, 강한 적을 꺾었는지 아니면 망해 가는 적을 업신여겼는지는 따지지 않는다. 나는 하늘의 명을 받들어 토벌하니 적은 하늘의 벌을 받을 것이고 하늘은 나를 도울 것이다. 또 어찌 지껄이면서 이루어 놓은 공적을 폄훼하여 탄식하겠는가."라고 했다. 이 말로 공을 논할 수 있겠다. 이에 명을 짓는다.

명은 다음과 같다.

바닷가에서는 큰 고래들[長鯨: 왜구]이 비린내 나는 침을 토하고, 번개처럼 빠르게 속국을 쓸어버리는데 아무런 막을 힘이 없었네. 7일을 주청을 드림에 눈물 흘리며 곡을 하니, 혁연히 깊은 시름이 임금을 분노케 했지. 이에 형 공을 찾아 병권을 쥐게 하니, 현부(玄符: 하늘의 상서로운 조짐)와 황석(黃石)[42]이 나란히 가슴에 가득 찼네. 4명의 장수와 병사들을 거느리고 누선(樓船)을 끌어오니, 비휴

....

42 황석(黃石): 진나라 때 장량(張良)이 진시황을 저격했다가 실패하고 이교(圯橋)의 밑에 숨어 있을 때 한 선인(仙人)이 나타나 『태공병법(太公兵法)』을 전해 주었다고 하는데 이 선인이 바로 황석이다. 『史記』 卷25 留侯世家.

(貔貅: 용맹한 병사) 100만에 서거(犀渠: 무소 가죽 방패)가 100이네. 우뚝한 깃발 친히 당겨 일월(日月)의 가장자리에 세우니, 크나큰 북소리 겹치고 병사들의 소리 물밀 듯하네. 알유(猰貐)[43]를 모두 몰아내고 요망한 자리도 쓸어버리니, 부상(扶桑)[44]의 파도는 고요해지고 구름은 연기처럼 흐르게 되었지. 밝게 빛나는 작인(鵲印)[45]이 북두칠성처럼 걸렸고, 풍비(豊碑: 공적비)는 현도(玄菟)의 아득한 연연비(燕然碑)[46]로다. 고건(橐鞬: 칼집)을 풀어 놓고 임천(林泉)으로 돌아가니, 연잎 옷[荷衣: 은자의 옷]과 고운 옷이 어찌 편하리오. 소요하며 쉬고 있는 솔개를 불쌍히 여기는 일이 어찌 번거로울까마는, 조정에 가득히 말 많은 자들이 제멋대로 공의 미추(美醜)를 평가하네. 임금의 은혜는 처음부터 없어진 적도 줄어든 적도 없기에, 사수(社樹: 사당의 나무)가 백 무(畝)이며 음택이 융성했네. 대하(大河)는 세차게 은택을 내려 자자손손 끊이지 않고, 궁야(弓冶)[47]는 더욱 떨쳐 초관(貂冠)[48]을

....

43 알유(猰貐): 사람을 잡아먹는 전설상의 맹수이다. 흔히 흉악한 사람을 비유하는 말로 쓰인다.

44 부상(扶桑): 동쪽 바다 속에 있다는 전설상의 신목(神木)을 말한다. 여기서는 동해를 비유하는 말로 쓰였다.

45 작인(鵲印): 장수의 인장(印章)을 말한다. 고관을 배출한 집안을 비유하기도 한다. 한(漢)나라 때 상산(常山) 사람 장호(張顥)가 양(梁)나라의 정승이 되었을 때 산작(山鵲)을 잡았는데 그 새가 돌로 변했고, 그 돌을 깨뜨리니 '충효후인(忠孝侯印)'이라는 글이 새겨져 있는 금인(金印)이 있었다고 한다.

46 연연비(燕然碑): 북방 오랑캐를 크게 격파하고 기념으로 세우는 비를 말한다. 후한(後漢)의 두헌(竇憲)이 북선우(北單于)와의 전투에서 대승을 거둔 후 연연산(燕然山)에 올라 반고(班固)로 하여금 글을 지어 기념비를 세우게 했다는 고사에서 유래했다(『後漢書』 卷53 竇憲列傳).

47 궁야(弓冶): 대대로 가업을 잇는 것을 말한다. 궁은 활 만드는 장인, 야는 대장장이를 말한다. 『예기(禮記)』 학기(學記)에 "훌륭한 대장장이의 아들은 반드시 갖옷을 만드는 것을 배우고, 훌륭한 궁인의 아들은 반드시 키를 만드는 것을 배운다[良冶之子, 必學爲裘, 良弓之子, 必學爲箕]."라고 했다.

쓰는 일이 이어지도다. 눈부시고 위대한 전공(戰功)은 보옥(寶玉)에 새겨져 있으니, 못 믿겠거든 하늘을 보라.

....

48 초관(貂冠): 담비 꼬리로 장식한 관을 말한다. 한나라 때 주로 왕의 최측근이 썼다고 하
    는데 고관대작을 비유하는 말로 쓰인다.

부록2

형개 열전[49]

邢玠 | 부록 2, 87-98

날짜 강희 41년(1702)

내용 형개의 일생을 정유재란을 중심으로 정리한 형개의 전기이다. 본문은 우선 형개의 기본적인 인적 사항과 감숙(甘肅)에서 몽골의 무리한 요구에 대해 거부 의견을 내세운 경력, 만력 22년(1594)~23년(1595) 양응룡(楊應龍)의 반란을 성공적으로 진정시킨 공적을 서술했다. 이후 전체 분량의 3분의 2 이상을 할애하여 정유재란 당시 형개의 활동을 비판적 시각에서 조명하고 있다.

본문의 내용에 따르면 만력 25년(1597) 3월 경략(經略)의 임무를 부여받은 형개는 초기에 일본군의 침입을 막기 위한 병력 배치를 지시하고 신중한 대처를 주문했으나, 정유재란이 발발하자 남원을 지키던 양원(楊元)의 군대는 궤멸하고 충주를 지키던 오유충(吳惟忠)도 도주했다. 조선 현지에서는 경리 양호(楊鎬)가 심유경(沈惟敬)의 편지를 보내 일본군을 타이르자 일본군은 곧 철수했고, 명군 지휘관 마귀(麻貴)는 직산에서 큰 승리를 거두었다고 허위 보고를 올렸다. 이에 대해 해방부사(海防副使) 소응궁(蕭應宮)이 비판하자, 형개와 양호는 소응궁에게 죄목을 씌워 체포했다.

12월에는 형개가 한양에 도착했고, 양호와 마귀는 울산으로 달려가 가

....

49 萬斯同 編, 『明史』卷332, 列傳 卷183「邢玠」.

토 기요마사를 공격했으나 이듬해 정월 양호의 실책으로 인해 대패했다. 그러나 양호와 형개는 이를 대승으로 포장하여 보고했으며, 찬획 정응태(丁應泰)가 이에 대해 양호 및 내각대학사들을 탄핵하기도 했다. 형개는 다시 사로병진(四路竝進) 작전으로 남해안에 주둔한 일본군을 공격했으나 전공을 세우지 못했으며, 도요토미 히데요시(豊臣秀吉)가 죽은 뒤에야 일본군을 물러나게 할 수 있었다. 정응태와 급사중 서관란(徐觀瀾)은 이에 대해 형개 등이 일본군에게 뇌물을 주는 매국 행위를 했으니 전공을 조사해야 한다고 탄핵했으나 파직당했다.

전쟁 이후 형개는 승전에 대한 포상으로 태자태보(太子太保)의 직함을 받았으나, 이에 대해 비판하는 사람이 많았다. 결국 그는 남경병부상서(南京兵部尙書)가 되었다가 노모를 봉양한다는 명목으로 은퇴한 뒤 사망했다.

관련자료 본 자료는 만사동(萬斯同: 1638-1702)이 편찬한『명사(明史)』원고를 웅사리(熊賜履: 1635-1709)가 수정하여 강희(康熙) 41년(1702)에 강희제에게 바친『명사』에 수록된 형개의 열전으로,『속수사고전서(續修四庫全書)』로 간행된 북경대학 도서관 소장 416권본『명사』에 실려 있다.[50] 장정옥(張廷玉: 1672-1755)이 편찬한 현행본『명사』에는 형개의 열전이 수록되어 있지 않으므로, 형개의 일생을 공식적으로 평가하여 역사서에 실은 것으로는 이 글이 정사(正史) 열전에 준하는 위치를 점하고 있다.

다만 웅사리 수정본『명사』는 권332에 임진왜란을 이끈 석성(石星)·송응창(宋應昌)[51]·고양겸(顧養謙)[52]·손광(孫鑛)·형개 5명의 열전을 함께 수

<hr />

50 『속수사고전서』간행 북경대학 도서관 소장 416권본『명사』의 저자 및 편찬 과정에 대해서는 衣若蘭,「舊題萬斯同416卷本《明史》〈列女傳〉硏析」,『漢學硏究』28-1, 2010, 266~272쪽을 참고.

51 송응창(宋應昌): 1536~1606. 항주 인화현(仁和縣) 사람으로 가정 44년(1565)에 진사가 되었다. 자는 사문(思文), 호는 동강(桐崗)이다. 만력 20년(1592)에 병부 우시랑 우첨도어사(兵部右侍郎右僉都御史)로 경략비왜군무(經略備倭軍務)를 총괄하는 직책을 맡았

록하면서 그들의 행적을 비판적으로 조명하는 데 초점을 두고 있다. 따라서 형개의 열전이면서도 정유재란에 대한 내용이 대부분을 이루고 있으며, 형개의 역할을 비판적으로 서술하는 한편 그를 비판했던 소응궁·정응태·서관란을 정의롭게 묘사하고 있다. 본문의 내용에 따르면 형개는 정유재란 극복에 공을 세운 바가 없다고 보아도 과언이 아니다. 본문은 섭향고(葉向高)가 형개의 업적을 찬양하기 위해 지은 그의 묘지명과 대척점을 이루는 사료이며, 『경략어왜주의』와는 반대의 입장으로 편파적이기 때문에 비판적으로 받아들일 필요가 있다. 다만 형개의 업적을 과도하게 미화하지 않도록 균형을 잡아 주는 텍스트로서 의미가 있으며, 명 후기 지식인들이 형개 및 정유재란에 대해 어떤 시각을 가지고 있었는지 파악하는 데 도움이 되는 자료이다.

형개(邢玠)는 자가 식여(式如)이고 익도(益都) 사람이다. 융경(隆慶) 5년(1571) 진사(進士)가 되었고 밀운현(密雲縣)의 지현이 되었다가 어사(御史)로 발탁되어 감숙순안어사(甘肅巡按御史)가 되었다. 만력(萬曆) 5년(1577) 엄답(俺答)이 청해(青海)로 가서 번승(番僧: 라마

....

다. 제독 이여송(李如松)과 함께 4만 8000명 병력의 2차 원군 총사령관으로 참전했고, 보급 등의 군무를 총괄했다. 이여송이 벽제관에서 대패한 이후 일본군과의 강화를 모색해가던 과정에서 교전을 자제시킨 한편, 조선 조정을 정치적으로 견제하다 만력 21년(1593) 명나라에 소환되었다. 이듬해 평양 수복전의 공적이 참작되어 도찰원우도어사(都察院右都御史)로 승진되기도 했지만, 고향 항주로 낙향해 서호(西湖) 근방의 고산(孤山)에 은거하면서 중앙 정계에는 복귀하지 않았다.

52 고양겸(顧養謙): 1537~1604. 명나라 사람으로 남직례 통주(通州) 출신이다. 자는 익경(益卿)이다. 진사 출신으로 요동순무, 병부시랑, 계요총독 등을 역임했으며, 송응창이 탄핵된 후 그를 대신하여 경략으로 임명되었다. 일본과의 강화를 추진하다 탄핵받아 관직에서 물러났다.

승)을 만나 설초(設醮: 승려를 접대함)하고자 다마시(茶馬市)[53]를 열고 도독(都督)의 금인(金印)을 지급하여 출입하기 편리하게 해 주기를 청했다. 형개가 상소를 올려 다시(茶市)는 열 수 없고 금인은 줄 수 없으며 본진에서는 마땅히 병사를 훈련시키고 말을 먹여서 그들이 오는 것을 막거나 번승을 북부로 옮기고 그 뒤를 막아야 한다고 했다.[54] 그 말이 이해와 형편에 모두 합당하여 조칙을 내려 금인을 지급하지 말도록 했다. 그 나머지도 모두 들어 주었다. 그 뒤 출루게 [撦力克, 누무다이 세첸 칸][55]가 후사로 봉해져서 결국 조하(洮河)의 우환이 생기게 되었다.

형개는 하남첨사(河南僉事)로 나갔다가 산서우포정사(山西右布政使)를 역임했다. 만력 18년(1590) 9월 우첨도어사 순무대동(右僉都御史巡撫大同)에 발탁되었다. 만력 21년(1593) 남경병부우시랑(南京兵部右侍郎)으로 진급했다. 파주선위사(播州宣慰使) 양응룡(楊應龍)이 파주 지역의 7성(姓)과 토사(土司)들로부터 비방을 받았으나 관리의 심리를 받기를 거부하고 관군을 백석(白石)에서 패퇴시켰다. 이듬

....

53 다마시(茶馬市): 다시(茶市). 티베트계 민족과 국경을 형성하고 있는 운남, 사천 일대의 변경 호시(互市)를 의미한다. 다마시는 교환되는 물품 중 차와 말이 양측의 교환 물품을 대표했기 때문에 붙여진 이름이지 차나 말만을 교환했던 것은 아니다. 당시 티베트의 승려나 세속 군주가 명조의 책봉을 받고자 했던 이유는 실상 다시(茶市)로 불렸던 호시에 참여하기 위해서였다고 해도 과언이 아니다. 이와 유사한 예가 몽골에서도 보이는데, 알탄칸이 순의왕 칭호를 받고 명조와의 호시에 참여할 권한을 획득했고, 이를 통해 얻은 경제력으로 그가 건설한 도시 훅호트는 몽골 남부의 최대 교역 도시로 발전하게 되었다(동북아역사넷 http://contents.nahf.or.kr/item/item.do?levelId=jo.k_0024_0331_0010_0200).

54 『명신종실록』권16, 만력 5년(1577) 3월 17일(갑진) 기사 참조.

55 출루게[撦力克]: ?~1607. 셍게두렌[乞慶哈]의 장남으로, 알탄[俺答]에 이어 칸이 되었던 걸경합이 죽자 칸이 되었다. 삼대 순의왕(順義王)을 자처했다.

해 10월 형개를 좌시랑 겸 우첨도어사 총독천귀군무(左侍郞兼右僉都御史總督川貴軍務)로 옮겨 양응룡을 토벌하게 했다. 또 그 이듬해 봄 형개가 중경(重慶)으로 달려가 양응룡을 격문으로 효유했는데 상서(尙書) 석성(石星)[56]도 파견되었다. 수서선위사(水西宣慰使) 안강신(安疆臣)[57]의 주도로 양응룡이 관리의 심리를 받게 되자 양응룡은 뉘우치면서 죄를 묘족들에게 덮어씌웠다. 형개가 중경지부(重慶知府) 왕사기(王士琦)[58]를 시켜 가서 조사하도록 했다. 왕사기가 송감(松坎)에 이르자 양응룡이 직접 죄인 황원(黃元), 아고(阿羔) 등을 결박하여 잡아 바쳤다. 법리상 참수형에 해당했으나 조서를 내려 형벌을 낮춰 4만 금으로 속죄하도록 하고 양응룡은 평민으로 삼았으며 황원 등은 중경(重慶)의 저잣거리에서 참수토록 했다. 왕사기를 천동부사(川東副使)로 삼아 통제하여 다스리도록 하고 형개에게는 우도어사(右都御史)를 덧붙여 주었다.[59]

....

56 석성(石星): 1538~1599. 명나라 사람으로 대명부(大名府) 동명현(東明縣) 출신이다. 자는 공신(拱辰), 호는 동천(東泉)이다. 가정 38년(1559)에 진사가 되어 출사했고 만력제 이후 태자소보 병부상서(太子少保兵部尙書)가 되었다. 임진왜란이 발발하여 조선이 명에 원조를 요청하자 파병을 강력히 주장했다. 이후 일본과 강화를 추진하다 일본이 정유재란을 일으키자 강화 실패의 책임을 지고 옥사했다.

57 안강신(安疆臣): 1581~1608. 만력 26년(1598) 아버지를 이어 수서토사(水西土司)가 되었다. 귀주순무 곽자장을 도와 파주토사 양응룡의 난을 진압하는 데 공을 세웠고, 정원후(定遠侯)에 봉해졌다.

58 왕사기(王士琦): 1551~1618. 명나라 사람이다. 절강 태주부(台州府) 임해현(臨海縣) 출신으로 만력 11년(1583)에 진사가 되었다. 만력 26년(1598) 흠차어왜서로감군 산동포정사사우참정(欽差禦倭西路監軍山東布政使司右參政)으로 조선에 와서 유정(劉綎)과 진린(陳璘)의 군대를 모두 감독했다. 순천 예교(曳橋) 전투를 독려하여 조선 조정에 군량 운송을 재촉했다. 도요토미 히데요시의 사망이 전해진 후 고니시 유키나가와 협상하여 고니시가 철수한 후 예교성에 입성했다. 만력 27년(1599) 4월에 명나라로 돌아갔다.

59 이는 『明史』 권312, 列傳 제200 四川土司2, 播州宣慰使 "양응룡이 속죄하자 그 아들 양조동으로 관을 대신하게 함"에서도 확인할 수 있다.

만력 25년 정월 왜가 조선을 패배시키자 군대를 보내야 한다는 논의가 다시 일어났다. 3월 형개를 병부상서 겸 우부도어사 총독계요보정군무(兵部尙書兼右副都御史總督薊遼保定軍務)로 삼아 조선을 경략하도록 했고[60] 양호(楊鎬)를 우첨도어사경리군무사(右僉都御史經理軍務事)로 삼았으며 양여남(楊汝南), 정응태(丁應泰)[61]는 군대를 수행하며 찬획(贊劃)하도록 했다. 형개는 왕경(王京)은 팔도의 가운데에 있고 동쪽은 충주(忠州)로 막혀 있고 서쪽은 남원(南原)으로 막혀 있는데 모두 요충지라 여겨서, 양원(楊元)[62]과 오유충(吳惟忠)[63]에게 격문을 보내 위치를 지키면서 서로 기각(掎角)을 이루도록 했다. 총병(總兵) 마귀(麻貴)가 곧장 부산을 칠 것을 의논하자 형개는 "왕경은 부산과의 거리가 1400리 떨어져 있어서 형세상 넘어가 공격하기 어렵다. 만약 군사를 진격시킨다면 육로는 양산(梁山)을 거쳐야 하고 수로는 가덕(加德)과 안골(安骨)을 거쳐야 하는데 이곳들은 왜가 이

....

60 『명신종실록』 권308, 만력 25년 3월 29일(기미), "陞兵部左侍郎邢玠, 爲兵部尙書兼都察院右副都御史總督薊遼保定軍務兼理糧餉經略禦倭."

61 정응태(丁應泰): 1553~?. 명나라 사람이다. 만력 26년(1598) 군문찬획(軍門贊畫)으로 형개(邢玠)를 따라 조선에 왔다. 도산(島山) 전투가 끝난 후 경리 양호(楊鎬)를 탄핵했는데 조선이 양호를 비호하자 조선에 화살을 돌려 조선이 오랫동안 일본과 내통해왔다고 모함했으니 일명 '정응태 무고사건'이다. 조선은 세 차례에 걸쳐 사신을 파견하여 해명했다. 정응태는 결국 혁직되었다.

62 양원(楊元): ?~1598. 명나라 사람이다. 임진왜란이 발발하자 좌협대장으로 임명되어, 왕유정(王維禎), 이여매(李如梅) 등 여러 명의 부총병과 참장, 유격 등을 인솔했다. 정유재란 때 남원성 전투에서 패배하여 탄핵된 후 명나라로 송환되었고, 이후 참형되었다.

63 오유충(吳惟忠): ?~?. 명나라 사람이다. 만력 20년(1592)에 흠차통령절병유격장군(欽差統領浙兵遊擊將軍)으로 보병 1500명을 이끌고 조선에 와서 평양성 전투에 참여했고 만력 22년(1594)에 명나라로 돌아갔다. 만력 25년(1597) 흠차비왜중익부총병 원임도독첨사(欽差備倭中翼副總兵原任都督僉事)로 보병 3990명을 이끌고 다시 조선에 와서 충주에 주둔하고 영남을 왕래하면서 일본군을 토벌했다. 만력 27년(1599)에 명나라로 돌아갔다.

미 강한 병력을 주둔시켜 놓았다. 이곳에서 왜가 나와 함께 서로 버
티다가 따로 수군을 보내 양산의 동서쪽 험한 지역으로 나누어 압
박한다면 나는 후방의 지원을 받지 못하여 만전을 기할 수 없게 된
다. 게다가 군량도 확보하지 못할 것이니 가볍게 행동해서는 안 된
다."라고 하고 일단은 지구전으로 가서 적을 지치게 할 것을 청했
다. 만력제가 답하기를 "경은 전진할지 수비할지를 은밀하게 도모
하되 완전한 승리만을 추구하도록 하고 더딜지 빠를지는 헤아리지
말라."라고 했다.[64] 형개가 다시 임청창(臨淸倉)[65]·덕주창(德州倉)[66]의
곡식 및 상인을 불러 사들인 쌀을 발송시켜 천진(天津)에 저장한 후
배를 모집하여 운반할 것을 청하자 만력제가 이를 따랐다. 이때 왜
는 이미 양산을 빼앗고 삼랑강(三浪江)을 점거했으며 승세를 몰아
경주(慶州)에 들어가고 한산(閑山)에 침투했다. 조선통제사(朝鮮統制
使) 원균(元均)[67]은 바라만 보다가 궤멸했다.[68]

....

64 본서 2-2 〈申明進止機宜疏〉.

65 임청창(臨淸倉): 명 초 회통하(會通河)가 크게 정비된 후 회통하와 위하(衛河)가 만나는
지점인 임청(臨淸)은 교통의 요지이자 물화가 집중되는 상업의 중심지가 되었다. 임청
에 세워진 조창(漕倉)에는 하남(河南), 산동 등지의 곡식이 저장되었는데 약 300만 석의
양식을 저장할 수 있었다고 한다. 金亨洌, 2010, 「明淸時期 山東의 水利環境과 沿岸都市
의 經濟的 變遷」, 『中國史硏究』 64, 83~86쪽.

66 덕주창(德州倉): 덕주(德州)는 위하(衛河)에 연접한 지역으로 명 초에는 군호(軍戶)만이
거주하던 도시였으나 운하가 개통된 후 교통의 요지가 되어 상업이 발전하게 되었다. 또
한 조창(漕倉), 상풍창(常豐倉) 등의 창이 설치되었다. 金亨洌, 「明淸時期 山東의 水利環
境과 沿岸都市의 經濟的 變遷」, 『中國史硏究』 64, 2010, 88~89쪽.

67 원균(元均): 1540~1597. 조선 사람이다. 임진왜란 때 경상우도 수군절도사로서 공을 세
웠다. 이순신(李舜臣)과의 불화로 충청절도사로 이임되었다가, 선조 30년(1597) 일본이
재침하자 출병을 거부한 이순신 대신 삼도수군통제사가 되어 수군을 이끌었다. 칠천량
해전에서 일본군의 교란작전에 말려 참패하고 전사했다. 그가 죽은 뒤 백의종군하던 이
순신이 다시 수군통제사에 임명되었다.

8월 갑술 왜장 기요마사가 밤에 남원에 접근하자 남원을 지키던 장수 양원(楊元)이 군막에서 일어나 맨발로 먼저 도망가고 일군(一軍)이 모두 몰살당했다. 오유충(吳惟忠)도 그 소식을 듣고 또한 충주를 버리고 도주했다. 관군은 퇴각하여 왕경을 지키고 있었는데 한강의 험절(險絶)함에 의지하고 있었다. 마귀는 왕경을 버리고 압록강을 지키면서 바다를 방어하자는 의론을 내었는데 부사(副使) 소응궁(蕭應宮)[69]은 그럴 수 없다고 했다. 곧 마귀에게 격문을 보내 병사들로 직산(稷山)을 지키게 했다. 경리 양호(楊鎬)가 직접 왕경에 가서 그곳을 사수하도록 효유하니 인심이 비로소 안정되었다. 양호가 참군(參軍) 이응시(李應試)[70]를 불러 계책을 묻자 이응시가 대답하기를 "이것은 쉽습니다. 왜변(倭變)은 공시(貢市)를 허락하지 않았기 때문에 일어난 것입니다. 사람을 시켜 심유경(沈惟敬)이 죽지 않았다고 효유하면 물러날 것입니다."라고 했다. 이보다 앞서 석성이 심유경을 하옥시킨 일이 있었는데 심유경이 왜국으로 도망하려 했기 때문이었다.

형개가 처음 요양(遼陽)에 도착했을 때 곧바로 양원을 소속시켜

<hr/>

68 원균이 전투에서 패배하고 수많은 왜선들이 한산도로 향했다는 보고는 다음의 기사를 참조하라.『선조실록』권90, 선조 30년 7월 22일(신해).

69 소응궁(蕭應宮): ?~?. 명나라 사람이다. 남직례 소주부(蘇州府) 상숙현(常熟縣) 출신이다. 만력 25년(1597)에 흠차정칙요양등처해방병비 산동안찰사(欽差整飭遼陽等處海防兵備山東按察使)로서 감군(監軍)의 역할로 조선에 파견되었다. 당시 심유경(沈惟敬)이 일본군과 내통한다는 혐의로 체포되어 명나라 조정으로 압송되었는데, 소응궁은 심유경을 통해 일본과 계속 강화 협상을 진행하자고 주장했다가 탄핵을 받아 명나라로 돌아갔다.

70 이응시(李應試): ?~?. 명나라 사람이다. 이여송(李如松), 정응태(丁應泰)의 참모관으로 왕래했다.

거느렸다. 양호가 장정명(張貞明)을 시켜 심유경의 편지를 가지고 가서 왜가 약조를 어긴 것을 책망하자 유키나가는 이에 정읍(井邑)으로 물러나 주둔했고 기요마사는 울산(蔚山)으로 물러나 주둔했다. 마귀가 드디어 직산(稷山)에서 큰 승리를 거두었다고 보고하자 소응궁이 말하기를 "왜는 심유경의 편지로 인해 직산에서 물러났으며, 한 발의 화살도 교전한 일이 없는데 어찌 공적이 있다고 말하는가?"라고 했다. 형개와 양호 등이 이 말을 마음에 품고 있다가 소응궁이 빨리 심유경을 서울로 압송하지 않았다고 탄핵했고 소응궁은 결국 체포되었다.

12월 형개가 요양에서 왕경에 도착했고 휘하의 병사들도 도착했다. 이여매(李如梅)[71]와 이방춘(李芳春)[72]을 좌우군(左右軍)으로 삼고 마귀와 양호가 지휘하여 충주 조령(鳥嶺)에서 울산으로 달려가도록 했다. 중군(中軍) 고책(高策)[73]이 양산을 막고 별장(別將)이 남원으로 가서 가짜 병사를 배치하여 유키나가를 견제했다. 기묘일, 울산

....

71 이여매(李如梅): ?~1612. 명나라 사람으로 요동 철령위 출신이다. 자는 자청(子淸), 호는 방성(方城)이다. 이여송의 동생으로, 형을 따라 임진왜란에 참전했다. 일본과의 강화교섭이 진행되고 전쟁이 고착화되자 이여송과 함께 요동으로 돌아갔다가 정유재란이 발발하자 다시 참전했다. 훗날 이여송이 사망하자 형의 관직을 승계하여 요동총병(遼東總兵)이 되어 요동을 방어했다.

72 이방춘(李芳春): ?~?. 명나라 사람으로 직례 대명부(大名府) 평로위(平虜衛) 출신이다. 이성량(李成梁)의 가정(家丁)으로, 뛰어난 용맹으로 유명했다. 만력 20년(1592) 흠차통령계진준화참장(欽差統領薊鎭遵化參將)으로 마병 2000명을 이끌고 조선에 왔고 만력 25년(1597)에 총병으로 다시 왔다. 원문의 '李春芳'은 오류로 추정된다.

73 고책(高策): ?~?. 명나라 사람이다. 산서 천성위(天城衛) 사람으로 임진왜란에도 참전했다. 만력 25년(1597)에 흠차계요군문관리중군사무통령중협 정왜병마부총병(欽差薊遼軍門管理中軍事務統領中協征倭兵馬副總兵)으로 형개(邢玠)의 군문을 따라 조선에 와서 계병(薊兵) 2500명을 거느리고 도산(島山) 전투에 참여했다.

에 진격했다. 유격 파새(擺賽)[74]가 경기병으로 왜군을 유인해 복병이 있는 곳을 들여 400여 급을 베었다. 왜가 모두 도산(島山)으로 달아나 요새 3개를 짓고 수비했다. 다음날 유격(遊擊) 모국기(茅國器)가 절강성 병사들을 거느리고 먼저 적진에 오르고 비장(裨將) 진인(陳寅)[75]이 목책을 베고 들어가 거의 끝나갔다. 양호가 갑자기 모국기를 시켜 수급(首級)을 베도록 하자 전투가 조금 느슨해졌다. 또 이여매가 아직 이르지 않았다고 하고 진인에게 수공(首功: 적장의 목을 자른 공훈)을 넘겨주고 싶지 않아 징을 울려 군대를 거두어들였다. 이여매가 도착하자 공격을 했으나 이기지 못하고 열흘 동안 포위했다. 왜군 무리가 굶주려서 거짓 항복을 약속하자 공세를 조금 늦추었다. 유키나가가 정예 병사 3000을 보내 거짓 깃발로 강 위를 뒤덮었다. 조선의 이덕형(李德馨)[76]이 보고하기를 "왜의 구원병이 이르렀습니다." 하니 양호가 급하게 밤에 도주했다. 여러 군대가 모두 무너지고 버려진 군수품은 셀 수 없을 정도였다. 기요마사가 병력을 풀어 추격하자 죽은 군사가 1만여 명이었고 유격 노계충(盧繼忠)[77]의 일군

....

74 파새(擺賽): ?~?. 명나라 사람이다. 대동우위(大同右衛) 출신의 몽골족 장수였다. 만력 25년(1597)년에 흠차통령선대초모이병유격장군(欽差統領宣大招募夷兵遊擊將軍)으로 마병 3000명을 이끌고 조선에 와서 직산 전투, 도산 전투 등에 참여했다. 이듬해에 진중에서 병사했다.

75 진인(陳寅): ?~1621. 명나라 사람이다. 절강 온주부(溫州府) 금향위(金鄕衛) 출신으로 만력 25년(1597)에 흠차통령계진영평첨방남북관병유격장군(欽差統領薊鎭永平添防南北官兵遊擊將軍)으로 보병 3850명을 이끌고 조선에 와서 도산(島山) 전투에 참여했다. 만력 27년(1599) 명나라로 돌아간 직후 양응룡(楊應龍)의 난 진압에 투입되었다.

76 이덕형(李德馨): 1561~1613. 조선 사람이다. 본관은 광주(廣州)이며 선조 13년(1580) 별시 문과에 급제해 삼사(三司)의 관직을 두루 거쳤다. 임진왜란 발발 직후 명에 사신으로 파견되어 원군 파병을 요청했다. 이후 이여송(李如松)의 접반관(接伴官)이 되어 평양 수복을 함께 했다. 정유재란 시에도 주로 명군과 동행하며 전투를 독려했다.

77 노계충(盧繼忠): ?~?. 명나라 사람이다. 절강 처주위(處州衛) 출신이며 호는 앙운(仰雲)

(一軍)이 섬멸되었으니 때는 만력 26년(1598) 정월 기축일이었다.[78]

양호와 마귀가 왕경으로 달아나서 형개와 함께 모의하여 '울산대첩(蔚山大捷)'으로 고쳐 보고하니 황제가 형개 등에게 크게 하사했다.[79] 내탕금 오만 냥을 풀어 군사들에게 호궤(犒饋)하고 형개에게 상방검(上方劍)을 하사했다. 이때 찬획 정응태(丁應泰)가 분개하여 상소를 올리기를 "울산에서 망실된 자가 매우 많았으나 양호 등이 사실대로 보고하지 않았고[80] 대학사(大學士) 장위(張位)[81]와 심일관(沈一貫)[82]이 양호와 밀서를 주고받으며 작당하여 군주를 기망했습니다. 장위의 편지에 '화복(禍福)을 군(君)과 함께 해야 한다.'라고 했는데 다른 사람들은 모두 양호의 경리 직책이 장위에게 뇌물을 주고 얻은 것이라고 말합니다. 지금 이 편지를 보면 사람들의 말이 거짓이 아닙니다.[83] 심일관은 양호가 상소를 올릴 때 반드시 미

....

이다. 만력 26년(1598)에 남병(南兵)을 이끌고 조선에 왔다가 양호(楊鎬)의 탄핵을 받아 이듬해에 해임되었다.

78 형개는 만력 26년(1598) 2월에 유격 노계충을 해임하고 그를 대신하여 진잠(陳蠶)을 오군사영유격장군(五軍四營遊擊將軍)에 임명하여 남병을 통솔하도록 해 달라고 제청했다. 본서 4-3 〈議易東征將官疏〉 참고.

79 본서 4-2 〈島山撤兵疏〉 참고.

80 사실대로 …… 않았고: 원문의 '不以實開'은 '不以實聞'의 오류로 보인다. 『명신종실록』 권323 만력 26년 6월 4일(정사) 기사 참조.

81 장위(張位): 1534~1610. 명나라 사람이다. 강서 남창(南昌) 신건(新建) 출신이며 자는 명성(明成), 호는 홍양(洪陽)이다. 융경 2년(1568) 진사(進士)로, 만력 연간 초 수보대학사(首輔大學士) 장거정(張居正)과의 불화로 좌천되었다. 장거정 사후 복권되어 여러 관직을 역임하다 만력 19년(1591)에 동각대학사(東閣大學士)로 임명되었다. 만력 26년(1598)에 탄핵을 당하여 관직이 삭탈되었다. 훗날 천계 연간에 복권되고 태보(太保)로 추증되었다. 시호는 문장(文莊)이다.

82 심일관(沈一貫): 1531~1617. 명나라 사람이다. 절강성 은현(鄞縣) 출신으로 융경 2년(1568) 진사(進士)에 급제했다. 만력 연간 내각수보를 지냈다. 임진왜란 때 명나라의 조선 파병을 적극 건의하여 성사시켰다.

리 알리게 하여 표의(票擬)하기 편하게 했습니다. 어사(御史) 왕선안
(汪先岸)[84]이 장주(章奏)를 올려 양호를 탄핵하자, 장위·심일관이 양
호의 충성과 용기를 크게 칭찬하는 표의를 하자 상소가 결국 보류
되었습니다.[85] 또 동정[東事]한 이래 요동 지역 병사 2만 명이 이여
매 형제의 손에서 죽었고 앞뒤로 사용한 군향이 600~700만 냥입니
다. 양호는 또 이여매와 함께 사적으로 기요마사와 연락을 하여 그
와 강화했으며 그 편지가 남아 있습니다."라고 했다. 그리고 그 편지
의 원고 및 사망한 장사(將士)를 고치거나 지운 장부를 올렸다. 황제
가 진노하여 양호를 파직하고 천진순무 만세덕으로 대신하도록 했
다. 그리고 형개에게는 신속히 왕경에 가서 잠시 경리를 겸직하도록
했다.[86]

심일관과 형개가 인책(引責)하는 상소를 올리자 황제가 풀어 주
었다. 형개가 다시 방략(方略)을 올려 권한을 부여받아 도(道)를 나
누어 공격해 들어갔다.[87] 유정(劉綎)은 율림(栗林)[88]으로 달려가 유키
나가의 진영을 압박하고 진린(陳璘)은 수군을 거느리고 와서 모였

83 『명신종실록』 권323 만력 26년 6월 4일(정사) 기사를 참고. 정응태의 탄핵 사건에 대
　해서는 鈴木開,「丁應泰の變と朝鮮: 丁酉倭亂期における朝明關係の一局面」,『朝鮮學報』
　219, 2011이 상세하다.

84 왕선안(汪先岸): ?~?. 명나라 사람이다. 자는 등우(登于)이고, 직례 휴녕현(休寧縣) 사
　람이다. 만력 17년(1589) 진사가 되었다. 하남 광산현(光山縣)의 지현일 때 온공사(溫公
　祠)를 재건하고 사마광(司馬光)에게 제사를 지냈다. 그후에는 감찰어사(監察御史)에 임
　명됐다.

85 이에 대한 언급이 『선조실록』에도 남아 있다. 『선조실록』 권97, 선조 31년 2월 17일(임
　신)..

86 『선조실록』 권99, 선조 31년 3월 17일(임인).

87 본서 4-7〈議三路屯守疏〉참고.

88 율림(栗林): 본문의 '栗林'은 '栗林'의 오류로 보인다. 『대동야승』 재조번방지(再造藩邦
　志) [五]과 『연려실기술』 제17권 선조조 고사본말(宣朝朝故事本末) 참조.

다. 유키나가가 1000여 기를 출병시켜 길을 막고 전투를 하자 관군
이 불리해졌다. 마귀는 울산에 도착하여 여러 차례 적의 목을 베었
으나 복병을 만나 패배했다. 동일원(董一元)은 진주(晉州)를 빼앗아
승세를 타고 강을 건너 사주(泗州: 사천)의 진영을 불태웠다. 그 장
수 석만자는 신채(新寨)로 퇴각하여 주둔했는데 비장 모국기와 팽
신고(彭信古)[89]가 정예 병력을 모두 동원하여 공격했다. 갑자기 진영
안에서 화약이 폭발하자 기장(騎將) 마정문(馬呈文)[90]과 학삼빙(郝三
聘)[91]이 먼저 달아났는데 망실된 자를 헤아릴 수 없었다.[92] 황제가 조
칙을 내려 마정문과 학삼빙을 참수하고 동일원을 삼급(三級) 강등시
켰는데 군사가 공이 없었기 때문이었다.[93] 대학사 조지고(趙志皐)[94]
와 급사중(給事中) 학경(郝敬)[95]이 모두 철병하기를 청했으나 급사중

....

89 팽신고(彭信古): ?~?. 명나라 사람이다. 절강 항주부(杭州府) 오강현(吳江縣) 출신으로
　팽우덕(彭友德)의 아들이다. 마귀(麻貴)가 이끄는 동로군에 소속되었다가 동일원(董一
　元)의 부대에 소속되어 진주를 공략하여 일본군의 본영을 함락시켰다.

90 마정문(馬呈文): ?~?. 명나라 사람이다. 선부우위(宣府右衛) 출신이다. 정유재란이 발발
　하자 병력 2000명을 이끌고 조선에 왔다. 만력 26년(1598) 사천(泗川) 전투 패전에 책
　임이 있다고 탄핵받았다.

91 학삼빙(郝三聘): ?~?. 명나라 사람이다. 대동부(大同府) 평로위(平虜衛) 출신이다. 만력
　26년(1598)에 흠차통령대령도사입위춘반유격장군(欽差統領大寧都司入衛春班遊擊將
　軍)으로 마병 1000명을 이끌고 조선에 왔는데 사천(泗川) 전투에서 도망쳤다는 이유로
　탄핵을 받았다.

92 『선조실록』 권105, 선조 31년 10월 17일(기사) 기사 참조.

93 『명신종실록』 권328 만력 26년 11월 1일(임오).

94 조지고(趙志皐): 1524~1601. 명나라 사람이다. 절강 금화부(金華府) 난계현(蘭溪縣) 출
　신으로 융경 2년(1568) 과거에 3등으로 급제한 후 한림원(翰林院)에서 여러 관직을 역
　임했다. 만력 연간 초 실세였던 장거정(張居正)을 탄핵한 일에 연루되어 좌천되었다가
　장거정 사후 복권되었다. 만력 19년(1591)에는 동각대학사(東閣大學士)로 임명되었고
　곧 수보대학사(首輔大學士)가 되었다.

95 학경(郝敬): 1558~1639. 명나라 사람이다. 자는 중여(仲輿), 호는 초망(楚望) 또는 서치
　(書痴)이며 호광 경산현(京山縣) 출신이다. 만력 17년(1589) 진사가 되었고, 진운(縉雲)

요문울(姚文蔚)과 장보지(張輔之)[96]가 반대했다. 마침 평수길(平秀吉: 도요토미 히데요시)이 죽자 나라 안이 혼란스러워졌다.

11월, 기요마사가 바다를 건너 먼저 도망가니 마귀가 도산(島山) 서포(西浦)로 들어갔다. 유정이 유키나가를 공격했는데 석만자가 수군을 끌고 와 구하려다가 진린을 맞닥뜨려서 불타 죽었다. 유키나가는 놓치고 그 장수 평정성과 평수정을 사로잡았다. 형개와 만세덕은 드디어 평정했다는 보고를 올렸다. 이때 정응태가 상소를 올려 형개 등이 왜에게 뇌물을 주고 매국 행위를 했으니 전공을 조사해야 한다고 했다.[97] 급사중 서관란(徐觀瀾)도 대학사 심일관, 상서(尙書) 소대형(蕭大亨)이 형개, 만세덕과 함께 무리 지어 속이고 은폐했다고 했다.[98] 또 각 지역에서 실패했던 정황을 모두 밝히려고 하자 여러

....

과 영가(永嘉) 두 현의 지현을 지냈다.

96 장보지(張輔之): 1557~?. 명나라 사람이다. 자는 이찬(爾贊), 호는 용우(容宇)이고 남직례 소주부(蘇州府) 태창주(太倉州) 사람이다. 만력 14년(1586)에 진사가 되었다. 정유재란 시기 병과도급사중(兵科都給事中)에 재직했다. 『태복주의(太僕奏議)』를 저술했다.

97 만력 26년(1598) 6월 초, 울산 도산 전투에서 수많은 명군을 잃었음에도 승리로 보고한 경리 양호 등을 탄핵하고 아울러 양호와 조선이 명나라를 치기 위해 축성을 했다는 정응태의 무고에 대해 조선 정부는 진주사를 파견하여 변무하고자 했다. 6월 말, 조정 논의에서 진주사로 선발된 호조참의 최천건(崔天健)이 7월 1일 진주문을 가지고 서울을 떠났으나, 얼마 안 있어 그의 직급이 낮다는 이유로 진주사가 우의정 이원익(李元翼)으로 교체되었다. 이원익 일행은 두 개의 진주문을 가지고 8월 중순 압록강을 건넜고, 9월 말 명나라 조정에 전달했다. 한편 도산 전투의 실상을 더욱 면밀히 조사하라는 임무를 받고 조선에 2차 파견된 정응태는 조선 정부가 양호를 변호하기 위해 이원익을 북경에 파견한 것에 불만을 품고 명나라 조정에 조선을 무고하는 상소를 올렸다. 조선이 일본과 결탁하여 임진왜란을 일으켰다는 것이 주된 내용이었다. 정응태의 무고에 대한 간단한 내용은 『선조실록』 권104, 선조 31년 9월 24일 16번째 기사에 보인다. 정응태의 조선에 대한 무고에 관련한 자세한 내용은 김영진, 『임진왜란, 2년 전쟁 12년 논쟁』, 성균관대학교출판부, 2021, 681-685쪽 및 「丁應泰の變と朝鮮: 丁酉倭亂期における朝明關係の一局面」, 『朝鮮學報』219, 2011을 참조. 정응태가 조선을 탄핵하는 상주는 『선조실록』 권104, 선조 31년 9월 21일(계묘)에 실려 있다.

사람이 걱정했다. 심일관이 황제에게 명을 바꿀 것을 청했다. 급사중 양응문(楊應文)이 조선에 가서 군공을 조사하여 정응태와 서관란을 파직했다.

다음 해 4월 승리를 선포하고 종묘에 고했으며 평정성과 평수정을 저잣거리에서 책형(磔刑)에 처했다. 그해 9월 공적을 논하여 형개에게 태자태보(太子太保)를 더해 주었으나 수군대는 자들이 더욱 많아졌다.

만력 28년(1600) 8월 형개를 불러서 남경 병부상서(南京兵部尚書)로 삼았다. 형개는 부모를 끝까지 봉양하기 위해 돌아가기를 청했다. 이윽고 변경에서 복무했기[閱邊] 때문에 소보(少保)를 더해 주었다. 그 뒤 졸(卒)했다.

왜환(倭患)이 두 차례 일어남에 독무(督撫) 6인에 40명의 장수와 26명의 편비(偏裨: 부장)를 격려하여 전장으로 보내고 수백 만의 군량미를 나르게 한 지가 모두 7년이었다. 바야흐로 공적을 거두려고 할 때 한순간 관백이 죽었다. 병부의 전악(田樂)[99]이 다시 사후 처리를 합당하게 하는 방책을 정신(廷臣)에게 하달하여 모여서 논의하게 해 달라고 황제께 청했다. 이때 상서 이대(李戴), 진거(陳渠), 여계등(余繼登), 소대형, 양일괴(楊一魁)는 병력을 남겨 잠시 지키게 하고

....

98 정응태·서관란 각각의 활동과 그 목적에 대해서는 鈴木開, 「丁應泰の變と朝鮮: 丁酉倭亂期における朝明關係の一局面」, 『朝鮮學報』 219, 2011 및 車惠媛, 「言官 徐觀瀾의 임진전쟁」, 『明淸史硏究』 53, 2020이 상세하다.

99 전악(田樂): ?~?. 명나라 사람으로 직례 임구현(任丘縣) 출신이다. 만력 20년(1592) 섬서안찰사에서 발탁되어 도찰원우첨도어사(都察院右僉都御史), 순무감숙지방찬리군무(巡撫甘肅地方贊理軍務)가 되었다. 송산백(松山伯)에 봉해졌다. 삼변총독을 누차 지냈고, 만력 26년(1598)에는 태자태보 병부상서가 되었다.

조선에게 군량미를 대도록 요구해야 한다고 의론을 내었다. 좌도어사(左都御史) 온순(溫純)은 병력을 남겨 두는 것이 타당하다고 했고 대리경(大理卿) 정계지(鄭繼之)는 병력을 남기고 군량을 보급해야 한다고 했다. 급사중 허자위(許子偉), 요문울, 후선춘(侯先春), 양응문, 어사(御史) 주반(周盤)은 모두 철병해야 한다고 의론을 내었다. 급사중 이응책(李應策), 양천민(楊天民)은 병력을 철수할지 남겨 둘지를 모두 독무의 의견을 들어야 한다고 의론을 내었으나 장문달(張問達)[100]은 또 병력을 철수해서는 안 된다고 했다. 황제께서 "말이 사람마다 달라 여태껏 정론이 없으니 조선과 독무에게 묻고 여러 신하가 널리 좋은 계책을 도모하라."라고 하셨다. 결국 여러 신하의 주의(奏議)가 이르러 재차 전악에게 묻고 나서 그 내용을 절충했다. 그래서 수륙의 모든 군대를 부르게 되었는데 돌아올 때 모든 군대가 해외에서 명을 기다리느라 군량미를 얽어매어 놓은 것이 또 거의 2년이었다.[101]

[논하여 말한다. 예전 한나라는 변경에 주둔시킨 태수를 수도로 불러들여 구경(九卿)으로 삼았고 당나라는 변진(邊鎭)의 절도사(節度使)를 재상으로 발탁했는데 이것은 모두 깊은 뜻이 있는 것이다. 석성이 일개 서생에게 구벌(九伐; 천자가 제후를 토벌함)을 맡겨 결국 조선의 화(禍)를 무르익게 하고 나서 또 몰래 곤신(閫臣: 변경의 장수)에

....

100 장문달(張問達): 1554~1625. 명나라 사람이다. 자는 덕윤(德允), 섬서성 서안부 경양현 출신이다. 만력 11년(1583) 진사가 되었다. 산서 고평현과 산동 유현의 지현을 역임했다. 형과급사중에 제수되었고, 태복시소향으로 옮겼으며, 도찰원우첨도어사로 호광순무를 했다. 천계 연간에 이부상서에까지 올랐다.
101 본서 10-4 〈會議東師撤留疏〉 참조.

게 명령을 내려 화의(和議)를 따르게 했다. 나약한 촌부가 집을 짓자 간악한 사람이 북치고 피리를 부는 꼴이니, 나라를 욕되게 하고 군대를 잃은 것은 곧 스스로 취했을 따름이다. 세상 사람들은 석성이 청렴하고 곧은 사람인데 죄를 얻었다고 해서 불끈 화를 낸다. 그러나 사소한 성과[末節]를 얻고 큰 계획을 잊은 것이다. 그렇지 않다면 어째서 주달하지 않았겠는가. 당나라가 재차 하삭(河朔: 하북)을 잃었을 때 논자는 소면(蕭俛)과 최식(崔植)의 계책이 부족한 탓으로[102] 돌렸는데 어찌 이와 다른 점이 있겠는가. 후대에 설을 만든 것이다.]

....

102 당나라가 …… 부족한 탓: 소면(蕭俛)과 최식(崔植)은 당나라 목종 때의 재상이다. 소면은 목종 즉위 후 하남과 하북이 평정되었으므로 병력을 감축시킬 것을 청하여 이후 주극융(朱克融)과 왕정주의 반란군의 세력이 강화되는 빌미를 제공했고, 최식은 사헌성(史憲成)과 주극융, 왕정주 등에게 절도사의 지위를 부여하게 하는데 이로 인해 당나라는 하삭을 잃고 끝내 수복하지 못했다. 『치평요람』 제89권 당 참조.

인명록

가상(賈祥) ?~?. 명나라 사람이다. 이승훈의 표하관이다. 좌영도사(左營都司)로 만력 27년(1599) 6월에 조선에 들어왔다가 만력 28년(1600) 7월에 귀국했다. 귀국길에 횡포를 심하게 부려 큰 비판을 받았다.

가토 기요마사(加藤淸正) 1562~1611. 일본 사람이다. 도요토미 히데요시(豊臣秀吉)와 같은 지역 출신으로 어려서부터 히데요시를 주군으로 섬기며 여러 전투에서 활약했다. 1588년에 히고 국(肥後國)의 영주가 되었다. 임진왜란이 발발하자 1만 명의 병사를 이끌고 출병하여 서울을 거쳐 함경도로 진격하여 조선의 왕자 임해군(臨海君)과 순화군(順和君)을 포로로 잡았다. 일본이 명과 강화 교섭을 시작하자 사로잡은 왕자를 돌려보냈다. 1596년에는 히데요시로부터 귀환 명령을 받고 일본으로 돌아갔다가, 이듬해 정유재란 때 왜선 300여 척을 이끌고 조선으로 다시 들어왔다. 기요마사가 이끄는 부대는 울산성 전투에서 조명연합군에게 포위되어 대다수의 병사가 싸우지도 못하고 죽었고, 기요마사는 구사일생으로 일본에 귀국했다. 히데요시가 사망한 이후 시치쇼(七將)의 일인으로 활동했다. 1600년에 벌어진 세키가하라 전투에서 도쿠가와 이에야스(德川家康)의 동군(東軍)에 가담하여 전후에 히고 지역의 54만 석 영주가 되었다. 1611년에는 도요토미 히데요리(豊臣秀頼)를 설득하여 이에야스와의 회담을 성사시켰다.

간토(赶兔) ?~?. 몽골 우익 토묵특부(土默特部, Tumed) 영주(領主)를 말한다. 엄답(俺答, Altan) 칸의 손자이자 신애황태길(辛愛黃台吉, 생게두렌; 키칭카)의 아들이다.

강탁(江鐸) 1548~1603. 명나라 사람이다. 자는 사진(士振), 호는 찬석(鑽石)이며, 절강 항주부(杭州府) 인화현(仁和縣) 출신이다. 만력 2년(1574) 진사가 되었다. 형부주사(刑部主事)를 받았고, 승진하여 형부원외랑(兵部員外郞), 복주부지부(福州府知府)를 지내다가, 하남안찰사(河南按察使), 산서안찰사(山西按察使)에 이르렀다. 만력 28년(1600) 초대 편원순무(偏沅巡撫)를 맡아 양응룡을 토벌한 전공으로 곽자장과 함께 아들 1명에게 금의위(錦衣衛) 지휘세습을 음직으로 받았다.

게이테쓰 겐소(景轍玄蘇) 1537~1611. 일본 사람으로 가와즈(河津) 가문 출신이다. 하카다(博多) 세이후쿠사(聖福寺)에서 승려생활을 하던 중 대륙 침략의 야심을 품은 도요토미 히데요시의 부름을 받아 그 수하로 들어갔다. 1588년 조선을 드나들며 자국의 내부 사정을 설명하고 일본과 수호 관계를 맺고 통신사를 파견하라고 요청했다. 1590년 황윤길(黃允吉), 김성일(金誠一) 등의 통신사 일행이 일본의 실정과 히데요시의 저의를 살피기 위하여 일본에 왔을 때 동행했으며, 이듬해 조선에 들어가 국정을 살피고 히데요시의 명나라 침공을 위한 교섭 활동을 했다. 1592년 임진왜란이 일어나자 고니시 유키나가(小西行長)가 이끄는 선봉군에 국사(國使)와 역관 자격으로 종군했다. 이후 임진강을 사이에 두고 조명연합군과 대치할 때 유키나가의 제의로 이루어진 강화회담에 참여하는 등 일본의 전시 외교 활동에 종사했다.

계금(季金) ?~1598. 명나라 사람이다. 자는 장경(長庚)이며 절강 온령현 (溫嶺縣) 송문위(松門衛) 출신으로 선조 대대로 무직을 지냈다. 융경 2년 (1568) 무진사(武進士)가 되었고 다수의 무공을 세워 진강부총병(鎭江副總 兵)으로 승진했다. 정유재란이 발발하자 흠차통령절직수병유격장군(欽差統 領浙直水兵遊擊將軍)으로서 복건(福建)의 수병(水兵)을 이끌고 조선에 왔다. 총병 진린(陳璘)의 휘하에서 활동하면서 그를 도와 노량해전에서 왜군을 물리치는 데 큰 공을 세웠다. 사후 만력 28년(1600) 정유재란에서의 공적을 인정받아 일급선무공신(一級宣武功臣)에 봉해졌다. 충청도 보령에 그의 공 덕비(지방유형문화재 제159호)가 있다.

계유근(桂有根) ?~?. 명나라 사람이다. 자는 징실(徵實)이고 하남 여녕부 여양현 출신이다. 만력 17년(1589) 진사가 되었다.

고니시 유키나가(小西行長) 1555~1600. 일본 사람이다. 사카이(堺) 출신 의 약재 무역상인 고니시 류우사(小西隆佐)의 아들로 그 자신도 상인이었 다. 본명은 고니시 야구로(彌九郎)였으며 1559년생이라고도 한다. 오다 노 부나가(織田信長)가 사망한 혼노지(本能寺)의 변란 이후로 도요토미 히데요 시를 섬기면서 아버지 류우사와 함께 세토나이카이(瀬戸內海)의 군수물자 를 운반하는 총책임을 맡았다. 1588년 히데요시의 신임을 얻어 히고 우토 (宇土) 성의 영주가 되었으며, 1592년 임진왜란 때는 그의 사위인 대마도주 (對馬島主) 소 요시토시(宗義智)와 함께 1만 8000명의 병력을 이끌고 제1진 으로 부산진성을 공격했다. 이후 일본군의 선봉장이 되어 대동강까지 진격 하여 평양성을 함락했다. 1597년 정유재란 때 다시 조선으로 쳐들어와 남 원(南原)과 전주(全州) 일대를 장악했다가 조명연합군의 반격을 받고 순천 왜성에 주둔했다. 이듬해 히데요시가 사망하고 철군 명령이 내려지자 노량 해전이 벌어지는 틈을 이용해서 일본으로 돌아갔다. '기리시탄 다이묘(吉利 支丹大名)'로서 대표적인 천주교도 다이묘였다.

고양겸(顧養謙) 1537~1604. 명나라 사람으로 남직례(南直隷) 통주(通州) 출신이다. 자는 익경(益卿)이다. 가정 44년(1565) 진사에 합격하여 공부주사(工部主事), 복건안찰첨사(福建按察僉事), 절강우참의(浙江右參議) 등을 거쳐 요동순무(遼東巡撫), 병부시랑(兵部侍郎), 계요총독(薊遼總督) 등을 역임했다. 만력 21년(1593) 말에 송응창(宋應昌)이 탄핵되어 본국으로 소환되자 계요총독 겸 경략조선군무(薊遼總督兼經略朝鮮軍務)로 임명되어 그를 대신해 경략부를 지휘했다. 송응창과 이여송(李如松) 등이 명 조정에 거짓 보고를 하고 일본과의 강화를 추진했던 사실 때문에 탄핵되었음에도 불구하고 그역시 전쟁의 강화를 위해 노력했다. 그리고 조선 조정의 반대를 무시하고 명에 대한 일본의 조공과 일본군의 전면 철수를 지속적으로 요구했다. 특히 이 과정에서 조선 조정에 일본의 봉공(封貢)을 허락해줄 것을 요청하는 주본을 올리도록 강요해 자신의 뜻을 관철시키는 데 성공했다. 하지만 그역시 강화 교섭을 추진하면서 일본군의 실상을 명 조정에 숨긴 일 등이 문제가 되어 탄핵을 받았고 관직에서 물러난 후 명나라로 돌아갔다.

고운정(顧雲程) 1535~1608. 명나라 사람이다. 자는 무원(務遠), 호는 금우(襟宇)이며, 직례 소주부 상숙현(常熟縣) 출신이다. 만력 5년(1577) 진사가 되었고, 절강 순안현(淳安縣) 지현이 되었다가 만력 13년(1585) 운남도시감찰어사(雲南道試監察御史)로 뽑혔고, 강서안찰사첨사(江西按察司僉事)로 나갔다. 만력 17년(1589) 귀주포정사우참의(貴州布政司右參議), 운남안찰사부사(雲南按察司副使)로 승진했다. 만력 21년(1593) 사천우참정으로 승진했다가 좌참정으로 전차되었고, 11월에는 산동좌참정겸첨사(山東左參政兼僉事)가 되었다. 만력 27년(1599) 정월에는 산동안찰사(山東按察使)로 승진하고 영평도병비사(永平道兵備事)를 맡았다.

고책(高策) ?~?. 명나라 사람이다. 산서 천성위(天城衛) 사람이며 호는 대정(對庭)이다. 만력 20년(1592) 12월에 흠차통령대동영병유격장군(欽差統

領大同營兵遊擊將軍)으로 마병 2천을 거느리고 조선에 왔다가 이듬해 9월에 명나라로 돌아갔다. 만력 25년(1597)에 흠차계요군문관리중군사무통령중협 정왜병마부총병(欽差薊遼軍門管理中軍事務統領中協征倭兵馬副總兵)으로 형개(邢玠)의 군문을 따라 조선에 와서 계병(薊兵) 2500명을 거느리고 도산(島山) 전투에 참여했다.

남방위(藍芳威) ?~?. 명나라 사람이다. 강서(江西) 요주부(饒州府) 강서현(江西縣) 출신이며 호는 운붕(雲鵬)이다. 만력 26년(1598) 흠차통령절병유격장군 서도지휘첨사(欽差統領浙兵遊擊將軍署都指揮僉事)로 남병(南兵) 3300명을 이끌고 조선에 왔다. 제독 유정(劉綎)의 휘하에서 직산(稷山), 남원 등지에 주둔했다. 만력 27년(1599) 총병(總兵) 이승훈(李承勳)과 함께 명나라로 돌아갔다. 조선에 주둔하는 동안 수집한 자료를 바탕으로 『조선시선(朝鮮詩選)』을 편찬하여 조선의 시를 중국에 소개한 것으로 알려져 있다.

노계충(盧繼忠) ?~?. 명나라 사람이다. 절강 처주위(處州衛) 출신이며 호는 앙운(仰雲)이다. 만력 26년(1598) 흠차통령남북조병오군사영참장(欽差統領南北調兵五軍四營參將)으로 마병과 보병 2770명을 이끌고 조선에 왔다. 그러나 죄만 있고 공이 없다는 양호(楊鎬)의 탄핵을 받아 해임되어 만력 27년(1599)에 명나라로 돌아갔다.

데라자와 히로타카(寺澤廣高) 1563~1633. 일본 사람이다. 마사나리(正成)라는 이름으로도 불렸다. 아버지와 함께 일찍부터 도요토미 히데요시(豊臣秀吉)를 섬겼다. 히젠(肥前) 나고야성(名護屋城)의 건축을 담당하고 출전한 무장들과의 연락을 맡아 그 공으로 출세했다. 임진왜란 시에는 보급과 병력 수송 임무를 담당했다. 세키가하라 전투에서 동군에 소속되어 히젠 가라쓰 번(唐津藩)의 초대 번주가 되었다.

도리하라 기에몬(鳥原喜右衛門) ?~?. 일본사람이다. 『무절주소』에는 도리하라 기에몬노죠 소안(鳥原喜右衛門尉宗安)이라는 전체 이름이 모두 기재되어 있으며, 이 이름은 본문의 뒷부분에도 등장한다. 도리하라 기에몬은 도리하라 소안(鳥原宗安)이라고도 불리며, 보노쓰(坊津)의 유력한 상인으로서 복건과 사쓰마를 잇는 무역 네트워크에 관계된 인물이자, 시마즈씨를 섬겨 185석의 녹미(祿米)를 받고 있던 사람이기도 했다.

도양성(陶良性) ?~?. 명나라 사람으로 절강 처주부(處州府) 진운현(縉雲縣) 출신이다. 호는 양오(養吾)이다. 임진왜란이 발발하자 태학생(太學生)으로 송응창(宋應昌)을 따라 조선에 왔고, 만력 25년(1597)에 형개의 군문을 따라 다시 조선에 와서 행정 업무를 담당했다. 만력 28년(1600)에 군량을 잘 관리한 공을 인정받아 직례영평부난주지주(直隷永平府灤州知州)의 직을 얻었다.

도요토미 히데요리(豊臣秀頼) 1593~1615. 일본사람이다. 도요토미 히데요시의 아들이다. 아명은 히로이마루(拾丸)였으며, 1596년 관례를 치른 뒤 히데요리(秀頼)로 개명했다. 도요토미 히데요시는 누나 닛슈의 아들 도요토미 히데쓰구를 후계자로 낙점하고 그에게 간파쿠 자리를 잇게 했는데, 늦둥이 아들 히데요리가 태어나자 논란이 일어났다. 히데요시는 1595년 히데쓰구에게서 간파쿠 직책을 박탈하고 할복을 명함으로써 히데요리의 후계자 지위를 확립시켰으며, 1598년 3월 히데요시가 사망하자 히데요리가 그 뒤를 이었다. 그러나 히데요리는 오사카 전투에서 도쿠가와 이에야스에게 패배했고, 이에야스에게 정권을 넘겨주게 되었으며 이후 자결했다.

도요토미 히데요시(豊臣秀吉) 1536~1598. 일본 사람이다. 하급무사인 기노시타 야에몬(木下彌右衛門)의 아들로 태어나 젊어서는 기노시타 도키치로(木下藤吉郎)라는 이름을 썼고, 29세 이후에는 하시바 히데요시(羽柴秀吉)라고 했다. 1558년 이후 오다 노부나가의 휘하에서 점차 두각을 나타내어 중용되어 오던 중 아케치 미쓰히데(明智光秀)의 모반으로 혼노지에서 죽은 오다 노부나가의 원수를 갚고 실권을 장악했다. 이때부터 다이라(平)를 성씨로 사용했으며, 1585년 관백(關白)이 되자 후지와라(藤原)로 성씨를 다시 바꾸었다. 도요토미라는 성씨는 1586년부터 사용했다. 도요토미 히데요시는 대마도주를 통해 조선에 명나라 정복을 위한 협조를 요청했고, 교섭이 결렬되자 마침내 1592년 조선을 침공하여 임진왜란을 일으켰다. 그는 출정군을 9개 부대로 나누어 15만여 명이 넘는 수군과 육군을 선두로 부산포진을 공격했고, 서울에서 평양까지 파죽지세로 진공했다. 하지만 겨울이 되면서 전쟁의 어려움이 가중되자 고니시 유키나가로 하여금 명의 심유경과 평화 교섭을 추진하게 했으나 실패했다. 이듬해 1597년에 다시 군대를 동원하여 정유재란을 일으켰지만 고전을 거듭하여 국력만 소모하는 결과를 낳았다. 그는 후시미(伏見) 성에서 1598년 질병으로 사망했다.

도종준(涂宗濬) 1555~1621. 명나라 사람이다. 강서 남창부(南昌府) 남창현(南昌縣) 출신으로 자는 급보(及甫), 호는 경원(鏡源)이다. 만력 10년(1582) 거인이 되었고 만력 11년(1583) 진사가 되었다. 자계(慈溪), 기수(蘄水) 등 여러 현의 지현을 역임했고 만력 20년(1592) 산동도감찰어사(山東道監察御史)로 발탁된 이후 광서(廣西), 하남(河南), 직례(直隷) 등 여러 지역의 순안어사(巡按御史) 직을 역임했다. 대리시우시승(大理寺右寺丞), 도찰원우첨도어사 순무연수(都察院右僉都御史巡撫延綏), 선대총독(宣大總督) 등을 거쳐 만력 41년(1613)에 병부상서 겸 우부도어사(兵部尙書兼右副都御史)로 승진했고 이듬해에는 태자태보(太子太保)를 더했다. 만력 43년(1615)에 병으로 치사하여 고향으로 돌아갔다. 천계(天啓) 원년(1612)에 다시 병부상서에 임명되어 조정에 나아갔으나 그 해 사망했다. 시호는 공양(恭襄)이다.

도쿠가와 이에야스(德川家康) 1543~1616. 일본 사람으로 에도막부(江戸幕

府)의 초대 쇼군(將軍)이다. 오카자키(岡崎) 호족 출신으로 원래의 성은 마쓰다이라(松平)였다. 이마가와(今川) 가문에서 독립하여 세력을 확장했다. 오다 노부나가(織田信長)에게 협력했다가 노부나가 사망 후에는 도요토미 히데요시(豊臣秀吉)의 패권을 인정했다. 히데요시로부터 간토(關東) 지방의 지배권을 부여받아 동부 지방 경영에 힘썼고, 임진왜란 당시에는 동원되지 않았다. 히데요시 사망 이후 벌어진 세키가하라(關ヶ原) 전투에서 승리하여 일본의 패권을 장악했고 만력 31년(1603) 천황으로부터 쇼군에 임명되어 에도 막부를 열었다. 만력 35년(1607) 조선에 국서(國書)를 보내 관계 개선을 도모했고 그 결과 조선에서 회답겸쇄환사(回答兼刷還使)를 파견하여 외교 및 무역을 재개하게 되었다.

동일원(董一元) ?~?. 명나라 사람이다. 하북 선부전위(宣府前衛) 출신으로 호는 소산(小山)이다. 아버지 동양(董暘)은 선부의 유격장군으로 알탄 칸과의 전투에 참전했다가 전사했으며 형 동일규(董一奎)도 도독첨사(都督僉事)를 지낸 유명한 무장이었다. 동일원 역시 몽골, 토만(土蠻) 등을 진압하는데 여러 차례 군공을 세웠고, 고북구(古北口), 선부, 계주(薊州) 등지에서 활약했다. 중군도독부첨사(中軍都督府僉書), 요동총병관(遼東總兵官) 등을 역임했다. 만력 22년(1594) 몽골 파토아(把兔兒)의 침입을 진압하여 그 공으로 좌도독(左都督)으로 승진하고 태자태보(太子太保)에 제수되었다. 만력 25년(1597) 흠차제독중로어왜총병 중군도독부좌도독 태자태보(欽差提督中路禦倭總兵中軍都督府左都督太子太保)로 조선에 왔다. 이듬해 제독으로서 중로(中路)의 병력을 이끌고 왜적과 맞섰으나 사천(泗川)에서 크게 패했다. 이 때문에 태자태보 직을 삭탈당하고 관품이 강등되었으나 이후 회복했다. 만력 27년(1599) 명나라로 돌아갔다. 동일원의 차남 동대순(董大順)은 조선으로 귀화했다.

동한유(董漢儒) 1562~1628. 명나라 사람이다. 직례 대명부(大名府) 개주

(開州) 출신이다. 자는 학서(學舒), 호는 의대(誼臺)이다. 만력 17년(1589) 진사가 되었고 호부주사(戶部主事), 산동순안사첨사(山東按察司僉事)를 지냈다. 만력 25년(1597) 정유재란이 발발하자 흠차관리비왜양향 호부산동청리사 낭중(欽差管理備倭糧餉戶部山東淸吏司郎中)으로 조선에 와서 원정군의 군량을 관장했다. 『선조실록(宣祖實錄)』의 평에 따르면 조선의 편의를 위해 힘써주고 아랫사람을 잘 단속하여 민가에 피해를 끼치는 일이 없었기 때문에 조선 사람들이 칭송했다고 한다. 만력 27년(1599) 명나라로 돌아갔다. 이후 관직이 호광순무(湖廣巡撫), 병부상서(兵部尙書)에 이르렀다. 사후 소보(少保)로 추증되었으며 시호는 숙민(肅敏)이다.

두잠(杜潛)　?~?. 명나라 사람이다. 산동 동창부(東昌府) 고당주(高唐州) 출신으로 자는 공소(孔昭), 호는 견전(見田)이다. 만력 8년(1580)에 진사가 되어 보정부지부(保定府知府), 하간부지부(河間府知府) 등을 거쳐 만력 26년(1598)에는 하남부사(河南副使)가 되었다. 만력 27년(1599), 조선 동정군(東征軍)의 감군부사(監軍副使)로 발탁되었고 만력 30년(1602), 조선의 전후 처리에 공로를 세운 것을 인정받아 안찰사(按察使)로 승진했다. 그러나 곧 외국과 내통했다는 모함을 받고 처형되었다. 만력 43년(1615) 송응창(宋應昌), 이여송(李如松) 등이 상소하여 두잠의 누명을 벗겨냈다. 병부상서(兵部尙書)로 추증되었다.

마귀(麻貴)　?~1618. 명나라 사람이다. 호는 소천(小川)이고 산서 대동우위(大同右衛) 출신이다. 선조는 회족(回族)이라고 하며 아버지 마록(麻綠) 역시 대동참장(大同參將)을 역임한 무장이었다. 대동·영하(寧夏)·선부(宣府) 등지에서 활약하며 여러 차례 무공을 세워 총병관(總兵官)이 되었다. 만력 20년(1592) 부장(副將)으로서 몽골 보바이[哱拜]의 반란을 진압했다. 만력 25년(1597) 정유재란이 발발하자 흠차제독남북관병어왜총병관 후군도독부 도독동지(欽差提督南北官兵禦倭總兵官後軍都督府都督同知)로 대동·선부의 병사 1000명을 이끌고 조선에 왔다. 경리 양호, 조선 도원수 권율과 함께 울산 도산성의 왜군을 포위 공격했으나 크게 패하여 후퇴했다. 이듬해 재차 도산성을 공략했으나 왜군의 지원병 소식을 듣고 물러나 성공하지 못했다. 만력 27년(1599) 명나라로 돌아갔다. 이후 후군도독부우도독(後軍都督府右都督), 요동총병관을 역임했다.

마정문(馬呈文) ?~?. 명나라 사람이다. 선부우위(宣府右衛) 출신으로 자는 홍우(弘宇), 호는 자원(紫院)이다. 흠차통령하간영병유격장군 도지휘첨사(欽差統領河間營兵遊擊將軍都指揮僉事)로 선부구유병영(宣府舊遊兵營)의 계주(薊州) 입위(入衛) 병력 2000명을 이끌고 조선에 왔다. 만력 26년(1598) 사천(泗川) 전투 패전에 책임이 있다고 탄핵받았다. 참형에 해당했으나 실제 집행되지는 않은 것으로 보인다.

만세덕(萬世德) 1547~1602. 명나라 사람이다. 자는 백수(伯修), 호는 구택(邱澤)이며 산서 편관현(偏關縣) 출신이다. 융경 5년(1571) 진사가 되었다. 천진순무(天津巡撫)이던 만력 26년(1598) 경리 양호(楊鎬)가 울산 도산성(島山城) 전투의 전공 보고를 조작한 죄로 명나라로 소환되자 그를 대신하여 조선에 파견되어 조선의 방비와 전후 후속처리 논의를 담당했다. 만력 28년(1600) 명나라로 돌아가 계요총독(薊遼總督)으로 임명되었다. 만력 30년(1602) 재직 중 병사했고 태자태보 병부상서(太子太保兵部尙書)로 추증되었다.

매국정(梅國楨) 1542~1605. 명나라 사람이다. 호광 마성현(麻城縣) 출신으로 자는 극생(克生), 호는 형상(衡湘)이다. 만력 11년(1583) 진사가 되어 고안현지현(固安縣知縣) 등을 거쳐 감찰어사(監察御史)에 이르렀다. 만력 20년(1592) 영하(寧夏)에서 보바이[哱拜] 부자가 반란을 일으키자 토벌군의 감군어사로 임명되어 종군했는데 총독섬서삼변군무(總督陝西三邊軍務)였

던 위학증(魏學曾)이 반란을 제대로 진압하지 못하자 이여송(李如松)을 제
독으로 천거했다. 영하의 변란이 종결된 후 공로를 인정받아 태복소경(太僕
少卿)에 임명되었고, 이후 우첨도어사 대동순무(右僉都御史大同巡撫)를 거쳐
병부우시랑 선대총독(兵部右侍郎 宣大總督)에 이르렀다. 우도어사(右都御史)
에 추증되었다. 『매사마유문(梅司馬遺文)』 등의 저작을 남겼다.

모국기(茅國器) ?~?. 명나라 사람이다. 호는 행오(行吾)이고 절강 소흥위
(紹興衞) 출신이다. 만력 16년(1588) 무진사가 되었다. 만력 25년(1597) 흠
차통령절승영병유격장군 도지휘동지(欽差統領浙勝營兵遊擊將軍都指揮同知)
로 보병 3100명을 이끌고 조선에 왔다. 마귀(麻貴)가 울산의 왜군을 공격할
때 참여하여 600여 구의 수급을 얻었다. 이후 동일원의 중로군 휘하에서
활동하다가 사천(泗川)에서 패하면서 큰 전력 손실을 입었다. 이후 참모 사
세용(史世用)을 내세워 왜군과 철수 교섭을 전개했고, 자신의 가정들을 인
질로 보내 의심을 받기도 했다. 만력 27년(1599) 명나라로 돌아갔다. 경상
북도 성주(星州)에 주둔하던 당시 관왕묘(關王廟)를 건립한 것으로 알려져
있다.

방수사(房守士) 1537~1605. 명나라 사람이다. 자는 승보(升甫), 호는 비오
(備吾)이며 산동 제남부(濟南府) 제하현(齊河縣) 출신이다. 만력 5년(1577) 진
사가 되어 호부섬서사주사(戶部陝西司主事)로 출사했고 섬서안찰사부사(陝
西按察司副使), 산서포정사사우참정 겸 감찰사사첨사(山西布政使司右參政兼監
察使司僉事) 등의 관직에 임명되어 주로 섬서와 산서 일대에서 봉직했다. 도
찰원우부도어사 대동순무(都察院右副都御史大同巡撫)로 임명되자 지역의 군
민을 동원하여 황무지를 개간하도록 했는데 외적이 이를 보고 감히 침범하
지 못했다고 한다. 이 공로로 병부우시랑(兵部右侍郎)으로 승진했다. 만년에
는 병으로 치사하고 고향으로 돌아가 천추원(千楸園)을 세워 지내다 사망했
다. 병부상서(兵部尙書)에 추증되었다.

백사청(白斯淸) ?~?. 명나라 사람이다. 자는 가상(可相), 호는 아징(我澄)이며 복건 천주위(泉州衛) 출신이다. 흠차통령복건수병어왜유격장군(欽差統領福建水兵禦倭遊擊將軍)으로 수병 1600명을 이끌고 만력 27년(1599)년에 조선에 왔다가 이듬해에 명나라로 돌아갔다.

번동모(樊東謨) 1551~?. 명나라 사람이다. 자는 백명(伯明), 호는 창남(昌南)이며, 섬서 서안부 화주포성현(華州蒲城縣) 출신이다. 만력 14년(1586) 진사가 되었으며, 호부주사, 낭중을 역임했고 직례 순덕부 지부로 나갔다. 만력 23년(1595) 산동부사·영평병비로 승진했다.

범윤(范崙) 1534~1608. 명나라 사람이다. 자는 자대(子大)이고 직례 진강부(鎭江府) 단도현(丹徒縣) 사람이다. 가정 44년(1565)에 과거에 합격하여 진사가 되었다. 사천우참의(四川右參議), 운남좌참정(雲南左參政), 태상시경(太常寺卿), 통정사사 통정사(通政使司通政使), 남경공부시랑(南京工部侍郞), 남경공부상서(南京工部尙書) 등을 역임했다. 사망 후 태자소보(太子少保)로 추증되었다.

사도립(師道立) ?~?. 명나라 사람이다. 자는 국화(國化), 호는 서원(西園)이며 대동우위(大同右衛) 출신이다. 대동수구보수비(大同守口堡守備)로 재직하다가 만력 26년(1598)에 형개 표하의 흠차통령우액병유격장군(欽差統領右掖兵遊擊將軍)으로 보병 2480명을 이끌고 조선에 왔다가 만력 27년(1599) 11월에 사천 전투에서 패배하여 달아난 것으로 인해 파직되어 명나라로 돌아갔다.

사세용(史世用) ?~?. 명나라 사람이다. 일찍부터 일본에 왕래하던 자로 유격 모국기(茅國器)의 참모였다. 정유재란 시기 사쓰마 군을 철수시키기 위해 시마즈와 교섭하였다.

서관란(徐觀瀾) ?~?. 명나라 사람이다. 자는 함벽(涵碧)이고 산서 택주(澤州) 사람이다. 만력 17년(1589) 진사가 되었다. 만력 26년(1598) 9월, 병부주사(兵部主事) 정응태(丁應泰)가 도산 전투에 패배한 것을 승전으로 보고했다는 혐의로 경리 양호(楊鎬) 등을 탄핵한 사건을 재조사하라는 명을 받고조선에 왔다. 부산과 울산 등의 군영을 두루 다니며 조사한 후 이듬해 2월에 명나라로 돌아갔다.

석성(石星) 1538~1599. 명나라 사람으로 대명부(大名府) 동명현(東明縣)출신이다. 자는 공진(拱辰), 호는 동천(東泉)이다. 가정 38년(1559)에 진사가되어 출사한 후 이과급사중(吏科給事中)으로 발탁되었다. 융·경 연간에 직언을 올려 죄를 입었다가 만력제가 즉위한 이후 크게 기용되었고 누차 관직이 올라 병부상서(兵部尙書)가 되었다. 임진왜란이 발발하여 조선이 명에 원조를 요청하자 파병을 강력히 주장했다. 송응창(宋應昌)과 이여송(李如松)의대군이 출병하여 평양을 수복하고 우세한 전황에서 명나라 국내의 어려운상황을 감안하여 일본 측의 화의 요청을 받아들일 것을 건의했다. 그러나일본군이 재차 침입하자 조지고(趙志皐) 등이 강화 실패의 책임을 그에게돌려 만력제에 의해 옥사당했다.

섭방영(葉邦榮) ?~?. 명나라 사람이다. 만력 21년(1593) 통령절병유격장군(統領浙兵遊擊將軍)으로 마병 1500명을 통솔했다. 만력 25년(1597)에 절강군사 1500명을 이끌고 조선에 다시 왔다.

섭향고(葉向高) 1559~1627. 명나라 사람이다. 자는 진경(進卿), 호는 대산(臺山)·복려산인(福盧山人)이었으며, 복건 복주부(福州府) 복청현(福淸縣) 출신이다. 만력 11년(1583) 진사가 되어 서길사(庶吉士)에 선임되었고, 만력22년(1594)에 남경국자감사업(南京國子監司業)에 제수되었으며, 이후 예부우시랑(禮部右侍郞)을 거쳐 이부상서겸동각대학사(吏部尙書兼東閣大學士)에 이르렀다. 만력 36년(1608) 당시 수보(首輔)였던 주갱(朱賡)이 사망하자 그를 이어 수보가 되었다. 섭향고는 수보에 총 세 차례 임명되었다. 후에 위충현(魏忠賢)의 전횡에 저항하다가 배척당하여 동림당(東林黨) 수괴(首魁)로 취급되자 천계 4년(1624) 벼슬을 버리고 고향으로 돌아갔고, 천계 7년(1627) 사망했다. 후에 숭정황제가 그를 태사(太師)로 추증하고 문충(文忠)이라는 시호를 내렸다.

소대형(蕭大亨)　1532~1612. 명나라 사람으로 산동 태안주(泰安州) 출신이다. 자는 하경(夏卿), 호는 악봉(岳峰)이다. 가정 41년(1562)에 진사로 관직 생활을 시작했으며, 변경에서 몽골족의 침입을 막아내고 화의를 통해 몽골과의 관계를 안정시키는 데 공헌했다. 만력 17년(1589)에는 선대총독(宣大總督)으로 임명되어 조하(洮河)의 변과 출루게(撦力克)의 청해(靑海) 원정 등에 대처하는 데 주력했으며, 만력 20년(1592) 영하에서 보바이가 난을 일으켰을 때도 진압에 기여했다. 이후 형부상서·병부상서를 장기간 역임했으며, 몽골에 대처한 실무 경험을 토대로 『북로풍속(北虜風俗)』을 저술했다.

소 요시토시(宗義智)　1568~1615. 일본 사람으로 대마도의 도주이다. 초명은 아키카게(昭景)이다. 나중에 도요토미 히데요시로부터 히데요시의 예전 성이었던 하시바(羽柴)와 이름의 요시(吉)라는 한자를 받아 하시바 요시토시(羽柴吉智)로 개명했다. 1588년 대마도(對馬島)의 도주를 세습하여 대마도 후츄(府中) 성의 성주가 되었다. 1589년 조선으로 보내는 사절단의 부사로 파견되어 선조를 만나 조선 측 통신사 파견을 요청했고, 이에 1590년 11월에 정사 황윤길(黃允吉), 부사 김성일(金誠一), 서장관 허성(許筬)이 일본에 통신사로 파견되었다. 일본에서는 이들 통신사에게 명 정복 사업의 선도 역할을 요구했으나 결과적으로 교섭에 실패했다. 임진왜란 때 장인 고니시 유키나가의 제1대 부대에서 활약했다. 경상도, 충청도, 서울을 차례대로 정복하고 평양으로 진격했으며, 평양성 전투, 벽제관 전투 등에서 공적을 쌓

왔다. 정유재란 때 좌군에 소속되어 참전했다. 세키가하라 전투에서는 서군(西軍)에 가담했다가 패배했으나 대마도주 자리는 계속 유지했다.

소응궁(蕭應宮) ?~?. 명나라 사람이다. 자는 백화(伯和), 호는 관복(觀復)이고 남직례 소주부(蘇州府) 상숙현(常熟縣) 사람이다. 만력 2년(1574)에 진사가 되었다. 만력 25년(1597)에 흠차정칙요양등처해방병비 산동안찰사(欽差整飭遼陽等處海防兵備山東按察使)로서 감군(監軍)의 역할로 조선에 파견되었다. 당시 심유경(沈惟敬)이 일본군과 내통한다는 혐의로 체포되어 명나라 조정으로 압송되었는데, 소응궁은 심유경을 옹호하여 계속해서 심유경을 통해 일본과 강화 협상을 진행하자고 요청했다. 이에 소응궁은 요동순안어사(遼東巡按御史)의 탄핵을 받아 삭직되었다.

손광(孫鑛) 1543~1613. 명나라 사람으로 절강 소흥부(紹興府) 여요현(餘姚縣) 출신이다. 자는 문융(文融), 호는 월봉(月峯)이다. 임진왜란 발발 초기에는 산동순무(山東巡撫)를 맡아 병참을 지원했다. 병부우시랑(兵部右侍郞)에 재직하던 만력 22년(1594)에 고양겸(顧養謙)이 탄핵받아 소환되자 그를 대신하여 경략(經略)이 되어 일본과 강화를 추진했다. 강화 교섭이 실패하자 탄핵되어 파직되었다.

송덕륭(宋德隆) ?~?. 명나라 사람이다. 선조 33년(1600) 의인왕후(懿仁王后)가 승하하자 동지(同知) 한초명(韓初命) 등과 함께 조문하고 부의했다.

송응창(宋應昌) 1536~1606. 명나라 사람으로 항주(杭州) 인화현(仁和縣) 출신이다. 호는 동강(桐岡)이다. 가정 44년(1565)에 진사가 되었다. 임진왜란 때 1차로 파병된 조승훈이 평양성 전투에서 패배하고 요동으로 돌아가자, 명나라 조정은 병부시랑 송응창을 경략군문(經略軍門)으로, 도독동지(都督同知) 이여송을 제독군무(提督軍務)로 삼아 4만 3000명의 명군을 인솔하게 하여 조선으로 출병시켰다. 벽제관 전투에서 이여송이 일본군에 패배한 뒤, 송응창은 요동으로 돌아가 선조로 하여금 평양에 머물면서 서울을 수복하도록 자문을 보냈다. 그는 조선에 군사를 파견하거나 부상병을 돌려보내거나 군수물자를 수송하는 등의 지원을 했다. 송응창은 벽제관 전투 후 도요토미 히데요시를 일본 국왕으로 책봉하고 영파(寧波)를 통해 조공하도록 하는 봉공안(封貢案)을 주도했다. 일본과의 강화 교섭이 진행되는 동안 일본의 무리한 강화 요구가 알려지는 것을 우려하여 조선 사신의 중국 입경을 가로막기도 했다. 명나라는 일본군의 조선 주둔 상황 등을 명백히 보고하지 않았다는 이유로 송응창을 대신하여 시랑(侍郎) 고양겸(顧養謙)을 경략으로 삼았다.

시마즈 다다쓰네(島津忠恒) 1576~1638. 일본 사람이다. 시마즈 요시히로의 3남으로 조선에 와서 아버지와 함께 사천 전투 등에 참전했다. 세키가하라 전투 이후 도쿠가와 막부의 인정을 받아 사쓰마번(薩摩藩)의 번주가되었다.

시마즈 요시히로(島津義弘) 1535~1619. 일본 사람이다. 시마즈(島津) 15대 당주의 차남으로 시마즈 가문의 규슈(九州) 통일에 큰 역할을 했다. 도요토미 히데요시가 규슈 정벌에 나서자 항전하다가 항복했으며, 임진왜란 당시에는 시마즈씨의 존속을 위해 가문을 대표해서 임진왜란과 정유재란에 참전했다. 정유재란 때는 사천 전투에서 공격해온 명군을 격파하기도 했다. 세키가하라 전투에서 서군 측에 가담해 패배했지만 본국으로 철수하는 데 성공했고, 도쿠가와 이에야스와의 화평 교섭 결과 살아남았다.

심동(沈棟) ?~?. 명나라 사람이다. 대동(大同) 위원위(威遠衛) 출신으로 호는 대루(對樓)이다. 제독 마귀(麻貴)의 표하관이며 수영참장(隨營參將)의 직을 가지고 있었다. 정유재란 초기에 전주(全州)에 주둔하던 진우충(陳愚衷)

이 남원(南原)에서 보낸 구원 요청을 듣지 않고 도망쳤다는 이유로 혁직되어 잡혀가자 진우충을 대신하여 군사를 지휘했다.

심사현(沈思賢) ?~?. 명나라 사람으로 절강 소흥부(紹興府) 여요현(餘姚縣) 출신이다. 자는 방달(邦達), 호는 사천(沙川)이다. 원임 통판(通判)으로 송응창(宋應昌)을 따라 조선에 와서 심유경(沈惟敬)과 함께 왜적의 진영에 들어갔다. 만력 25년(1597)에 어사 진효(陳效)의 표하관(標下官)으로 조선에 와서 군량 조달을 맡았다.

심유경(沈惟敬) ?~1599. 명나라 사람으로 절강 가흥현(嘉興縣) 출신이다. 명나라에서 상인으로 활동하다가 임진왜란 때 조승훈(祖承訓)이 이끄는 명나라 군대를 따라 조선에 들어왔다. 평양성 전투 이후 일본과 화평을 꾀하는 역할을 했다. 그러나 양측이 제시한 협상 조건은 타협이 불가능했고, 심유경은 조건을 조작하여 명의 만력제로부터 협상을 허락받았다. 심유경은 정사 양방형(楊方亨)과 함께 도요토미 히데요시에게 보내는 일본 국왕 책봉 국서를 가지고 일본으로 건너가 만력 24년(1596) 9월 2~3일 오사카(大阪)성에서 그를 만났다. 그러나 국서를 받은 히데요시는 격분했고 명나라와 일본 양국 사이에 심각한 불신만 초래하는 결과를 낳았으며 이후 정유재란이 발발했다. 심유경은 감금되었다가 석방되었고 또다시 일본과 평화 교섭을 시도했으나 이것마저 실패로 돌아가자 일본으로 망명을 기도했다가 경상남도 의령(宜寧) 부근에서 명나라 장수 양원(楊元)에게 붙잡혀 처형되었다.

심일관(沈一貫) 1531~1617. 명나라 사람이다. 자(字)는 견오(肩吾), 불의(不疑), 자유(子唯)이고, 호(號)는 용강(龍江), 교문(蛟門)이다. 시호는 문공(文恭)이다. 절강성 은현(鄞縣) 출신이다. 만력 연간 내각수보를 지냈다. 융경 2년(1568) 진사(進士)에 급제했고 서길사(庶吉士)가 되었다. 남경예부상서(南京禮部尚書), 동각대학사(東閣大學士), 태자소보(太子少保), 호부상서(戶部尚書),

무영전대학사(武英殿大學士), 이부상서(吏部尙書) 등을 지냈다. 임진왜란 때 명나라의 조선 파병을 적극 건의하여 성사시켰다.

안강신(安疆臣)   1581~1608. 자는 태계(泰階)이다. 만력 26년(1598) 수서토사(水西土司)가 되었고 명나라 귀주선위사(貴州宣慰使)였다. 파주의 선위사 양응룡이 명에 반란을 일으켰을 때, 안강신 역시 반란을 일으킬 음모를 꾸미고 있다고 비난받았다. 만력제는 안강신에게 죄를 묻지 않고 적을 죽이라는 칙령을 내렸다. 안강신은 곧바로 명나라에 충성을 약속했고, 귀주순무 곽자장이 양응룡의 난을 장악하는 데 참여하면 파주의 600리를 수서에 주겠다는 약속을 받고 이에 참가했다. 그러나 전쟁이 끝난 이후 곽자장은 약속을 어겼고 안강신은 탄핵되는 위기에 처했다. 안강신은 북경에 사람을 보내 뇌물을 바치며 탄핵을 면할 수 있었고, 곽자장이 애초 약속했던 600리의 땅도 받을 수 있었다. 아울러 직급에 포정사좌참의(布政司坐參議)가 더해지고, 회원장군(懷遠將軍)으로서 원후(遠侯)에 봉해졌다.

양등산(楊登山)   ?~?. 명나라 사람이다. 자는 개명(愷明)이고 선부(宣府) 회안위(懷安衞) 출신이다. 무관직을 세습하고 무진사가 되었다. 흠차협수동로참장(欽差協守東路參將)으로 만력 25년(1597)년에 마병 1200명을 이끌고 조선에 왔다가 만력 27년(1599)에 명나라로 돌아갔다. 용맹함으로 이름이 높았으며 파귀(頗貴)·파새(擺賽)·해생(解生)과 함께 4장으로 일컬어졌다. 추후 관직이 총병(總兵)에 이르렀다.

양원(楊元)   ?~1598. 명나라 사람으로 정요좌위(定遼左衞) 출신이다. 호는 국애(菊厓)이다. 임진왜란이 발발하자 좌협대장으로 임명되어, 왕유정(王維禎), 이여매(李如梅), 사대수(查大受), 갈봉하(葛逢夏) 등 여러 명의 부총병과 참장, 유격 등을 인솔했다. 양원은 정유재란 시 남원성 전투에서 패배하여 탄핵된 후 명나라로 송환되었고, 이후 참형되었다.

양응룡(楊應龍) 1551~1600. 명나라 사람이다. 사천 파주(播州)의 호족 출신으로 융경 6년(1572) 선위사(宣慰使)가 되었고 만력 15년(1587)에 반감을 사서 고소되었다. 만력 22년(1594)에 그를 체포하러 온 관군을 살해하고 반란을 일으켰다. 만력 28년(1600) 중앙정부가 본격적인 토벌작전을 전개하자 자결했다.

양응문(楊應文) ?~?. 명나라 사람이다. 직례 상주부(常州府) 무석현(無錫縣) 출신으로 자는 자수(子修) 호는 봉록(鳳麓)이다. 만력 13년(1585)에 거인이 되고 만력 17년(1589) 진사가 되었다. 공과급사중(工科給事中), 형과좌급사중(刑科左給事中) 등을 역임했다. 만력 26년(1598) 흠차사공형과도급사중(欽差査功刑科都給事中)에 임명되어 서관란(徐觀瀾)을 대신하여 조선에 머무르는 동정군의 상황을 살피고 장수들의 공과를 평가하는 일을 맡았다. 만력 27년(1599) 윤4월에 의주(義州)에 들어와 통군정(統軍亭)에서 장수들과 회동하여 업무를 처리했다. 서울을 방문하지 않은 채 그대로 명나라로 귀국했다. 이후 형과도급사중(刑科都給事中)을 지내며 간언에 힘썼고 관직이 남경태복시소경(南京太僕寺少卿)에 이르렀다. 만력 37년(1609) 병으로 치사했다.

양일괴(楊一魁) 1535~1609. 명나라 사람이다. 자는 자선(子選), 호는 후산(後山)이며 산서 평양부(平陽府) 안읍현(安邑縣) 사람이다. 가정 44년(1565)에 진사가 되어 출사했고 병과급사중(兵科給事中), 절강안찰사(浙江按察使), 부도어사(副都御史), 남경태상시경(南京太常寺卿) 등을 거쳐 만력 23년(1595)에 공부상서(工部尙書)가 되었으며, 만력 26년(1598)에는 태자태보(太子太保)를 더했다.

양조령(梁祖齡) ?~1622. 명나라 사람이다. 자는 소수(紹首), 호는 경천(景泉)으로 사천 성도부(成都府) 온강현(溫江縣) 사람이다. 만력 14년(1586) 진사가 되어 응천부(應天府)의 강포현지현(江浦縣知縣)으로 관직 생활을 시작했다. 만력 17년(1589) 상주부(常州府) 무진현지현(武進縣知縣)이 되었다. 만력 20년(1592) 호부주사(戶部主事)로 승진했고 귀주사랑중(貴州司郎中)을 역임하면서 밀운 등의 양향(糧餉)을 관리했다. 만력 20년(1592) 호부주사(戶部主事)가 되었고 만력 25년(1597) 산동우참의겸첨사(山東右參議兼僉事)가 되었다. 만력 26년(1598)에 파직된 소응궁(蕭應宮)을 대신하여 흠차정칙요양관전등처해방병비겸리조선동중이로군무(欽差整飭遼陽寬奠等處海防兵備兼理朝鮮東中二路軍務)로 조선에 와서 군대를 감찰했다. 영남 지역을 돌아다녔는데 부하 군사들을 잘 단속했기에 그가 지나가는 곳마다 편히 여겼다고 한다. 전쟁 이후 절강안찰사(浙江按察使), 하남좌포정사 도찰원우첨도어사(河南左布政使都察院右僉都御史) 등을 지내다 만력 45년(1617)에 치사했다.

양천민(楊天民) ?~?. 명나라 사람이다. 자는 정보(正甫)·각사(覺斯)이고, 산서 태평현 출신이다. 만력 17년(1589) 진사가 되었다.

양호(楊鎬) ?~1629. 명나라 사람으로 하남 귀덕부(歸德府) 상구현(商丘縣) 출신이다. 자는 경보(京甫), 호는 풍균(風筠)이다. 만력 8년(1580)에 진사가 되었다. 만력 25년(1597) 6월에 흠차경리조선군무 도찰원우첨도어사(欽差經理朝鮮軍務都察院右僉都御史)로 조선에 왔다. 울산에서 벌어진 도산성(島山城) 전투에서 크게 패했는데, 이를 승리로 보고했다가 들통이 나서 파면되었다. 조선에서는 선무사(宣武祠)를 세워 형개의 위패를 모시는 한편 양호의 공적을 기리는 흠차경리조선도어사양공거사비(欽差經理朝鮮都御史楊公去思碑)를 함께 세웠으며, 선조 37년(1604)에 선무사에 양호를 추가로 배향했다.

엄답(俺答) 1508~1582. 몽골 사람이다. 칭기스칸의 17대손이며, 몽골을 재통일한 다얀(Dayan) 칸(1464~1524)의 손자이다. 엄답(俺答)은 Altan의 음역이다. 16세기 후반 몽골 투메드 만호의 수장으로 몽골의 6개 만호(萬戶)

중 우익(右翼) 3개 만호를 통솔했다. 실질적으로 내몽골 초원 대부분을 세력 하에 두어 가정 30년(1551) 대칸으로서의 지위를 인정받았다. 가정 29년(1550)에 북경을 포위하는 "경술(庚戌)의 변"을 야기하는 등 가정 연간 내내 조공과 호시를 요구하며 명의 북변을 전방위적으로 괴롭혔다. 그 결과 융경 5년(1571)에는 명과 화의를 체결하여 순의왕(順義王)으로 책봉되었다. 귀화성(歸化城)을 건설하고 명에서 도망쳐 온 한인들을 흡수하여 정권의 기초를 굳혔으며, 한편으로 티베트 불교의 일파인 겔룩(dGe-Lugs) 파의 고승 소남 갸초(Sonam Gyatso)와 회견하여 달라이 라마(Dalai Lama)라는 존호를 바치고 자신은 쿠빌라이 칸의 환생으로 인정받음으로써 몽골에 티베트 불교가 전파되는 데 큰 영향을 미쳤다.

여계등(余繼登) 1544~1600. 명나라 사람이다. 자는 세용(世用), 호는 운구(雲衢)이며 직례 교하현(交河縣) 출신이다. 만력 5년(1577) 진사가 되어 한림원 서길사(翰林院庶吉士)에 들어간 후 한림원의 관직을 누차 역임했다. 만력 26년(1598)에는 예부좌시랑(禮部左侍郎)이 되었고 다음 해에는 예부상서(禮部尚書)가 되었다. 시호는 문각(文恪)이다.

여민화(黎民化) ?~?. 명나라 사람이다. 정유재란이 종결된 이후 동로관량동지(東路管糧同知)로 세운 공로를 인정받아 직례연경주지주(直隸延慶州知州)에 임명되었다.

여자준(余子俊) 1429~1489. 명나라 사람이다. 자는 사영(士英)이고, 지금의 사천성 미산시 청신현 출신이다. 경태 연간에 진사가 되었다. 나중에 어부도어사가 되어 연수순무(延綏巡撫)가 되었다. 연수순무로 재직 당시 서쪽 부근의 연수장성에 해당하는 만리장성 쌓는 일을 직접 감독했다. 성화 12년(1476) 섬서순무(陝西巡撫)가 되었으며, 서안성 서북쪽에 수로를 개척했는데, 이 수로를 가리켜 여공거(余公渠)라고 불렀다. 홍치 7년(1494) 황제에 의해 숙민(肅敏)이라는 시호를 하사받아 이후 숙민공(肅敏公)으로 불렸다.

오광(吳廣) ?~?. 명나라 사람이다. 호는 소무(少武)로 광동 소주부(韶州府) 영덕현(英德縣) 출신이다. 만력 26년(1598)에 흠차통령운귀광동한토관병부총병(欽差統領雲貴廣東漢土官兵副總兵)으로 낭토(狼土)의 군사 5500명을 이끌고 조선에 온 후 예교(曳橋) 전투에서 선봉으로 나섰다. 이듬해에 명나라로 돌아갔다.

오서린(吳瑞麟) ?~?. 명나라 사람이다. 정유재란 발발 후 동로관량경력(東路管糧經歷)으로 2년간 임무를 수행했다.

오양새(吳良璽) ?~?. 명나라 사람이다. 만력 26년(1598)에 원임염운사동지(原任鹽運司同知)로 조선에 왔다가 이듬해에 명나라로 돌아갔다.

오유충(吳惟忠) ?~?. 명나라 사람으로 절강 금화부(金華府) 의오현(義烏縣) 출신이다. 호는 운봉(雲峯)이다. 척계광이 모집한 의오군으로 활동하며 왜구 토벌에 공을 세웠으며 몽골 방어를 위한 계주(薊州)의 성보(城堡) 수축에 참여했다. 만력 20년(1592)에 흠차통령절병유격장군(欽差統領浙兵遊擊將軍)으로 보병 1500명을 이끌고 조선에 와서 평양성 전투에 참여했고 만력 22년(1594)에 명나라로 돌아갔다. 만력 25년(1597) 흠차비왜중익부총병 원임도독첨사(欽差備倭中翼副總兵原任都督僉事)로 보병 3990명을 이끌고 다시 조선에 와서 충주에 주둔하고 영남을 왕래하면서 일본군을 토벌했다. 만력 27년(1599)에 명나라로 돌아갔다.

오종도(吳宗道) ?~?. 명나라 사람으로 절강 소흥부 산음현(山陰縣) 출신이다. 자는 여행(汝行), 호는 석루(石樓)이다. 만력 21년(1593)에 조선에 왔으며 만력 25년(1597)에는 형개의 군문(軍門)에 소속되어 잇따라 수군을 이끌고 나왔다. 조선에 파견되었던 초기에는 주로 병력을 인솔하고 여러 지역을 이동하면서 군사 업무를 수행했다. 하지만 점차 조선 조정과 전략과 정세에 대한 의견을 나눌 정도로 역할이 확대되었다. 아울러 조선 조정의 입장을 배려하고 몸가짐이 검소하며 선물 등을 좋아하지 않아 선조를 비롯한 신료들의 높은 평가를 받았다.

온순(溫純) 1539~1607. 명나라 사람이다. 자는 희문(希文)이고 호는 일재(一齋) 또는 역재(亦齋)이다. 섬서 삼원현(三原縣) 출신이다. 가정 44년(1565)에 진사가 되어 출사하여 이과급사중(吏科給事中), 호광참정(湖廣參政), 광록경(光祿卿) 등을 역임했다. 장거정(張居正)과 불화하여 관직을 내놓고 귀향했다가 장거정 사후 다시 관직에 올랐다. 호부우시랑(戶部右侍郎), 도찰원우도어사(都察院右都御史) 등을 거쳐 만력 21년(1593) 공부상서(工部尙書)가 되었고 만력 26년(1598)에는 좌도어사(左都御史)로 도찰원(都察院)을 관장하게 되었다. 만력 33년(1605) 수보(首補) 심일관(沈一貫)과 사이가 틀어져 곧 치사했다.

왕관생(王觀生) ?~?. 명나라 사람이다. 요해위경력(遼海衛經歷)이며 정유재란 시 관량위관(管糧委官)의 직책을 수행했다.

왕사기(王士琦) 1551~1618. 명나라 사람이다. 자는 규숙(圭叔), 호는 풍서(豊嶼)이고 절강 태주부(台州府) 임해현(臨海縣) 사람이다. 만력 11년(1583)에 진사가 되었다. 만력 26년(1598) 흠차어왜서로감군 산동포정사사우참정(欽差禦倭西路監軍山東布政使司右參政)으로 조선에 와서 유정(劉綎)과 진린(陳璘)의 군대를 모두 감독했다. 순천 예교(曳橋) 전투를 독려했는데, 조선 조정에 철군하겠다는 협박까지 하며 군량 운송을 재촉했다. 도요토미 히데요시의 사망이 전해진 후 고니시 유키나가와 협상을 하여 고니시가 철수한 후 예교성에 입성했다. 만력 27년(1599) 4월에 명나라로 돌아갔다. 이후

산동우포정(山東右布政), 산서좌포정(山西左布政) 등을 역임했고 만력 44년 (1616) 우부도어사(右副都御史)로 대동순무(大同巡撫)가 되었다.

왕선안(汪先岸) ?~?. 명나라 사람이다. 자는 등우(登于)이고, 직례 휴녕현 (休寧縣) 사람이다. 만력 17년(1589) 진사가 되었다. 하남 광산현(光山縣)의 지현일 때 온공사(溫公祠)를 재건하고 사마광(司馬光)에게 제사를 지냈다. 그후에는 감찰어사(監察御史)에 임명됐다.

왕응교(汪應蛟) 1550~1628. 명나라 사람이다. 남직례 휘주부(徽州府) 무원 현(婺源縣) 출신이며 자는 잠부(潛夫), 호는 등원(登原 또는 澄源)이다. 만력 2 년(1574) 진사가 되어 남경예부낭중(南京禮部郎中), 사천제학부사(四川提學 副使), 산동분수제남도우참정(山東分守濟南道右參政), 산서안찰사(山西按察使) 등 여러 관직을 역임했다. 만력 25년(1597)에 천진순무(天津巡撫) 만세덕(萬 世德)이 조선을 경략하기 위해 차출되자 왕응교를 우첨도어사(右僉都御史) 로 임명하여 그를 대신하게 했다. 이후 보정순무(保定巡撫), 공부우시랑(工 部右侍郎), 병부좌시랑(兵部左侍郎)으로 승진했다. 천계 원년(1621) 호부상서 (戶部尚書)가 되었고 황제의 유모 객씨(客氏)의 무덤 조성을 둘러싼 논쟁에 서 황제의 분노를 사 치사했다.

요문울(姚文蔚) ?~?. 명나라 사람이다. 자는 원소(元素), 양곡(養穀)이며 절 강 전당(錢塘) 사람이다. 만력 20년(1592)에 진사가 되었고 관직은 남경태 복시소경(南京太僕寺少卿)에 이르렀다.

요시라(要時羅) ?~1599. 일본 사람이다. 대마도(對馬島) 출신으로 고니시 유키나가와 소 요시토시 휘하에서 조선과 일본의 교섭을 담당했다. 강화 교섭 기간에는 김응서(金應瑞)를 통해 조선이 강화 교섭에 응하도록 설득했 고, 명나라에서 책봉사가 파견되자 조선도 함께 통신사(通信使)를 보내도록 설득한 결과 황신(黃愼)이 통신사에 임명되어 일본에 방문했다. 요시라는 황신을 통해 많은 정보를 전달했고 조선은 요시라에게 벼슬을 주어 정보원을 유지하고자 했다. 도요토미 히데요시가 재침을 결정한 후 요시라는 고니시의 명령에 따라 가토 기요마사의 도해 위치와 시일을 알려주며 기습할 것을 권유했다. 선조는 이에 이순신에게 가토를 공격하도록 명했지만 이순신은 반간계일 것을 우려하여 명을 따르지 않았고 결국 파직되었다. 이후에도 요시라는 김응서를 통해 일본 내부의 정보를 전달했다. 1598년 5월에 요시라는 고니시의 명에 따라 강화 협상을 위해 조선 정부에 접촉했으나 명나라 군에 의해 한양으로 압송되어 양호(楊鎬)에게 심문을 받은 후 북경으로 끌려가 처형되었다.

원균(元均) 1540~1597. 조선 사람으로 본관은 원주이고 자는 평중(平仲)이다. 무과에 급제한 뒤 조산만호(造山萬戶)로 북방에 배치되어 여진족을 토벌하여 부령부사로 특진했다. 선조 25년(1592) 경상우도 수군절도사에 임명된 지 3개월 만에 임진왜란이 일어났다. 5월 7일 옥포해전에서 이순신과 합세하여 적선 26척을 격침시켰다. 이후 합포해전·적진포해전·사천포해전·당포해전·당항포해전·율포해전·한산도대첩·안골포해전·부산포해전 등에 참전하여 이순신과 함께 일본 수군을 무찔렀다. 선조 26년(1593) 이순신이 삼도수군통제사가 되자 그의 휘하에서 지휘를 받게 되었으나, 두 장수 사이에 불화가 생기게 되었고, 이에 원균은 해군을 떠나 육군인 충청절도사로 자리를 옮겼다. 이후 전라좌병사로 옮겼다. 선조 30년(1597) 정유재란 때 가토 기요마사가 쳐들어오자 수군이 앞장서 막아야 한다는 건의가 있었지만 이순신이 이를 반대하여 출병을 거부하자 수군통제사에서 파직당하고 투옥되었다. 원균은 이순신의 후임으로 수군통제사가 되었다. 기문포해전에서 승리했으나 안골포와 가덕도의 왜군 본진을 공격하는 작전을 두고 육군이 먼저 출병해야 수군이 출병하겠다는 건의를 했다가 권율에게 곤장형을 받고 출병을 하게 된다. 그해 6월 가덕도해전에서 패했으며, 7월

칠천량해전에서 일본군의 교란작전에 말려 참패하고 전라우도 수군절도사 이억기(李億祺) 등과 함께 전사했다. 이 해전에서 조선의 수군은 제해권을 상실했으며 전라도 해역까지 왜군에게 내어주게 되었다. 그가 죽은 뒤 백의종군하던 이순신이 다시 수군통제사에 임명되었다.

유상덕(兪尙德) ?~?. 명나라 사람이다. 선부(宣府) 전위(前衛) 출신이며 호는 좌천(左川)이다. 중군원임부총병도지휘(中軍原任副總兵都指揮)로 만세덕(萬世德)을 따라 조선에 들어왔다. 만력 27년(1599) 정월에 명나라로 귀국했다.

유원림(劉元霖) 1556~1614. 명나라 사람이다. 자는 원택(元澤), 호는 용재(用齋)이며 직례 임구현(任丘縣) 사람이다. 만력 8년(1580)에 진사가 되어 안양현지현(安陽縣知縣)을 처음 제수받은 후 이부주사(吏部主事), 태상시소경(太常寺少卿) 등을 거쳐 공부우시랑(工部右侍郎) 등을 역임했다. 만력제의 총애를 받던 셋째아들 복왕(福王)이 낙양(洛陽)에서 역사를 크게 벌이자 유원림이 상언하여 이를 중지시키는 일이 있었다. 관직은 공부상서(工部尙書)에 이르렀으며 사망 후에 태자태보(太子太保)를 추증받았다.

유정(劉綎) 1553~1619. 명나라 사람으로 강서 남창부(南昌府) 홍도현(洪都縣) 출신이다. 자는 자신(子紳), 호는 성오(省吾)이다. 도독(都督) 유현(劉顯)의 아들로, 음서로 지휘사(指揮使)의 관직을 받았다. 이후 누차 전공을 세우면서 사천총병(四川總兵)까지 승진했다. 임진왜란 때에는 어왜총병관(禦倭總兵官)으로 참전했으며 나중에 후금과의 전쟁에서 전사했다.

이녕(李寧) ?~?. 명나라 사람으로 요동 철령위(鐵嶺衛) 출신이다. 이성량의 가정 출신이며 용력(勇力)으로 이름났다. 만력 20년(1592) 이여송 휘하에서 참장으로 친병(親兵) 1000명을 통솔하여 평양성 전투에 참전했고 계속 공을 세워 부총병에 이르렀다. 만력 25년(1597)에 흠차통령보정영병비왜부총병 서도독첨사(欽差統領保定營兵備倭副總兵署都督僉事)로 마병 2000명을 이끌고 남하했는데 만력 26년(1598) 4월 거창(居昌) 지역에서 일본군과 전투하다 사망했다.

이대(李戴) ?~1607. 명나라 사람이다. 자는 인부(仁夫), 호는 대천(對泉)이며 하남 연진현(延津縣) 사람이다. 융경 2년(1568) 진사가 되어 흥화현지현(興化縣知縣)을 처음으로 제수받은 후 호과급사중(戶科給事中), 섬서안찰사(陝西按察使), 도찰원우부도어사(都察院右副都御史), 남경공부상서(南京工部尙書) 등을 거쳐 만력 23년(1595)에는 공부상서(工部尙書), 만력 26년(1598)에는 이부상서(吏部尙書)에 임명되었다. 만력 31년(1603) 국본(國本) 논쟁에 연루되어 관직에서 물러났다.

이덕형(李德馨) 1561~1613. 조선 사람이다. 본관은 광주(廣州)이며 자는 명보(明甫), 호는 한음(漢陰)·쌍송(雙松)·포옹산인(抱雍散人)이다. 선조 13년(1580) 별시 문과에 급제해 삼사(三司)의 관직을 두루 거쳤다. 선조 21년(1588)에 일본 사신 겐소(玄蘇) 등을 접대하는 임무를 맡았고 임진왜란 발발 직후 명에 사신으로 파견되어 원군 파병을 요청했다. 이후 이여송(李如松)의 접반관(接伴官)이 되어 평양 수복을 함께 했다. 정유재란 시에도 주로 명군과 동행하며 전투를 독려했다. 선조 35년(1602), 41세의 나이로 영의정에 올랐고 이후 2번 더 영의정을 역임했다. 광해군 5년(1613) 인목대비(仁穆大妃) 폐출에 반대하여 삭탈관직되었고 낙향 후 곧 사망했다. 포천의 용연서원(龍淵書院), 문경의 근암서원(近巖書院)에 배향되었다. 시호는 문익(文翼)이다.

이방춘(李芳春) ?~?. 명나라 사람으로 직례 대명부(大名府) 평로위(平虜衛) 출신이다. 자는 응시(應時), 호는 청강(晴岡)이다. 만력 20년(1592) 흠차통령계진준화참장(欽差統領薊鎭遵化參將)으로 마병 2000명을 이끌고 조선에 왔다. 만력 21년(1593)에 돌아갔다가 만력 25년(1597)에 총병으로 다시 왔다. 이방춘은 본래 이성량의 가정이었다. 낙상지·사대수와 함께 뛰어난 용맹으로 유명했다. 중협대장(中協大將) 이여백의 지휘를 받아 여러 전투에 참여했는데, 특히 평양성 전투에서 크게 활약해서 평양 수복에 중요한 역할을 했다.

이승훈(李承勛)　?~?. 명나라 사람이다. 왜구에 대한 방어가 긴요해지자 만력 23년(1595)에 북방의 중요 수비지역이었던 산동총병관 겸 도독첨사(山東總兵官兼都督僉事)에 추천되어 수륙의 관병을 제독했다. 이승훈은 군령을 매우 엄격히 하여 부하들이 민간에서 함부로 물품을 징발하는 것을 금했다. 정유재란이 마무리될 무렵 명군 제독 총병관(總兵官)으로 조선에 파견되어 서울에 머무르며 전쟁의 뒤처리를 담당했다. 만력 28년(1600) 10월에 명나라로 돌아갔다.

이식(李植)　1552~?. 명나라 사람이다. 남직례 강도현(江都縣) 출신이며 자는 여배(汝培)이고 호는 순형(順衡)이다. 만력 5년(1577) 진사가 되어 한림원(翰林院) 서길사(庶吉士)에 임명되었다. 만력 10년(1582) 권력을 농단하던 환관 풍보(馮保)를 탄핵했고 이어 여러 어사와 뜻을 모아 얼마 전에 사망한 장거정(張居正)을 탄핵했다. 남경병부낭중(南京兵部郎中), 남경통정사우통정(南京通政司右通政), 광록시경(光祿寺卿) 등을 거쳐 만력 26년에는 도찰원우첨도어사 순무요동 찬리군무겸관비왜(都察院右僉都御史巡撫遼東贊理軍務兼管備倭)에 임명되었다. 만력 29년(1601) 탄핵되어 파직되었다.

이여매(李如梅)　?~1612. 명나라 사람으로 요동 철령위(鐵嶺衛) 출신이다. 자는 자청(子淸), 호는 방성(方城)이다. 이여송(李如松)의 동생으로, 만력 20년(1592)에 흠차의주위진수참장(欽差義州衛鎭守參將)으로 마병 1000명을 이끌고 이여송을 따라 조선에 왔다. 일본과의 강화 교섭이 진행되고 전쟁이 고착화되자 이여송과 함께 요동으로 돌아갔다가 정유재란이 발발하자 다시 참전했다. 울산성 전투에서 선봉으로 나서서 외성을 함락하는 등 큰 공헌을 했다. 이여송이 광녕(廣寧)에서 죽자 형의 관직인 요동총병(遼東總兵)을 승계하여 요동을 방어했다.

이여송(李如松) 1549~1598. 명나라 사람으로 요동 철령위 출신이다. 자는 자무(子茂), 호는 앙성(仰城)이다. 조선 출신인 이영(李英)의 후손이며 아버지는 이성량(李成梁)으로, 전공을 세워 광녕총병(廣寧總兵)이 되었다. 이여송의 동생은 이여백, 이여장, 이여매이며 모두 총병관에 임명되었다. 철령위 지휘동지(指揮同知)를 세습하다가 만력 11년(1583)에 산서총병관(山西總兵官)이 되었다. 만력 20년(1592) 감숙(甘肅) 영하(寧夏)에서 보바이[哱拜]의 난이 일어나자 제독으로 토벌군을 이끌고 참전하여 동생인 이여장과 함께 반란 진압에 큰 공을 세웠다. 그 공으로 도독(都督)으로 승진했으며, 임진왜란이 일어나자 흠차제독계요보정산동등처방해어왜군무총병 중군도독부 도독동지(欽差提督薊遼保定山東等處防海禦倭軍務總兵中軍都督府都督同知)로 임명되어 조선으로 파병되었다. 4만 명의 병력을 이끌고 압록강을 건넌 이여송은 만력 21년(1593) 1월 조선의 승군, 관군과 연합하여 평양성을 함락시키고 퇴각하는 일본군을 추격하며 평안도와 황해도, 개성 일대를 탈환했지만, 서울 부근 벽제관에서 일본군에 패하여 개성으로 퇴각했다. 그 뒤에는 전투에 적극적으로 나서지 않고 화의 교섭에 주력하다가 명으로 철군했다. 조선 조정에서는 그의 공적을 기려 생사당(生祠堂)을 세웠다.

이응시(李應試) ?~?. 명나라 사람이다. 이여송(李如松), 정응태(丁應泰)의 참모관으로 왕래했다.

이응책(李應策) 1554~1635. 명나라 사람이다. 섬서 포성현(蒲城縣) 출신

으로 자는 헌가(獻可) 또는 성가(成可)이고 호는 창문(蒼門)이다. 만력 11년
(1583)에 진사가 되어 임구(任丘) 등 여러 고을의 지현(知縣) 자리를 역임했
다. 만력 23년(1595) 형과급사중(刑科給事中)에 임명되었고 이어 호과급사
중(戶科給事中)으로 옮겼다. 임진왜란 도중 석성(石星)과 심유경(沈惟敬)이
일본군 토벌에 힘쓰지 않는다고 탄핵하기도 했다. 관직은 통정사좌통정(通
政司左通政)에 이르렀다. 만력 30년(1602) 관직에서 물러나 고향으로 돌아
가 은거했다. 《소우산동속집(蘇愚山洞續集)》 등의 저작을 남겼다.

이이(李頤) 1541~1601. 명나라 사람으로 강서 여간현(餘干縣) 출신이다.
자는 유정(惟貞)이다. 융경 2년(1568)에 진사가 되어 출사했고 만력 연간 초
기에 어사로 발탁되었다. 하남우포정사(河南右布政使), 순천순무(順天巡撫)
등의 관직을 역임했다.

이천상(李天常) ?~?. 명나라 사람이다. 자는 유경(惟經) 호는 영봉(靈峯)이
며 절강 소흥부(紹興府) 산음현(山陰縣) 사람이다. 무진사(武進士) 출신이다.
정유재란 시 흠의천총(欽依千總)으로 수병 2700명을 이끌고 참전하여 진린
(陳璘)의 지휘를 받았다. 노량해전에서 공을 세워 유격으로 승진했고 만력
28년(1600)에 명으로 돌아갔다.

임만기(林萬琦) ?~?. 명나라 사람이다. 선조 34년(1601) 양교림(楊喬林)과
함께 조선의 문묘(文廟)에서 공자(孔子)의 위호를 문선왕(文宣王)이라 한 것
이 왕법(王法)에 맞지 않다고 지적한 바 있다.

장문달(張問達) 1554~1625. 명나라 사람이다. 자는 덕윤(德允), 섬서성 서
안부 경양현 출신이다. 만력 11년(1583) 진사가 되었다. 산서 고평현과 산
동 유현의 지현을 역임했다. 형과급사중에 제수되었고, 태복시소향으로 옮
겼으며, 도찰원우첨도어사로 호광순무를 했다. 천계 연간에 이부상서에까

지 올랐다.

장방(張榜)　?~?. 명나라 사람이다. 절강 출신이며 흠차통령절병비왜(欽差統領浙兵備倭)로 보병 4600명을 이끌고 만력 27년(1599)에 조선에 왔다가 이듬해 명나라로 돌아갔다.

장보지(張輔之)　1557~?. 명나라 사람이다. 자는 이찬(爾贊), 호는 용우(容宇)이고 남직례 소주부(蘇州府) 태창주(太倉州) 사람이다. 만력 14년(1586)에 진사가 되었다. 정유재란 시기 병과도급사중(兵科都給事中)에 재직했다. 『태복주의(太僕奏議)』를 저술했다.

장양상(張良相)　?~?. 명나라 사람이다. 호는 낙재(樂齋)이고 항주우위(杭州右衛) 사람이다. 만력 27년(1599)에 흠차통령절강수병어왜유격장군(欽差統領浙江水兵禦倭遊擊將軍)으로 수병 1500명을 이끌고 조선에 들어왔다. 남해에 진주하며 남해안에 숨어 있는 일본군 잔당을 소탕하고 부산으로 이동하여 일본군의 재침을 방비하는 업무를 맡았다. 이듬해에 명나라로 돌아갔다. 남해군 남해읍에 장양상이 세운 「동정마애비(東征磨崖碑)」가 남아 있다.

장위(張位)　1534~1610. 명나라 사람으로 강서 남창(南昌) 신건(新建) 출신이다. 자는 명성(明成), 호는 홍양(洪陽)이다. 융경 2년(1568) 진사가 되었고, 만력 연간 초 수보대학사 장거정(張居正)과의 불화로 좌천되었다. 장거정 사후 복권되어 여러 관직을 역임하다 만력 19년(1591)에 이부좌시랑 겸 동각대학사를 제수받았고, 곧 예부상서에 올랐다. 만력 26년(1598)에 탄핵을 당하여 관직이 삭탈되었다. 훗날 천계 연간에 복권되었고 태보(太保)로 추증되었다. 시호는 문장(文莊)이다.

장유성(張維城)　?~?. 명나라 사람이다. 대동(大同) 중위(中衛) 출신으로 자는 국주(國柱) 호는 소천(紹川)이다. 제독 마귀(麻貴)의 표하관이며 중군지휘첨사(中軍指揮僉事)로 마병 1620명을 이끌었다.

장좌치(張佐治) 1546~?. 명나라 사람이다. 자는 사모(思謀)이며, 복건(福建) 장주부(漳州府) 평화현(平和縣) 출신이다. 순천부 향시에서 거인이 되었고, 만력 2년(1574) 진사가 되었다. 고순현(高淳縣) 지현을 제수받았고 장흥현(長興縣)·양강현(陽江縣)·고명현(高明縣) 지현을 역임했다. 금화부(金華府)·영파부(寧波府) 지부를 주임(調任)했다. 왜구에 맞서 싸워 영소병비부사(寧紹兵備副使)로 승진했고 천진병비참정(天津兵備參政)에 이르렀다.

장중홍(張中鴻) ?~?. 명나라 사람이다. 산동 연주부(兗州府) 등현(滕縣) 출신이며 자는 윤획(允獲)이다. 만력 8년(1580) 진사가 되어 개주지주(開州知州), 하남부지부(河南府知府) 등의 관직을 역임했고, 만력 25년(1597)에는 산서안찰사부사(山西按察司副使)로 승진하고 요동원마시(遼東苑馬寺)의 마정을 관장했다. 만력 27년(1599) 조선 동정(東征)에서의 공을 인정받아 산서안찰사(山西按察使)로 승진했고 만력 33년(1605)에는 요해병비우포정사(遼海兵備右布政使)가 되었다.

장추(莊酋) ?~?. 순의왕 출루게(扯力克) 등과 감숙 일대에서 활동했으며, 만력 20년 전후 출루게가 명과 화평을 유지한 것과 달리 지속적으로 명의 변경을 침입했다.

전악(田樂) ?~?. 명나라 사람이다. 자는 희지(希智), 별호(別號)는 동주(東洲)이다. 직례 임구현(任丘縣) 출신이다. 융경 2년(1568) 진사가 되었다. 산동동아지현(山東東阿知縣)을 지냈고, 하남도감찰어사(河南道監察御史)로 승진했다. 만력 초에 양영병비도(涼永兵備道)에 나갔고, 만력 15년(1587)에는 호광부사(湖廣副使)로 승진하여 산서우참정(山西右參政)이 되었다. 만력 20

년(1592)에는 섬서안찰사에서 발탁되어 도찰원우첨도어사(都察院右僉都御史), 순무감숙지방찬리군무(巡撫甘肅地方贊理軍務)가 되었다. 송산백(松山伯)에 봉해졌다. 삼변총독을 누차 지냈고, 만력 26년(1598)에는 태자태보 병부상서가 되었다.

전의(田義) 1534~1605. 명나라 사람이다. 환관으로 9세에 입궁하여 가정제, 융경제, 만력제 3대에 걸쳐 60여 년 이상 황제를 보필했다. 만력 24년(1596) 명나라 환관 기구의 중심이라 할 수 있는 사례감(司禮監)의 최고직인 장인태감(掌印太監)이 되었다. 만력 33년(1605) 전의가 사망하자 만력제는 3일간 조회를 파하기도 했다.

정계지(鄭繼之) 1535~1623. 명나라 사람이다. 자는 백효(伯孝), 호는 명현(鳴峴)이며, 호광성 양양 출신이다. 가정 44년(1565) 진사가 되었다.

정문빈(鄭文彬) ?~?. 명나라 사람이다. 원임(原任) 하간부동지(河間府同知)로 군량을 관리했는데, 만력 20년(1592)에 조선에 왔다가 만력 21년(1593)에 명나라로 돌아갔다. 만력 25년(1597)에 다시 조선에 왔다.

정응태(丁應泰) 1553~?. 명나라 사람이다. 자는 원부(元父)이며 호광 무창좌위(武昌左衛) 사람이다. 만력 11년(1583) 급제하여 진사가 되었다. 만력 26년(1598) 군문찬획(軍門贊畫)으로 형개를 따라 조선에 온 후 몇차례 명나라와 조선 사이를 왕래했다. 도산(島山) 전투가 끝난 후 경리 양호(楊鎬)를 탄핵했는데 조선이 양호를 비호하자 조선에 화살을 돌려 조선이 오랫동안 일본과 내통해왔다고 모함했으니 일명 '정응태 무고사건'이다. 조선은 세 차례에 걸쳐 사신을 파견하여 해명했다. 정응태는 결국 혁직되었다.

조지고(趙志皐) 1524~1601. 명나라 사람이다. 절강 금화부(金華府) 난계

현(蘭溪縣) 출신으로 자는 여매(汝邁), 호는 곡양(澉陽)이다. 융경 2년(1568),
과거에 3등으로 급제한 후 한림원(翰林院)에서 여러 관직을 역임했다. 만력
연간 초 실세였던 장거정(張居正)을 탄핵한 일에 연루되어 좌천되었다가 장
거정 사후인 만력 11년(1583)에 복권되었다. 만력 19년(1591)에는 동각대
학사(東閣大學士)로 임명되었고 곧 수보대학사(首輔大學士)가 되었다. 시호
는 문의(文懿)이다.

주반(周盤)　?~?. 명나라 사람이다. 자는 경여(徹予)이고 산서 택주 출신이
다. 만력 5년(1577) 진사가 되었다.

진거(陳蘗)　?~?. 명나라 사람이다. 호북 응성(應城) 서향[西鄕, 지금의 응성
시(應城市) 진하(陳河)·양령(楊嶺) 일대] 사람이다. 융경 2년(1568) 진사가 되
었다. 산동안찰사부사(山東按察司副使), 산서안찰사부사(山西按察使副使), 산
서포정사참정(山西布政使參政)을 거쳐 호부상서에 이르렀다. 시호는 의민(毅
敏)이다.

진린(陳璘)　1532~1607. 명나라 사람으로 광동 소주부(韶州府) 옹원현(翁
源縣) 사람이다. 자는 조작(朝爵), 호는 용애(龍厓)이다. 가정 연간 말에 지휘
첨사(指揮僉事)가 되었고, 영덕(英德)의 농민봉기를 진압한 공로로 광동수비
(廣東守備)가 되었다. 광동(廣東)의 군사를 이끌고 부총병으로 임진왜란에
참전했으며, 정유재란 때 다시 파견되어 어왜총병관(禦倭總兵官)으로서 조
선의 이순신과 함께 노량해전에서 전과를 올렸다. 이후에도 귀주(貴州)와
광동에서 무관으로 활동했다.

진인(陳寅)　?~1621. 명나라 사람이다. 자는 빈양(賓陽)이고 절강 온주부(溫
州府) 금향위(金鄕衞) 사람이다. 만력 25년(1597)에 흠차통령계진영평첨방
남북관병유격장군(欽差統領薊鎮永平添防南北官兵遊擊將軍)으로 보병 3850명

을 이끌고 조선에 와서 도산(島山) 전투에 참여했다. 만력 27년(1599)에 명나라로 돌아갔으며 곧바로 양응룡(楊應龍)의 난을 토벌하는 작전에 투입되었다. 만력 47년(1619) 여진족이 침입하여 요동지역을 방어하던 장수들이 전사하자 진인으로 하여금 산해관(山海關)에 진주하며 방어도록 했다.

진잠(陳蠶)　?~?. 명나라 사람이다. 호는 견당(見塘)이며, 절강 금화위(金華衛) 사람이다. 만력 26년(1598)에 흠차통령오군사관남병유격장군(欽差統領五軍四管南兵遊擊將軍)으로 조선에 와서 진린의 휘하에서 수군을 지휘했다. 이듬해에 명나라로 돌아갔다.

출루게[撦力克]　?~1607. 걸경합(乞慶哈, 키친카; 셍게두렌)의 장남으로, 엄답(俺答, Altan)에 이어 칸이 되었던 걸경합이 죽자 칸이 되었다. 3대 순의왕(順義王)을 자처했다.

파새(擺賽)　?~?. 명나라 사람이다. 호는 서하(西河)이며 대동우위(大同右衛) 출신의 달장(㺚將), 즉 몽골족 장수였다. 만력 25년(1597)년에 흠차통령선대초모이병유격장군(欽差統領宣大招募夷兵遊擊將軍)으로 마병 3000명을 이끌고 조선에 와서 직산 전투, 도산 전투 등에 참여했다. 이듬해에 진중에서 병사했다. 파새의 죽음이 조선 조정에 전해지자 이틀간 조시(朝市)를 정지하고 선조가 직접 조제(弔祭)했다. 파귀(頗貴)·해생(解生)·양등산(楊登山)과 더불어 사장(四將)이라고 불렸는데 그중 파새가 가장 용맹스러웠다고 한다.

팽신고(彭信古)　?~?. 명나라 사람이다. 절강 항주부(杭州府) 오강현(吳江縣) 출신으로 임진왜란에 참여한 장수 팽우덕(彭友德)의 아들이다. 호는 용양(龍陽)이다. 호남성(湖南省)의 도주(道州)에 수어(守禦)로 부임했다가 경주(瓊州)의 유격(遊擊)으로 임명되었다. 이후 승진하여 조선에 참전했고 일본군과의 전투에서 공을 세웠다. 만력 26년(1598) 동일원(董一元)의 부대에 소속되어 진주를 공략하여 일본군의 본영을 함락시켰다. 동일원은 보병과 기병으로 군대를 나누어 사천(泗川)의 신채(新寨)를 공격하게 했다. 당시 팽신고는 보병 유격으로서 일본군 진영에 큰 타격을 입히기도 했다. 그러나 갑자기 큰 폭발이 일어났고 그 틈을 타 일본군이 공격해오자 기마병이 먼저 도망했고 동일원 역시 보병을 따라 도망했다. 이에 따라 팽신고는 관직을 강등당했다.

포응등(包應登) 1559~?. 명나라 사람이다. 절강 항주부 전당현(錢塘縣) 출신이며 자는 치승(穉升), 호는 함소(涵所)이다. 만력 7년(1579) 거인이 되었고 만력 14년(1586) 진사가 되었다.

하사진(何士晉) ?~1625. 명나라 사람이다. 자는 무고(武羖)이며, 직례 의흥현(宜興縣) 사람이다. 만력 26년(1598) 진사가 되었다. 천계 2년(1622) 우첨도어사(右僉都御史)로서 광서순무(廣西巡撫)를 지냈고, 천계 4년(1624) 병부우시랑(兵部右侍郞)으로 승진하여 총독양광군무겸순무광동(總督兩廣軍務兼巡撫廣東)을 지냈다.

하여신(何如申) ?~?. 명나라 사람이다. 남직례 동성현(桐城縣) 출신이며 자는 중가(仲嘉), 호는 허백(虛白)이다. 만력 26년(1598)에 진사가 되었다. 호부주사(戶部主事)에 초임되어 지처주부(知處州府) 등을 역임하고 만력 40년(1612)에는 절강참정(浙江參政)으로 승진했다. 절강우포정사(浙江右布政使)로 재임 중 병으로 사임하고 고향으로 돌아갔다.

학경(郝敬) 1558~1639. 명나라 사람이다. 자는 중여(仲輿), 호는 초망(楚望) 또는 서치(書痴)이며 호광 경산현(京山縣) 출신이다. 만력 17년(1589) 진사가 되었고, 진운(縉雲)과 영가(永嘉) 두 현의 지현을 지냈다.

학삼빙(郝三聘) ?~?. 명나라 사람이다. 자는 여현(汝賢), 호는 용천(龍泉)이며 대동부(大同府) 평로위(平虜衛) 사람이다. 만력 26년(1598)에 흠차통령대령도사입위춘반유격장군(欽差統領大寧都司入衛春班遊擊將軍)으로 마병 1000명을 이끌고 조선에 왔는데 사천(泗川) 전투에서 도망쳤다는 이유로 탄핵을 받았다. 참형에 해당했으나 실제 집행되지는 않은 것으로 보인다.

한초명(韓初命) ?~?. 명나라 사람이다. 자는 강후(康侯) 호는 견우(見宇)이며 산동 내주부(萊州府) 액현(掖縣) 사람이다. 만력 7년(1579)에 거인이 되었다. 만력 26년(1598)에 관량동지(管糧同知)로 조선을 방문했다가 만력 28년(1600)에 명나라로 돌아갔다. 사람됨이 탐욕스럽고 그가 폐를 끼치고 요구하는 일을 사람들이 감당하지 못했다는 평을 받았다.

항덕정(項德楨) 1563~1602. 명나라 사람이다. 자는 정견(廷堅), 호는 현지(玄池), 절강 가흥부(嘉興府) 수수현(秀水縣) 출신이다. 만력 13년(1585) 순천 향시에서 거인이 되었고, 만력 14년(1586) 진사가 되었다. 공부의 일을 처리했고, 병부직방사주사(兵部職方司主事), 서원외랑(署員外郎)을 역임했다. 만력 21년(1593) 10월 산동첨사 계주병비(山東僉事薊州兵備)로 승진했고, 만력 23년(1595) 10월 사천참의겸첨사(四川參議兼僉事)였으며, 만력 27년(1599) 9월 하남안찰사부사(河南按察司副使)가 되었다. 만력 29년(1601) 6월 산서우참의(山西右參議)가 되었고, 1년 뒤 사망했다.

해생(解生) ?~?. 명나라 사람이다. 자는 문영(文英) 호는 순천(順泉)이며 선부전위(宣府前衛) 출신의 몽골족 장수이다. 만력 25년(1597) 흠차비왜좌익부총병(欽差備倭左翼副總兵)으로 마병 2500명을 이끌고 조선에 왔다. 용맹하기로 이름나서 파귀(頗貴)·파새(擺賽)·양등산(楊登山)과 더불어 사장(四將)이라고 불렸다. 직산 전투에서 일본군의 북상을 저지하는 데 큰 공을 세웠고 도산성 전투에서도 용맹을 떨쳤다. 성품이 공손했고 선조가 접대할 때마다 엎드려 술잔을 비운 뒤 절하고 일어나는 등 깍듯이 행동했기에 조선 조정의 후한 평가를 받았다. 이에 명군이 일부 장수를 남겨놓고 철군할 것을 논의할 때 선조는 해생이 잔류하기를 바랐으나 이루어지지 않았고 해생은 만력 27년(1599) 7월에 명나라로 돌아갔다.

허응규(許應逵)　1539~?. 명나라 사람이다. 자는 백점(伯漸), 호는 홍천(鴻川)이며, 절강 가흥부(嘉興府) 가흥현(嘉興縣) 출신이다. 가정 40년(1561) 절강 향시에서 거인이 되었고, 융경 2년(1568) 진사가 되었다. 만력 22년(1594) 2월 하남안찰사 서주병비(河南按察使徐州兵備)에 보임되었고, 만력 26년(1598) 5월 산동안찰사(山西按察使)에 제수되어 창평병비도(昌平兵備道)를 지냈다.

허의후(許儀後)　?~?. 명나라 사람으로 복건성 출신이다. 왜구에 잡혀 포로가 되어 일본 사쓰마주(薩摩州)에 끌려갔다. 허의후는 일본의 중국 침략에 대한 정보를 명나라 조정에 처음으로 제공한 인물로 알려져 있다. 그의 이후 행적에 관해서는 거의 알려져 있지 않지만 조선왕조실록에 따르면, 그는 행상과 의업에 종사했다고 한다.

허자위(許子偉)　1559~?. 명나라 사람이다. 자는 운정(雲程), 호는 전남(甸南)이며, 광동 경주부 경산현 출신이다. 가정 44년(1565)에 진사가 되었다.

호종헌(胡宗憲)　1512~1565. 명나라 사람이다. 남직례 적계현(績溪縣) 출신이며 자는 여정(汝貞) 또는 여흠(汝欽)이고 호는 매림(梅林)이다. 중국 동남 지역의 왜구를 소탕한 일로 이름난 인물이다. 가정 17년(1538)에 진사가 되었고 가정 19년(1540) 익도지현(益都知縣)으로 출사했으나 부모님의 연이은 사망으로 6년간 상을 치렀다. 가정 26년(1547) 관직에 다시 나아가 호광도감찰어사(湖廣道監察御史), 선부대동순안어사(宣府大同巡按御史), 우첨도어사 순무절강(右僉都御史巡撫浙江) 등을 역임했다. 가정 35년(1556) 총독으로 승진하여 남직례, 절강, 복건 등처의 군무를 총제하는 와중에 왜구를 여러 차례 격퇴하는 공을 세웠다. 주로 왜구의 두목을 초무하여 내분을 일으키는 계략을 사용했다. 왜구 격퇴의 공로를 인정받아 가정 39년(1560)에 병부상서 겸 도찰원우도어사(兵部尙書兼都察院右都御史)로 승진하고 곧 태자소보(太子少保)의 직함을 더했다. 이후 엄숭(嚴嵩)의 일파라는 이유로 두 차례에 걸쳐 탄핵되었고 결국 옥중에서 자결했다. 융경 6년(1572) 사면되었고 만력 17년(1589) 양무(襄懋)라는 시호를 추증받았다.『주해도편(籌海圖編)』등의 저작을 남겼다.

화추(火酋) ?~?. 돌론 투메드(多羅土蠻)의 수장 콜로치를 말한다. 다얀 칸의 넷째 아들인 아르수 볼로드의 자손으로, 망날천[莽捏川: 망라천(莽剌川)과 날공천(捏工川, 捏工川)]에서 유목하면서 청해 지역을 지배했다.

후선춘(侯先春) 1545~1611. 명나라 사람이다. 자는 원보(元甫), 호는 소지(少芝)이며 직례 상주부 무석현 출신이다. 만력 8년(1580) 진사가 되었다.

찾아보기

형개의《경략어왜주의》역주

명나라의 정유전쟁 3 전후 처리

2024년 3월 26일 초판 1쇄 인쇄
2024년 3월 29일 초판 1쇄 발행

지은이   형개
역주   구범진 · 김창수 · 박민수 · 이재경 · 정동훈

총괄   장상훈(국립진주박물관장)
북디자인   김진운

발행   국립진주박물관
              경상남도 진주시 남강로 626-35
              055-742-5952
출판   사회평론아카데미
              서울특별시 마포구 월드컵북로6길 56
              02-326-1545
ISBN   979-11-6707-148-4 94910 / 979-11-6707-145-3(세트)